덮으려는 자
펼치려는 자

김지연 지음

감수

김준명 (연세의대 명예교수)
민성길 (연세의대 명예교수)
백진희 (건국대학병원 대장암 센터)
이미조 (대전을지대학병원 교수)
이윤정 (고교 생물교사 역임.)
임수현 (비뇨의학과 전문의)

사람
도서출판 [SARAM]

덮으려는 자, 펼치려는 자

발행일 2024년 9월 30일 10쇄

지은이 김지연
발행처 도서출판 사람
주 소 경기도 성남시 수정구 위례중앙로 216
이메일 spoonjh79@gmail.com
ISBN 979-11-964814-0-7 [03330]

디자인 김샛별

덮으려는 자
펼치려는 자

목 차

목 차

추천사

인류를 불안과 공포의 도가니로 몰아넣었던 에이즈도 UN AIDS와 여러 국가들의 노력에 힘입어 그 증가세가 꺾이기 시작했으며, 1990년 대 중반부터는 전 세계적으로 매년 발생하는 신규 에이즈 감염인 수가 빠르게 감소하고 있습니다.

따라서 선진국 대열에 진입하고 있는 우리나라에서도 당연히 세계적인 추세와 같이 신규 감염 발생이 감소되리라 여겨졌지만, 예상과 달리 도리어 빠르게 증가하는 양상을 보여 놀라움을 금치 못하고 있습니다. 더욱이 2010년 이후에는 매년 신규 감염 발생이 1000명을 넘어 최근에는 1200명에 육박하고 있어 많은 이의 우려를 자아내게 하고 있습니다.

그런데 최근에 국내에서 이렇게 신규 에이즈 감염 발생이 빠르게 증가하는 이유를 살펴보니 과거에는 30~40대 장년층에서 많이 발생하던 것이 최근에는 예전과 달리 10~20대 청소년 및 청년층에서 더 많이 발생하면서 빠른 증가를 주도하고 있는 것이 밝혀졌습니다.

그런데 더욱 놀라운 것은 10~20대 청소년 및 청년층에서 에이즈에 감염되는 경로를 조사해 보니 뜻밖에도 동성 간의 성 접촉이 가장 주된 감염 경로임이 밝혀지면서 많은 사람들에게 놀라움과 함께 우려를 야기 시키고 있습니다.

그러나 이렇듯 중요한 사실과 함께 이러한 행위를 통해서 감염되는 에이즈로부터 우리 청소년과 청년들을 예방하고 보호해야 할 우리 사회는 이러한 실상에 무지하고 심지어 인정하지 않으면서 효과적인 홍보와 교육의 시기를 점차 놓치고 있는 실정입니다.

특히, 동성애와 에이즈와의 상관관계는 물론, 건강의학적인 측면에서 동성애가 얼마나 위험하고 치명적인 행위인가를 적극적으로 올바르게 알려 주지 못하고 있음은 너무나도 안타깝고 자책할 수밖에 없는 일이라 하겠습니다.

다행히 늦은 감은 있지만 본 저서가 일반 독자들에게 동성애의 의학적인 폐해와 부작용을 자세하고 정확하게, 그러면서도 알기 쉽게 알려 주고 있어 너무나도 다행이라 생각합니다. 나아가서 미래에 우리 국가와 사회의 주역인 청소년과 청년들에게 많은 도움이 되리라 생각합니다.

특히 본 저서를 추천하는 이유는 동성애를 건강적인 측면에서 일반인과 비교했을 때 부정적인 요소를 일반 독자들이 이해하기 쉽게 설명하고 있습니다. 또한 의학적인 측면에서 동성애와 관련된 여러 가지 성병 및 감염 질환에 대해서 거의 전문적인 내용을 알기 쉽게 기술하고 있어 여러 독자들에게 추천하기에 조금도 부족함이 없다 하겠습니다.

끝으로 이 땅에 동성애와 동성혼이 뿌리 내리지 못하도록 혼신을 다 해 애쓰시는 김지연 약사님께서 바쁜 일정에도 틈틈이 시간을 내어 이렇게 훌륭한 역작을 내셨다는 데에 놀라움을 금치 못하며, 그 간의 수고와 노력에 심심한 감사를 표합니다.

김준명 _연세대 의과대학 명예교수, 한국에이즈예방재단 이사장

김지연 선생님을 한마디로 이야기한다면 산성과 염기성을 구분할 때 쓰이는 리트머스 종이라고 말하고 싶습니다. 리트머스 종이에 용액을 떨어뜨리면 산성은 붉은색으로 염기성은 푸른색으로 곧바로 변하게 됩니다.

바로 김지연 선생님이 그렇습니다. 전문 분야는 물론 많은 분야의 다양한 정보를 똑 부러지게 설명할 줄 아는 지식인 중에 지식인입니다. 또한 어떠한 상황에서도 대화를 잘 이끌어가는 달변가입니다. 아울러 특유의 위트로 대화의 공백을 능숙하게 메꾸는 능력이 탁월합니다.

이 모든 것을 갖추기 위해서 필요한 것은 단 하나, 바로 배려입니다.

저와 김지연 선생님과의 인연도 바로 배려에서 비롯되었습니다. 국민의 안전과 청소년들의 건강을 위해 에이즈 발병의 위험에 노출되어 있는 동성애에 대한 위기의식을 공유하기 위한 만남이었습니다.

김지연 선생님의 열정이 저를 움직였습니다. 국회 보건복지위원으로, 지난 국정감사에서 보건복지부와 질병관리본부를 중심으로 이 문제를 부각시키고 중요한 어젠다로 설정한 바 있으며 제도의 틀을 바꾸는 의정활동을 지금도 이어나가고 있습니다.

김지연 선생님의 배려와 열정이 국회를 넘어 정부를 움직이고 있습니다.

이 책을 보면 알 수 있듯이 에이즈는 오랫동안 장막에 가려져왔습니다.

성소수자의 인권이라는 미명하에 언론, 정부, 국회 등이 방치하는 사이에 외국은 줄고 있는데 예외적으로 우리나라는 10대, 20대에서 에이즈 환자가 증가하고 있습니다. 이 위험한 장막을 걷지 않으면 대한민국이 위기에 빠질 수도 있습니다.

이제 비밀스럽게 맺어졌던 트러스트의 벽을 깨야 합니다. 성소수자의 인권도 중요하지만 그들의 건강도 중요합니다. 미래세대와 대한민국 국민의 건강은 가장 중요한 가치이기 때문입니다.

이 책을 통해 김지연 선생님과 함께하는 건강한 변화에 독자 여러분의 관심 부탁드리겠습니다. 감사합니다.

성일종 _자유한국당 국회의원 (충남 서산시 태안군)

이 책은 동성애의 신체적 합병증에 대해 관심을 가지고 강연해 오시던 김지연 선생님이, 그동안 연구하고 강연한 바를 더 널리 파급시키고자 책으로 엮은 것이다. 동성애의 대가가 어떻게 육체적 질병으로 나타나는가를 자세히 종합적으로 체계적으로 훌륭하게 설명하고 있다.

이 책이 설명하는 바는 추측이나 상상한 것이 아니다. 정확한 의학적 연구결과들을 제시해 주는 것이다. 선진국들은 그런 연구결과들을 근거로 그 위험성을 국민들에게 요약해서 알리고 있는데, 이 책은 그 자료들도 자세히 소개하고 있다.

동성애를 비판하는 이유를 개인적 신념에만 근거하면 설득력이 없을 것이다. 이제 '덮으려는 자, 펼치려는 자'를 통해 동성애 반대를 위한 확실한 과학적 근거가 제시되었다. 관심 있는 분들에게 강력히 읽어 보실 것을 추천한다.

민성길 _신경정신과 전문의, 연세대 의과대학 명예교수

인간은 하나님의 특별하신 섭리와 계획 가운데 창조되었습니다. 모든 인간은 하나님의 피조물로서 본질적으로 존중받아야 할 인권을 가지고 있습니다. 우리가 서로의 인권을 존중하고 보장해줄 때 인간은 정신적으로 행복하고 육체적으로는 건강해질 수 있습니다.

최근 동성애가 인간으로서 누릴 수 있는 인권(권리)의 하나라는 목소리가 높아지고 있습니다. 자기 스스로 자유롭게 동성애를 선택하는 것은 개인의 자유이며 자유로운 선택을 막는 것은 인권의 침해라는 주장입니다. 그러나 이들의 주장은 인권이라고 인정받기 어렵습니다. 소수의 인권을 보호한다는 명목하에 오히려 다수의 인권을 피해 줄 수 있음을 간과해서는 안 됩니다. 또한 무제한적인 자유를 보장한다고 인권이 증진된다고 생각하는 사람은 아무도 없을 것입니다. 동성애 선택의 자유는 정서적으로 성적 정체성의 혼란을 가중시키고, 가정 파괴와 자녀 단절의 길을 가게 합니다. 사회적으로 더욱 심각한 문제는 남성 간 성접촉이 에이즈라는 심각한 질병을 비롯하여 각종 성병에 노출된다는 점입니다.

개인주의가 점점 심화되는 한국 사회에서 동성애를 인권으로 인정해주는 것이 인권의 자유를 증진시키는 것이라고 생각하는 사람들이 늘어가고 있습니다. 그러나 이러한 생각은 동성애의 폐해에 대한 무지에서 비롯된 것입니다. 동생애가 개인의 삶과 사회에 얼마나 부정적인 영향을 주는지에 대해 대다수의 사람들은 잘 알지 못합니다. 소수의 반대 여론을 의식한 언론과 정부가 이를 알리는 것에 주저하고 있기 때문입니다.

이러한 상황에서 김지연 약사님은 자신의 시간과 열정을 쏟아 동성애의 잘못된 점을 알리기 위해 오랫동안 노력하고 있습니다. '덮으려는 자, 펼치려는 자'는 그러한 노력의 일환이자 동성애에 대한 김지연 약사님의 조사, 연구물의 집대성이라고 할 수 있습니다. 건강한 인권을 통해 건강한 사회가 세워집니다. 김지연 약사님의 책 '덮으려는 자, 펼치려는 자'는 대한민국의 건강한 인권을 세우는 튼튼한 기둥으로 쓰임받게 되기를 기대합니다.

이영훈 _여의도순복음교회 담임목사, 전 한국기독교총연합회 대표회장

누구나 자신이 속해있는 공동체가 번영하기를 바란다. 그러기 위해서는 그 구성원의 정신적, 신체적 건강을 지키는 것이 필수적인 요소이다.

그런데 최근 우리 사회의 잘못된 인권 정책으로 동성애가 미화됨으로써 이에 수반되는 질병상의 위험성을 은폐하려는 결과 구성원의 건강을 위협하는 우려할 사태가 발생하고 있다.

질병관리본부가 2016년도에 내놓은 보고서에 따르면 국내에서 자신이 동성애자라고 밝힌 사람은채 1%에 미치지 못하고 있다.

그러나 그들 중 상당수가 일반인보다 훨씬 높은 비율로 에이즈, 간염, 성병 기타 다양한 나쁜 질병들에 걸리고 있다. 그러나 이들의 건강 상태 및 예방법에 대한 정보가 우리나라 보건당국 홈페이지에 거의 부재하며 특히 에이즈 예방에 대해서는 손을 놓은 게 아닌가 싶을 정도로 안일한 대처를 하고 있다.

동성애자들의 심각한 질병 상태를 쉬쉬하고 덮어두는 것은 결코 그들을 위해 좋은 길이 아니다. 오히려 그것을 적극적으로 공개하고 알려야 동성애로 말미암은 질병들을 막아내고 조금이라도 더 건강한 삶을 살수가 있다.

그래서 김지연 대표가 약사로서, 부모로서, 그리고 중독상담학 전공자로서 동성 간 성행위의 결과물 중 특히 육체적으로 드러난 부분에 대해 각 나라 보건당국의 핵심적인 자료를 정리하여 국내에 공개한 이 책은 매우 그 가치가 높다.

나 역시 정치인이기 이전에 국민의 한 사람으로서 동성애든 흡연이든 음주든 그 어떤 의료보건상의 문제를 야기할 수 있는 위험행동들에 대해 경고하고 객관적인 정보를 제공하는 일체의 서적과 강연들의 중요성을 잘 알고 있다. 이러한 정보의 제공이 부모의 열 마디 잔소리보다 더 파워풀하게 차세대들에게 선한 영향을 끼치는 경우를 많이 보아왔다.

저자인 김지연 대표는 2000회 가까운 반동성애 강의로 전국을 뒤흔들며 이른 바 동성애 독재법을 막기 위한 국내 최다 강연자로 이미 대중에게 언론과 방송으로 널리 알려졌다.

그러한 그가 저술한 이 책은 자라나는 이 땅의 차세대들에 올바른 성의식 및 언론과 미디어로 과하게 미화된 동성애의 또다른 면을 객관적이고 보편적인 발표들, 즉 보건당국의 웹에 공개된 자료와 논문들을 인용하여 공개함으로 균형있는 의식을 갖게 도와주는 책이며 진작에 나왔어야 할 책이다.

후대를 위해 이러한 책을 발간해 준 김지연 대표에게 대한민국의 국회의원으로서 감사의 뜻을 표하며 많은 사람들에게 이 책의 일독을 꼭 전하고 싶다.

조배숙 _민주평화당 국회의원 (전북 익산시을)

동성애를 옹호 조장하는 사람들은 부도덕한 성행위를 '인권'이라고 포장합니다. 한국사회에서 마치 무한정 보호받아야 할 권리인 것처럼 미화시킵니다. 그리고 동성애를 비판하면 마치 반인권 세력인양 몰아갑니다. 차별금지, 혐오표현 논리로 정당한 비판마저 봉쇄시키려 합니다.

우리는 특정 동성애자 개인의 인격을 비판하는 것이 아닙니다. 동성애자들이 성행위 파트너를 만나 즐기는 잘못된 성행위의 폐해, 에이즈와 곤지름 매독 간염 등을 옮기는 불결한 성행위와 그에 따라 급증하는 의료 비용의 문제점을 비판하는 것입니다. 1남1여의 가족제도를 흔들고 대한민국의 건전한 시스템을 붕괴시키려는 잘못된 이데올로기를 비판하는 것입니다.

그런데 동성애 옹호조장론자들은 가짜 인권, 가짜 혐오, 가짜 소수자 논리로 이런 비판을 왜곡합니다. 국민들에게 감성적으로 접근해 동성애에 대한 정당한 비판을 마치 몰상식한 비난인 것처럼 왜곡합니다.

김지연 약사님이 처음으로 책을 냈습니다. 이 책은 동성애의 보건적 실체가 무엇인지 분명하게 보여줍니다.

아무리 혐오 차별 인권 논리를 편다고 해도 이 책에 나온 객관적인 팩트에 대한 대응논리를 만들기는 쉽지는 않을 것입니다.

동성애자들도 이제는 진실 앞에 직면할 때가 됐습니다. 동성애자를 진정으로 위하는 길은 인권논리에 편승하는 것이 아닙니다. 그들이 언젠가 직면하게 될 보건적 위험성을 있는 그대로 솔직하게 알리는 것입니다.

이것이 진정으로 동성애자를 돕는 길입니다. 감상적인 인권 혐오 소수자 논리로 동성애자를 두둔하는 것보다 진짜 동성애자들의 인권을 보장하는 행위입니다.

책을 읽으며 눈을 뗄 수 없었습니다. 저도 이같은 사실을 동료 국회의원에게 알리겠습니다. 건강한 대한민국을 위한 그 길에 저도 함께 하겠습니다. 바쁜 일과 중에 방대한 의학자료를 찾아가며 어려운 작업을 해주신 김 약사님께 경의를 표합니다.

이동섭 _바른미래당 국회의원

2010년대 들어 한국교회에 나타난 현상 중 하나는 전문성과 운동력을 지닌 평신도 사역자들의 약진이다.

주로 반동성애 운동, 이단 대처운동, 과격 이슬람을 저지하기 위한 자발적 운동에서 평신도들이 두각을 나타내고 있다.

김지연 약사님은 이런 평신도 운동 중 반동성애 운동, 차세대를 부도덕한 성 문화로부터 지키기 위한 운동의 최선봉에 있는 분이다.

현장의 많은 성도와 목회자들이 그의 강연에 고개를 숙이고 눈물짓는 것은 해박한 전문지식과 하나님의 성경말씀, 조국교회를 사랑하는 뜨거운 열정을 강단에서 토해내기 때문이다.

이 책은 동성애의 이면에 숨겨진 보건적 문제점을 낱낱이 보여준다. 확증편향에 빠진 '인권 엘리트'들과 동성애 옹호 조장론자들, 동성애자들은 애써 이같은 팩트를 부인하려 한다. 하지만 질병의 위험 앞에 놓인 30만명 미만의 국내 동성 간 성행위자들은 진실 앞에 언젠가는 '직면'하게 돼 있다.

이 책은 700개가 넘는 각주가 달려있는, 동성애의 보건적 문제점을 가장 소상히 밝힌 전문서다. 현존하는 최고의 도서라 해도 과언이 아니다.

동성애라는 잘못된 문화사조로부터 다음세대를 지키고자 하는 사명자라면 이 필독서를 읽고 또 읽어야 한다. 밑줄을 쳐가며 읽어야 한다. 암기까지 해야한다. 우리가 이 책을 통해 이론적으로 무장할 때 세계적으로 확산되는 동성애 이데올로기의 거센 물결을 막아낼 힘이 생길 것이다.

백상현 _국민일보 기자, '가짜인권 가짜혐오 가짜 소수자' 저자

김지연 대표의 동성애 특강을 접한 그날의 충격과 결단을 아직 잊지 못하고 있다. 그것을 하나의 그냥 '강의'라고 부르기에는 너무 부족한 표현이다. 조국과 차세대를 너무나 사랑하는 그래서 안락한 인생의 지도를 통째로 포기하고 거친 바다를 향해 횃대를 들고 나가는 진정한 전사의 비장한 뒷모습이 느껴졌다. 동성애 법제화의 문제가 심각하다고 들어는 왔지만 김지연 대표의 강의를 여름수련회에서 들은 그날 나는 정으로 머리를 맞은듯 했고 그날로 반동성애 운동에 첫발을 담그게 되었다. 나뿐만 아니라 내주변의 거의 대부분의 반동성애 활동가들 역시 그러했다.

이 책은 그냥 이론가나 식자가 책상에 앉아서 써내려간 책이 아니라 필드에서 뛰고 있는 운동가의 저서이기에 더 의미가 있고 동성애의 객관적인 실상을 잘 짚어주고 있다. 세계 보건당국의 통계와 의료 전문가들의 보고서와 논문 등을 인용하여 더하지도 덜하지도 않은 담백한 문체로 동성애의 결과물들을 알리고 있다. 이를 통해 이 책은 근거 없는 동성애 인권 놀음에 찬물을 끼얹고 인권을 위해 인간을 죽이는 가짜 인권 타령이 아닌, 동성애자들을 진정한 탈동성애의 길로 이끌어 주는 정보서적으로써 손색이 없다.

읽는 내내 탄성을 금할 수 없었다. 매우 세밀하고 과감하게, 그리고 재미있게 동성애의 보건적 문제를 전해주고 있다. 어려운 의학적 정보를 최대한 쉽게 전달코자한 필자의 노력도 엿보인다.

법조인으로서, 부모로서 동성애 법제화를 막는 일에 매우 강력한 힘이 되어주는 책이나와서 이루 말할수 없이 기쁘고 든든하기까지 하다.

이 책은 대한민국과 이 세상 모든 법조인에게 반드시 읽혀야 할 책이기에 강

력히 추천하는 바이다.

지영준 _변호사, 법무법인 저스티스 대표

저자의 표현 그대로 '과장도 미화도 왜곡도 없는' 동성애의 냉엄한 진실을 직면하게 돕는 책이다. 동성애는 타고 나는 것이며 유전자 때문에 어쩔 수 없다고 잘못 알고는 고통 속에 살고 있는 사람들, 동성애가 어떤 결과를 가져올지 알지 못하고 내린 선택 때문에 고통과 두려움에 떨고 있는 사람들은 물론 동성애에 관심이 없었던 사람들에게도 꼭 권하고 싶다. 왜냐하면 이제 우리 사회는 동성애를 정확히 알아야만 후회 없는 삶을 영위할 수 있는 지경에 이르렀기 때문이다. 특히 대한민국의 미래인 다음 세대를 양육하는 부모님들, 선생님들, 목회자들께 필독서로 권하고 싶다. 하나님 나라가, 우리 자녀들의 삶이 동성애에 대한 잘못된 인식 때문에 무너져서는 안 되기 때문이다.

저자 김지연 대표는 약사출신으로 동성애가 초래할 수 있는 각종 결과들을 의학적 근거와 데이터들, 그리고 현장에서 체험한 생생한 실제 사례들을 토대로 설명하고 있다. 그동안 인권의 이름으로 미화되고 은폐되었던 아픈 진실들을 용기 있게 밝히고 있다. 선진국에서는 이런 일을 국가가 하고 있는데 말이다. 우리나라에서는 몇몇 사명자들이 자신의 일생을 걸고 담대히 그리고 묵묵히 해나가고 있다. 이 책의 출간을 계기로 이러한 의로운 외침들이 더욱 강해지고 더욱 많아지기를, 이 땅의 역사가 거룩함으로 새로 쓰여지기를 간절히 기도 드린다.

이혜훈 _바른미래당 국회의원 (서울 서초구갑)

나는 학교의 교육현장에 있는 보건교사다.

요즘 인권이라는 단어를 떠올리면 가슴이 답답하다. 그릇되고 윤리적인 행동들을 인권이라고 주장하기도 하고 또한 바른인권에 대해서 말하는 자는 오히려 혐오자로 매도하기도 하는 시대가 온 것 같다. 지금 이 시대는 용감한 자의 외침이 필요하다. 잘못된 것을 바로잡아 많은 사람들을 옳은 길로 오게 하는 글과 말이 필요하다. 그것을 위해서 어떤 대가를 지불 하더라도 당당히 그 길을 가려고

하는 움직임이 절실하다. 지금 김지연 약사가 쓴 책은 그러한 글이다. 이 책은 단순히 지식만을 나열하고 있는 것이 아니다. 그는 이미 동성애 독재법의 문제점과 동성애의 보건적인 문제를 깊이 알고 이것을 전국적으로, 또한 국제적으로 알리고 있다. 뿐만 아니라 일인시위와 기자회견 등 동성애 독재를 막아설 수 있는 각종 일들을 해오고 있는 활동가의 책이기에 제목부터 너무나 와 닿는다.

동성애 법제화를 막아서기 위한 방패로써 이 책을 강추한다. 이 책은 단순한 정보의 나열이 아니라 한 줄 한 줄에서 이것을 알리기 위해서 저자가 바쳤던 지난 시간들과 노고들이 느껴지는 눈물의 책이라고 할 수 있다. 이것은 많은 동성애자들이 동성애로부터 탈출할 수 있도록 바른길로 인도해줄 것이다. 또한 이글은 담배를 많이 핀 사람은 담배연기 때문에 발암물질을 많이 마시게 되고 결국 폐암에 걸릴 확률이 높다는 것과 같이 보편적인 내용 그리고 전문적인 내용을 쉬운 언어로 전하고 있다. 각 나라 보건당국과 논문들을 잘 발췌하여 핵심적인 내용을 잘 전달하고 있다. 이 책을 통해서 이 땅의 많은 나팔수들이 일어날 것을 믿는다. 이 책은 이 땅의 베스트셀러가 되어야 하기 때문에 모든 교사들에게 강력히 이책을 추천한다. 아이들을 지도할 때 많은 도움이 될 것이다.

김종신 _보건교사

대한민국에 불고 있는 동성애 논란은 유럽과 북미 대륙의 역사를 통해 볼 때 새로운 것은 아니다. 그러나 대한민국이라는 나라에서의 논란이 가진 독특성은 한국교회에 의해 동성애의 폐해가 널리 알려지고 있어 과도한 확산이 막아지고 있다는 점이다.

한국교회를 대표하여 이 사역에 앞장서 온 김지연 집사님의 이 책은 보건의학적인 문제를 통해 동성애에 대한 진실을 알리고 있다. 여러 단체와 연구들을 통해 드러난 보건의학적 문제들을 모두가 이해하기 쉽고 간결하게 잘 정리된 이 책을 통해 다시 한번 한국사회가 동성애에 대하여 경각심을 갖게 되고 이 문제를 모두가 사랑가운데 해결해나갈 수 있기를 기도하며 추천한다.

이재훈 _온누리교회 담임목사

먼저 동성애를 보건, 의학적인 시각으로 객관적적이면서도 쉽게 이해할수 있도록 책을 써주신 김지연 약사님께 의료인으로서 감사의 인사를 올립니다.

항문과 위장관의 암을 전문으로 하는 외과의사인 저조차 간과하고 있던 동성애의 보건학적 문제를 이 책을 통해서야 깨닫게 되었습니다.

진료 중에 만났던 항문암, 항문주변 콘딜로마, 간염, 간경화 환자분들 중에 동성애자가 드물지 않게 있었는데 그 연관성에 대해 생각조차 못 해본 것에 대해서도 의료인으로서 큰 죄책감이 느껴집니다.

그런데 이러한 문제에 대해서 환자분들과 다른 일반인들께 교육하고 알리려 해도 '인권보도준칙'에 의해 제한된다니, 참으로 답답한 현실입니다.

이러한 잘못된 인권에 대한 해석이 대중에게 동성애의 보건학적 문제가 알려지는 것을 가로막고 에이즈를 비롯한 각종 성매개 질환이 확산되게 하고 있는지 모르겠습니다.

암 예방을 위해 담배피우지 마실 것을 교육하거나 간경화 예방을 위해 음주를 피하라고 교육 하는 것처럼 에이즈, 매독, 임질, 간염을 예방하기 위해서 동성 간 성행위를 하지 말 것을 교육하는 것이 자연스럽고 당연한 일이 되어야 할 것입니다. 그곳이 진료실이든 방송이든지 말이죠. 동성애와 연관된 질환들을 치료하다 보면 대부분 완치가 어렵고 환자분들의 고통이 매우 큼을 느끼게 됩니다. 또한 그 고통은 환자 본인 뿐만 아니라 가족과 주변, 그리고 지역사회를 병들게 합니다.

이 책을 통해 동성애와 관련된 질환의 심각성이 의료인을 비롯한 일반인들에게도 널리 알려지고 인식되어 이러한 고통과 불행이 조금이라도 예방되었으면 좋겠습니다.

약사님께 다시 한 번 감사의 마음을 올리며 추천사를 마칩니다.

장원철 _육군 외과군의관

성경에 따르면 하나님은 사람을 자신의 형상대로 창조하시되 남자와 여자를 창조하셨으며, 생육하고 번성하여 땅에 충만할 것을 명령하셨습니다. 이러한 성경말씀에 따라 결혼은 한 남자와 한 여자의 완전한 결합으로 하나님께서 직접 명령하신 창조질서인 것입니다.

또한 한 남자와 한 여자가 이루는 가정 속에서만 생명이 잉태될 수 있기에 가족제도는 인류의 존립에 관한 것입니다. 이러한 제도를 부정하고 동성 간의 결합을 가족으로 인정해달라는 것은 창조주인 하나님을 거역하는 것일 뿐만 아니라 인류의 존립을 위협하는 주장인 것입니다. 따라서 동성애는 단순히 서로의 성적욕구에 따른 두 사람의 사적 관계로만 한정지을 수 없는 것입니다.

동성애로 인한 이러한 가족개념의 해체 뿐만 아니라 동성애는 그 자체만으로도 보건적인 문제점을 열거할 수 없을 정도로 많이 가지고 있습니다. 무엇보다도 성적타락으로 인한 인류에 대한 저주라는 에이즈의 주요 원인이 동성애임은 이미 전 세계 국가에서 인정하고 있는 사실입니다.

이 책의 저자 김지연 약사는 5년 전 동성애의 폐해를 알리기 위해 내가 전국에 강의를 다닐 때 같이 2인 1조 연사로 다닌 일이 있었습니다. 그는 아주 명쾌하고 매우 감동적인 강의를 할 뿐 아니라 약사로서 깊은 보건학의 지식을 가지고 동성애의 폐해를 증명하므로 설득력이 있습니다. 그래서 그의 강의는 들은 사람들로 하여금 이 땅에서 동성애가 퍼지는 것을 막아야겠다는 행동으로 나서게 하는 힘이 있습니다.

그동안 이러한 동성애의 문제점을 전국을 누비며 강의를 통하여 알린 김지연 약사가 그동안의 연구결과를 정리하고, 더 많은 사람들에게 동성애의 심각성을 알릴 수 있도록 책을 쓴 것은 매우 반가운 일입니다.

부디 이 책이 아직도 동성애의 심각한 폐해를 모르고 있는 많은 사람들, 특히 젊은이들에게 읽혀지길 간절히 원합니다. 또한 이 책이 동성애가 에이즈감염의 주경로인 청소년들에게 동성애에 대한 경각심을 일깨우고 동성애자들이 동성애로부터 탈출하는 계기가 되는 소중한 도구가 되길 소망합니다.

김승규 _전 법무부장관, 변호사

나는 얼마 전 다섯째를 출산한 다섯 남매의 엄마이다. 나는 이 다섯 아이들과 그들의 이웃들 나아가 차세대들 모두가 누비고 다닐 세상이 육체적 정신적으로 건강하기를 항상 기도한다. 2014년 동성애의 문제점에 대대 관심을 가지고 그것을 알리는 데 본격적인 첫발을 내딛게 된 계기가 생각난다. 당시 큰 아이 초등학교에서 학부모 성교육을 한다고 하여 참석했는데, 교육내용이 상당히 불쾌했다. 첫 시작부터 음란물 사이트를 접속해 보라고 알려주더니, 자녀가 동성애를 한다고 하면 부모가 받아주어야 한다고 교육하는 소위 성교육 강사의 강의를 들었다. 그날 불쾌한 기분을 넘어 충격을 받았고, 주변 지인들과 이런 저런 이야기를 나누게 되었다. 몇몇 학부모들은 문제의 심각성을 함께 느끼고, 김지연 약사님을 초청하여 학부모 강의를 들었다.

강의를 듣고 동성애에 대한 우리의 현실을 알고 더욱 충격이었다. 우리의 자녀들은 잘못된 성 지식(동성애)을 정상으로 알고 있으며, 그로 인해 본인도 모르는 사이 각종 질병과 에이즈에 걸리고 있다는 것에 가슴이 미어졌다. 그래서 자신의 개인적인 삶은 거의 포기한 채 전국적으로 강의를 다니며 매일 분주한 삶을 살고 있는 김지연 약사님의 일을 조금이라도 함께 하고 싶다고 다짐했다. 그래서 복음을 지키고 동성애로 인해 몰라서 죽어가는 아이들을 살릴 수 있으리란 생각을 하며 미화 일색으로 치닫고 있는 동성애 옹호 문화에 반기를 드는 운동에 뛰어들게 된 것이다.

동성애 법제화의 문제점을 알리고 학교와 교회를 깨우는 일을 시작하면서, 동성애에 대해 바른 지식을 전달하는 책이 뜻밖에도 거의 없다는 것을 알게 되었다. 잘못된 동성애문화를 바로잡기 위해 김지연 약사님 같은 의료·보건 전문인들이 많은 책을 내야 한다는 생각을 해왔는데 그러한 책이 드디어 출간된다는 소식에 나와 주변 엄마들은 뛸 듯이 기뻐했다. 나는 모든 학부모들이 꼭 이 책을 읽어 보길 추천한다. 이 책을 통해 진정한 인권과 가짜 인권놀음이 무엇인지 분별 할수 있게 될 것이며, 우리들의 자녀들을 잘못된 성 지식으로부터 구출해 내는 역할을 할 것이기 때문이다.

이신희 _서울에 거주하는 다섯 아이의 학부모

필자가 어릴 때 가장 존경하는 인물을 말하라면 흔히 세종대왕과 이순신을 꼽았다. 세종대왕은 한글을 만들어 백성들을 널리 이롭게 했고 이순신 장군은 외세의 침략으로부터 나라를 구했다.

나는 김지연 대표의 저서 '덮으려는 자, 펼치려는 자'가 훈민정음만큼 이 나라를 이롭게 할 수 있고 이순신 장군의 거북선처럼 이 민족을 구할 수 있는 강력한 '무기'가 된다고 생각한다.

이 책의 추천사를 쓰게 되어 영광이다. 이 책을 읽고 활용하는 독자들은 집현전에서 연구하던 학자들이나 이순신 장군과 함께 싸웠던 용사들처럼 역사의 중요한 현장에 서 있는 것이다.

인권을 가장한 동성애의 거센 파고를 맞아 승리한 나라가 아직 없다. 나는 한국이 그 첫 번째 나라가 되기를 바란다. 전 세계를 향해 진리가 이길 수 있다는 소망을 주는 나라가 되었으면 좋겠다. 그리고 그 전쟁에서 이 책이 가장 강력한 무기가 될 수 있으리라 기대가 된다.

아무쪼록 많은 이들이 이 책을 보고 그 내용들을 전파했으면 좋겠다. 특히 의료인, 교육자들이 이 책을 정독하기를 강력히 추천한다.

이 책을 통해 올바른 지식으로 무장하여 '외치는 거짓'이 '침묵하는 진실'을 덮다 못해 압살하려고 하는 이 시대에 비겁하게 침묵하지 않고 용감히 외치는 의로운 의료, 교육 전문가들이 더 많이 일어나기를 소망한다. 그래서 '거짓'이 동성애와 인권이 만병통치약인 것처럼 속이려 할 때에 '실상'은 동성애가 만병의 근원인 것을 드러내야한다.

훈민정음이 널리 퍼졌을 때에 백성을 이롭게 할 수 있었듯이 이 책 또한 방방곡곡에 퍼져야한다. 이순신 장군 홀로 싸운 것이 아니라 함께 한 이들이 있었듯이 이 싸움에 함께할 군사들이 필요하다. 그들이 역사를 만들어가고 영광을 취할 것이다.

나도 2017년 11월 김지연 약사로부터 한 통의 전화를 받았고 그 길로 바른 성 가치관을 세워가는 일, 동성애의 문제점을 알리는 일에 뛰어 들었다.

이제 이 한 권의 책을 통해 많은 이들을 깨우고 무장시킬 것을 생각하니 가슴이 뛴다. 이 땅의 모든 의료인들에게 이 책을 강력히 추천하는 바이다.

윤정배 _치과의사, 한국가족보건협회 이사

뜨거운 7월 동성애 법제화의 문제점에 대해 관심을 가지고 퀴어 행사를 막고자 쏟아져 나온 시민들을 만났다. 그들에게 '어떻게 이 문제를 알고 여기까지 동참하게 되었느냐'고 물었을때 거의 상당수가 '김지연 대표의 강의를 듣고나서야 심각성을 깨닫고 움직이게 되어 아스팔트로 뛰어나왔다'고 고백하는 모습들을 보았다. 그것은 또한 나의 모습이기도 했다. 의사로서 교인으로서, 또한 교수로서 어찌보면 너 먼저 알았어야 할 문제 같은데 이런 심각한 동성애의 의료보건적 문제를 왜 이제서야 알게 된 걸까 싶을 정도였다. 동성애에 대해 무관심하고 나의 일이 아니라 생각하며 지낸 시간이 대부분이었기 때문이었으리라.

김지연 대표의 강의는 동성애 법제화의 문제가 단순히 개인의 성적인 취향의 문제로만 머무는 것이 아니라 한 나라의 윤리, 사회 전반의 질서 나아가 한 국가의 존망과도 연결되는 것임을 명쾌하게 통찰할 수 있도록 만들어 주었다.

이 책은 동성애의 여러가지 측면 중에서도 특히 남성 간 성행위의 의료 보건적 문제를 매우 객관적으로 전달하고 있다. 전문적 지식을 일반인들에게 쉽게 전달하면서도 정확하고 객관적인 통계로 쓰인 책이라 동료 의사들에게도 권하게 되는 책이다. 그러나 분명 이 책의 제목처럼 이 책의 내용을 숨기고 싶어하고 왜곡하고 덮으려고 하는 자들도 있을 것이다. 나는 이 책을 모든 국민이 볼 것을 의사로서 강력히 추천한다. 그리하여 미화 일변도로 치우친 동성애의 실상을 바로 알고 대책 없는 동성애 관용주의에 차세대와 나라를 넘겨버린 서구처럼 되지 않고 가장 건강하고 살기 좋은 나라 대한민국으로 우뚝서기를 소망해본다. 그 바쁜 일정에도 '덮으려는 자, 펼치려는 자'를 집필한 김지연 대표의 노고에 이 땅을 사랑하고 염려하는 국민으로써 깊은 존경과 감사를 표하며 이 책을 전 의료인들에게 강력히 추천하는 바이다.

이미조 _대전을지대학병원 방사선종양학과 교수

"내 백성이 지식이 없으므로 망하는도다." (호 4:6)

동성애자들도 모르는 동성애의 진실들이 있습니다. 그들 중 많은 사람들이 동성애의 진실을 모른채 그 안에서 살다가 많은 질병에 노출되고 감염되어 고통가운데 있습니다. 우리나라는 현재 매년 천명이 넘는 HIV감염자들이 발생하고 있습니다. 저 역시 동성애로부터 탈출한 사람으로써 현재는 동성애에서 나오기를 원하는 사람들을 2년 넘게 상담하며 돕고 있습니다. 그 중에 많은 사람들이 HIV감염자임을 밝히고 있습니다. 정말 마음이 아픈 일이 아닐 수 없습니다. 인권문제 이전에 생명 문제가 우리 앞에 놓여있습니다. 이 책은 동성애의 참 진실을 알지못하는 사람들에게 많은 도움이 될 것이라고 확신합니다.

김지연 약사님의 강의를 듣고 있으면 저도 모르게 눈물이 납니다. 마음 깊이 도전이 되고 사기가 다시금 일어납니다.

저는 김지연 약사님을 이 시대의 '잔다르크'라고 말하고 싶습니다. 악하고 음란한 이 시대 가운데 빛과 소금으로 일어나 외치며 잠자는 자들을 깨우며 이 시대 교회가 가져야 할 어둠과 싸우는 군대의 정체성을 찾게 해줍니다. 거룩함을 잃어버리고 육체의 원하는대로 살려는 이 시대 가운데 이 책이 빛이 되어 많은 자들을 거룩함으로 돌이키게 하는 통로가 되기를 간절히 기도합니다.

박진권 _탈동성애자, 탈동성애 상담가

교도소에서 마약사범 대상으로 단약동기증진 프로그램을 진행할 때 많이 나오는 이슈가 본인들의 문제가 중독이냐 아니냐이다. 그들은 중독자라는 단어를 굉장히 싫어하기도 한다.

'나는 중독자가 아닙니다.' 이렇게 항변하는 사람은 그래도 마칠 때쯤 되면 마약을 끊어 보겠다는 의지를 나타내고는 한다. 그러나 입을 꾹 다물고 있으면서 나는 중독자가 아니라고 생각하는 사람들은 단약 의지조차도 가지지 못하고 재범의 위험을 그대로 안고 출소해서 전과만 늘어나는 경우를 15년 동안 보아왔다.

덮어놓고 숨을 것인가 펼쳐내서 치유 받을 것인가? 이러한 고민은 마약중독

문제에만 국한되는 건 아닌 것 같다. 인정하고 공감하지 않으면 치유가 시작되지 않는 문제 중 또 하나가 동성애문제이다.

술에 많이 취한 사람에게 당신 술 취한 것 같다고 하면 대부분 아니라고 한다. 술에 취한 사람에게 계속 술 취했다고 말하면 대부분 화를 낸다. 그래서 가족이나 친구가 아니면 그냥 지나쳐 가거나 외면하게 된다.

몇 년 전 김지연 약사님 강의를 들으면서 이런 생각이 들었다. '동성애에 맞서는 강사가 아니구나.' 사람을 사랑하는 눈물이 있었다. 국가를 사랑하는 진정한 애국자라는 것이 마음에 남아있다. 이 책을 통해서 다르고 틀림에 대한 진실에만 갇혀있지 말자. 우리들의 미래인 청소년들을 위해서라도 우리는 동성애 문제를 덮어놓지 말고 펼치고 보듬어 안아 함께 고민하자!

이재규 _대구 마약퇴치운동본부장, 약사

최근 다른 나라는 에이즈 환자가 줄어가고 있는데 우리나라만 늘어 가고 있다. 더 심각한 문제는 10대나 20대 에이즈 환자가 급속히 늘어난다는 것이다. 우리나라가 친동성애 정책을 수용하고 친동성애 문화를 미화하던 때부터 그렇게 된 것이다.

더구나 시민들의 문화공간인 서울 시청광장과 도로에서 퀴어 축제를 하고 퍼레이드를 하면서 갈수록 왜곡된 사회적 성(젠더) 문화가 확산되고 있다. 이미 미국과 유럽은 잘못된 젠더 문화의 병폐를 알고 뉘우치고 있는 상황인데, 우리나라는 이제야 서구사회가 폐기처분한 문화를 유입·확산시키려고 하고 있다.

미국과 유럽에서 보듯이 잘못된 젠더 문화의 확산은 반드시 사회·문화적 병리현상을 일으키게 되어 있다. 이러한 때, 김지연 약사께서는 의학·약학적 전문지식을 가지고 사회·문화적 병리현상을 막고 건강한 사회를 지키기 위해 온 몸으로 싸우는 이 시대의 드보라요, 잔다르크요, 여전사다. 그를 볼 때 마다 목회자인 내가 더 부끄러울 정도로 자신의 모든 것을 다 던져서 영전, 사상전, 문화전의 최선두에 서서 싸우고 있다.

그가 자신의 모든 의학적 지식을 종합하여 동성애의 문제점과 병리현상을 지적한 '덮으려는 자, 펼치려는 자'를 출간하였다. 이 책을 쓰기까지 그가 흘렸을 땀방울과 눈물과 투혼이 느껴져 더 가슴이 뜨거워진다. 어떻게든지 이 시대의 동성애 확산을 막고 한 영혼이라도 바른 길로 돌아오게 하여 건강한 삶을 살게 하고 싶은 그의 뜨거운 마음이 느껴진다.

동성애와 관련된 각종 질병을 상세하게 설명하며 경각심을 갖게 하고 무감각한 의식에 경종을 울린다. 동성애를 성소수자의 인권으로 포장하여 확산시키는 것은 그들을 질병과 죽음으로 몰아가는 것이다. 물론 우리는 동성애자를 미워하거나 증오해서는 안 된다. 그러나 동성애 자체는 죄이며 그 죄의 결과는 질병과 죽음이라는 것을 반드시 지적하고 깨우쳐 주어야 한다.

김지연 약사의 '덮으려는 자, 펼치려는 자'는 모든 동성애자들과 비동성애자들이 함께 읽어야 할 이 시대의 교과서와 같다. 이 책은 동성애의 사회, 문화적 병리현상을 공개하고 알린다. 동성애와 에이즈의 밀접한 연관성과 각종 질병의 처참하고 무서운 결과를 지적한다. 이 책이 절벽에 매달려 고통스러워하는 사람들을 향하여 안타까이 내미는 손이며, 불속을 향하여 뛰어드는 사람들을 돌려세우는 간절한 외침이 될 수 있기를 바란다.

소강석 _새에덴교회 담임목사, 한국교회 동성애대책협의회 대표회장

모든 인생 문제의 근원적 해법은 "오직 성경"입니다. 창세기 1-2장은 결혼을 중심한 "가정과 교회"라는 절묘한 두 날개 균형의 신적 기관이 헌법-법률-대통령령-조례로 만드는 모든 기관들을 선행하며 선도함을 밝힙니다.

성경은 결혼이란 한 "남성(자카르)/남자(이쉬)"와 한 "여성(네케바)/여자(잇샤)"가 "한 몸(바싸르 에하드)"을 이루는 것이며, 그때 비로소 "사람(아담)"이 됨을 명시합니다(창 1:27; 2:24; 5:2). 뿐만 아니라 "하나님의 기업과 상급"(시 172:3)이요, "하나님의 씨(제라 엘로힘; 말 2:15)"인 자녀도 반드시 이 통로로만 출생됨을 강조합니다.

"성평등, 동성애"라는 "세상적, 정욕적, 마귀적"(약 3:15) 주장의 목표가 하나님의 신적 기관인 "3대를 잇는 성령충만한 교회 같은 가정과 가정 같은 교회"를

파괴하려는 것임을 우리는 매일 생생히 목도하고 있습니다.

제가 22년 동안 몸담고 있는 백석대학교에서 "주 예수님의 소중한 동역자" 김지연 약사님은 이미 상담대학원에서 석사(중독상담학) 학위를 취득하고, 기독교전문대학원 기독교상담학 박사 과정 중입니다. 동성애의 신체적 합병증에 대한 전문가로서 문제점과 처방을 제시하는 이 전문서는 신적기관인 가정과 교회를 보호함과 동시에, 국가적 보건복지와 성적 질병관리의 문제점과 해법을 명쾌히 제시하는 필독서로서 대환영을 받게 되리라 확신하며, 이에 적극적으로 추천하는 바입니다.

김진섭 _ 백석대 평생교육신학원 학장, 구약학

머릿말

　A도시의 어느 교회로부터 저녁 예배 시간에 동성애의 보건적 문제와 동성애 법제화의 실태를 알리는 강의를 해달라는 요청을 받아 고속버스를 타고 내려갔다. 90분 간의 강의 후 목사님, 성도들과 목양실에서 50분 간 다과를 나누며 대화를 나눴다.

　모든 순서를 마치고 주차장에 나왔는데 어떤 키 큰 청년이 누군가를 기다리는 듯 서성이고 있었다. 직감적으로 오늘의 강연자, 즉 나를 기다리고 있나보다 하는 생각이 들었다. 아니나 다를까. 그는 나를 보자마자 성큼 다가왔다. 그리고 망설임 없이 나직하게, 단호하게 이렇게 말했다. 그는 내 옆에 서 있는 다른 사람들은 그다지 의식하지 않는 것 같았다.

　"다시는 그런 거 안 할게요. 약사님."

　'뭘 안 한다는 걸까?' 아주 잠깐 우리는 어리둥절했다.

　그러나 우리는 누가 먼저라 할 것도 없이 그가 '안 하기로 한 것'이 무엇인지 직감적으로 알 수 있었다.

50분 넘게 어두운 주차장에서 기다린 청년 손을 꼭 잡았다.

"정말 기쁘네요. 안하기로 결심한 것을 말해줘서 고맙고… 잘 생각했어요."

초면에 솔직한 동성애 탈출 고백을 하다니 쉬운 고백이 아니었을 텐데 말이다. 다소 놀랍기도 했다. 청년은 흔들리지 않은 눈빛으로 말했다.

"고맙습니다. 나는 동성애가 타고 난 것이라고 착각하고 살았어요. 그리고 그렇게까지 병에 많이 걸리는 건지도 솔직히 몰랐습니다. 이제 다시는 그런 거 안 할 거예요. 아까 하신 말씀 다 기억하겠습니다."

그 청년은 그 날 그렇게 동성애의 보건적 문제점에 대한 강의를 듣고 그간 해오던 동성 간 성행위를 더 이상 하지 않기로 마음을 먹은 것이다. 그 청년은 그 이후 한 번 더 교회 인근 다른 교회에서 열린 강의를 들으러 왔고 그 자리에서 CTS 기독교 방송국과 짧은 인터뷰에도 응해주었다.

해방감을 맛본 듯 한 그의 표정을 보며, 과장도 미화도 왜곡도 없는 동성애의 진실을 '직면'하는 일이 얼마나 중요한 일인지 다시한번 느꼈다. 그는 동성애의 실질적인 문제점을 알리는, 그리고 동성애는 타고나는 것이 아니라는 것을 더욱 열심히 알려달라는 부탁도 잊지 않았다.

실제로 강의를 다니다 보면 청중들 가운데 이런 탈동성애를 결심하는 일이 그 자리에서 종종 생기는데, 내가 지금 하고 있는 이 일을 결코 멈출 수 없고 시간을 허비할 수 없는 이유 중 하나가 바로 여기에 있다. 그들의 부탁을 모른 척 할 수 없다.

2014년 수원의 어느 수련원에서 했던 강의를 듣고 탈동성애 한 청년이 당시 필자가 소속되어 있던 단체에 전화하여 필자에게 고마움을 전한 일도 있었다.

그는 온라인 게이 사이트에서 "동성애는 타고 나는 것이고 유전자 때문에 어쩔 수 없이 평생 동성애 하며 살아야 한다"는 말을 그대로 믿고 탈동성애를 결단하지 못하고 괴로워하며 지낸 지가 오래였다고 했다. 동성애는 타고나는 것이라는 주장의 허구성을 정확하게 알려주는 강의를 듣는 순간 긴 세월 자신을 속여 온 거짓 메시지의 족쇄가 끊어져 나가는 것을 느꼈고 탈동성애를 그 자리에서 선포하게 되었다고 전화로 알려온 것이다. 그는 더불어 이런 강의를 좀 더 일찍 들었더라면 좋았을 것이라고 아쉬움을 전하며 반드시 많은 사람들에게 진실을 알려 달라고 전했다. 필자는 7끼 금식 기도 수련회에 동성애자가 와서 기도하고 있을 줄은 모르고 강의했던 터라 크게 기억에 남는 사건이었는데 어쨌든 그 사건 이후 더 열심히 동성애의 실체를 알려 탈출을 힘들어 하는 사람들을 돕는 일을 해야겠다고 결심하게 되었다.

동성애는 타고 나는 것이 아니고 이렇듯 가변적이다. 지금도 지구 어디인가 탈동성애를 결심하고 있는 이들이 있을 것이다. 이 책에서는 동성애자들의 정신적인 문제를 다루지는 않는다. 정신적 정서적 문제는 실로 양이 매우 방대하고 그 원인에 대한 의견이 학자들 간에 큰 차이를 보이고 있어 별도로 다루어야 할 내용이다.

이 책을 쓸 수 있도록 많은 기도와 독려를 아끼지 않으신 학부모단체, 보건협회의 많은 동역자들과 친정과 시댁의 부모님들, 그리고 사랑하고 존경하는 남편, 늘 엄마를 믿고 따라주는 아이들에게 감사의 뜻을 전하고 싶다. 또한 부족한 책이나마 추천사를 통해 힘을 실어주신 김준명 교수님, 이영훈 목사님, 성일종 의원님, 이미조 교수님, 민성길 교수님, 조배숙 의원님, 이혜훈 의원님, 이동섭 의원님, 김승규 전 법무부 장관님과 윤정배 원장님, 장원철 교수님, 박진권 소장님, 이재훈 목사님, 지영준 변호사님 그리고 김종신 선생님, 이신희 학부모님, 소강석 목사님, 백상현 기자님, 이재규 본부장님, 김진십 백석대 학장님께 깊은 감사를 드린다. 또한 철저한 감수로 책의 완성도를 올려주신 김준명, 민성길, 이미조, 이윤정, 임수현, 백진희 선생님께도 감사드린다. 또한 이 길을 걷는 길에 깨달음의 장을 열어주고 계신 백석대학원의 원우들과 교수님, 장종현 총장님께 감사드린다. 그리고 무엇보다도 이 책을 쓸 수 있도록 지혜와 여건을 조성하시고 처음과 끝을 모두 주관하신 하나님께 모든 영광을 올려드린다.

마라나타!

덮으려는 자
펼치려는 자

01

건강과
동성애

국민건강증진법 시행규칙에 따라
국내 시판되는 술병에는 의무적으로
아래 문구가 적혀 있다.

"지나친 음주는 간경화나 간암을 일으키며
운전이나 작업중 사고 발생률을 높입니다."

이는 음주자를 혐오하는 문구인가?

1. 직면을 위한 준비

소주 술병에서 볼 수 있는 '지나친 음주는 간경화나 간암을 일으키며 운전이나 작업 중 사고발생률을 높입니다'라는 경고 문구는 음주자에 대한 혐오 문구일까, 아니면 국가가 국민들을 음주 관련 질병으로부터 보호하기 위해 마땅히 제공되어야 할 의학적인 정보일까.

흡연행위는 위험한 행위이며 특히 폐암과 각종 기관지 질환 및 암을 유발하게 되는 행위임을 자각시키는 TV 광고는 흡연자에 대한 혐오 광고일까, 아니면 흡연인들의 건강을 지키기 위한 국가가 마땅히 해야 할 공익적 노력일까.

미국 질병관리본부(CDC)가 '미국 청소년 에이즈 감염의 경로의 90% 이상이 남성 간 성행위(male-to-male sexual contact)임이 설문조사를 통해 밝혀졌다'라는 사실[1]을 그대로 가감 없이 홈페이지에 게시하는 것이 동성애자들에 대한 혐오 표현을 한 것일까, 아니면 미국 청소년들을 질병으로부터 보호하기 위해 보건당국으로서 해야 할 일을 한 것일까.

런던에 매독 감염자들을 조사해본 결과 그들의 약 90%가 남성 간 성행위를 하는 자들이라고 발표한 영국 보건국의 발표[2]를 인용하는 것이 남성 간 성행위를 하는 자들에 대한 공격일까, 아니면 그들의 건강에 대한 객관적 정보 전달 행위일까.

남아프리카공화국의 더반에서 있었던 에이즈 컨퍼런스에서 '케이프타운의 레즈비언들을 조사해 본 결과 레즈비언 중 9%가 이미 에이즈에 감염되어 있었다'[3]라는 내용이 포함된 논문을 발표한 키츠비 박사는 레즈비언을 혐오하는 발표를 한 것일까, 아니면 그들의 건강에 관한 정보를 똑바로 전달한 것일까.

이제 질문을 바꾸어본다.

'지나친 음주는 간경화나 간암을 일으키며 운전이나 작업 중 사고 발생률을 높인다'라는 사실을 알고도 정부가 이 사실을 국민에게 알리지 않고 쉬쉬한다면 이것은 칭찬 받을 일인가 아니면 비난 받아야 하는 일인가.

흡연행위는 위험한 행위이며 특히 폐암과 각종 기관지 질환 및 암을 유발하게 되는 행위임을 알고도 정부가 이 사실을 담배 소비자들과 국민들에게 일절 알리지 않고 침묵한다면 이것은 공익적으로 합당한 자세인가, 아니면 비판 받아야 할 자세인가.

미국 질병관리본부가 설문 조사 후 '미국 청소년 에이즈 감염의 경로의 90%이상이 남성 간 성행위(male-to-male sexual contact)임이 설문 조사를 통해 밝혀졌다'라는 사실을 알고도 전혀 청소년들과 그 보호자들에게 알리지 않고 이런 정보를 땅에 묻어 버린다면 이것은 국민의 공감을 받을 만한 행위인가, 무책임한 방임 행위인가.

런던에 매독 감염자들을 조사해 본 결과 그들의 약 90%가 남성 간 성행위를 하는 자들이라는 사실을 알게 되었음에도 불구하고 알리지 않는다면, 영국 보건당국은 국민 혈세로 운영된 국가 기관으로서 직무에 충실했다고 봐야 할 것인가, 오히려 직무를 제대로 못했다고 봐야 할 것인가.

남아프리카공화국의 더반에서 있었던 에이즈 컨퍼런스에서 '케이프타운의 레즈비언들을 조사해 본 결과 레즈비언 중 9%가 이미 에이즈에 감염되어 있었다'라는 사실을 조사를 통해 알아내고도 이 사실을 알리지 않는다면 이것이 남아프리카공화국의 레즈비언들에게 도움이 될까, 아니면 더욱 그들의 건강악화를 방치하는 셈이 될까.

직면해야 할 문제들을 단지 불편하다는 이유만으로 은폐하는 것이 능사일까 아니면 직면해야 할 사실들을 직면하고 그 해결을 위한 건설적인 담론의 장을 열어야 할까.

'모든 국민은
건강하고 쾌적한 환경에서
생활할 권리를 가지며'

대한민국 헌법 제35조 1항 中

2. 건강은 기본권

대한민국 헌법에 명시된 국민의 기본권 중에 건강권이 있다는 사실을 아는 사람은 많지 않다. 우리나라 헌법 제35조 1항은 "모든 국민은 건강하고 쾌적한 환경에서 생활할 권리를 가지며"라고 명시하고 있다.[4]

건강권은 국민의 기본권이다. 2004년 헌법재판소는 흡연자 허모 씨가 '금연구역을 제한해 모든 흡연자를 범죄자로 취급하고 불이익을 주는 국민건강증진법시행규칙 제7조가 흡연자의 행복 추구권을 침해한다'며 낸 헌법 소원사건(2003헌마457)에서 재판관 전원일치 의견으로 합헌 판결을 내렸다.

재판부는 결정문에서 "흡연자들이 갖는 흡연권과 비흡연자들이 갖는 흡연으로부터 자유로울 권리(혐연권)는 모두 헌법 제17조(사생활의 자유)와 제10조(행복추구권)에 따른 것인데, 혐연권은 헌법 제17조와 제10조 뿐만 아니라 헌법이 보장하는 건강권(헌법 제35조)과 생명권에 기해서도 인정되므로 혐연권은 흡연권보다 상위의 기본권"이라며 "따라서 상위기본권우선의 원칙에 따라 흡연권은 혐연권을 침해하지 않는 한에서 인정돼야 한다"고 밝혔다.[5] 헌법재판소는 생명권을 '인간의 생존본능과 존재목적에 바탕을 둔 선험적이고 자연법적인 권리로서 헌법에 규정된 모든 기본권의 전제로서 기능하는 기본권 중의 기본권'으로 인정한 바 있다.[6]

재판부는 또 "흡연은 비흡연자들의 기본권뿐만 아니라 흡연자 자신을 포함한 국민의 건강을 해친다는 점에서 개개인의 사익을 넘어서는 국민 공동의 공공복리에 관계된다"며 "공공복리를 위해 개인의 자유와 권리를 제한할 수 있도록 한 헌법 제37조 제2항에 따라 흡연 행위를 법률로써 제한할 수 있는 만큼 이 사건 시행규칙 조항은 과잉금지원칙이나 평등원칙에 반하지 않는다"고 밝혔다.[7] 쉽게 말해 개인의 사익(흡연)보다 공공의 이익(금연)이 우선시 된다는 것이다. 물론 개인적으로도 금연은 흡연보다 이익이 많다.

그러면 '건강'이라는 것은 무엇을 뜻할까?

세계보건기구(WHO) 헌장에는 "건강이란 질병이 없거나 허약하지 않은 것만 말하는 것이 아니라 신체적 · 정신적 · 사회적으로 완전히 안녕한 상태에 놓여 있는 것"이라고 정의하고 있다.[8] ([그림 1-1] 참조)

질병이 없는 상태라는 말은 수동적 건강에 대한 태도에 머무르는 것이 아니다. 이제는 금주 · 금연 등 생활습관의 변화나 규칙적인 운동

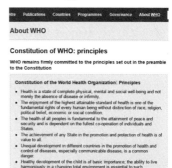

[그림 1-1] 건강의 정의 :
세계보건기구(WHO) 웹사이트 캡처

등과 같은 적극적으로 건강해지려는 능동적 태도가 강조되고 있다.

종합적으로 보면 개인이 육체적·정신적·사회관계적으로 건강할 때 진정으로 건강한 상태라고 볼 수 있다. 이를 위해 보건·의료지식과 정신심리학, 상담학 등 각종 지식의 도움을 통해 혜택을 누릴 수 있으며, 이것을 개인이 완수할 수 있게 돕는 것을 국가의 의무 중 하나로 보고 있는 것이다.

동성 간 성행위와 건강

동성 간 성행위가 건강에 도움이 되는 행위인지 신체적, 정신적, 사회관계적 측면까지 들여다 볼 필요가 있다. 국민의 건강권 수호에 도움이 되는 행위인지 그 반대의 결과를 낳는 행위인지 보건, 의학적인 시각으로 접근 해볼 필요가 있다는 말이다. 참고로 우리나라 헌법 제37조 2항은 공공복리를 위해 필요한 경우에 개인의 자유와 권리를 제한할 수 있도록 해놨다.[9]

동성애,
homosexuality.

homo + sexuality

3. 동성애, homo+sexuality

동성애(同性愛)는 전세계적으로 '호모섹슈얼리티(homo-sexuality)' 라고 표현된다. 이는 동성을 향한 성적끌림(sexual attraction), 동성과의 성관계(sexual behavior), 동성애자로서의 성정체성(sexual orientation) 등 을 말한다.[10]

흔히 남성과 여성의 성관계를 이성애, 동성 간 성행위를 동성애, 동성과 성관계를 하지만 이성과의 성관계도 마다하지 않는 형태를 양성애라고 칭한다.

최근 들어 학자들은 동성애 이성애 양성애를 총칭하여 성적지 향의 일종으로 부르고 여기에 트랜스젠더, 즉 성전환자를 추가해 LGBT(레즈비언, 게이, 양성애자, 트랜스젠더)라고 통칭하기도 한다.[11]

'사랑'과 '성애'의 구분

우리가 흔히 동성애라고 하면 한자 문화권의 영향으로 동성 간 '사 랑(愛)', 애정을 많이 떠올린다. 하지만 동성애는 영어로 '호모섹슈얼 리티(homosexuality)', 즉 동성 간 성행위나 성애를 지칭한다는 것을 알 아야 한다. 호모섹슈얼리티를 한국말로 동성애라고 칭하게 된 것 자 체가 이미 동성 간 성행위를 미화하기 위한 '언어 프레임'에 빠진 것 이라고 볼 수 있다.

우리가 '헤테로섹슈얼리티(heterosexuality)'라고 부르는 이성애라는 단어 역시 이성 간 '성행위' 혹은 이성 간 '성애'를 전제로 한 단어다. 이성애란 엄밀히 말해 '이성 간의 사랑'이라고 도식화 시킬 수 없다.

예를 들어 어머니(여성)가 아들(남성)을 아끼는, 지극히 정상적이고 평범한 모자 간 사랑을 예로 들어 보자. 어머니는 여자고 아들은 남자다. 그러나 이러한 사랑을 이성애라고 부르지는 않는다. 즉 엄마가 아들을 사랑하는 것을 이성애의 형태로 볼 수 없는 이유가 이성애라는 표현 안에 '섹슈얼리티(sexuality)', 즉 성애적 영역의 행동이라는 의미가 반드시 포함되어 있다.

현실치료 요법의 창시자인 글래서는 인간의 전체 행동(total behavior)을 사고(thinking), 행위(doing), 감정(feeling)과 생리적 변화현상(physiology)이라는 네가지 요소로 구성되며 인간의 전행동은 목적이 있다고 보았다.[12] 여기서 성애적 '행동'을 글래서가 말하는 전체 행동(total behavior)론에 근거해서 들여다 본다면, 성적 사고(thinking)와 성적 행위(doing), 성적 감정(feeling)과 성적 신체반응, 즉 생리적 변화현상(physiology)까지 모두 포함 시킬 수 있다. 그러므로 동성 성애 혹은 동성연애라고 지칭하던 과거의 용어가 오히려 호모섹슈얼리티를 좀 더 바르게 표현한 것이라 할 수 있다. 예수님이 제자들을 사랑하셨고, 목회자가 장로를 존경하고 사랑하며, 아버지가 아들을 사랑하고 형제가 형제를 사랑하고, 친구가 친구를 사랑해 우정을 키울 수 있다. 이것은 성애, 즉 섹슈얼리티를 전제로 하지 않기에 모두 동성애가 아니다.

▌'동성애' vs '동성연애'

"남자끼리 사랑하면 그게 다 동성애인가요? 남자인 저는 나의 오랜 옛 친구들을 사랑하고 나의 아버지를 사랑하고 나의 은사이신 교장선생님을 존경하고 사랑합니다. 그렇다면 저도 동성애자인가요? 이들이 이성은 아니잖아요?"이런 질문을 해오는 경우 우리는 명쾌한 답을 말 할 수 있어야 한다. 성적으로 그들에게 끌리고 정신적·육체적으로 성적인 관계를 맺는 것이 동성애인 것이므로, 진정한 의미의 사랑과 우정을 동성애라는 단어로 물타기 하는 동성애 옹호·진영의 용어전술에 넘어가지 말라고 조언해줘야 할 것이다.

문제는 언어 프레임 상 동성 간 사랑은 모두 '동성 간 섹슈얼리티'라고 부르게끔 한국말로 오역돼 있다는 것이다. 시급한 과제 중 하나는 국립국어원 표준국어대사전에서 '동성애'라는 단어를 '동성연애' 혹은 '동성 성애'라고 다시 되돌리는 것이다. 동성애는 동성 성애이며 따라서 동성애자의 바른 표기는 이전처럼 '동성연애자' 혹은 '동성 성애자'라고 부르는 것이 적절하다. 실제로 국립보건원의 자료에서도 2000년대 초반에만해도 '동성연애(자)'라고 명확히 표기했다.[13] 그리고 당시 에이즈에 관련된 각종 기사에서 '동성 연애'로 에이즈가 전파된다는 표현 등이 그대로 발견된다. 예를 들어 2003년 6월 2일자 한겨레 신문 〈에이즈 수혈감염, 동성애자에게도 책임있다〉라는 제목의 기사에는 아래와 같이 '동성연애자'라는 표현을 쓰고 있다.

> "그러나 그가 받은 피는 당시 예비군훈련장에서 동성연애자
> 였던 한 예비군이 헌혈한 것이었는데 운 나쁘게도 그는 에이
> 즈 감염자였다."[14]

이 '동성연애자'라고 하는 용어는 국제적으로도 통상 쓰고 있
는 용어 'homosexual'이라는 용어를 한국어로 좀 더 정확히
표현한 것에 해당이 된다. 이는 1980년대 당시 국내 모든 언론
에서 통상적으로 쓰던 단어였다. 예를 들어 1983년 8월 15일

자 동아일보 〈의학적
불가사의 그 현상의
긴급진단 미국을 울리
는 공포 〉라는 기사는
'동성연애자'라는 표
현을 쓰고 있다. 해당
기사는 에이즈 감염에
시달리던 미국 동성연
애자들이 에이즈대처
를 위한 기금을 모금
한다는 내용이었는데,
당시 표준어였던 '동
성연애자'라는 표현을

[그림 1-2] 동아일보
1983년 8월 15일자에 게재된
〈의학적불가사의 그 현상의 긴급진단
미국을 울리는 공포〉 기사

쓰고 있다.

1980년대 언론은 동성애자를 '호모주의자'라는 표현으로 쓰기도 했다. 예를 들어 아래의 1985년 기사는 에이즈를 '호모주의자의 병'이라고 소개하며 동성애자를 '호모' 혹은 '호모주의자'라고도 표현하고 있음을 볼 수 있다. 'homosexual'에서 접두사 'homo'를 따와서 만든 합성어로 보인다.

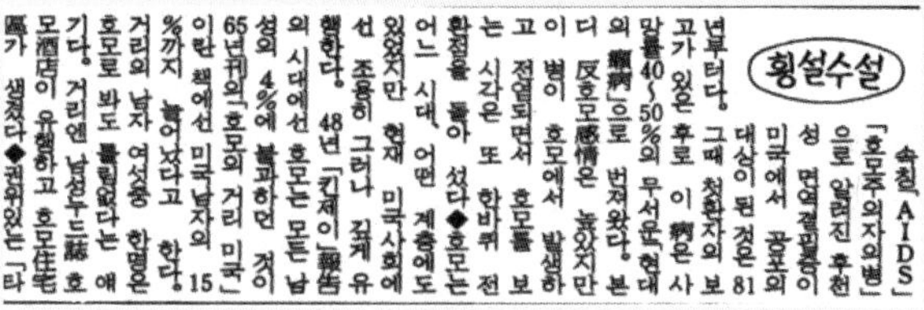

[그림 1-3] 동아일보 1985년 6월 29일자 칼럼 '횡설수설'

한편 2002년 3월 동성애자인권연대(임태훈 대표)는 "동성애자들은 일반인과 다른 성(性) 선호도를 가지고 있을 뿐"이라며 교과서·사전에 실린 동성애의 설명 중 "이상성행동/변태성행위/에이즈의 주범/에이즈 감염을 위해 동성연애자와 관계를 피해야 한다"는 내용이 '동성연애자 비하/동성애는 부자연스러운 사랑'으로 차별하고 비하하여 평등권을 침해받고 있다며 국가인권위원회에 진정서를 제출 했다.[15]

뿐만 아니라 2009년에 동성애자인권연대와 연세대 '컴투게더' 등 4개 대학 동성애자 모임은 국립국어연구원과 이들 사전을 발간하는 9개 출판사들을 상대로 동성애자에 대한 차별적 표현을 수정해 줄 것을 요구하며 인권위에 진정을 제기했다.

이후 인권위는 "현행 국어 · 영한 · 한영사전에서 변태성욕, 색정도착증 등 동성애에 대한 차별적 표현이 사용되고 있다" 며 국립국어연구원과 출판사에 수정을 권고했다. 인권위는 당시 시중에서 판매 중인 사전에는 동성애를 변태성욕이나 색정도착증으로 분류하거나 호모, 동성연애 등 동성애를 비하하는 용어가 사용되고 있음을 지적했다.

이에 대해 국립국어연구원과 이들 사전을 발행하는 9개 출판사 등은 사전의 개정판 발간 때 인권위의 수정권고를 반영하겠다고 밝히기에 이르렀다. 그리고 마침내 사전 속에서 동성연애에 대한 일체의 부정적 표현은 사라지게 되었다.[16]

'게이'라는 용어

미국 질병관리본부 웹사이트 혹은 캐나다 영국 등의 보건당국 웹사이트에는 남성 동성애자를 지칭할 때 게이(gay)라는 단어와 MSM이라는 약자를 혼용한다.[17] MSM은 남성 간 성관계를 갖는 남자(Men who have Sex with Men)라는 뜻이다.

미국 보건당국의 사실보고서(fact sheet)에서는 'gay and bisexual men'이라는 단어를 쓴다. 질병관리본부에서 시행하는 설문조사(CDC surveillance systems)에서는 '남자끼리 하는 성 접촉(male-to-male sexual contact)'이라는 단어를 쓰기도 하는데[18], 이 용어는 HIV감염을 매개하는 행동을 지칭하는 것으로 개인의 성적 정체성을 의미하는 것은 아니다. MSM 중에는 남성과만 성관계를 맺는 사람도 있지만 여자와 성관계도 마다하지 않는 양성애자도 있다.

그러면 남성 간 성관계를 의미하는 대표적인 행위는 어떤 것이 있을까. 악수를 나누거나 가벼운 포옹(hugging)같은 것은 남성 간 성관계에 해당될까, 해당되지 않을까. 영국 보건국 캐빈펜튼 소장은 남성 간 성행위의 특이적 형태로 나타내는 용어(Specific practice)로 항문성교와 구강성교를 꼽고 있다.[19]

'레즈비언'라는 용어

미국의 여성 건강에 대한 정보를 제공하는 정부기관인 여성건강국의 웹사이트는 레즈비언(lesbian)을 아래와 같이 정의하고 있다.

"what does it mean to be lesbian?
A lesbian is a woman who is sexually attracted to another woman or who has sex with another woman , even if it is only sometimes. a lebian is currently only having sex with a woman, even if she has had sex with men in the past."[20]

(레즈비언은 항상은 아니더라도, 현재 다른 여성에게 성적인 끌림을 느끼고, 여성과 성관계를 갖는 여성이다. 과거에 남성과 성관계를 가졌더라도 현재 다른 여성과 성관계를 가진다면 그 여성은 레즈비언이다.)

여성 동성애자를 보통 레즈비언이라고 부르지만 보건당국 등은 WSW라는 용어로도 여성 동성애자들을 표현한다. 이는 'Women who have Sex with Women'의 줄임말로 이른바 여성끼리 성애, 성적 행동(sexuality)을 가지는 자들이라고 정의하고 있는 것이다. 즉 레즈비언이란 현재 다른 여성과 성관계를 가지거나 혹은 다른 여성에게 '성적인' 끌림이 있는 여성이다. 성적인 요소가 동반되지 않는 여성 간의 자매적 우정이나 사랑과는 다르다고 명확하게 선을 긋고 있음을 볼 수 있다.

흥미로운 것은 과거에 남성과 성관계를 가진 경험이 있는 여성이라도 현재 여성을 상대로만 성관계를 하고 있다면 그 사람은 레즈비언이라고 정의한다는 사실이다. 이것은 보건당국 역시 레즈비언이냐 아니냐의 문제가 선천적으로 타고 나느냐 그렇지 않느냐에 있지 않고 철저히 현재 선택하여 행하고 있는 바로 그 '행동'을 중심으로 판단한다는 데 있음을 말해준다.

'양성애'라는 용어

보건당국의 자료에서 양성애(bisexuality)란 한 사람이 동성애와 이성애를 다 행하는 경우를 뜻함을 보게된다. 양성애자란 남성과 여성 둘 다에게 성적으로 끌리거나 실제로 그에 따라 적극적인 성 행위를 하는 사람을 뜻하는 단어로 사용되고 있다.

덮으려는 자, 펼치려는 자

> **'친구사이'와 질본의 보고서에서**
> **남성 동성애자를 MSM으로 칭하다**

MSM(men who have sex with men)

남성 동성애자들 상당수가 플라토닉하며 감정적으로만 감정을 교류하는 집단이라고 주장하며 동성애를 미화하고자 할때 방해가 되는 단어가 있는데 그것이 바로 'MSM'이라는 표현이다. 남성 동성애자들을 MSM 이라고 부르는 것에 대해 "모든 남성 동성애자들이 꼭 성관계를 하는 것이 아니니 그렇게 표현하지 말라"고 한다. 그냥 'men who love men'이라고 불러주면 좋을 것을 왜 MSM이라고 하느냐는 것이다.

그런데 이것은 모든 남성 이성애자들이 꼭 성관계를 하는 것이 아니니 그렇게 표현하지 말고 그냥 'men who love women'이라고 불러달라고 주장하는 것과 같다.

미국 영국 캐나다 등 해외 보건당국은 게이와 'men who have sex with men'을 동일어로 쓰고 있다. 뿐만 아니라 국내 주요 보고서에서도 동일한 현상이 발견된다. 질병관리본부 기획연구과와 한국 남성 동성애자 인권운동단체 '친구사이' 등이 협조하에 고운영 등이 작성한 보고서 〈한국 남성 동성애자들의 성행태와 후천성 면역 결핍증에 대한 인식〉이라는 보고서 조차 남성 동성애자를 MSM 즉 'men who have sex with men'이라고 표현하고 있다.[21]

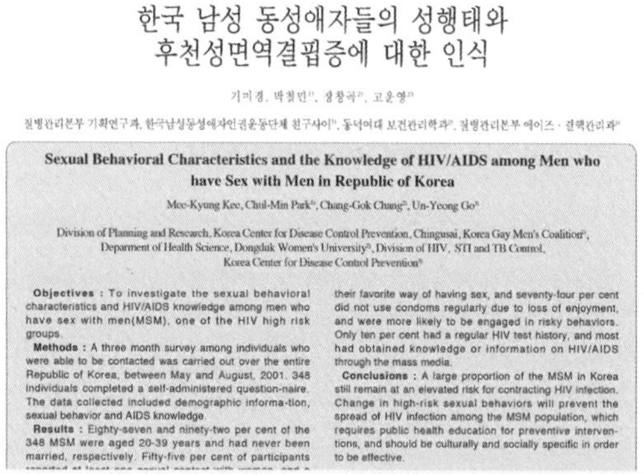

한국 남성 동성애자들의 성행태와
후천성면역결핍증에 대한 인식

기미경, 박철민[a], 정충곽[b], 고운영[c]

질병관리본부 기획연구과, 한국남성동성애자인권운동단체 친구사이[a], 동덕여대 보건관리학과[b], 질병관리본부 에이즈 · 결핵관리과[c]

Sexual Behavioral Characteristics and the Knowledge of HIV/AIDS among Men who have Sex with Men in Republic of Korea

Mee-Kyung Kee, Chul-Min Park[a], Chang-Gok Chung[b], Un-Yeong Go[c]

Division of Planning and Research, Korea Center for Disease Control Prevention, Chingusai, Korea Gay Men's Coalition[a], Deparment of Health Science, Dongduk Women's University[b], Division of HIV, STI and TB Control, Korea Center for Disease Control Prevention[c]

Objectives : To investigate the sexual behavioral characteristics and HIV/AIDS knowledge among men who have sex with men(MSM), one of the HIV high risk groups.
Methods : A three month survey among individuals who were able to be contacted was carried out over the entire Republic of Korea, between May and August, 2001. 348 individuals completed a self-administered question-naire. The data collected included demographic informa-tion, sexual behavior and AIDS knowledge.
Results : Eighty-seven and ninety-two per cent of the 348 MSM were aged 20-39 years and had never been married, respectively. Fifty-five per cent of participants

their favorite way of having sex, and seventy-four per cent did not use condoms regularly due to loss of enjoyment, and were more likely to be engaged in risky behaviors. Only ten per cent had a regular HIV test history, and most had obtained knowledge or information on HIV/AIDS through the mass media.
Conclusions : A large proportion of the MSM in Korea still remain at an elevated risk for contracting HIV infection. Change in high-risk sexual behaviors will prevent the spread of HIV infection among the MSM population, which requires public health education for preventive interven-tions, and should be culturally and socially specific in order to be effective.

[그림 1-4] 남성 동성애자 단체(친구사이)와 질병관리본부가 공통으로 작성한 보고서: 남성 동성애자를 MSM, 즉 남성간 성관계하는 남자라고 표기하고 있다.

이 책에서는 가급적 게이라는 표현보다는 MSM 혹은 남성 동성애자라는 표현을 더 자주 쓰게 될것이다. 원래 게이라는 단어는 '명랑한, 유쾌한'이라는 의미의 형용사로써 동성애와는 무관했다. 예를 들어 아이들이 가장 많이 보았다는 해외 동화책 '큐리어스 조지(Curious George)'에서 주인공인 물고기 캐릭터를 소개하며 'He is in a glass bowl and looks gay'라고 표현하고 있다. 이는 이 물고기를 동성애자라고 표현하는 것이 아니다. 호기심 많고 명랑한 동화 속 물고기를 소개하며 '그는 무척 명랑해요'라고 말하고 있는 대목이다.[22]

[그림 1-5] **해외 동화책 'Curious George'**

이 동화책에서 뿐만이 아니다. 게이라는 단어는 원래 '명랑하고 엉뚱해 보일정도로 유쾌한'이라는 의미를 함축한, 일상에서도 아이들 보는 책에서도 아무 거리낌 없이 쓰이던 단어였는데 원래의 의미가 퇴색되고 이제 '동성애를 하는' 혹은 '동성애자'라는 의미로 쓰이게 되었다.

동성애자를 의미하는 또 다른 용어로 소도마이트(sodomite)라는 용어도 있다. 이는 각종 성적 음란이 가득했던 도시의 대명사인 '소돔과 고모라'에서 유래한 '소돔 사람'이라는 단어로 동성애자를 지칭하는 또 다른 표현이다.

동성애 이외의 근친상간이나 난교 등을 일삼는 사람을 소도마 이트로 칭하기도 했다. 미국 질병관리본부는 최초로 에이즈의 뚜렷한 증상을 보이고 사망한 최초의 공식적 사망자들이 동성 애자였다고 지칭하며 'homosexual'이라는 표현을 쓰고 있다. homosexual은 남성 동성애자와 여성 동성애자를 모두 포함한 다.

WSW(women who have sex with women)

레즈비언 혹은 여성 동성애자를 지칭하는 용어로 미국 보건당 국 등이 사용하는 또 다른 용어가 WSW 이다. 미국 여성건강 국은 레즈비언의 정의를 '여성끼리 성관계를 하거나 여성끼 리 성적으로 끌리는 여성'이라고 보건당국은 WSW와 레즈비 언이라는 용어를 둘다 사용하고 있다. 레즈비언이라는 용어가 쓰이기 이전에는 여성 동성애자를 'gay woman'이라고 표기 하기도 했다.

'성소수자'라는 용어

성소수자(sexual minority)란 원래 남자 동성애자(게이, gay), 여자 동 성애자(레즈비언, lesbian), 양성애자(바이, bisexual) 등을 지칭했다. 그 러나 요즘은 트랜스젠더(transgender), 젠더 퀴어(gender queer), 간성

(intersex)도 포함 해 성소수자라고 주장한다. 이들의 앞 글자만 따서 LGBTI로 표현하기로 한다. 그러나 실제로 국립국어원의 표준국어대사전에는 '성소수자'라는 단어가 없다. 국립국어원에 '성소수자'라는 말이 왜 표준국어대사전에서 찾아 볼 수 없느냐'고 질문하면 "표준어가 아니기 때문"이라는 답변을 한다.

2017년 발의 되었다가 시민들의 강한 반발로 철회된 울산광역시 학생인권조례안을 들여다 보면, 제21조(학교복지에 관한 권리)에서 '성소수자'라는 단어를 사용하며 학생의 인권의 범주를 다루고 있다. 그러나 규명이 제대로 되지 않아 논란이 많은 단어였다. 그래서 해당 조례안은 사전에도 없는 단어를 법조문 안에 넣는 우를 범한 대표적인 사례로 지적 되었다. 실제로 울산광역시 학생인권조례안에 대한 시민들의 의견을 듣는 공청회에서 이 용어 사용에 대한 일부 시민의 강력한 반발이 있었다.

최근에는 성소수자라는 단어의 의미가 단순히 LGBT까지가 아니라 대다수의 일반인들이 가지고 있지 않은 성적인 취향을 가진 그룹들을 통칭하는 용어로도 확장되고 있다.

예를 들어 성소수자의 범주에 대해 국가인권위원회의 조사관은 아래와 같은 말을 남겼다.

"다자(多者)연애자도 성소수자입니다. 성적지향의 일종인 다자연애를 소개하는 게 무슨 부도덕한 행위를 하거나 물의를 끼치기라도 한 겁니까. 양성애자들도 집단 난교(亂交)를 하잖아요. 다자연애에 대한 비판은 차별입니다."[23]

이는 2018년 3월 14일 한동대 인권침해 조사 문제점을 취재하는 과정에서 국가인권위원회 조사관이 기자와의 인터뷰에서 한 말이다.

또 다른 예로 미국과 캐나다 일부에서는 '소아성애' 역시 존중받아야 할 성적지향을 가진 성소수자 문제로 접근하고 있다. B4U-ACT와 같은 인권단체는 "소아성애를 성적지향으로 인정해 달라"며 당당히 목소리를 높이고 있는 상황이라고 미국의 칼럼니스트들이 우려하고 있다.[24]

동의하에 이루어진 성행위라고 해서 아무 문제가 없다는 식의 친동성애 옹호 진영 논리는 다른 부작용을 가져온다. 호주 등 동성결합이 통과된 나라에서 이미 근친상간을 처벌하지 않는 판례[25]가 나오는 것과 무관하지 않다는 우려 섞인 분석도 발견된다.[26]

다자연애자를 성소수자라고 주장하는 국가인권위원회 인권 조사관과 인터뷰한 기자 역시 아래와 같은 우려를 표했다.

"조사관이 적극 두둔했던 다자연애가 한국사회에 퍼지면 어떤 현상이 벌어질까요. 미혼 청년의 경우 속칭 '양다리'가, 기혼자들은 불륜·간통이 빈번하게 발생하겠죠. 만약 성행위를 실천에 옮겼다면 집단 난교가 되고 결혼식까지 했다면 중혼(重婚)이 되겠죠. 그런데도 국가인권위는 다양한 성적지향에 다자연애가 속한다고 여기고 있습니다. 이런 논리대로라면 특정 대상에 대한 성적 끌림인 수간

(獸姦), 근친상간, 소아성애, 노인성애도 존중해줘야 합니다."[27]

위키피디아 역시 동성간 성행위자 권리운동 초기이후 계속 달라지고 있는 성소수자의 범주에 대해 아래와 같이 언급하고 있다.

"성소수자는 매우 포괄적인 용어이지만, 워낙 다양한 성소수자 집단이 존재하는 관계로 그와 유사하게 사용하거나 하위 집단을 일컫는 다양한 용어와 신조어들이 존재한다.

LGBT는 레즈비언(Lesbian), 게이(Gay), 양성애자(Bisexual), 트랜스젠더(Transgender)를 함께 일컬어 부르는 단어이다. 성소수자 운동에서 가장 주류적으로 사용되는 용어이나, 수용성이 제한적이기 때문에 비판의 대상이 되기도 한다.

성소수자 권리 운동 초기에는 레즈비언과 게이만 일컫는 레즈비게이(Lesbigay)로, 거기에 양성애자도 더한 LGB로 불리었으나, 90년대 이후 트랜스젠더도 포함된 LGBT가 되었다.

21세기 들어서 자신의 성정체성이나 성적지향에 의문을 가지고 있는 사람들을 일컫는 퀘스처너(Questioner)와 남녀 한 몸(Intersexaul), 무성애자(Asexual)도 더해 LGBTQIA라고 부르고 있다. 인도 등 동남아시아에서는 히즈라를 H로 표기하여 포함하기도 한다."[28]

'간성'이라는 용어

예전 경기도 일산의 한 종교단체에서 동성애 관련 강의 후 청중석에 앉아있던 한 수강자로부터 뜻밖의 부탁을 받은 적이 있다. 자신의 지인이 간성 환자인데, 절대로 동성애자가 아니며 그것은 병원에서 치료받는 질병으로 생각해야 하며 동성애가 아님을 강의 때마다 꼭 밝혀달라고 필자에게 부탁한 것이다.

사실 간성에 대해서 일반인들은 지식이나 관심이 없지만 한때 동성애를 옹호하고 그 부류를 다양화 하고자 하는 시도 중에 간성을 동성애의 일종으로 넣으려는 시도가 있었다. 그러나 이것은 의학자들에 의해 강하게 부정되었다. 국내에도 간성에 대해 비뇨기과 전문의 이세일 원장이 잘 정리해둔 자료[29]가 있어서 간성에 대한 이해를 돕기 위해 해당 전문을 소개한다.

▌간성은 동성애가 아니다

"새해가 되면 '금년 1월 1일 새벽 1시 5분에 20170101의 주민번호를 가진 첫 남자아기 또는 여자아기가 어느 산부인과에서 태어났습니다'라는 뉴스가 나올 때가 있다. 그런데 어떤 경우는 선천성 기형의 일종으로 남자인지 여자인지 알쏭달쏭한 성기를 가진 아기들이 태어나는 수도

이세일 원장(비뇨기과)

있다. 요도구멍이 음경상부나 하부에 위치한 형태로 나오는 요도상열 또는 요도하열 같은 질환도 그러한 선천성 기형의 한 예이다. 육체의 성은 정자와 난자가 만나서 수정란이 될 때에 결정되며 수정란에 있는 염색체와 유전자에 의해 정소, 난소, 성기관 등이 만들어진다. 따라서 육체의 성은 선천적으로 결정된다고 말할 수가 있다. 육체의 성은 뚜렷하게 남성과 여성, 두 가지 성으로 구별된다. 그런데 아주 낮은 확률로 남성도 여성도 아닌 선천성 기형의 일종으로 모호한 생식기를 가진 간성(intersex)이 만들어질 수가 있다. 간성이 생기는 이유로는 성염색체 이상에 의한 것과 그 이외의 원인에 의한 것으로 나눌 수 있다. 염색체는 정상 여성은 XX, 정상 남성은 XY인데, 성염색체 이상에 관련된 가장 일반적인 발달 장애로는 X 하나만 있는 터너증후군과

XXY, XXYY, XXXY 등을 가지는 클라인펠터 증후군이 있다.
터너증후군은 외형은 여성이지만, 난소의 결함 때문에 2차 성
징이 결여되고 가슴이 잘 발육되지 못하거나 임신을 할 정도
로 여성성이 발달되지를 않는다. 또한 작은 몸집을 갖고 성인
이 되어도 키가 작다. 여성호르몬을 투여하면 유방이 발달하
고 생리가 시작하게 된다.

클라인펠터증후군은 감수분열 과정에서 무작위로 생기는 성
염색체의 비분리 현상에 의해 생기는데, 사춘기에 남성호르몬
이 잘 분비되지 않음으로 인하여 여성형 유방이 발달하며 고
환과 음경의 크기가 유달리 작고 생식능력이 결여된다. 또한
지능이 낮고 정신적 장애가 있는 경우도 많이 있다.

터너증후군과 클라인펠터증후군, 두 경우는 사춘기에 그러한
특징적 증상이 나타나면서 여러 가지 어려움을 겪는다. 최근
에는 호르몬 투여와 수술 등의 방법으로 증상을 많이 호전시
킬 수있다.

그러나 위에서 설명한 간성들을 남성이나 여성이 아닌 제3의
성이나 정상적인 성의 한 종류로 볼 수는 없으며, 수천 명에 한
명꼴로, 즉 아주 낮은 확률로 나타나는 선천적인 성기 기형이
라고 보아야 한다. 국내 문헌에 따르면 클라인펠터증후군을
가진 환자들 중의 일부는 사춘기에 여성의 2차 성징이 나타나
므로 남성 동성애자로 행동하기도 한다고 되어 있다. 이러한
경우는 클라인펠터증후군 자체가 동성애를 일으키는 생물학
적인 요인이 된 것이 아니고, 자신이 가진 외모가 또래 친구들

과 다름을 깨닫고 청소년기에 느끼는 불안정한 성정체성으로 말미암아 그러한 성적 정체성 혼동을 느꼈을 수 있다.

즉 선천적인 생물학적 요인이 아니고 후천적인 심리학적 요인에 의해서 동성애자로 행동한다고 보아야 할 것이다. 그러므로 간성은 선천적인 성 기형의 일종이며 동성애의 직접적인 형성요인이 될 수는 없는 것이다.

간성 또는 모호한 생식기의 발생빈도는 각각의 질환별 유병율을 따르며 이러한 선천성 기형상태가 동성애자가 되는 것과는 무관하다. 동성애는 정신과적 성적 도착 일탈행위이며 이러한 동성애자에서의 선천성 외성기 기형의 발생 비율이 일반인과 비교하여도 통계상의 큰 차이는 없으리라고 생각된다.

[그림 1-6] 한국터너협회 웹사이트[30]

'동성애 성행위는
객관적으로 혐오감을 유발하고
선량한 성도덕에 반하는
성적 만족행위이다.'

2016년 7월 군형법 제 92조의 6
합헌결정 당시 헌법재판소 결정문 中

4. 동성 간 성행위의 문제점

우리나라는 군대 이외에서는 동성 간 성행위를 제한하거나 처벌하지 않는다. 그러나 동성애 성행위에 대해 우리나라 최고의 사법기관인 헌법재판소나 대법원은 네차례에 걸쳐 동성애 성행위는 객관적으로 혐오감을 유발한다고 결정문을 내린 바 있다.[31]

동성 간 성행위의 구체적인 행태가 무엇이기에 우리나라 최고 사법기관들은 이와같은 결론을 내리고 있는것일까?

동성애를 이미 법제화하여 동성결혼까지 인정하고 있는 나라들을 중심으로 보건당국이 말하고 있는 동성 간 성행위의 행태와 특징을 객관적으로 살펴볼 필요성이 있다.

남성 간 성행위는 항문성교와 구강성교, 상호자위, 키스 등 다양한 형태가 있으나 특히 보건당국이 다루고 있는 대표적인 행태는 항문성교와 구강성교다.[32] 그리고 여성 간 성행위는 구강성교와 손가락과 성기구를 이용한 상호자위 등을 포함하고 있다.[33]

항문성교에서의 바텀밍(bottoming), 탑핑(topping)

남성 동성애자의 성관계에 대해서 미국 질병관리본부는 남성 동성애자의 성행위에 대해서 표현한 부분이 다수 있는데 특히 남성 동성애자의 높은 에이즈 감염률을 설명하는 대목에서 남성역할을 하는

행위를 탑핑(topping), 여성역할을 하는 것을 바터밍(bottoming)으로 소개하고 있다.[34]

항문은 장의 맨 끝에 위치한 배출기관으로 평평한 세포(편평세포)들이 항문연(Anal verge, 항문입구 부위)과 항문관(Anal canal, 항문입구부터 직장 전까지의 부위)을 덮고 있다. 항문 바로 앞의 기관은 직장이다.

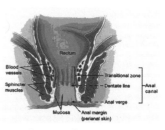

[그림 1-7] 항문의 구조

2013년 가을에 열린 '영국 HIV 컨퍼런스'에서 영국보건국 소장인 펜튼 교수는 보고서에서 MSM은 HIV(에이즈 바이러스), 임균, 클라미디어, B형 간염, 사람유두종바이러스, 단순 포진바이러스 감염의 위험에 처하게 됨을 경고하면서 MSM의 특징적 형태(Specific practice)를 항문성교와 구강성교로 명시하고 있다([그림 1-8] 참조).

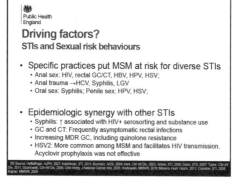

[그림 1-8] 2013년 영국 HIV 컨퍼런스에서 소개된 영국 보건국 자료: 남성 동성애자의 성행위와 그에 따른 질병들[35]

미국 질병관리본부는 에이즈에 감염되는 행동 중에서 가장 위험한 행동이 바터밍, 즉 항문 성교 시에 소위 여성의 역할, 즉 수동적 역할을 하는 것이라고 경고하고 있다.[36] 미국 질병관리본부 2017년 사실 보고서 중에는 바터밍(Receptive anal sex)이 탑핑(insertive anal sex)보다 13배 더 위험하다고 아래와 같이 구체적으로 경고하고 있다.

"Anal sex is the highest-risk sexual behavior for HIV transmission. Receptive anal sex is much riskier for getting HIV. The bottom partner is 13 times more likely to get infected than the top."[37]

(항문 성관계는 HIV감염에 있어서 가장 위험한 형태의 성관계이다. 항문으로 받아들이는 역할이 삽입을 하는 역할보다 HIV에 감염될 위험이 13배나 높다.)

뿐만 아니라 미 보건당국은 〈2015년 성병 치료 가이드라인(2015 Sexually Transmitted Diseases Treatment Guidelines)〉을 통해 MSM 간의 성행위 패턴은 해부학적으로 비정상적인 부분을 통해 이루어진다는 위험성 이외에도 마약 남용이나 익명의 성행위가 일반인들보다 빈번함을 시사하고 있다.

"Factors associated with increases in syphilis among MSM

have included substance abuse (e.g., methamphe tamine),
having multiple anonymous partners, and seeking sex partners
through the internet"[38]

(남성 동성애자들 사이에 매독이 증가하는 요인은 그들이 마약을 남
용하고, 이름도 모르는 다수의 성관계 파트너를 가지고 인터넷으로
성관계 파트너를 구하기 때문이다.)

앞으로 소개될 많은 나라의 보건당국 자료에서 남성 간 성행위를
항문성교로 표현하고 있음을 보게된다.

남성 간 성행위의 대명사가 된 '항문성교'

우리나라는 군형법으로 군인 간 항문성교를 처벌하고 있다. 군형
법 92조의 6(추행)의 내용은 아래와 같다.

"제92조의6(추행) 제1조제1항부터 제3항까지에 규정된 사람에 대
하여 항문성교나 그 밖의 추행을 한 사람은 2년 이하의 징역에 처한
다."[39]

수많은 동성애 옹호자들이 "동성애(homosexuality)와 항문성교를
연관 짓지 말라", "동성애는 그저 아름다운 사랑이며 항문성교는 이

성애자들도 많이 한다"며 남성 동성애와 항문성교를 관련짓는 것의 부당성을 피력해 왔다. 그런데 군인들간의 항문성교를 금지하는 법으로 알려져 있는 군형법 92조의6은 군인들의 동성애를 금지하는 법이라며 강력 항의함으로써 그들 스스로가 남성 동성애를 항문성교와 동일어처럼 쓰고 있다는 것은 참 아이러니이다.[40]

더군다나 군인의 항문성교를 금하는 군형법 92조의6을 삭제하는 군형법 일부 법률 개정안을 발의한 의원들조차 항문성교를 금지하는 군형법이 "동성간 성행위"를 처벌하는 법, 혹은 "동성애"를 처벌하는 법이라고 규정하고 있다([그림 1-9] 참조). 항문성교는 '이성애자들도 많이 하며 동성애자의 전유물로 국한시키지 말 것'을 주장해 온 단체들이 오히려 '항문성교' 금지를 '동성애 금지'와 동일시 함으로써 동성애의 실체를 폭로한 셈이 아니냐는 것이 네티즌들의 반응이다.

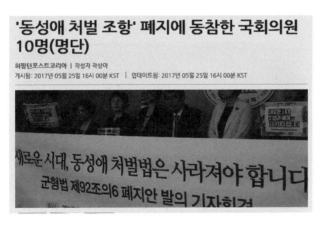

[그림 1-9] 동성애 옹호 시민단체가 군대 내 '항문성교'를 금지한 법을 '동성애' 처벌법이라고 표현하고 있다.[41]

리밍(rimming)의 위험성

'리밍(rimming)'은 항문과 입이 맞닿는 성행위(oral-anal contact)이다. 리밍도 구강성교가 일으키는 같은 질병을 야기할 수 있다. 영국 보건국은 남성 동성애자들이 이질 또는 성병에 잘 걸리는 이유 중 하나가 리밍을 하기 때문이라고 경고하고 있다.[42] 항문에 존재하는 대변 유해 세균들의 입을 통해 위장관계 즉 소화기관으로 유입되는 경우 각종 대변-구강 감염(Fecal - oral transmission)을 일으킬 수 있다. 또한 혀나 입속에 혈관이 드러나는 상처가 있거나 피가 나는 경우 바로 혈중으로 세균이나 각종 바이러스 등이 유입될 수 있다.[43] 이러한 행위의 위험성 때문에 미국 질병관리본부는 사실 보고서를 통해 남성 간 성행위시 덴탈댐을 사용할 것을 권유하기에 이르렀다[44]([그림 1-10] 참조).

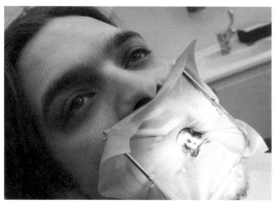

[그림 1-10] **덴탈댐**[45] (사진출처 : 위키피디아)

유로서베일런스 보고서에서는 "among MSM via oro-anal contact(남성 간 구강-항문 성접촉)"이라는 표현을 쓰고 있다. 남성 간 구강-항문 성적 접촉 행위 중 대표적인 것이 바로 전술한 리밍에 해당이 된다. 유로서베일런스는 이러한 행위가 남성 동성애자들에게 이질이 집중적으로 유행한 원인 중 하나라고 보고하고 있다.[46]

LGBT 문화와 퀴어행사

LGBT 문화란 레즈비언 게이 양성애자 트랜스젠더 등이 공유하는 문화를 의미한다. 이들이 흔히 퀴어(queer-이상한)라고 불리우기 때문에 퀴어문화(queer culture)라고도 한다. 'LGBT 문화'는 소위 게이문화(gay culture)를 의미하기도 하지만, 게이 문화는 원래 남성 동성애 문화라는 의미였다.

[그림 1-11] 2014년 서울 신촌에서 개최된 퀴어행사[47]

LGBT 문화는 지역, 참여자의 정체성 등에 따라 다양하다. 이 문화는 LGBT인 예술가 또는 사회적 지도자들에 의해 선도되기도 한다.[48] 그러나 실제는 LGBT 공동체에서 행해지는 삶의 방식을 의미한다. 흔히 게이 퍼레이드, 레인보우 깃발, 이성 복장(drag kings and queens) 등이다.

모든 동성애자가 LGBT 문화에 참여하는 것은 아니다. 자신이 LGBT인 것이 알려지는 것을 싫어하거나, 사회적 낙인을 두려워하거나, 자신의 동성애적 취향이 정상적이진 않다고 인정하는 경우가 있기 때문이다. LGBT들이 한 지역에 모여 살면서(gay villages 또는 gayborhoods) 게이 퍼레이드, 동성애자 체육대회(gay games), 'Southern Decadence'[49]같은 행사를 한다. 그러나 The Queercore[50]와 Gay Shame 운동[51]은 LGBT 문화를 상업화하거나 게토화(ghettoization) 시킨다는 비판을 받고 있다.

동성애자의 라이프스타일

동성애자의 삶의 방식은 상당부분 안전하지 않은 행동방식 내지 삶의 방식을 보여 준다.[52] 2012년 발표된 따르면 동성애자는 이성애자보다 일찍 성관계를 시작하고, 파트너가 자주 바뀌고, 파트너의 연령차가 이성애자 보다 더 많다. 또한 이성애자에 비해서 2~3배 많이 다자연애상태에 있다.[53] 그렇기 때문에 그들의 삶의 방식은 하나의 독특한 문화를 형성하게 되지만, 건강 내지 보건 문제상 여러 가지

위험한 행동을 포함한다.

특히 미국 보건당국이 우려하듯 동성 간의 항문성교에는 흔히 폭력적 (가학피학적)[54] 인간관계와 무리하게 항문을 늘이는 행위인 피스팅(fisting)이 포함된다.[55] 동성애자들의 위험한 행위 중에는 성병 (에이즈 포함) 감염, 폭력적 행동에 의한 상처와 감염, 여러 내과적 문제, 비윤리적 문란성, 약물 남용, 자살 시도 등이 포함된다. 약물남용(술, 마약 등)은 위험한 성적 행동을 더 많이 하도록 만든다. 특히 동성 간 파트너십에 있어, 일반인 보다 훨씬 파트너를 자주 바꾸는 양상이 뚜렷한 것으로 보고되고 있다.[56] 많은 전문가들은 동성애 라이프 스타일에 보건적, 윤리적 문제가 많음을 지적하고 있다.

▌질문있어요

동물들이 동성애를 하므로 인간 역시 동성애를 하는 것이 당연하다는 동성애 옹호론자들의 주장이 있습니다. 이를 어떻게 보아야 할까요?

2012년 6월 '아델리펭귄의 충격적인 성적 변태성 밝혀져'라는 제목의 기사가 코리아헤럴드에 실렸다. 내용은 아델리펭귄들은 동성애 행위, 어린 펭귄에 대한 성폭력도 마다하지 않았고 심지어 수컷 펭귄들은 죽은 암컷 펭귄들과 교미를 시도하기도 한다는 것이다.[57]

펭귄의 '타락한' 성생활, 100년 만에 공개

작성 2012.06.12 11:26 조회 30,016

너무 충격적이라는 이유로 공식 출판물에서는 빠졌던 펭귄들의 특이한 성행위 내용까지 모두 수록한 100년 전의 남극 탐험 기록이 영국 자연사박물관(NHM) 학자들에 의해 재해석돼 새로 출판됐다고 BBC 뉴스가 10일 보도했다.

[그림 1-12] SBS 뉴스 캡쳐:
근친상간, 사체성애, 동성애 등을 하는 아델리펭귄의 성행위를
'타락한' 성생활이라고 보도하고 있다.[58]

동물이 동성애(동성 간 성행위)를 하는 것이 관찰되었다는 주장이 사실로 드러나는 대목이다. 동물들에게서 동성애뿐만 아니라 어린 새끼, 혹은 시체와의 성관계도 보고되었다.

남극에서 100년 전 작성된 수첩이 발견된 가운데 아델리펭귄의 성생활이 담긴 관련된 복원 내용이 충격을 안겼다. 뉴질랜드 언론은 2014년 10월 20일 '뉴질랜드의 남극유산보존재단이 남극에 있는 영국 스콧탐험대 기지에서 1911년도 당시의 탐험 대원이었던 외과 의사이자 동물학자인 레빅의 사진기록 일지 수첩을 발견했다'고 보도했다. 레빅의 기록 수첩 중 '아델리펭귄의 자연사'라는 관찰 일지에는 수컷 아델리펭귄은 이성과 동성을 가리지 않고 성관계를 맺는다고 했다. 또한 암컷 펭귄과 강압적인 성행위를 하고, 어린 펭귄에게는 성적 학대를 일삼고, 심지어 죽은 지 1년이 넘은 암컷의 시체와도 교미를 하는 것이 관찰되었다고 전하고 있다.

이는 각각 동성애, 강간, 가학적 성애, 소아성애, 시체 성애 등 여러 가지 인간에게서 비정상적으로 간주되는 성행위들과 맥락을 같이 하는 충격적인 대목이다. 어쨌든 레빅은 이런 수컷 아델리펭귄을 '훌리건 같은 수컷'이라고 평가하기도 했다.[59]

동물의 동성애와 양성애는 자연 속에서, 특히 짝짓기와 구애활동 등에서 관찰되고 있다.[60] 청둥오리[61], 돌고래[62] 등등 여러 가지 동물에게서 동성 간 성행위가 관찰되었다고 주장하는 보고서가 나왔다.

그렇다고 해서 인간도 동성애를 하는 것이 당연한 것이라고 주장할 수 있을까. 동물이 하는 행동이니까, 인간이 해도 자연스러운 것이라고 용납해야 된다는 논리가 과연 맞을까. 정답은 '그렇지 않다'는 것이다. 동물들은 동성애 외에도 기이한 행동을 많이 보인다. 예를 들어 햄스터는 자식을 물어 죽이기도 하고 암사마귀는 교미 직후 숫사마귀를 먹어치우기도 한다. 개는 노상방뇨를 하고 뻐꾸기는 자신의 자식을 키우려고 다른 새의 둥지에 자신의 알을 몰래 위탁하고 달아난다.

심지어 탁란된 알에서 부화되어 나온 새끼 뻐꾸기는 둥지 밖으로 원래 주인인 새의 새끼들을 둥지 밖으로 밀어 떨어뜨려 죽임으로써 자신의 생명을 지킨다. 비둘기는 부부간의 정조관념 없이 성관계하기로 유명하다. 이것이 동물들이 하는 행동이다. 그럼 인간들이 이런 행동을 해도 되는 것일까. 당연히 '아니다'라고 답을 할 것이다. 동성애도 그렇다. 동물들이 동성애를 한다고 해서 인간이 해도 된다는 논리는 그릇된 것이다. 인간은 동물과 다르다.

▌질문있어요

우리나라는 법치국가입니다. 그런 우리나라에서 최고의 사법적
지위를 가지고 있는 대법원과 헌법재판소는 동성 간 성행위에
대해서 어떤 입장을 취하고 있는지 궁금합니다.

우리나라는 현재 법적으로 동성 간 성행위를 제한하거나 처벌
하고 있지 않는 동성애의 자유가 있는 국가다. 또한 그러한 법
적 제한이나 처벌의 역사가 없다.

유럽이나 미국은 일명 소도미 법이라 하여 동성 간 성행위를
법적으로 제한, 처벌해 온 역사가 있으나 한국은 특이하게도
그런 법적인 조치가 없었다. 동성애를 한다고 해서 감옥에 가
거나 벌금을 내거나 명문대에 입학을 못한다거나 하는 정책적
인 차별이 없었다.

그렇다고 해서 동성 간 결혼을 인정하고 있는 국가도 아니다.
대한민국에서는 동성 간의 결혼이라는 표현 자체가 사실 어불
성설이다.

결혼이란 우리나라 헌법에도 명시되어 있듯이 양성, 즉 여자
남자의 평등한 관계 속에서 이루어지는 것이기 때문이다.[63]
애초에 '동성 간의 결혼'이라는 구절 안에 오류가 내재되어 있
는 것이다.

우리나라에서 최고의 법적인 권위를 가지고 있는 대법원과 헌
법재판소의 동성애에 대한 입장은 어떨까. 대법원과 헌법재
판소는 '동성애 성행위는 일반인에게 객관적으로 혐오감을

유발하고 선량한 성도덕관념에 반하는 성 만족 행위'로 평가하고 있다.[64]

그런데 이러한 최고 사법기관의 판단에 맞지 않는 법조항이 국가인권위원회법에 들어가게 되면서 갑자기 동성애에 대해 반대하는 행위를 잘못된 차별행위에 해당되는 것처럼 인식시키게 되는 일이 생겼다.

2001년 이미경 의원, 정대철 의원(이상 새천년민주당), 이인기 의원(한나라당)이 각각 대표발의한 '국가인권위원회법안'을 심의하면서 하나로 통합하여 법제사법위원회에 법률안으로 입안한 후 그해 5월에 국가인권위원회법을 제정한 것이다. 이 인권위법은 평등권 침해의 차별행위 사유에 '성적지향'을 전격적으로 포함시켜 버리게 되었다.[65] 이에 따라 여러 가지 다양한 '성적지향'에 포함되는 가장 대표적인 사항인 동성애 성행위에 대한 법적, 도덕적 가치판단에 상당한 변화를 주어 마치 동성 간 성행위는 더 이상 선량한 성도덕에 반하는 행위가 아닌 것처럼 인식되게 되었다.

그러나 2016년 '국가인권위법상 차별금지 사유에서 성적지향 삭제개정의 필요성'이라는 책이 국내 노동인권 전문 변호사에 의해서 출간되고 2017년 9월에는 국가인권위원회법의 차별금지 사유 중에 성적지향의 삭제를 골자로 하는 국가인권위법 일부법률개정안이 발의되는 등 국가인권위법에 대한 문제 제기는 끊이지 않고 있다.

2015년부터는 국가인권위원회 건물 정문에서 시민과 학부모들이 1년이상 릴레이 1인 시위를 하는 진풍경이 벌어지기도 했다([그림 1-13] 참조). 1인 시위 피켓의 핵심 요구사항은 인권위법에서 '성적지향'을 삭제해달라는 것이었다.

[그림 1-13]
국가인권위원회 정문 앞에서
시위 중인 학부모[66]

'일반 연구와는 달리
성소수자 조사는 대상에 대한 정의가
다양하고 모호하다는 약점이 있음'

한국 질병관리본부 발주 보고서
'전국 성의식조사' 中

5. 동성애자는 우리 주변에 얼마나 있는가?

동성애 옹호자들은 '지구가 100명이라면 그중 11명은 LGBT입니다[67]'라는 현수막을 내거는 등의 방법으로 동성애자의 인구수가 적지않다고 항변해 왔다. 그러나 여러 자료를 종합해 볼 때 그들의 주장은 실제 데이터와는 적지않은 거리감이 있다.

동성애자의 인구 비율 조사가 객관적으로 정확하게 이루어지기 어려운 몇 가지 이유가 있다. 그중 하나가 앞에서 밝혔듯 동성애 여부가 선천적인 것이 아니라는 것이다. 나이와 환경, 경험 등 개인의 결심에 영향을 주는 후천적인 요인들에 영향을 받는 유동적이고 가변적인 문제이기 때문이다.[68] 즉 지금 이 순간에도 지구 어느 쪽에서는 동성애의 길로 진입하는 사람이 있는가 하면, 또 다른 한쪽에서는 탈동성애를 결심하고 동성 간 성행위를 중단하는 사람이 있다는 것이다.

동성애는 불변적이고 비가역적인 유전이 아니라 가변적이고 가역적인 성적취향이라고 수많은 동성애자와 탈동성애자들이 증언하고 있다.

즉, 동성애는 '백인이냐 흑인이냐, 여자냐 남자냐'와 같이 천부적으로 타고나 바꿀 수 없는 것도 아니고 장애의 유무처럼 불가항력적인 것도 아니다. 동성애 여부는 수시로 바뀔 수 있는 것이다. 그렇기 때문에 미국, 영국, 유럽, 중국, 한국 등 전 세계적으로 동성애에서 탈출한 수많은 사람들이 탈동성애 증언을 하고 있는 것이다.

[그림 1-14]
2014년 서울 동작구 대방역 인근에 게시된 마포레인보우주민연대의 현수막:
이와 유사한 현수막이 서강대 부근에 게시돼 논란이 있었다.[69]

그럼에도 불구하고 많은 사람들이 동성애자의 수가 얼마나 되는
지 궁금해 한다. 동성애는 타고난 불변의 것이 아니라 매우 가변적이
어서 통계수치화 하기가 어려운 면이 있고 그만큼 논란도 많음을 전
제로 하고 몇 나라의 상황을 살펴보자.

영국의 동성애자 비율

영국은 동성결혼을 법제화하고 평등법을 제정해 동성애자의 권리
를 적극적으로 지지해주고 있는 나라다. 2015년 영국 통계청 조사에
따르면 영국 동성애자 인구는 레즈비언 게이 양성애자를 모두 합해
서 1.7%였다. 자신이 레즈비언이거나 게이라고 응답한 사람은 1.1%,

양성애자라고 답한 사람은 0.6%였다([그림1-15] 참조).

[그림 1-15]
성 정체성별 인구수를 홈페이지에 공개하는 영국 통계청[70]

　그러나 영국의 동성애 단체는 그동안 전체 인구의 10%가 동성애자라고 꾸준히 주장해 왔다. 그 결과 영국 정부는 2005년 동성애자의 비율을 6%로 추산했다. 그런데 이것은 잘못된 주장이라는 게 통계청 조사 결과 드러났다. 영국 통계청이 2010년에 조사를 해보니 당시 동성애자의 비율은 1.5%밖에 나오지 않은 것이다. 여성·남성 동성애자 1.0%와 양성애자 0.5%를 합한 수치다. 이 같은 결과를 놓고 "그동안 소수를 위해 너무 많은 세금을 투입했다"며 정부 정책의 변화를 촉구하는 목소리가 나오기도 했다.[71] 과다 추산된 동성애자의 수에 맞게 예산과 행정지원을 했으니 일반 국민들 입장에서 세금을 낭비했다는 생각이 들지 않았을까. 그간 동성애 옹호단체들의 주장에 따라 과잉 예산과 노력을 투입한 것에 대해 어떠한 보상적인 조치도 주어졌다는 소식은 들리지 않는다. 정책이라는 것은 한번 시행되고 나면 지속적으로 막대한 예산이 투입된다. 잘못된 정책의 결과물들을 원래대로 되돌린다는 건 쉬운 일이 아니다.

영국 통계청 조사에서 연령별 동성애자의 비율을 보면 게이는 50대 이상에서 1% 이하로 나온다. 반면 20대 전후에서는 1.8%에 달하는 것으로 밝혀졌다. 생애 주기에 따른 문화 교육 제도의 변화 및 성 행태의 차이가 동성애 확산에 영향을 미치고 있음을 보여주는 것이다([그림 1-16] 참조).

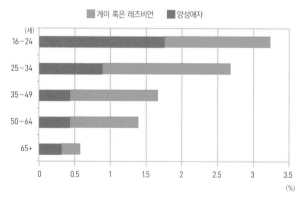

[그림 1-16] 영국 통계청이 밝힌 동성애자와 양성애자 비율:[72]
연령이 높아질 수록 동성애자의 비율이 줄어든다.

나이대 별로 동성애자의 비율이 많은 차이를 보이는 것은 동성애가 평생에 걸쳐 불변하는, 즉 타고 난 정체성이 아닌 것임을 보여주는 근거 중 하나다. 이성애자는 나이가 들더라도 큰 변화가 없는 반면 동성애자는 젊은 시절 왕성하게 나타나다가 나이가 들면 급격히 감소하는 특성을 보인다. 또한 영국의 통계는 동성애는 인종이나 성별처럼 정해져 타고난 것이 아니라 나이와 문화, 개인이 처한 형편과 의지에 따라 얼마든지 바뀔 수 있음을 보여준다.

미국의 동성애자 비율

미국의 동성애자 수는 얼마나 될까. 미국은 30개주 이상에서 동성애 차별금지 조항을 포함한 포괄적 차별금지법이 통과됐으며, 2015년 오바마 정부 때 동성결혼까지 합법화시킨 바 있다.

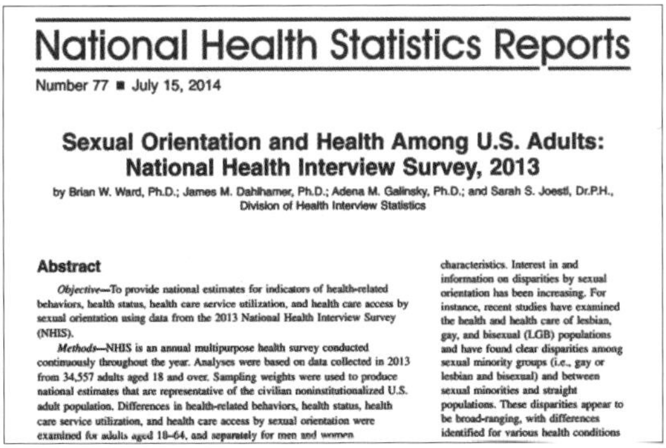
National Health Statistics Reports

Number 77 ■ July 15, 2014

Sexual Orientation and Health Among U.S. Adults: National Health Interview Survey, 2013

by Brian W. Ward, Ph.D.; James M. Dahlhamer, Ph.D.; Adena M. Galinsky, Ph.D.; and Sarah S. Joestl, Dr.P.H., Division of Health Interview Statistics

Abstract

Objective—To provide national estimates for indicators of health-related behaviors, health status, health care service utilization, and health care access by sexual orientation using data from the 2013 National Health Interview Survey (NHIS).

Methods—NHIS is an annual multipurpose health survey conducted continuously throughout the year. Analyses were based on data collected in 2013 from 34,557 adults aged 18 and over. Sampling weights were used to produce national estimates that are representative of the civilian noninstitutionalized U.S. adult population. Differences in health-related behaviors, health status, health care service utilization, and health care access by sexual orientation were examined for adults aged 18–64, and separately for men and women

characteristics. Interest in and information on disparities by sexual orientation has been increasing. For instance, recent studies have examined the health and health care of lesbian, gay, and bisexual (LGB) populations and have found clear disparities among sexual minority groups (i.e., gay or lesbian and bisexual) and between sexual minorities and straight populations. These disparities appear to be broad-ranging, with differences identified for various health conditions

[그림 1-17] 미국질병관리본부 보고서:
<미국 성인의 성적지향과 건강 : 2013 국민건강면접조사> 캡처

2013년 미국 질병관리본부는 국민건강면접조사 보고서를 통해 여성 동성애자와 남성 동성애자의 합이 1.6%, 양성애자가 0.7%라고 발표했다. 즉 남성 동성애자와 여성 동성애자, 양성애자까지 합한 동성애자의 수는 전체 인구 중 2.3%였다([그림 1-17] 참조).[73]

미국 역시 영국처럼 생애주기별 동성애자의 비율이 다르게 나타났다. 연령대로 보면 18~44세 동성애자는 1.9%, 양성애자는 1.1%로 동성애자 인구가 거의 전체 인구의 3%에 달했으나, 45~64세는 2.2%, 65세 이상에서는 0.9%로 점점 줄어드는 양상을 보였다.[74] 영국의 통계처럼 연령 혹은 생애주기에 따른 문화 교육 제도의 환경적 영향이 동성애자 인구 증가에 영향을 미쳤다고 유추할 수 있는 것이다.

샌프란시스코는 미국에서 동성애자 비율이 가장 높다고 알려진 도시다. 미국의 여론조사기관 갤럽은 2012년 6월부터 2014년 12월까지 미국 전역의 37만4325명의 응답자에게 성적지향이 무엇인지 질문했다. 그 결과 샌프란시스코에서 자신을 LGBT, 즉 게이 레즈비언 양성애자 트랜스젠더라고 응답한 비율이 6.2%로 최고를 기록했다.[75] 포틀랜드(5.4%)와 오스틴(5.3%)이 그 뒤를 이었다. 이렇게 동성애자의 비율이 높은 도시도 있지만 전술한 바와 같이 미국 질병관리본부의 국민건강면접조사 보고서에 따르면 미국 전역의 동성애자의 비율은 2.3% 수준이다.

한국의 동성애자 비율

그렇다면 한국의 동성애자 수는 얼마나 될까. 한국에이즈연맹은 '한국 동성애자에 관한 사회학적 연구조사' 보고서를 통해 1996년 당시 전국에 150개 게이바가 있으며, 적극적인 동성애자는 1만여명, 동성애의 문턱을 들락날락하는 소극적 동성애자는 11만여명으로 추산했다.[76]

그 이후 한국성과학연구소가 2002년 11월 서울·경기의 남성 1613명을 설문조사한 결과 '한 번이라도 동성애 경험이 있었다'라고 답한 사람은 1.1%, 자신을 동성애자라고 답한 사람은 0.2%, 양성애자라고 답한 사람은 0.3%로 나타났다. 그로부터 9년이 흘러 2011년 한국성과학연구소가 서울의 성인남녀 1000여 명을 대상으로 조사한 결과 동성애 경험자가 남성은 1.1%, 여성은 0.3%로 나타나 2002년과 비교해 큰 변화가 없는 것으로 나타났다.[77]

한국 질병관리본부의 발주를 받아 2014년 5월부터 2015년 3월까지 전국 성 의식조사를 수행한 고려대 의과대학 산학연구팀은 전국(제주도를 제외)에서 '동성애 경험이 한번이라도 있다고 답한 사람'은 0.3%라고 보고했다.[78]

동성애 성경험을 했다고 해서 모두를 동성애자라고 할 수는 없으므로 실제 동성애자는 훨씬 적다고 보는 게 타당할 것이다. 조사보고서는 '일반 연구와 달리 성소수자 조사는 대상에 대한 정의가 다양하고 모호하다는 약점이 있음'이라고 명시하고 있다.[79]

2013년 바른성문화를위한국민연합은 에이즈 감염자의 지역별 분포를 이용하여 지방은 서울에 비해 동성애자 비율이 2분의 1이하일 것으로 추정하여 전국적인 동성애자의 비율을 0.07%로 예측했다.[80]

동성애자들의 거리로 유명한 카스트로 거리의 민낯, 'EGRIFTA'

남자 둘이서 키스하는 모습, 옷을 벗은 채 껴안은 모습 등 동성애를 표현하는 포스터들이 길가에 아무렇지도 않게 걸려 있는 거리가 있는데 그곳이 바로 샌프란시스코의 번화가로 알려진 카스트로 거리이다.[81] 암살당한 남성 동성애자 '하비 밀크' 전 의원의 선거구였던 샌프란시스코 시내의 카스트로 구역은 지금도 동성애자 문화를 상징하는 곳으로 손꼽힌다.[82]

LGBT의 메카라고도 불리는 샌프란시스코의 6월 퀴어 행사인 프라이드 퍼레이드(Pride Parade)에는 전 세계의 동성애자들이 모여들어 북새통을 이룬다.

[그림 1-18]

동성애의 상징인 6색 무지개 깃발 등이 걸려있는 카스트로 거리 전경[83]

'카스트로 둘러보기(Cruisin' the Castro)' 같은 전문 여행사의 관광 상품이 출시될 정도이다.[84] 샌프란시스코는 노숙자의 3분의 1이 동성애자라고 할 만큼 동성애자가 많은 도시이다.

[그림 1-19] **카스트로 거리 전경**[85]

샌프란시스코 도심의 텐더로인 지역에서 노숙자 인권운동을 하는 리사 마리 알라토레는 샌프란시스코의 젊은 노숙자 중 절반 이상이 LGBT일 것이라고 추산하기도 했다.[86] 동성애자 거리라 불리는 카스트로 거리에는 그 이름에 걸맞게 각종 동성애 상징물들이 즐비하다. 카스트로 거리의 가게 중 상당수는 동성애자들을 직원으로 고용하는 등 적극적으로 퀴어 문화에 동참 중이라는 뜻으로 '인권 캠페인(human right campaign)'이라는 간판을 달고 있다. 미국의 동성애자 행동연대 등은 동성애 상징물들을 판매하는 인권 캠페인 동참 가게에 들러서 쇼핑을 하라고 당부하고 있다([그림1-20] 참조).

[그림 1-20] **인권 캠페인(human right campaign)**
간판을 달고 있는 가게[87]

그런데 여기서 또 한 가지 눈에 띄는 특징이 있다. 에이즈와 관련된 의약품 광고가 동성애자의 메카 거리에 있다는 것이다([그림1-20] 참조). 항레트로바이러스 억제제의 부작용 중 하나인 지방이상증(lipodystrophy)을 억제하는 의약품인 에그리프타(Egrifta) 광고가 남녀노소 다니는 버스 정류장에 등장한 것이다.

[그림 1-21] **카스트로 거리의**
에그리프타 옥외 광고[88]

동성애자의 수가 카스트로 만큼 많지 않은 도시라면 아마 이런 광고는 그다지 수익성이 좋지 않을 것이지만 적어도 남성 동성애자들로 북적이는 이 거리에서는 이러한 약광고가 많은 소비자를 창출해 줄 것이라고 제약사는 판단한 것이다. 동성애자가 많은 도시로 에이즈 감염자가 다수 거주하고 있음을 유추할 수 있는 대목이다.

에그리프타의 성분명은(generic) 테사모렐린(tesamorelin)이다. 미국(2010년 최초승인)[89], 캐나다(2014년), 멕시코(2015년) 등에서 HIV감염인의 복부 지방 감소를 위한 의약품으로 승인되었다.

[그림 1-22] 에그리프타 개발 역사를 소개한
의약품 정보 제공 사이트
드러그 닷컴[90]

HIV 억제제, 이른바 에이즈 치료제의 대표적인 부작용 중 하나가 돌출된 뱃살과 같은 변화를 동반하는 지방이상증이다. 에그리프타는 에이즈 치료제를 투약받음으로써 일어나는 부작용인 지방이상증을 치료하기 위한 또 다른 의약품인 것이다. 복용 중인 약이 또 다른 약을 부른다는 것이 이런 경우에 해당된다.

HIV 보균자는 이런 부작용이 우려된다고 해서 에이즈 치료제 투약을 거부하거나 미뤄서는 안 된다. HIV 억제제는 정작용이 부작용보다 훨씬 크므로 반드시 감염자들은 에이즈치료제를 잘 투약해야 한다.

지방이상증은 항레트로바이러스 제제, 즉 HIV억제제를 복용하는 사람들에게만 나타나는 특정한 질병이라기 보다는 에이즈 치료제를 먹지 않고 있는 HIV에 감염인들도 경험할 수 있는 증상[91]이다. 문제는 에이즈 치료제를 복용하는 사람의 경우 그 증상이 더 준열하게 나타나므로 에그리프타와 같은 의약품의 개발과 출시가 필요한 상황이다.

지방이상증은 실제로 내장지방의 축적때문에 상대적으로 팔다리, 즉 사지의 지방은 상대적으로 적어 보이는 체형으로 만든다. 게이 커뮤니티에서는 배가 나오고 팔다리가 가늘어진 게이는 에이즈 치료제를 복용하고 있다는 것을 암시하는 경우가 많다. 그래서 에이즈 감염자들이 체형 변화를 적극적으로 막고자 하는 것이다. 이때 도움되는 약물이 바로 에그리프타이다.

실제로 필자가 국회의원회관에서 열린 청소년 에이즈 관련 포럼에[92] 에이즈 치료제를 오랜 세월 처방받아 복용 중인 감염인을 본 적이 있다. 그 역시 이러한 지방 이형성증이 나타났음을 한눈에 알 수 있었다. 에그리프타는 국내에는 아직 출시되지 않았다. 그러나 국내 에이즈 감염인이 증가하면 우리나라에도 에그리프타가 들어오게 될 것이다.

카스트로는 길거리에 아무렇지도 않게 에이즈 치료 시에 나타나는 추가적 부작용을 완화하는 전문 의약품이 광고되고 있을 정도로 에이즈가 만연한 곳이다. 카스트로 주민 중 20%가 동성애자라는 말이 있을 정도로 동성애가 만연된 지역의 민낯인 것이다.

모든 게이가 에이즈에 걸리는 것은 아니다. 그러나 미국, 영국, 일본 할 것 없이 에이즈 확산 첫 단계에 놓여 있는 모든 국가에서 공통적으로 에이즈 유병률은 게이에게 가장 높다.

그러므로 에그리프타가 남성 동성애자들이 많은 카스트로 거리와 뉴욕 지하철에서 등장하는 현실은 절대 이상한 것이 아니다.

에쉴론의 애널리스트들은 테라테크사(Theratech)를 투자할 만한 회사로 추천 했고[93] 실제로 테라테크사는 2017년의 162%의 누적 수익률을 기록했다.

2015~2016년에 미국에서 눈에 띄는 판매 증가를 보이기도 했는데, 그 주된 마케팅의 대상 지역중 대표적인 곳이 소위 동성애 인권 캠페인의 도시 카스트로였다.

에그리프타 광고 모델은 모두 실제로 에이즈 감염자들이었다.

[그림 1-23] 뉴욕 지하철 역사에 설치된 에그리프타 광고[94]

[그림 1-24] LA 버스정류장 벽면에 설치된 에그리프타 광고[95]

덮으려는 자, 펼치려는 자

02

동성애자의
건강상태가
일반인들과
다르다는
것을
암시하는
것들

"Anal sex is the riskiest type of sex for getting or transmitting HIV. Although receptive anal sex is much riskier for getting HIV than insertive anal sex, it's possible for either partner — the insertive or receptive — to get HIV."

(항문성교는 HIV를 타인에게 옮기거나 타인으로부터 옮는 가장 위험한 타입의 성행위다. HIV에 감염되는 것에 있어서 항문으로 성기를 받아들이는 역할을 하는 행위가 성기를 항문에 집어넣는 역할을 하는 행위보다 훨씬 더 위험하지만 두 역할 모두가 HIV에 감염될 가능성이 있다.)

미국 질병관리본부 웹사이트 中

1. 동성 간 성행위에 대한 보건당국들의 입장

정상적인 부부, 즉 남녀 간의 정상적인 성관계가 면역력을 강화시키는 등 건강을 촉진한다는 연구 보고서는 다수 나와 있다.[96] 이제는 더 이상 그런 사실을 증명하려고 노력하는 것 자체가 의미 없을 정도다.

그러나 동성 간 성행위는 그 자체가 항문성교 등 비정상적 양상으로 진행되기에 건강상 좋지 않은 결과로 이어진다.

수명을 짧게 하는 습관들은 근절해야 한다

비정상적인 성행위 습관을 지닌 사람들뿐만 아니라 비정상적인 식사 습관을 가진 사람도 생명이 단축된다.

예를 들어 누군가가 계속 콧구멍으로 커피 음료수 국물을 마시는 행위를 한다고 가정해보자. 그 사람은 얼마 지나지 않아 부비동염, 안구염, 중이염 등 각종 질병에 걸려 항생제와 소염진통제를 다량 복용해야 할 것이다. 그리고 그런 행위를 반복적으로 장시간 한다면 약물 부작용과 지속적 염증으로 본인의 건강에 심대한 악영향을 끼칠 것이다.

비정상적인 수면 습관을 가진 사람도 마찬가지다. 집에서 자시 않고 도로에서 잠을 자는 사람이 있다면 불의의 사고, 저체온증, 위생상의 문제로 건강에 치명상을 입을 것이다. 인간의 모든 쾌락 추구 행위와 모든 기괴한 습관까지 개인의 자유와 인권이라는 명목으로 허용해 준다면 개인은 물론 주변 기록에 피해를 입히고 사회적 비용을 증가시킬 것이다.

항문성교의 위험과 고무장갑

영국보건국은 남성 간 성행위를 항문 성관계와 구강 성관계로 나누어 설명하고 각 행위의 결과로 야기되는 질병들을 나열하고 있다.[97]

항문을 통한 성관계 행위는 그 특성상 건강에 악영향을 주게 된다. 특히 미국 질병관리본부는 미국 성인들의 성적지향별 건강상태를 분류하고 개인의 취향인 성적지향이 건강에 영향을 주고 있음을 나타내고 있다.[98]

성적지향은 성행위로 연결되기 때문에 성행위 패턴은 여러모로 건강에 영향을 주는 변수다. 동성애의 문제점을 다루는 단체들의 블로그나 홈페이지에는 '남성 동성애자들이 모두 항문 성관계를 하는 것이 아닌데 왜 모두 항문 성관계를 하는 사람으로 취급하고 항문 성관계로 각종 질병에 걸리는 듯한 프레임을 씌우느냐'고 반박한다. 그런데 이것은 "담배를 피우는 사람들이 모조리 폐 깊숙한 곳까지 담배 연기를 흡입하는 게 아니라 입담배, 즉 뻐끔담배를 피우는 사람도 있는데 왜 모두 깊은 흡연을 하는 사람으로 취급하고 그들이 흡연으로 말미암아 폐암과 각종 기관지 질병에 걸리는 듯한 프레임을 씌우느냐"라고 반박하는 것과 유사한 논리라고 할 수 있다.

배설기관은 배설기관답게 쓸 때 가장 안전하다. 한솔병원의 대장 항문외과 이관철 과장은 "항문을 변을 보는 것 이외에 사용하는 것은 지극히 위험한 행동이며, 특히 항문성교와 같이 반복된 물리적 자극을 가하게 되면 항문 점막 뿐만 아니라 항문 괄약근의 손상을 초래하게 되어 돌이킬 수 없는 상태로 갈수 있다"며 항문 성관계의 위험성을 강조했다.[99] 국내에서도 미국이나 호주처럼 남성 동성애자가 직면한 항문관련 질병의 위험성을 알리고 그들을 질병으로부터 보호하기 위한 예방차원의 연구와 발표가 계속 되어야 할 것이다.

캐나다는 현재 동성결혼법과 각종 동성애 차별금지법이 이미 통과된 나라다. 그럼에도 불구하고 캐나다 보건부 고문인 로버트 커시만은 "콘돔없이 항문성교, 질성교를 하는 난잡한 이성애자(promiscuous heterosexuals)가 콘돔을 항상 사용하는 일부일처제 남성 동성애자(monogamous MSM)보다 더 위험하다는 의견에 동의 할 수 없으며, 남성간 성행위는 위험한 성행위"라고 발표하기도 했다.[100]

미국 질병관리본부는 남성 동성애자의 높은 감염률을 설명하는 대목에서는, 남성 간 성관계할 때 항문과 구강을 통해 성행위를 하므로 이질 예방책으로 항문 성관계시 고무장갑을 끼고 할 것과 구강 성관계시 덴탈댐(dental dam)을 사용할 것을 권하고 있다.[101]

미국 질병관리본부의 이 리플릿은 남성 간 성행위 시 상대방 항문에 손을 넣는 행위(anal fingering)를 할 때는 고무 장갑(latex gloves)을 끼고 할 것을 당부하고 있다. 그렇지 않으면 손 전체의 오염이 심해져서 이질과 같은 질병에 걸리기 쉽기 때문이라고 경고하고 있는 것이다. 남성 간 성행위에서 손이나(finger) 도구(object)를 이용하여 상대방 항문을 늘리는 과정이 필수적인데(fisting), 이러한 행동은 손과 해당 물건을 오염시킨다.[102] 특히 손톱 밑이 많이 오염되기 때문에 항문성교 시 고무장갑 착용은 필수다.

[그림 2-1] **고무장갑**
(사진출처 : 나무위키)

덮으려는 자, 펼치려는 자

❚ 남성 동성애자들에게 고무장갑 착용을 권유하는 것은 차별일까?

보건당국이 남성 동성애자들의 높은 이질 감염에 대한 경고를 하면서 이런 안전 장치를 권하고 있다는 사실 하나만 보더라도 얼마나 남성 동성애자들의 성관계가 위험한지 알 수 있다. 보건당국은 이성 간 성관계를 하는 일반인들에게는 이질에 걸릴지도 모르니 고무장갑을 끼고 성관계 하라고 경고 하지 않는다. 이런 경우 동성애 옹호 진영에서는 '왜 남성 간 성관계를 할 때 고무장갑을 끼고 하라고 하느냐, 이질은 성적지향과는 아무 상관이 없다. 남성 동성애자들이 일반인들보다 이질에 많이 걸린다는 보고는 사실이 아니며 특히 항문성교 할 때에 고무장갑을 끼고 하라는 미국 질병관리본부의 경고는 성소수자에 대한 인권침해다'라고 하면서 따질 지도 모른다. 그런데 그런 주장이 국민들을 납득시킬 수 있을지는 의문이다.

구강성교의 위험과 덴탈댐

남성 간 구강성교는 이성 간 구강성교보다 위험하다. 남성 간 구강성관계를 하는 경우, 상대방의 배설기관에 삽입한 성기를 상대방의 입에 넣음으로 각종 세균을 옮기게 되는 위험천만한 상황이 벌어지기도 한다.[103] 이때 항문에 있는 세균들이 구강을 통해 소화기관으로 전파될 수 있다. 그렇게 되면 입안의 크고 작은 상처를 통해 각종 성병이나 간염 등의 감염위험률이 높아진다.[104] 장속의 세균이나 장내기생충이 가진 전염병들이 구강 성행위를 통해 전염될 수 있기 때문이다. 이같은 상황은 미국 질병관리본부가 남성 동성애자들의 성관계에서 덴탈댐을 사용하라고 권장한[105] 것을 떠올려 보면 쉽게 이해가 될 것이다. 덴탈댐은 원래 치과치료 중 구강 안을 다치게 할 수 있는 날카로운 치과기구들로부터 환자의 구강을 보호하고 발치한 치아 등이 식도나 기도로 넘어가지 않도록 사용하는 얇은 고무막이다.[106] 남성 간 일어나는 구강성교에서는 분변으로 오염된 성기에 의한 구강과 소화기관의 재오염(fecal - oral transmission)[107]이 확산되는 일이 발생한다. 그래서 영국과 미국 등의 보건당국이 남성 동성애자들을 대변관련 질환으로부터 보호하기 위해 제시한 방법이 바로 덴탈댐의 사용이다. 덴탈댐을 입에 장착하고 있는 것은 매우 불편한 일이다. 그러나 아무리 불편하다 할지라도 덴탈댐을 착용해 이질 등 대변 유래 세균을 막아내는 것이 훨씬 합리적인 행동이다.

덮으려는 자, 펼치려는 자

| 미국 보건국이 전하는
영국 남성 동성애자들의 이질과 마약 섹스파티

영국 공중 보건당국은 '이질에 감염된 남성 동성애자들을 인 터뷰 했는데 이들이 온라인 미팅이나 섹스파티에서 잘 알지도 못하는 다수의 상대와 동성 간 성관계를 하고 성관계 도중 마약을 사용했다'고 밝혔다.

이는 이질의 확산이 통제력을 잃은 위험한 성행위와 직결돼 있음을 보여준다. 영국 보건당국은 홈페이지에서 남성 동성애자들의 통제 불능 상태의 위험한 성관계 행태를 아래와 같이 설명하고 있다. 구체적인 마약의 이름까지 제시하며 영국 남성 동성애자들이 행하는 위험한 성행태를 홈페이지를 통해 경고하고 있는 것이다. 영국 공중 보건국 조사에 응한 남성 동성애자들은 자신이 이질에 걸려 설사한다는 사실을 모른 채 단순히 식중독 때문에 설사를 하는 것이라고 오인하기도 했다.

"Interviews with gay and bisexual men who caught the infection through sex found links to high numbers of partners, often met anonymously online or at sex parties. For many, using drugs, such as mephedrone, methamphetamine (crystal meth), ketamine and GBL, before or during sex led to lowered inhibitions and riskier sex. Worryingly, 1 in 3 men using these drugs had injected them (known as 'slamming'). Most of the men interviewed had not heard of Shigella before and thought they had food poisoning." [108]

"섹스를 통해 (이질에) 감염된 게이 및 양성애자 남성과의 인터뷰를 통해 그들이 온라인 또는 섹스파티에서 이름조차 모르고 만난 수많은 파트너와 성관계 했음이 밝혀졌다. 섹스 전 혹은 섹스 도중에 메페드론, 메스암페타민, 케타민, GBL과 같은 마약을 사용한 많은 경우에 억제력이 낮아지고 위험한 섹스로 연결되었다. 우려스럽게도 약물을 사용하는 남성 3명

2장. 동성애자의 건강상태가 일반인들과 다르다는 것을 암시하는 것들

중 1명은 주사 형태로 마약을 했다('슬래밍'이라고도 함). 인
터뷰 대상자 대부분은 전에는 이질에 대해 들어본 적도 없었
고 단순 식중독에 걸린 것으로 생각했다고 말했다."

보건당국이 LGBT 건강코너를 따로 두다

미국 질병관리본부는 남성 동성애자들이 일반적으로 그전에는 찾
아보기 힘든 면역력 저하에 의한 증후군을 보이며 사망한 사례에 관
련하여 기술하고 있다([그림 2-2] 참조).

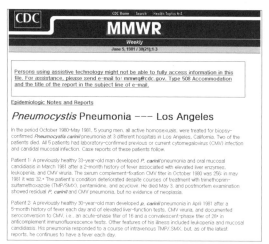

[그림 2-2] 미국 질병관리본부 홈페이지는 남성 동성애자들이 면역력 저하에 의한
증후군을 보이며 사망한 사례를 기술하고 있다.[109]

미국 질병관리본부는 성적지향별로 건강상태에 차이가 있음을 알리는 보고서를 내기도 했다. 예를 들어 2013년도에 작성되어 이듬해에 발표된 〈미국 성인들의 성적지향별 건강상태; 국가건강 설문조사 (sexual orientation and health among U.S. Adults; national health interview survey, 2013)〉를 보면 미국 보건당국은 아예 이성애자냐 동성애자냐 하는 것을 건강 상태 분류 기준 중의 하나로 삼고 있음을 알 수 있다.[110] 흡연 여부, 거주 지역, 성별, 혹은 인종에 따른 건강 상황의 차이점을 알리는 보고서는 기존에도 있었으나 성적지향별로도 건강 상황이 다르게 나타난다는 것을 보여주고 있는 것이다. 2016년 필자와의 면담 때 '성적지향과 특정 질병은 아무런 관계가 없으며 특히 에이즈나 성병은 동성애를 하든 이성애를 하든 별반 차이가 없다'고 말했던 한국 질병관리본부 관계자들의 발언 내용과는 다른 입장을 보여주는 보고서다.

[그림 2-3] 미국 질병관리본부의 LGBT 건강코너[111]

또한 미국 질병관리본부가 홈페이지에 동성애자, 즉 LGBT들을 위한 건강코너를 따로 두고 있음에도 주목해야 한다([그림 2-3] 참조). 건강코너는 다시 게이(gay and bisexual men)를 위한 건강코너, 레즈비언(lesbian and bisexual women)을 위한 건강코너, 트랜스젠더를 위한 건강코너, 청년 LGBT를 위한 건강코너로 세분화 되어 있다. 이같은 분류는 LGBT의 건강이 일반인들과 많은 차이를 보인다는 것을 알 수 있는 대목이다.

미국 질병관리본부는 각 성적지향별 질병 상태를 각종 통계와 함께 도표를 통해서도 알려주고 있다. 영어권의 많은 나라들이 이 자료를 근거로 일반인들과 동성애자들의 건강상태가 상이함을 인지하고 보건정책 수립에 참조하고 있다.

[그림 2-4] 미국 여성건강국 웹사이트 캡처:[112]
레즈비언을 위한 건강코너가 따로 있다.

한편 미국 여성건강국 웹사이트는 일반 여성들을 위한 전반적인 건강을 다루고 있는데, 별도로 레즈비언의 건강상태를 다루는 코너를 따로 두고 있어 눈길을 끈다. 여성건강국이 레즈비언의 정의, 건강상태, 흡연률, 마약사용률, 의료보험 가입상태 등을 구별하여 일반적인 여성들과 구별하여 다루는 것은 그만큼 레즈비언 그룹의 건강이 좋지 않음을 말해주는 것이다([그림 2-4] 참조).

우리나라의 대처 방식

질병관리본부 관계자 면담이나 전화 통화 등을 통해 질의하면 이들은 "성적지향과 질병과는 아무런 관련이 없다"고 말한다. 그리고 성적지향과 에이즈와 연관성에 대해, "남성 동성애자들과 에이즈에 대해 답변 할 내용이 없다"고 둘러댄다. 그런데 전술한 바와 같이 미국 질병관리본부를 시작으로 세계 많은 보건당국들은 전혀 그렇지 않음을 보여주는 각종 보고서를 쏟아놓고 있다. 예를 들어 영국 공중보건국은 아래와 같이 연령대별로, 남성 동성애 여부에 따라 확연하게 차이나는 에이즈 감염 빈도를 명시하고 있다.

"Adult MSM are the group most affected by HIV in the UK – with an estimated 1 in 20 living with HIV in 2012, compared to 1 in 667 in the general population. MSM are also at greater risk of mental health problems and unhealthy behaviours and lifestyles."[113]

(성인 남성 동성애자가 영국에서 가장 많이 HIV에 영향을 받는다. 일반인들이 667명 중 1명이 이 바이러스에 감염되는 반면 남성 동성애자들은 20명 중 1명꼴로 감염된다. 남성 동성애자들은 또한 정신 건강상 문제와 건강에 해로운 행위, 라이프 스타일의 위험에 처해있다.)

"성적지향이 에이즈등 특정질환과 아무 관련이 없다"고 답한 한국 질병관리본부, 그리고 "성적지향은 에이즈 등 특정질환과 매우 밀접한 관련이 있다"고 말하는 해외 보건당국. 둘 중 누군가는 거짓말을 하고 있다.

[그림 2-5] 영국 공중보건국 홈페이지 캡처: 남성 동성애자의 건강 상태가 일반인들과 비교할 때 현격히 차이나고 있음을 밝히고 있다.

"In a major Canadian centre, life expectancy at age 20 years for gay and bisexual men is 8 to 20 years less than for all men. If the same pattern of mortality were to continue, we estimate that nearly half of gay and bisexual men currently aged 20 years will not reach their 65th birthday."

(캐나다의 주요 센터에서 동성애 남성과 양성애 남성의 기대 수명은 모든 남성에 비해 8~20년 정도 짧습니다. 사망률이 이러한 패턴에서 변동이 없이 지속된다면 현재 20세인 게이 및 양성애자의 절반 가량이 65세 이전에 사망할 것으로 추정됩니다.)

1997년도 국제 역학 저널
'International Journal of Epidemiology'에 개재된 보고서
<Modelling the impact of HIV disease on mortality in gay and bisexual men
(에이즈가 게이 및 양성애자의 사망률에 끼치는 영향의 모델링)> 中

2. 기대수명 단축 우려

동성애자들의 평균수명을 묻는 질문들

동성애자들의 평균수명을 묻는 분들이 자주 있다. 그러나 무 자르듯 정확히 동성애자들의 수명에 관련된 통계를 내기란 쉽지 않다. 그 이유는 동성애라는 성적취향의 여부가 생애주기에 걸쳐 지속되지 않고 상당히 가변적이기 때문이다. 즉 20~30대에 동성애를 하다가 나이가 들면서 중단하는 경우가 번번하다.[114] 비록 젊은 날에 동성애를 했다 하더라도 사망 당시, 즉 생애 끝까지 동성애자로 살지 않았던 사람의 경우 '동성애자의 사망'으로 볼 수 없다. 그래서 지속적으로 전 생애에 걸쳐 변함 없이 동성애를 유지하는 사람들만 선별하고 그러한 특성을 지닌 특정 계층의 사망신고 날짜를 조사하여 동성애자의 평균수명을 통계 낸다는 것은 매우 힘든 일이다.

20년 전이나 의미 있는 벤쿠버 게이 수명 연구 보고서

그럼에도 불구하고 1997년 의료전문가들을 위한 세계적인 전염병 및 비전염병의 역학조사 보고서 등을 다루는 옥스퍼드대 출판부에선 격월간지인 국제역학저널 'International Journal of Epidemiology'에 남성 동성애자들의 기대 수명에 대해 비교적 구체적으로 다룬 보고서를 수록했다. 보고서는 1987년부터 1992년까지 브리티시 컬럼비아(BC)주의 밴쿠버와 같은 캐나다 대도시 중심부에서 나타난 보건자료 중 의미 있는 수치를 뽑아냈다.

밴쿠버는 남성 동성애자들이 많으며, 에이즈에 의한 사망률이 매우 높은 도시 중에 하나로 손꼽힌다. 그래서 에이즈 감염에 따른 사망자 수 조사 연구를 수행할 도시로 적절했다.

[그림 2-6] **옥스퍼드 아카데믹지 웹사이트**
1997년 당시 밴쿠버 남성 동성애자들의 기대수명은 1871년 일반 남성들과 거의 비슷한 정도라고 밝히고 있다.

이 보고서에 따르면 본격적으로 에이즈 치료제[115] 가 상용화되기 전인 1990년대까지만 해도 20대 남성 동성애자 및 남성 양성애자는 일반 남성보다 8~20년이나 수명이 짧은 것으로 나타났다.

"The loss in life expectancy due to HIV/AIDS for gay and

bisexual men ranged from 21.3 years to 9.0 years for the 3% and 9% scenarios respectively. In contrast, loss in life expectancy attributable to HIV/AIDS for all men was one year."116

(게이와 양성애자의 HIV/AIDS로 인한 수명 손실은 게이와 양성애자 그룹이 캐나다 벤쿠버 남성 중 3%를 차지한다고 가정한 경우 21.3년, 9%정도를 차지한다고 가정한 경우 각각 9.0년 정도이다. 이와는 대조적으로 벤쿠버 전체 남성 인구의 HIV/AIDS에 기인한 평균 수명의 손실은 1년이었다.)

당시 벤쿠버에서 신고되는 전체 에이즈 사망자 중 95%가 남성 동성애자 및 남성 양성애자였다. 결국 이 보고서는 20대 남성 동성애자 및 남성 양성애의 거의 절반이 65세 생일을 맞이 하지 못할 것이라고 추정하고 있는 것이다. 보고서는 그 원인으로 높은 에이즈 감염률 등 일반인들보다 열악한 건강상태를 꼽고 있다. 그리고 이러한 수준의 기대수명은 의료수준과 위생 인프라가 현대보다 훨씬 미비하던 1871년 일반 남성들의 기대수명 수준밖에 되지 않는 것이라고 보고하고 있다.

즉 남성 간 성행위를 하는 사람들은 거의 한 세기 이상의 기대 수명이 후퇴하는 효과를 본다는 것이다. 비록 에이즈 치료제가 지금만큼 많이 발전되기 전의 보고서라 할지라도 동성애자의 수명이 짧을 수밖에 없는 현실을 밝혔다는 측면에서 가치있는 보고서로 평가를 받고 있다.

시중에는 30여개의 다양한 에이즈 바이러스 억제제가 시판되고 있다. 우리나라의 경우만 하더라도 이러한 의약품을 에이즈 감염인 들에게 무료로 보급하기 위해 최근 10년간 5000억원 가까이 쏟아 부었다.[117] 이것은 에이즈와 관련된 기타 합병증 치료비를 제외한 수치다. 이처럼 막대한 비용을 지불해 가며 노력한 결과 이 논문이 발표된 시기보다 남성 동성애자들의 수명 손해가 많이 줄어들긴 했다.

그러나 동성 간 성접촉이라는 위험한 성행태를 멈추지 않는 한 해답은 없다. 더 우수한 에이즈 치료제의 개발 및 상용화만으로 동성 간 성행위자의 수명을 일반인의 수명과 같아지게 하기엔 역부족이라는 것이 전문가들의 판단이다. 한국사회는 에이즈가 동성애자와 이성애자에게 '골고루 분포되지 않고'[118] 남성 동성애자들에게서만 압도적으로 많이 발견된다는 사실을 잊어서는 안 된다.

▍ 동성애자들의 수명에 대해
저명인사들은 뭐라고 말하나요?

미국 국립의료도서관 웹페이지에 "Homosexual sex as harmful as drug abuse, prostitution, or smoking(마약남용, 매춘, 흡연 만큼이나 위험한 동성애)"라는 논문이 수록되어 있다. 이 논문의 저자는 이런 주장을 한다.

"동성 간 성행위가 평균수명을 24년 정도 짧게 한다."[119]

카메론 박사는 영국 의학저널, 캐나다 의사협회저널, 대학원 의학저널의 논문심사위원으로 활동한 학자다. 카메론 박사의 연구에 의하면 전통적인 결혼, 즉 이성끼리 결혼한 사람들보다 동성 간 결혼한 게이와 레즈비언들의 수명이 2~4년 짧게 사는 것으로 나타났다.

카메론 박사는 덴마크와 노르웨이에서 나타난 현상에 주목해야 한다고 주장했다. 덴마크는 동성커플의 법적 등록이 가능한 나라다. 동성애 가정을 인정하는 역사로 따진다면 가장 긴 나라다. 덴마크에서 1990부터 2002년까지 전통적인 결혼을 한 남성(heterosexual man, 이성애자 남성)의 평균 수명은 74세였다. 반면 동성 간 성관계를 가진 561명의 평균 수명은 51세였다. 평균수명에서 자그마치 23년이 차이 난 것이다.

노르웨이에선 전통적인 결혼을 한 남성의 평균수명은 77세였다. 반면 31명의 남성 동성애자 평균수명은 52세였다. 덴마크에서 전통적인 결혼을 한 여성의 평균수명은 78세였고 91명의 여성 동성애자 평균수명은 56세였다.

이러한 통계를 제시하며 카메론 박사는 흡연행위보다 동성애 행위가 더 위험하다고 결론을 내렸다. 그리고 교육에 반드시 이런 현실을 반영해야 한다고 주장했다.

호주의 젠슨 주교는 2012년 9월 호주 ABC TV의 생방송 토론 프로그램에 출연해 "동성 간 성행위가 수명을 현격히 단축시킨다"고 발언했다. 그는 흡연이 인간 건강에 미치는 해악과 동성 간 성행위가 당사자에게 미치는 해악의 정도를 비교하며 이런 결론을 내렸다.

> "우리가 건강상 대표적인 위험한 습관으로 알고 있는 흡연보다 훨씬 위험한 행동이 바로 동성애입니다."[120]

미국 버지니아주의 상원의원 밥 마셜은 2012년 봄 '동성 간 성행위가 평균수명을 20년 정도 단축시킨다'며 남성 간 성행위는 시민의 권리가 아니라는 의견을 밝히기도 했다. 그는 동성 간 성행위는 인권이 아니라 '위험한 행위'라고 표현했다.[121]

캐나다 보건국 고문인 로버트 커시만 역시 남성 간 성행위는 위험 행위라고 주장했다.[122] 그는 남성 동성애자의 헌혈제한의 당위성을 설명하고자 이런 주장을 펼쳤는데, 현재 캐나다는 남성 간 성행위를 하고 1년이 지나지 않은 경우 헌혈을 하지 말도록 자진 배제기간을 두고 있다.

위험 행동, 즉 그것이 성적인 것이든 아니든 간에 상식적으로 위험한 습관이나 행동은 인체에 해로운 결과를 가져오게 돼 있다. 비정상적인 성행위 습관을 가진 사람들은 건강이 위협 받을 수밖에 없다.

배설기관을 성생활을 위해 비정상적으로 사용하는 것은 어떤 결과를 초래할까. 어린 시절 사촌 형의 잘못된 인도로 동성애를 시작했다가 이후 회심하고 동성애자의 세계에서 탈출한 박진권씨는 동성애 다큐 '나는 더 이상 게이가 아닙니다'의 인터뷰에서 동성애를 하면 병원 갈 일이 많다는 것을 남성 동성애자들도 너무 잘 알고 있다고 말했다.

"해결이 안 되니까. 사랑은 해결이 되는 게 사랑인데. (동성 애는) 더 목말라지니까. 더 망가지니까. 그걸 하면 할수록 실 질적으로 육체가 망가지더라구요. 병이 생기고. 저, 병원 진 짜 많이 다녔거든요. 동성애 하시는 분들은 너무 잘 아실 거예 요."123

"남성 동성애자 간
성행위는 위험한 행위이다.
해부학적 설명이 가능하다.
위험인자임을 알면서도
그 혈액을 사용하는 것은
잘못된 일이다."

캐나다 보건부 고문 로버트 커시먼의 발언 中

3. 남성 동성애자들의 혈액에 대한 금지·제한

남성 동성애자의 헌혈행위는 다수의 국가에서 제한·금지되고 있다. 상당수의 국가들은 남성 동성애자의 헌혈을 일정기간 혹은 평생 동안 금지한다. 이같은 사실은 질병의 유무나 건강상태를 떠나 남성 동성애라는 행위자체가 많은 질병을 수반한다는 결론을 내렸다는 뜻이다. 혈액 관리 당국의 보건관련 정책에 인권이 아닌 보건적 인식이 반영된 것이다. 하지만 이 같은 사실을 알고 있는 국민은 많지 않다. 질병의 유무를 따지기 전 보건정책 책임자는 '남성 간 성행위라는 비정상적 행위를 하는 사람은 에이즈 등 특정 질병과 매우 밀접한 관련성을 맺고 있다'는 사실을 반드시 숙지하고 있어야 한다.

존스홉킨스 의학연구소의 남성 동성애자 헌혈에 대한 입장

미국 존스홉킨스 의학연구소가 동성애자의 헌혈은 수용되어서는 안 된다는 입장을 분명히 했다는 사실도 주목해야 한다. 즉 2014년 미국식품의약국(FDA)이 남성 동성애자의 헌혈 허용을 검토하겠다고 하자 존스 홉킨스 의학연구소의 켄라드 넬슨 교수는 "만일 남성 동성애자의 헌혈을 허용해 한 두 명이라도 에이즈 바이러스 감염으로 이어지는 날에는 남성 동성애자의 헌혈은 절대 수용되지 못할 것"이라며 반대 입장을 분명히 했다.[124]

미국에서 에이즈가 급증세를 보이던 1977년 이후 남성 동성애자의 헌혈은 불가능해졌다. 헌혈 기간 제한이 없는 평생 자진 배제였다. 그러나 이런 정책이 동성애자에 대한 차별이라는 주장에 결국 미국 FDA는 2015년부터 남성 동성애자가 1년 간 성관계를 하지 않고 금욕한 경우에 한해 헌혈을 허용키로 했다. 즉 남성 간 성행위 후에는 1년 간 헌혈이 금지되는 것으로 헌혈의 문턱이 낮아진 것이다.[125] 이후 미국 사회에선 동성애자 인권보호 차원에서 남성 간 성관계 여부를 묻지 말고 모두가 '평등하게' 헌혈에 동참케 하자는 주장은 마치 권총 총알을 넣은 뒤 귀 옆에서 방아쇠를 당기는 '러시안 룰렛'을 하자는 것이냐는 시민들의 목소리가 터져 나왔다.[126]

그러나 미국 동성애차별반대연합(GLAAD)은 '(남성 동성애자의 헌혈 제한을 대폭 줄여 준) FDA의 정책변화는 역사에 남을 만한 결정이지만, 여전히 성정체성을 빌미로 다수 동성애, 양성애자 남성을 차별하고 있다'며 아쉬움을 토로했다.[127] 계속 되는 논란 속에서 결국 미국은 코로나19 사태로 혈액이 부족해지자 2020년 3개월간 성관계를 하지 않은 남성 동성애자의 헌혈을 한시적으로 허용했다.[128]

헌혈 제한·금지 국가 현황

남성 동성애자의 헌혈을 완전히 금지시킨 나라는 독일, 알제리, 아르헨티나, 오스트리아, 벨기에, 중국, 콜롬비아, 크로아티아, 슬로베니아, 에스토니아, 필리핀, 네덜란드, 홍콩, 아일랜드, 북아일랜드, 아이슬란드, 몰타, 노르웨이, 파나마, 파라과이, 페루, 도미니카공화국, 스위스, 태국, 터키, 베네수엘라 등이다.

또 남성 동성애자가 일정기간 성관계를 하지 않은 이후 헌혈만을 허용한 나라는 우리나라를 비롯해 미국, 호주, 핀란드, 일본, 뉴질랜드, 체코, 스웨덴, 우루과이 등이다.[129]

영국 게이의 헌혈 제한 변화 과정

영국의 경우 MSM의 헌혈에 대한 평생 금지 조치는 1970년대와 1980년대에 HIV와 B형간염의 발생에 따라 시행됐다. 그 기간 동안 수혈을 받은 일부 환자들은 이후 HIV에 양성반응을 보였다. 이러한 혈액 매개 감염의 비율이 MSM에서 가장 높았기 때문에 이들의 헌혈 금지조치가 취해졌던 것이다. 이러한 평생 금지조항은 2011년에 재검토 되었고 결국 1년 간 헌혈 제한, 즉 남성 간 성관계를 했다 하더라도 1년이 지났으면 헌혈을 허용하는 것으로 완화됐다. 그러다가 2017년에는 3개월간의 금욕 기간을 거친 후라면 헌혈이 가능하도록 바뀌었고, 2021년부터는 금욕기간과 상관 없이 헌혈이 가능하게 되었다.[130]

캐나다 게이의 헌혈 제한 변화 과정

1980년대에 캐나다에서는 약 2000명이 HIV에 감염되었고, 약 6

만 명이 오염된 혈액을 수혈 받음으로써 C형 간염에 걸리는 충격적인 사태를 겪었다. 이로 인해 캐나다는 1992년 HIV예방을 위해 남성 동성애자의 헌혈을 전면 금지했다. 그러다 2013년에는 규정을 완화해 헌혈 조건을 5년간의 성행위가 없는 경우에 헌혈을 허용하였고, 2016년에는 1년으로, 2019년에는 3개월 금욕 후에 헌혈이 가능한 것으로 점차 규정이 완화되었다. 그러다 2022년 9월부터는 남성 동성애자의 헌혈을 전면 허용하게 되었다.[131]

그럼에도 불구하고 여전히 캐나다 혈액 관리국은 'Sexual behaviour-based screening(성행위 기반 검사)'라는 항목을 통해 헌혈 기증자의 기준을 선별할 예정이다. 헌혈 전 3개월 동안 새로운 성 파트너가 있었거나 여러 사람과 성행위를 했는지, 항문 성교를 한 적이 있는지 등 위험한 성적 행위 여부에 대한 조사를 수행하는 것이다. 그리고 다음과 같은 질문에 대한 답을 제시하며 여전히 항문 성교는 HIV 감염 가능성을 훨씬 높이고 건강에 해로운 행위임을 강조하여 설명하고 있다.

Q : What is Canada's current eligibility criteria for men who have sex with men(MSM)? (남성과 성관계를 갖는 남성에 대한 캐나다의 헌혈 자격 기준은 무엇입니까?)

A: 캐나다 혈액 관리국은 2022년 9월 11일에 성별이나 성적 성향에 관계없이 모든 기증자에게 지난 3개월 동안 새로운 또는 여러 명의 성적 파트너를 가졌는지를 묻는 새로운 기준을 도입할 예정입

니다. 만약 그들이 어느 쪽이든 해당한다면 파트너와 항문 성교를 한 적이 있는지 질문을 받습니다. 만약 이에도 해당한다면 마지막으로 항문 성교를 한 시점으로부터 3개월을 기다려야 합니다.

Q : Why the focus on anal sex? (항문 성교에 대해 강조점을 두는 이유는 무엇입니까?)

A : 통계적으로 항문 성교는 질이나 구강 성교보다 HIV 감염 가능성이 훨씬 높습니다. 이것은 개인의 안전한 성 생활에 대한 설명을 제공하는 것은 아니지만 위험에 대한 증거 기반 접근법에 의한 것입니다.

Q : Why will you ask about anal sex with multiple partners? (왜 여러 명의 성관계 파트너와의 항문 성교에 대해 질문합니까?)

A : 캐나다 혈액 관리국에서 실시하는 검사로 발견하기 어려운 새로운 또는 최근의 HIV 감염 가능성은 새로운 성 관계 파트너와 다수의 성관계 파트너 수에 따라 증가합니다. 통계적으로 항문 성교는 질이나 구강 성교보다 HIV 감염 가능성이 훨씬 높습니다. 성관계가 파트너가 여러 명일 경우에도 HIV 감염 가능성을 높일 수 있습니다. [132]

또한 캐나다 보건부의 의료고문인 로버트 커시먼은 2013년 당시 남성 동성애자의 헌혈 제한 정책에 대해 이런 의미심장한 발언을 한 바 있다.

"남성 동성애자 간의 성행위는 위험한 행위이다. 해부학적 설명이 가능하다. 위험인자임을 알면서도 그 혈액을 사용하는 것은 잘못된 일이다. 지금 캐나다에서 에이즈 바이러스(HIV)에 신규로 감염되는 이들의 절반 정도가 남성 동성애자(MSM)이고, 에이즈 바이러스에 감염된 남성의 75%가 남성 동성애자다. 따라서 남성 동성애자의 헌혈 제한 정책은 성적지향과 관련된 정책이 아니라 위험행동과 관련된 정책이다."[133]

그리고 캐나다 혈액 당국은 과거 남성 동성애자의 헌혈에 제한을 둘 수 밖에 없었던 경위를 아래와 같이 여전히 공식 홈페이지에서 밝히고 있다.

"Why we talk about this screening criterion :

Before the introduction of testing for human immuno-deficiency virus (HIV) in the mid-1980s, thousands of Canadians were infected through tainted blood products. Being solely responsible for Canada's blood supply at that time, the Canadian Red Cross Society introduced a donor eligibility criterion that excluded all men who have had sex with a man even once since 1977. This criterion was embedded into Health Canada regulations in 1992."[134]

"이 심사 기준에 대해 이야기하는 이유:

HIV 테스트가 도입된 1980년대 중반 이전에 수천 명의 캐나다인 국민들이 HIV에 오염된 혈액 제제를 통해 감염되었다. 캐나다 적십자회(Canadian Red Cross Society)는 그 당시 캐나다의 혈액 공급에 전적으로 책임이 있었기 때문에 1977년 이후 한 번이라도 남자와 성관계를 맺은 모든 남성은 헌혈에서 배제한 기증자 적격성 기준을 도입했다. 이 기준은 1992년 건강 규정에 포함되어 있다."

이와 같은 상황에도 불구하고 2016년 당시 남성 동성애자의 헌혈 자진 배제기간을 1년으로 줄이는 과정의 배경엔 동성애를 옹호하는 인권단체들과의 상당한 협의가 있었던 것으로 드러났다.[135]

중국 게이의 헌혈 제한

중국 역시 남성 동성애자들은 에이즈 감염 위험이 높다는 이유로 남성 동성애자들의 헌혈 금지를 제도화 했다. 2012년 7월 중국 위생부는 인터넷 홈페이지에 '헌혈자 건강 검사에 대한 요구(지침)'를 밝히고 있다. 이 지침에 따르면 남성 동성애자는 에이즈, B형 간염, C형 간염, 매독 감염자와 함께 '고위험군'으로 분류돼 헌혈이 금지된다. 중국 위생부는 헌혈 현장에서 남성 동성애자의 헌혈을 금지하는 내용이 담긴 안내서를 나눠주고 헌혈자들로부터 서명을 받도록 규정할 뿐 아니라 "고위험군 헌혈자가 고의로 헌혈을 해 전염병이 전파되는

결과를 초래한다면 법에 따라 민·형사상 책임을 지게 될 것"이라고 경고까지 하고 있다.[136]

중국 정부가 여성 동성애자의 헌혈 금지를 강제하지 않고 남성 동성애자만 특정해 헌혈을 금지시킨 이유는 무엇일까. 중국 역시 남성 동성애자들 사이에 에이즈를 일으키는 인간면역결핍바이러스(HIV) 보균 비율이 빠른 속도로 늘어나고 있기 때문이다.

최근 중국질병센터가 발행한 에이즈 관련 보고서에 따르면 15~24세 청소년들의 에이즈 바이러스 감염이 연평균 35%씩 증가하고 있다. 베이징의 경우 2015년 신규 에이즈 감염자의 82%가 남성 동성애자인 것으로 밝혀졌다.[137]

2011년 중국 위생부 통계에 따르면 남성 동성애자(양성애자 포함)의 HIV 보균 비율은 5%가량으로 전 국민 평균치인 0.057%보다 88배 높았다. 중국 남부 지역은 이 같은 현상이 더욱 심각했다. 에이즈 환자 비율이 높은 남방의 특정 대도시에서는 남성 동성애자 가운데 HIV 보균 비율이 20%까지 올라가는 것으로 나타났다.[138]

중국에서도 2010년 한 남성 동성애자가 자신의 헌혈을 받아주지 않은 홍십자회(적십자회)를 상대로 소송을 제기했다가 패소하는 사건이 있었다.[139]

우리나라 게이의 헌혈 제한

우리나라는 남성 동성애자가 일정기간 성관계를 하지 않은 경우에만 헌혈만을 허용하는 나라다. 즉 1년이라는 일정기간에 해당하는 남성 간 성행위자에 대해 헌혈 자진배제 조항이 적용된다.

한국에서 남성 동성애자가 헌혈한 혈액을 수혈 받은 사람이 에이즈 바이러스에 감염되는 사건이 발생했다. 국립보건원은 2002년 12월 10대 소녀가 뇌수술 후유증 검사 과정에서 에이즈 바이러스에 감염된 사실이 밝혀져 역학 및 추적조사를 벌인 결과 같은 해 5월 에이즈 감염자인 20대 남성의 피를 수혈 받아 감염된 것으로 확인했다. 보도에 따르면 이 남성은 남성 동성애자였다. 보건원은 또 이 남성의 피는 70대 남성에게도 수혈돼 에이즈를 감염시켰고, 또 다른 수혈자인 90대 노인은 이미 숨져 감염 여부를 정확히 확인할 수 없었다고 덧붙였다.[140] 국립보건원 관계자는 당시 수혈 감염의 위험을 최소화하기 위해서는 감염자들이 헌혈을 자제하도록 홍보하고 선진화된 검사 및 관리법이 필요하므로 이를 위해서 관련 예산을 증액해야 한다고 주장했다.[141]

이런 안타까운 보도가 나간 지 불과 3개월 뒤 또다시 비슷한 상황이 발생했다. 입대 전 동성애 경험이 있었던 21세 남성이 기증한 혈액을 수혈받은 두 명의 60대 성인이 에이즈에 감염된 것이다. 당시 대한적십자사가 내부 지침인 '헌혈 및 수혈사고 보상 위자료 지급 시행규칙'에 따라 1인당 3000만원의 위자료가 지급되는 것이 수혈로 에이즈에 감염된 피해자에 대해 주어지는 유일한 보상이었다.[142] 당시 기술로는 에이즈 초기에는 감염자가 헌혈할 경우 수혈을 통한 제3자 감염이 발생할 수밖에 없어 남성 동성애자의 헌혈제한 조치를 더

욱 잘 준수했어야 했다. 지금은 수혈로 에이즈에 감염된 경우 보상금이 5000만원으로 증액됐다.[143]

"에이즈 수혈감염, 동성애자에게도 책임있다"

'에이즈 수혈감염, 동성애자에게도 책임있다'는 제목의 칼럼이 한 일간지에 등장했다. 한겨레 신문의 보건복지 전문기자는 2003년 6월 2일 아래의 기사를 게재했다.

"1992년 4월14일 21살의 한 청년이 자살했다. 자신이 수혈로 에이즈에 감염된 것을 비관해 스스로 목숨을 끊는 비극적인 사건이었다. 이 청년은 5살 때 걸린 내장관혈관파열증이라는 병을 치료하기 위해 중학교 2학년 때인 86년 12월 서울대 병원에서 두 차례 수술을 받았으며 이때 수혈을 받았다. 그러나 그가 받은 피는 당시 예비군훈련장에서 동성연애자였던 한 예비군이 헌혈한 것이었는데 운 나쁘게도 그는 에이즈 감염자였다. … 우리나라에서 수혈로 에이즈 감염자가 생긴 것이 확인된 것은 89년 12월이었다. 당시 40대 주부였던 첫 수혈 감염자는 89년 5월 헌혈했던 동성연애자 회사원의 피를 수혈받았다. 그러나 그는 에이즈 감염자였다. … 국내에서 일어난 수혈감염자의 대부분은 바로 이런 에이즈 고위험군이 실제로 헌혈하기 위해서가 아니라 자신의 감염 사실을 알아보기 위해 신분이나 과거 경력을 속이고 순수 헌혈자인 것처럼 속이는 파렴치하고 무지한 행위에서 생기고 있다."[144]

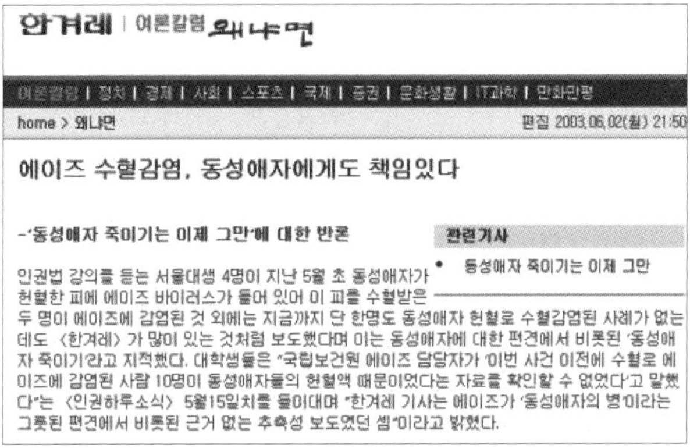
한겨레 | 여론칼럼 왜냐면

여론칼럼 | 정치 | 경제 | 사회 | 스포츠 | 국제 | 증권 | 문화생활 | IT과학 | 만화만평

home > 왜냐면 편집 2003.06.02(월) 21:50

에이즈 수혈감염, 동성애자에게도 책임있다

-'동성애자 죽이기는 이제 그만'에 대한 반론

관련기사
• 동성애자 죽이기는 이제 그만

인권법 강의를 듣는 서울대생 4명이 지난 5월 초 동성애자가 헌혈한 피에 에이즈 바이러스가 들어 있어 이 피를 수혈받은 두 명이 에이즈에 감염된 것 외에는 지금까지 단 한명도 동성애자 헌혈로 수혈감염된 사례가 없는데도 〈한겨레〉가 많이 있는 것처럼 보도했다며 이는 동성애자에 대한 편견에서 비롯된 '동성애자 죽이기'라고 지적했다. 대학생들은 "국립보건원 에이즈 담당자가 '이번 사건 이전에 수혈로 에이즈에 감염된 사람 10명이 동성애자들의 헌혈액 때문이었다는 자료를 확인할 수 없었다'고 말했다"는 〈인권하루소식〉 5월15일치를 들이대며 "한겨레 기사는 에이즈가 '동성애자의 병'이라는 그릇된 편견에서 비롯된 근거 없는 추측성 보도였던 셈"이라고 밝혔다.

[그림 2-7] 2003년 6월 2일 한겨레 칼럼:
"동성애자의 헌혈로 수혈 감염된 사례를 보도한 것은 사실 보도이지 동성애자 죽이기를 하는 것이 아니다"라고 해명하는 기자의 글이다.

기자는 당시 인권법 강의를 들은 서울대생 4명이 "수혈받은 두 명이 에이즈에 감염된 것 외에는 지금까지 단 한명도 동성애자 헌혈로 감염된 사례가 없는데도 〈한겨레〉가 많이 있는 것처럼 보도했다"며 "이는 동성애자에 대한 편견에서 비롯된 동성애자 죽이기"라고 지적하자 그에 대한 강한 반론을 제기했다.

한국에서는 에이즈 검사를 받으러 일부러 헌혈을 통해 본인의 에이즈 감염 여부를 알아보려는 사람들이 있다. 이런 현상이 나타나자 정부는 헌혈이 에이즈 검사의 수단으로 오용되는 것을 넘어 수혈로 에이즈에 감염되는 피해자가 늘어나는 것을 우려했다. 결국 1997년부터는 헌혈을 하더라도 에이즈 감염여부를 본인에게 알려주지 않는

것으로 정책을 바꿨다. [145]

보건복지부, 국립보건원이 2003년 5월에 배포한 보도자료 〈수혈로 인한 에이즈 감염자 2명 발생: 1995년 이후 수혈로 인한 에이즈 감염자 첫 발생〉에 따르면 당시 수혈로 인한 10대 여학생의 에이즈 감염은 20대 남성의 피를 수혈받아 생긴 일이었다. 이 남성은 '동성연애' 경력이 있으며 콘돔을 가끔 사용했다. 아래는 보건복지부 혈액정책과가 배포한 자료 중 일부이다. [146]

"02년 12월경 A모씨(여, 10대)가 뇌수술 후 후유증 검사를 위하여 입원한 병원에서 에이즈 검사 결과, 감염자로 판명됨에 따라 역학조사를 실시한 결과, 수혈에 의한 감염이 의심되었음. 이에 추가로 정밀 역학조사 및 추적조사를 실시함. 당초 뇌수술이 시행된 병원과 당시 공급된 혈액에 대한 역학조사를 시행한 결과, 02년 5월경 뇌수술 당시 총 79명의 혈액이 제공되었음을 확인하고 관계 기관의 협조를 통해서 이들의 거주지를 파악한 후, 전원에 대한 에이즈 검사를 실시하여 헌혈자 중 1명(B모씨, 남 20대)이 에이즈 감염자임을 확인함. 헌혈자 B모씨는 동성연애 경력이 있으며 콘돔은 가끔 사용하였다고 함.

헌혈자 B모씨가 에이즈 감염자로 판명됨에 따라 B모씨의 과거 헌혈경력을 조사한 결과, 동성연애 경력 이후, 단 1차례 헌혈 경력이 있으며 이때 A모씨 이외에 C모씨(남 70대), D모씨(남 90대) 등 총 3명이 B모씨가 헌혈한 혈액을 수혈받았고 이중 D모씨는 이미 지병으로 사망하였으며 C모씨에 대해서는 검사 결과 양성으로 추가 확인됨. 최종적으로 2명(A,C)의 수혈로 인한 에이즈 감염자와 1명의 헌혈자(B) 중 에이즈 감염자를 발견함."

덮으려는 자, 펼치려는 자

▎남성 간의 성행위를 하는 자들의 헌혈을 제한하면 차별. 혐오인가?

동성애자의 헌혈제한 조치가 남성 동성애자를 '차별'하는 정책이라며 반발한 일이 국내에서 있었다. 한국게이인권운동단체 '친구사이'는 이같은 항목이 '성적지향을 이유로 한 차별'이라며 관련 내용을 수정 또는 삭제 권고해달라며 2010년 2월 국가인권위원회에 진정서를 냈다.[147]

'친구사이'는 진정서에서 "(해당항목이) 남성 간의 성행위는 무조건 위험한 것, 그래서 남성 간 동성애는 좋지않은 것이라는 잘못된 인식을 퍼뜨리고 있다"며 "이 문항으로 인해 남성 동성애자들은 불필요하게 사회로부터 거부, 위축감등을 경험하게 되고 헌혈할 자유 또는 권리를 박탈당하고 있다"
고 주장했다. 당시 동성애자인권연대에서 문진항목 중 '최근 1
년 사이에 동성이나 불특정 이성과 성 접촉이 있었다'는 항목
이 성적 지향에 따른 차별이라며 문제 삼았다.

이에 국가인권위는 보건복지부 장관에게 항목을 바꿀 것을 권
고했고 보건복지부가 일부를 받아들여 현재의 안이 나온 것이
다. 국가인권위는 당시 '동성애가 에이즈의 원인인 것처럼 간
주되어온 편견을 심화시킬 수 있다'며 차별판단을 내렸다. 그
러나 남성 간 성행위의 문제점을 알고 있는 보건당국 입장에
선 해당 항목을 포기하기란 쉽지 않았을 것이다.

남성 간 성관계를 한 사람도 헌혈을 허용해줘야 한다는 요구
는 일반 국민 입장에서 쉽게 납득하기 어려운 면이 많다. 2003
년까지 국내에서 발생한 수혈 에이즈 감염자는 대부분 에이
즈에 감염된 남성 동성애자들이 헌혈한 피를 수혈받은 것으로
드러났다고 보도된 바 있다.[148]

남성 동성애자의 헌혈을 제한하는 절차

한국에서 헌혈을 하려면 필수적으로 헌혈기록카드를 작성해야 한다. 카드 문진 항목 중 10번에 이런 질문이 나온다.

"최근 1년 이내에 불특정 이성과 성접촉을 하거나, 남성의 경우 다른 남성과 성접촉을 한 적이 있습니까?"

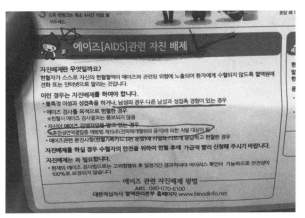

[그림 2-8] 대한적십자사의 헌혈안내문:
남성의 경우 다른 남성과 성접촉 경험이 있다면
헌혈을 자진 배제할 것을 권하고 있다.

카드를 작성하는 것은 채혈(採血) 금지 대상을 확인하기 위해서다. 과거 병력(病歷)이나 현재의 건강상태 등을 묻고 채혈 전 부적격한 사람을 가려내는 것이다. 위 항목에 '예'라고 답했다면 헌혈을 할 수 없다. 대한적십자사가 제공하는 전자문진에도 이 같은 내용은 동일하게 확인된다.

[그림 2-9] 대한적십자사 문진표:[149]
일정기간 헌혈해서는 안되는 조건에
'남성의 경우 다른 남성과의 성접촉'이 포함돼있다.

2014년 국내에서 헌혈에 동참한 사람은 약 300만명이다.[150] 헌혈로 모인 혈액은 공급 전 반드시 선별 검사를 한다. 이 과정에서 부적격 판정을 받아 폐기되는 혈액이 3년간 6800만ml나 된다는 사실을 아는 사람은 많지 않다. 한 해 약 4만2000명이 헌혈한 피가 쓰지도 못하고 버려지는 셈인데, 부적격 혈액 중 간염이나 에이즈에 감염된 피가 15%나 차지했다.[151] 이 같은 사실이 알려지자 가뜩이나 피가 부족한 나라인데 한 해 버려지는 혈액이 60억원 가량 되고 폐기 비용도 수천만 원이 드는 만큼 사전 검사를 강화해야 한다는 지적이 있었다.[152]

질병관리본부가 주관한 에이즈 포럼 등에서 동성애자와 에이즈 감염인에 대한 편견을 버리자며 친동성애적 행보를 보였던 기자조차

칼럼을 통해 남성 동성애자들의 헌혈 문제에 대해선 아래와 같이 지적했다.

"이미 과거에도 동성애자들이 자신의 에이즈 감염 여부를 알아보기 위해 헌혈한 것이 문제가 돼 다른 사람들을 감염시킨 사례가 여럿 있었던 것이다."[153]

남성 동성애자의 헌혈을 제한하는 정책의 보건적 의미

이처럼 대한민국에서 남성 동성애자의 헌혈제한 실태만 보더라도 남성 간 성행위에 문제가 있음을 추정할 수 있다. 우리나라는 물론 다수 국가의 입장은 단호하다. 남성 간 성행위를 하는 사람들의 혈액은 사회적으로 공유하기엔 에이즈, 간염 등 많은 위험 인자들이 있어 절대 받아들일 수 없다는 것이다. 각국 혈액관리 부서의 이런 입장은 뒷부분에서 자세히 소개될 남성 동성애자들의 열악한 건강 상태를 보면 좀 더 쉽게 이해될 것이다.

2002년 뇌수술 이후 HIV에 감염된 남성 동성애자의 피를 수혈받고 에이즈에 감염된 여학생의 이야기가 세상을 떠들썩하게 했다. 보건복지부 혈액정책과는 2003년 7월 29일 배포한 '검찰 혈액수사 관련 참고자료 (수혈로 인한 에이즈 환자 발생 관련)'를 통해 에이즈 감염 초기에는 바이러스가 존재하더라도 음성으로 판단되므로 어쩔 수 없는 사고였음을 아래와 같이 보고했다.

"2002년 5월경 A모씨에게 수혈된 79명의 혈액은 헌혈 당시 에이즈 항원 · 항체효소면역검사 결과가 전부 음성이었음(대한적십자사 확인). 현재의 에이즈 항원 · 항체효소면역검사는 에이즈 감염초기에 는 에이즈 바이러스가 존재하더라도 음성으로 판정됨."[154]

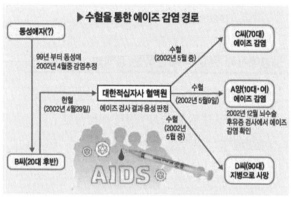

[그림 2-10] 동성애자의 헌혈과 그 혈액을 수혈받은 여학생의
에이즈 감염 경로 모식도[155]

국내 일부 남성 동성애자들의 반응

그렇다면 남성 동성애자들은 동성 간 성행위자의 헌혈금지 정책을 어떻게 생각할까. 남성 동성애자들은 전용 사이트에 자신들의 헌혈금지 조항을 인정하는 글을 다수 올려놓고 있다.

눈****은 "우리나라도 선진국처럼 게이 등 위험요소가 있는 쪽은 헌혈을 금지해야한다고 본다" "나도 이반[156]이지만 본인의 감염 여

부 등을 알지도 못하는 상태에서 헌혈하는 것은 부정한 행위라고 생각한다"고 밝혔다.[157]

아이디 오***도 '이반은 헌혈도 못하나'라는 제목의 글에 달아 놓은 댓글에서 "인구비율로 볼 때 동성애자 중 에이즈 감염자가 많아서 그럴 것", "사실 전부 다는 아니지만 무분별하게 섹스하는 것도 반성해봐야 할 문제인 것 같다"고 했다. M****는 "검증이 안 된 모르는 사람과 성관계를 했다면 헌혈을 하면 안 된다. 이건 거의 살인미수에 가까운 행위"라면서 "동성관계에서 통계적으로 에이즈가 더 많이 전염되기 때문에 그런 것"이라고 덧붙였다.[158] 동성 간 성행위와 헌혈의 에이즈 감염, 위험성을 남성 동성애자들도 알고 있다는 말이다.

"성생활이 왕성한
동성애자를 장기기증자에서
제외하기로 한 것은 이 분야의 전문가와
과학자의 의견을 폭넓게 수렴한 결과이며
그중에는 스미더먼 장관의
의견도 포함되었다"

2008년 시사인 기사 <동성애 남성은 장기 기증 못한다> 中
토니 클레멘트 캐나다 연방 보건부 장관의 발언.

4. 남성 동성애자들의 장기 기증에 대한 금지·제한

캐나다는 장기 이식 기술이 매우 높은 수준의 국가로 평가된다. 캐나다는 1980년대에 세계 최초로 폐 이식 수술을 성공했으며, 1988년 간, 장을 대체하는 수술을 했다.[159] 다른 이식 수술의 성공률도 매우 높다. 신장 이식 수술 성공률은 98%에 이르며 간과 심장 이식 수술도 각각 90%, 85%로 높은 성공률을 자랑한다. 그러나 장기 기증 참여율이 턱없이 낮아 장기 기증을 받으려고 줄을 서있는 대기자의 수가 4600명이 넘는다. 장기 기증을 기다리다 해마다 죽는 사람의 수가 해마다 250명이 넘는다고 한다.[160]

[그림 2-11] 시사인 2008년 2월 18일자 <동성애 남성은 장기 기증 못한다> 기사: 남성 동성애자들의 장기 기증을 제한하는 캐나다 보건국 발표 내용을 다루고 있다.[161]

캐나다 혈액당국(Canadian blood services)은 남성 동성애자의 장기, 조직, 정액, 혈액 기증에 제한을 두고 있다.[162] 캐나다의 이런 정책이 반대에 부딪히자 2008년 2월 "동성애 남성은 장기 기증 못한다"라는 제목의 기사가 국내 일간지에 실렸다([그림 2-11] 참조).

이 기사는 "뛰어난 장기 이식 기술을 가진 캐나다에서 난데없는 '동성애 장기 이식'논란이 일고 보건부가 '동성애 남성의 장기 기증을 금한다'고 발표하자 거센 반발이 일어났다"고 전하고 있다.

102세 노인의 장기 기증도 받는 캐나다,
그러나 남성 동성애자의 장기 기증은 No

캐나다 국민의 장기 기증율은 선진국 중 가장 낮은 국가로 알려져 있다. 캐나다는 장기 기증자를 더 끌어 모으기 위해 여러 각도로 방안을 모색해 왔다. 연방 보건부는 2001년 '장기 기증 및 이식 위원회'를 만들어 각 주와 준주(準州)에서 장기 기증 캠페인을 지원하고 있다. 위원회는 이를 위해 '장기 및 조직 이식 수술을 위한 캐나다 표준안'을 만들었다. 각 주와 정부 차원에서도 장기 기증을 전담하는 기구나 부서를 만들어 한 사람이라도 장기 기증을 약속하도록 다양한 장기 기증 캠페인과 홍보 활동을 벌인다. 그 중 하나가 장기 기증에 얽힌 여러 오해와 편견을 문답 형식으로 풀어주는 광고 전단과 포스터 배포, 웹사이트 운영이다.

'장기 기증에는 나이 제한이 없습니다. 최고령 장기 기증자는 90세가 넘었으며, 각막을 기증한 최고령자는 102세였습니다.'

'대다수 종교와 종파는 장기 기증을 권장하고 지지 합니다.'

'장기 기증을 했더라도 관을 열어놓고 예식을 치를 수 있습니다. 장례복을 입히면 수술 자국은 드러나지 않습니다.'

'장기 이식은 의료비용을 크게 절약해 줍니다. 신장 이식 수술 비용은 평균 2만 달러 정도이며 이후 해마다 6000달러가 소요됩니다(5년간 약 5만 달러). 그에 비해 이식 수술을 받지 않고 투석으로 치료를 계속할 경우 그 비용은 연간 5만 달러에 이릅니다(5년 간 약 25만 달러)'[163]

이런 문구를 사용하면서 캐나다 연방보건부는 국민들에게 장기 기증을 독려하고 있다. 이처럼 장기 기증에 공을 들이는 캐나다 정부가 유독 남성 동성애자의 장기 기증은 금지하는 이유는 무엇일까.

캐나다 혈액 당국 보고서 〈남성 동성애자 장기 기증 유예 위험 평가 ; 위기 관리 원칙을 이용한 분석(MSM Donor Deferral Risk Assessment: An Analysis using Risk Management Principles)〉은 이와 같은 정책이 동성애자를 차별하고자 하는 의도가 아니며 위험한 성행위를 하는 동성애자들의 특성이 에이즈 및 질병과 긴밀하게 관련돼 있음을 말해준다.

"Public health surveys show MSM is high risk for HIV: MSM makes up a considerable portion of HIV positive donors: MSM at increased risk of STDs and emerging known and unknown sexually transmitted infections."[164]

(공중 보건 조사는 남성 동성애자가 HIV 감염 위험이 높고, HIV에 감염된 기증자 중에 높은 비율을 차지하고 있으며, 대두되고 있는 기존 성병 및 미지의 성병에도 감염 위험이 높다는 것을 보여준다.)

토니 클레멘트 연방보건부 장관은 "성생활이 왕성한 동성애자를 장기 기증자에서 제외하기로 한 것은 이 분야의 전문가와 과학자의 의견을 폭넓게 수렴한 결과"라고 밝혔다. 이어 "새 정책이 현재의 장기 기증 절차와 규정에 큰 변화를 초래하지는 않을 것"이라고 말했다.[165] 캐나다 남성 동성애자는 2003년 기준 에이즈 유병률이 5.4%로 전체 인구 에이즈 유병률 0.08%보다 67배나 높았다.[166]

후술될 내용을 통해 확인할 수 있겠지만 남성 동성애자들은 에이즈, 매독, 임질, 클라미디아, 콘딜로마, 항문암, 이질, A형 간염, B형간염, 게이 장 증후군 등 여러 가지 질병에 노출돼 있다. 이들은 일반인보다 훨씬 많이 감염된 적이 있거나 감염된 상태일 가능성이 높다. 이러한 의학적 현실이 장기 기증에 제한을 두고 있는 캐나다 보건당국의 결정에 핵심 근거가 되고 있다. 뒷 부분에 언급될 게이 장 증후군(gay bowel syndrome)[167] 등도 에이즈로 남성 동성애자들의 건강상의 문제가 부각되기 이전에 이미 남성 동성애자들의 장기 사용에 대한 제한을 두는 근거로 작용했다.

동성애 여부가 선천적인 것이냐는 질문

동성애에 대해 큰 관심이 없는 사람들도 궁금해 하는 한 가지 사실이 있다. 바로 동성애, 즉 'homosexuality'는 타고나는 것인가 하는 것이다. 필자 역시 강의 현장에서 이를 궁금해 하는 사람들을 많이 봤다.

이 질문에 대해서 길원평 부산대 물리학과 교수는 여러 논문들을 총망라해 논란의 여지를 잠재우고자 '동성애 과연 타고나는 것일까?' 책을 내놓았다. 여기서는 간단하게 길 교수의 칼럼을 전한다. 결론부터 말하자면 동성애는 타고나는 것도, 불변의 성적취향도 아니라는 것이다.

▌동성애, 과연 타고 나는 것인가?

동성애는 선천적으로 타고난다는 주장이 있는데, 그 주장이 허구임을 알게 해주는 많은 보고들이 있다. 그중에 몇 가지를 소개하고자 한다. 첫째, 동성애 성행위는 출산으로 이어지지 못한다. 즉 아기를 낳지 못하는 동성 간 성행위를 하게 만드는

부산대 길원평 교수

유전자, 즉 동성애 유전자는 다음 세대로 전달될 수가 없게 된다. 동성애가 유전이라면 동성애는 이미 지구상에서 사라졌어야 했다.

둘째, [그림 2-12]과 같이 자란 환경에 따라 동성애의 빈도가 다르다는 설문조사 결과를 들 수 있다.

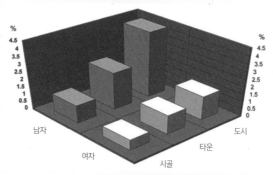

[그림 2-12] 시골의 동성애자수는 적지만
도시로 갈수록 증가하는 경향을 보인다. [168]

즉 청소년기에 큰 도시에서 자랐으면 동성애자가 될 확률이 높고, 시골에서 자랐으면 동성애자가 될 확률이 낮다는 사실이 설문조사를 통해 드러난 것이다. 이 조사는 동성애가 선천적으로 정해지는 것이 아니라 후천적으로 환경의 영향을 많이 받음을 나타낸다.

셋째, 돌연변이에 의해 정상 유전자가 손상되어 나타난 이상 현상이 동성애라는 주장이 있는데, [그림2-13]과 같이 한 두 개의 유전적 결함에 의해 나타나는 유전질환은 그림 왼쪽에 몰려있으며, 0.25% 이하의 빈도를 가지고, 모든 유전질환자를 합치더라도 인구의 1% 정도 밖에 되지 않는다. 반면 동성애는 그 발생 빈도수가 2%가 넘어서는 것을 볼 수 있는데 이것이 유전적 결함이라고 하기엔 빈도가 너무 높다.

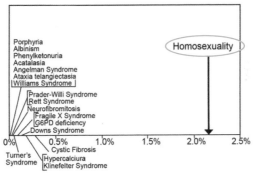

[그림 2-13] 유전적 결함을 지닌 개체군 출현율[169]

넷째, 동성애 유전자가 발견되었다는 논문을 인용하며 동성애의 선천성을 주장하는 사람들이 있는데 그들은 1993년 동성애자인 해머가 동성애가 Xq28이라는 유전자군과 상관관계가 있다고 Science에 발표한 것을 인용한다.[170] 서구 언론은 동성애 유전자를 발견하였다고 대서특필하였고[171] 이로써 서구에 동성애가 유전이라는 오해가 퍼지게 된 결정적인 역할을 했다. 그러나 과학은 시간이 지남에 따라 더욱 발전했고 1999년 라이스 등은 Xq28 내의 유전자에 대해 동성애자와 일반인을 비교한 결과 다르지 않았기에, Xq28 존재가 남성 동성애와 관련 없다고 Science에 발표했다.[172] 결국 2005년에 해머를 포함한 연구팀이 더 많은 사람을 분석한 결과, 동성애와 Xq28 유전자군과의 상관관계를 발견하지 못했다. 1993년과 달리 2005년에 상관관계가 없다는 결과를 얻은 이유를 2005년 논문에서 자세히 분석해 놓기까지 하였다. 1993년도 논문을 쓴 해머 스스로 자신의 논문의 허구를 인정한 셈이다.[173]

다섯째, 태아기에 성호르몬 이상을 겪어 동성애를 하도록 신체구조가 형성되었다는 주장이 있다. 1991년 동성애자인 리베이가 남성 동성애자 두뇌의 INAH3 크기가 여성과 비슷하다는 결과를 Science에 발표한 것이 그것이다.[174] 그러나 이후 2001년에 바인 등이 같은 영역을 조사한 결과, INAH3 안에 있는 뉴런(neuron)의 수가 남녀 차이는 있었지만, 남성 동성애자는 남성 이성애자와 뉴런의 수가 차이가 없음이 밝혀지면서 리베이의 주장이 허구로 드러났다.[175]

마지막으로 일란성 쌍둥이의 동성애 일치비율을 비교해보면 동성애가 선천적인 것이 아님을 매우 뚜렷이 알 수 있다. 일란성 쌍둥이는 100% 동일한 유전자를 가지며 모든 선천적인 영향을 동일하게 받는다. 만약 동성애가 선천적으로 결정된다면 일란성 쌍둥이는 100%에 가까운 동성애 일치비율을 가져야 한다. 그러나 최근 대규모로 일란성 쌍둥이의 동성애 일치비율을 조사한 결과 그 반대의 결과가 나타났다.[176] 즉 2000년 미국 1512명을 조사해 본 결과 일치비율이 고작 18.8%이었고, 2000년 호주 3782명을 조사해 본 결과 남성은 11.1%, 여성 13.6%에 그쳤다. 2010년 스웨덴 7652명을 조사한 결과로는 남성 9.9%, 여성 12.1%의 일치비율을 보였다. 일란성 쌍둥이의 동성애 일치비율은 10%대에 불과하므로, 선천적인 요인에 의해 동성애가 결정되지 않음을 분명히 나타낸다.

2016년 미국 존스홉킨스대 연구팀은 동성애의 선천성을 뒷받침할 과학적 근거가 없다고 결론지었다.[177] 또한 유전학자, 인류학자, 발달심리학자, 신경과학자 등도 동성애가 유전적으로 결정되지 않는다는 데 폭넓은 동의를 하고 있다. 2016년 우간다에서 동성애처벌법이 만들어진 후 동성애자 인권을 뒷받침하려고 쓴 논문도 동성애 원인에 대해 모른다고 결론지었다.[178]

동성애자에는 타고난 사람과 후천적인 사람, 두 종류가 있는데 타고난 사람은 끊을 수 없고 후천적인 사람은 끊을 수 있다는 주장이 있다. 끊으면 후천적이고 못 끊으면 선천적이기에

위 주장은 반증이 불가능하다. 타고났다는 과학적 근거가 없으니까 이제는 그럴듯한 논리로 미혹한다.

동성애가 유전이라는 주장이 모두 거짓으로 밝혀지기 전까지 유전인지 아닌지 알 수 없다는 주장이 있는데, 거짓말은 끝이 없다. 동성애 옹호자들은 생소한 과학적 개념을 사용해 자신들의 주장을 지속적으로 하기에 동성애는 유전이 아니라는 분명한 확신을 갖고 합리적으로 상대 주장을 반박해야 한다. 이미 과학계는 유전이 아님을 알고 있지만 일반인들은 언론의 편파 보도로 여전히 유전이라고 믿는 사람이 많아서 안타까울 따름이다.

1990년대 초에 동성애는 선천적이라고 주장하는 논문들이 발표되었고 대략 10년이 지난 후 그 결과들이 번복되었음에도 그 사이에 서구 여론이 바뀌어져 돌이킬 수 없는 상황이 되었다. 세상은 동성애가 타고 나는 것이라는 거짓 선동에 쉽게 넘어갔다. 그렇기 때문에 사람들의 인식을 바로 잡는 것은 많은 노력이 필요할 것으로 보인다.

덮으려는 자
펼치려는 자

03

남성 간
성행위와
항문 주변
질환,
장 질환

"We did see a relationship between the practice of anal sex fecal incontinence, more so among men than women," said lead author Dr. Alayne Markland of the University of Alabama at Birmingham.

(미국 앨라배마 대학의 알레인 박사는
"우리가 알아낸 것은 여성보다
남성의 항문성교와 대변실금의
관련성이 있다는 것이다"라고 말했다.)

2016년 2월 5일, 로이터통신 기사 中

1. 항문 및 주변조직의 손상

이성 간이든 동성 간이든 항문 성관계는 위험하다. 그리고 항문 성관계는 남성 간 성관계에서 집중적으로 발견된다.[179] 즉 이성 간에는 항문 성관계가 일반적인 성적 행위가 아니다. 남자 동성애자들 중에, 성기 뿐만 아니라 여러 가지 이물질을 항문에 삽입하는 관장 혹은 피스팅(fisting)으로 항문에 물리적 손상을 입는 사람이 많다 . 왜냐하면 항문 내부의 점막은 매우 연약하기 때문이다(예를 들어 심한 변비 때 피가 나는 것을 볼 수 있는데 이는 딱딱한 대변으로 항문 내부의 점막이 찢어지기 때문이다. 혹은 심한 설사 때도 피가 나는 것을 볼 수 있다.).

대변실금(fecal-incontinence)

무리한 항문성교 등으로 염증 발생이 반복되고 항문의 괄약근이 손상되면 대변을 참는 힘이 떨어져 변이 새어 나온다. 이것이 변실금이다. 미국의 저명한 의학박사인 케잘 박사 등은 남성 동성애자들의 건강상의 문제점으로 게이 장 증후군을 밝혀냈다. 그는 특히 게이 장 증후군의 일종으로 변실금을 꼽았다.[180] 항문 성관계라는 위험한 행위의 해악은 성관계 때 그 일이 행해지는 항문에 일차적으로 문제가 발생한다는 것이다.

국내에서 에이즈 요양병원에 입원해 치료를 받던 한 남성 동성애자가 사망할 당시 대변 주머니를 달고 있었다. 그를 진료했던 염안섭 수동연세요양병원 원장은 동성애자였던 그가 변실금 정도가 심해져서 아예 대변 주머니를 차고 있었다고 설명했다. 실제로 그를 돌본 염 원장은 항문 성관계와 변실금의 연관성이 너무나 명확하다고 주장했다. 그가 항문 성관계를 절대 해서는 안 되는 이유로 변실금을 꼽고 있는 이유가 여기에 있다.

[그림 3-1] 조선일보 <다 꺼리는 에이즈환자… 병원 문 닫을 각오로 돌봐> (수동연세요양병원) 기사: "동성애를 하다 에이즈에 걸린 남성들 상당수가 항문이 파열돼 그곳에서 자주 출혈을 한다"는 내용이 나온다.[181]

의학전문대학원 교수의 동성애자 변실금 경고

국내 의학전문대학원 교수도 항문성교에 의해 변실금이 발생한다고 주장했다. 건국대학교 의학전문대학원의 이승식 교수는 조선일보를 통해 실제로 동성애자로 알려진 모 연예인을 예로 들면서 남성 간 성관계가 변실금을 유발한다고 주장했다. 아래는 "춤추는 동성애자들을 보며 나는 마음 속으로 눈물을 많이 흘렸다"라는 기사 중 일부다.

"또한 동성애에 탐닉하는 사람의 경우 항문괄약근이 망가져 변을 참을 수 없게 되는 경우도 많다고 한다. 홍OO씨가 출연한 방송에서 본인도 하루 3시간 가량을 변기에서 보낸다고 할 만큼 변실금(便失禁, fecal incontinence)도 심각한 문제다. 동성애자들의 평균수명이 25년 이상 짧다는 것도, 그들이 불행한 삶으로 인생을 마감한다는 것도 잘 알려져 있다. 동성애자를 우려의 시선으로 바라보는 것은 이런 이유 때문이지, 그들을 이유 없이 편견을 가지고 차별하는 것이 아니다. 이런 것에는 눈을 감은 채 동성애자를 인권으로 포장하여 자신들의 정치적 목적에 이용하려는 것이야말로 비인권적 행동이 아닐까."[182]

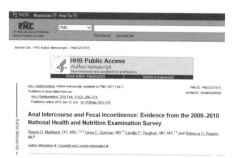

[그림 3-2] 미국 국립의학도서관 홈페이지: 항문 성관계와 변실금 증상의 연관성에 대해 2009~2010년 조사한 논문을 소개하고 있다.

항문 성관계의 위험성에 대해 구체적으로 언급한 자료가 해외에는 의외로 많이 발견된다.

예를 들어 미국 국립의학도서관에서 검색을 해보면 항문 성관계와 변실금 증상의 연관성에 대해서 조사한 논문을 쉽게 찾아 볼 수 있다([그림 3-2] 참조).[183] 논문의 주된 내용은 이렇다. 인체 구조적으로 임신과 출산을 하는 여성에게 변실금이 더 많이 보고되지만 여성보다도 더 많이 변실금을 겪게 되는 부류가 바로 남성 간 항문성교를 하는 그룹이라고 밝히는 것이다([그림 3-3] 참조).

Study Highlights

WHAT IS CURRENT KNOWLEDGE

- Fecal incontinence has a prevalence of 8% among adults; with equal prevalence rates among older men and women.
- Risk factors for fecal incontinence that are similar among women and men include comorbidity and loose stool consistency.
- Decreased anal sphincter pressures may be related to anal intercourse in small clinical series data.

WHAT IS NEW HERE

- Women and men who practice anal intercourse have higher rates of fecal incontinence.
- Men who practiced anal intercourse had higher odds of having fecal incontinence than women.
- Assessment of sexual behaviors may be important consideration among adults with fecal incontinence.

[그림 3-3] 미국 국립의학도서관 홈페이지가 제공하는 논문 요약 일부 캡처:
"남성 간 항문 성행위를 하는 남성은 여성보다
변실금을 가지게 될 확률이 더 높다"고 밝히고 있다.[184]

남성 동성애자들은 변실금 이외에도 항문과 항문 내외의 주변 조직에 많은 질병에 시달리고 있다. 이것은 전신적으로 영향을 준다. 항문성교에 따른 신체 변화와 위험성을 우려하는 대장항문외과 전문의 칼럼[185]은 남성 동성애자들이 직면한 항문관련 질환의 심각성을 그대로 보여준다.

▌항문성교에 의한 신체변화와 그 위험성

항문은 우리가 생각하는 이상으로 우리 몸에서 매우 중요한 역할을 하는 장기이다. 사람은 입으로 먹어야 살아갈 수 있고 먹은 음식은 소화과정을 거쳐 변으로 배출되어야 한다. 변으로 배출되는 마지막 단계가 항문이다. 이 항문은 평상시에는 변이 나오지 않도록 막아 주어야 하고 변

항문한솔병원
대장항문외과 이관철

을 볼 때는 반대로 통과할 수 있도록 열어주어야 한다.

단순히 항문은 덩어리 변을 조절하는 것에 그치지 않는다. 설사와 같은 상황에서는 더 긴밀하게 조절이 필요하고 가스를 배출할 때는 변은 나오지 않게 하면서 가스만 배출되게 아주 복합적인 작용이 이루어지는 곳이 항문이다.

이런 기능을 하기 위해 가장 큰 역할을 하는 것이 항문 괄약근이다. 항문 괄약근은 크게 내괄약근과 외괄약근으로 나누게 된다. 내괄약근은 불수의근으로 우리의 의지로 조절할 수 없는 근육이다. 이는 항문관의 압력을 적절히 조절하여 변이 새는 것을 방지하는 역할을 한다. 외괄약근은 우리의 의지로 조절할 수 있는 근육으로 항문을 조였다 풀었다 할 수 있는

근육이다. 항문은 이외에도 골반의 여러 근육들이 매우 복잡하게 조화롭게 작용하여야 원활한 배변이 이루어진다.

이러한 중요한 역할을 하는 항문을 변보는 것 이외에 사용하는 것은 지극히 위험한 행동이 된다. 특히 항문성교와 같이 반복된 물리적 자극을 가하게 되면 항문 점막 뿐만 아니라 항문 괄약근의 손상을 초래하게 되어 돌이킬 수 없는 상태로 갈 수 있다.

1. 항문 괄약근 손상 – 변실금

항문성교를 지속하게 되면 괄약근의 손상을 유발시킬 수 밖에 없다. 오랜 기간 지속적인 항문 확장이 이루어지면 전반적인 괄약근의 약화와 함께 광범위한 괄약근 손상이 오기 때문에 오히려 급성으로 손상되는 괄약근 손상보다 치료가 어렵고 완치가 되지 않는 경우가 많다.

또한 항문성교를 할 때 대부분 위생적이지 않기 때문에 감염 같은 여러 문제들이 발생하게 된다. 일부에서는 항문성교 시 내려오는 변을 막기 위해 이물질(화장품 뚜껑, 과일류 등)을 과도하게 직장으로 삽입하는 경우가 있는데 삽입 시 항문 괄약근 뿐만 아니라 항문 점막의 손상도 유발하게 되고 과도하게 큰 이물질을 삽입하여 이물질이 빠져 나오지 못하고 직장에 막혀 개복 수술로 장을 절개하여 빼내는 일이 발생하기도 한다. 또한 항문 괄약근을 조절하는 신경계에도 이상반응이 나타나 항문 주변의 미세한 자극에도 항문이 저절로 열리는 현상도 발생한다.

2. 항문점막 손상 – 감염성(성병성) 질환

직장항문 점막은 대변의 여러 균들로부터 보호하기 위해 점액질을 분비하게 되고 이는 면역학적으로 강한 역할을 담당한다. 그러나 항문성교를 오래 지속하게 되면 항문과 직장의 점막을 손상시키고 이로 인하여 세균이나 바이러스에 대한 감염을 촉발시킨다. 특히 성병성 감염 질환은 질환을 가지고 있는 파트너에게서 전파되기 때문에 질환을 가지고 있는 사람과 항문성교를 하게 되면 감염 확률은 급속히 높아지게 된다.

1) 세균성 항문 성매개병

-임질 : 그람음성쌍구균인 임균(Neisseria gonorrheae)에 의해 발생하게 되고 대부분은 요도에 발생하여 다량의 농성 분비물과 배뇨 시 작열감을 호소하게 된다. 항문에서는 항문가려움증, 잔변감, 혈성 분비물, 농성 분비물을 나타낼 수 있다.

-클라미디아 림프육아종 : 클라미디아 트라코마티스(Chlamydia trachomatis)에 의해 발생하고 직장에 염증을 일으키고 직장 통증과 분비물을 나오게 된다. 농양이나 림프절의 종대 및 육아종성 양상을 보여 직장의 협착을 유발 시키기도 한다.

-매독 : 매독균(Treponema pallidum)에 의해 발생하게 되고 항문에 궤양을 일으키고 통증을 유발하게 된다. 혈액 내로

전파되게 되면 발열 및 무기력감, 관절통, 두통 등의 전신증상을 나타날 수 있다.

-연성하감 : 헤모필루스 튜크레이(Hemophilus ducreyi)에 의해 발생되고 항문 주위의 농양이나 궤양을 발생하게 한다.

2) 바이러스성 항문 성매개병

-단순헤르페스바이러스 : 항문 통증, 잔변감, 혈변 등의 증상을 나타내며 특징적인 수포성 피부병변을 나타낸다.

-사람유두종바이러스 : 자궁경부암과 항문암의 원인으로 알려져 있으며 항문 주변과 직장에 사마귀 형태로 나타난다. 항문 가려움증과 작열감을 호소하는 경우가 많고 치료하여도 재발이 잦다.

3. 직장항문 사마귀(곤지름, 콘딜로마)

항문성교 시 빈번히 발생하는 질환이다. 사람유두종바이러스의 접촉에 의해 발생하게 되고 항문 주변에 발생하는 일반적인 감염상태와 다르게 항문성교에 의해 발생하는 콘딜로마는 직장점막을 타고 안쪽까지 번져 있는 형태로 나타난다. 콘딜로마에 감염된 사람과 성관계 시 항문 점막의 손상으로 인해 바이러스의 감염이 발생하게 되고 닭벼슬 처럼 솟아나오는 형태의 사마귀로 발전하게 된다. 치료하지 않고 방치할 시 점점 크기가 증가하게 되고 출혈 및 심한 통증을 유발할 수 있고 항문암의 원인이 될 수도 있다.

치료는 항바이러스연고나 전기소작, 레이저요법, 냉동요법 등 다양한 방법으로 진행되나 바이러스 질환이기에 재발이 잦아 가능한 사마귀조직을 모두 제거하는 외과적 절제술이 확실한 방법이다. 그러나 범위가 넓고 큰 사마귀의 경우 외과적 절제를 시행하고 나서 항문이나 직장이 좁아지는 협착이 발생할 수 있어 조기에 치료를 하는 것이 중요하며 감염된 환자와의 접촉을 피하는 것이 가장 좋은 예방법이라 하겠다.

4. 후천성면역결핍증후군(AIDS)

사람면역결핍바이러스(HIV)에 의해 발생하는 감염병이다. 혈액으로 인하여 감염이 발생되기 때문에 수혈을 통한 감염이 한 경로이다. 그러나 최근 수혈 전 철저한 검사를 시행하기 때문에 수혈에 의한 감염 보고는 거의 없다. 그러나 최근 에이즈의 감염자 수가 점차적으로 늘고 있는 시점에서 감염경로의 대부분이 성적 접촉으로 인한 것으로 보는 것이 맞다.

특히 항문성교에 의한 감염의 위험성은 대단히 높다. 항문성교 시 항문 점막의 손상을 유발하게 되고 항문을 통한 바이러스의 침입은 매우 높은 위험성을 가지게 된다. 감염환자의 정액 내에는 많은 수의 사람면역바이러스가 존재하게 되고 항문성교 시 직장 내부에 사정을 하게 되면 정액 내에 존재하는 다량의 바이러스가 직장점막을 통해 몸 속으로 침투하게 된다. 에이즈에 감염된 사람은 면역기능에 장애를 유발하기 때문에 감염병이 빈번하게 발생하게 된다.

항문 사마귀는 흔히 발생하는 질병 중 하나이다.

항문 사마귀로 수술을 위해 수술적 검사 과정에서 에이즈를 알게 되는 경우가 많을 정도이다. 또한 면역기능이 떨어진 상태에서 항문성교를 지속 시 항문에 상처로 인하여 항문 농양을 일으킬 수 있다.

"When I was in the gay lifestyle, I was constantly sick,
I had chlamydia, gonorrhea, gay bowel syndrome,
yeast infections"

(게이로 살 때 늘 병든 상태였다.
클라미디어, 임질, 게이 장 증후군과
곰팡이균 감염에 시달렸다.)

게이 포르노 배우였다가 회심한
조셉 스키암브라가 2015년 4월 인터뷰를 통해 밝힌 내용 中

2. 누군가는 덮어 버리고 싶은 단어,
   게이 장 증후군(Gay bowel syndrome)

항문으로 성관계를 하는 남성들은 장 기능 저하현상이 흔하게 나타난다. 이로 인해 남성 동성애자들은 보건적 문제가 발생하며 적잖은 고통을 겪는다.

게이 장 증후군이라는 용어의 대두

게이 장 증후군(Gay bowel syndrome)은 케잘 박사 등이 1976년에 보고한 증후군이다.[186] 당시 그는 항문과 진료 중 게이들이 성관계를 통해 감염된 항문 주변, 직장 질병과 외상들을 발견했다.

이후 많은 의학 문헌들에서 산발적으로 게이에서 발견되는 위장계 증상들에 대한 연구들이 보고되었다. 이 증후군은 게이들의 위장, 소장, 대장, 직장, 항문 등 소화기관을 침범해 고통을 주는 여러 질병들을 지칭하게 됐다.[187] 즉 특정 질병을 지칭하기보다 여러 종류의 증상들을 포함하는 증후군이었는데, 대체로 항문염증(proctitis)으로 간주되었다. 이후 더 많은 질병들과 증상을 포함하게 되었는데 암도 여기에 포함됐다. 게이 장 증후군은 HIV 이전 시대에 가장 광범위하게 사용되던 게이들의 상태를 일컫는 명칭이었다.

에이즈의 등장으로 밀려난 용어

이처럼 게이 장 증후군에 대한 연구는 폭넓게 진행됐다. 80년대 초까지 동성애자 사이에서 나타나는 독특한 질병들에 대해 활발하게 연구가 진행됐다. 그러나 에이즈의 등장으로 인해 매년 수만 명씩 감염자들이 죽어가는 상황이 전개되면서 게이 장 증후군의 심각성과 중요도는 우선순위에서 밀려나게 됐다. 자연스레 연구 작업도 이뤄지지 않게 됐다.

원인과 경로

게이 장 증후군의 원인은 대변 등에 존재하는 다양한 감염성 세균과 성병의 원인균에 있다. 여기에는 헤르페스 바이러스, 매독 균, 임질 균, 클라미디아 균, 이질 균, campylobacter(장염을 일으키는 세균으로 에이즈를 가진 사람에서 피를 통해 전염될 수 있다), 그리고 여러 원충형 감염(protozoal infections) 등이 포함된다. 세균 감염경로는 항문성교 이후 항문과 직장 등 장기의 상처를 통한 경로, 대변-구강 경로를 통한 오염(fecal-oral transmission)[188], 기타의 특정하기 어려운 경로가 있다.

정화조와 상하수도가 생기고 비누와 항생제가 상용화 되는 등 위생, 보건 인프라의 발전으로 인간이 분변 때문에 세균에 오염되는 일은 획기적으로 줄어 들었다. 그러나 여전히 대변과 관련된 위험행동을 하는 사람들은 본인과 타인에게 피해를 주고 있다. 그래서 다수 국가의 보건당국은 대변-구강 오염에 신경쓰고 있다. 예를 들어 오클라호마주 보건국의 급성질환관리부는 아래와 같이 주민들에게 대변-구강 오염 예방법을 알리고 있다.

"Fecal-oral transmission means that the germs that cause illness are found in the stool (feces) of an infected person, and are spread to another person. This occurs when a person touches the stool of an infected person or an object contaminated with the stool of an infected person and ingests the germs. An object or surface can appear clean and still have germs that can cause illness. A disease that is spread by the fecal-oral route can be transmitted from person to person, or in food or water. This can happen when a person fails to wash their hands properly after using the bathroom, and then handles food that is eaten by others, or when feces contaminate a water supply. ⋯ When your hands are unclean, you can infect others or even yourself by touching your own eyes,nose, or mouth."[189]

(대변-구강 오염이란 질병을 일으키는 세균이 감염된 사람의 대변에서 다른 사람에게로 전염된다는 것을 의미한다. 이는 어떤 사람이 감염된 사람의 변이나 감염된 사람의 변으로 오염된 물건에 손이 닿

아 세균을 섭취하는 경우 발생하게 된다. 물체나 표면이 깨끗해 보인다 하더라도 병을 일으키는 세균이 있을 수 있다. 대변-구강 경로에 의해 전염되는 질병은 사람과 사람 간에, 혹은 음식물이나 물을 통해서도 전염 될 수 있다. 화장실을 사용한 후 사람이 제대로 손을 씻지 않고 음식을 만지거나 혹은 분변으로 오염된 물을 통해서도 대변-구강 오염이 발생할수 있다. … 손이 더럽다면 자신의 눈, 코 또는 입을 만져 다른 사람이나 심지어 자신을 감염시킬 수도 있다.)

증상

1976년 미국 뉴욕의 케잘 의학박사 팀은 '게이 장 증후군 : 260명의 남성 동성애자들의 임상병리학적 상관관계'라는 논문을 통해, 260명의 남성 동성애자들의 직장 · 항문 · 대장 질병을 치료하는 과정에서 일반 환자와 다른 특성을 지니고 있는 것을 확인했다[[그림 3-4] 참조).

대표적 장애와 증상은 곤지름, 치핵, 원인불명의 직장염, 치루, 직장주위 농양은 물론 항문 부위가 찢어지는 치열이었다. 아메바성 이질도 자주 발생했다. 박테리아에 의한 이질과 달리 아메바가 원인이 되어 발병되는 이질은 아프리카 등 위생상태가 좋지 못한 3세계 또는 열대지역에서 많이 발생하는 후진국형 질병이다.

TABLE III
Clinical Diagnoses of Patients

Disorders	Number of Patients	Percent of Patients
Condyloma acuminata	134	51.5
Hemorrhoids	43	16.5
Non-specific proctitis	31	12.0
Anal fistula	30	11.5
Perirectal abscess	18	6.9
Anal fissure	18	6.9
Amebiasis	17	6.5
Pruritus ani	16	6.0
Polyps (benign)	14	5.4
Hepatitis (occurring during treatment)	14	5.4
Rectal dyspareunia	13	5.0
Gonorrhea	8	3.1
Syphilis	7	2.7
Trauma and foreign bodies	7	2.7
Shigellosis	6	2.3
Rectal ulcers	4	1.9
Lymphogranuloma venereum	3	1.2
Anal incontinence	3	1.2
Solitary rectal ulcer	1	0.4
Bowen's disease, anus	1	0.4
Squamous cell carcinoma, anus	1	0.4
Other	1	0.4

곤지름 : 51.5%
치핵 : 16.5%
원인불명의 직장염 : 12.0%
치루 : 11.5%
직장주위 농양 : 6.9%
치열 : 6.9%
아메바 성 이질 : 6.5%
항문소양증 : 6.0%
양성 종양 : 5.4%
간염 : 5.4%
직장성교통증 : 5.0%
임질 : 3.1%
매독 : 2.7%
항문 외상과 이물질 : 2.7%
이질 : 2.3%
직장 궤양 : 1.9%
성병림프육아종 : 1.2%
변실금 : 1.2%
고립성 직장 궤양 : 0.4%
항문의 보웬병 : 0.4%
항문의 암종 : 0.4%
기타 : 0.4%

[그림 3-4] 케잘 박사팀이 분류한 게이 장 증후군의 증상들[190]

그런데 미국이나 유럽 등 서구의 깨끗한 위생환경에서 유독 남성 동성애자들에게 이런 현상이 관찰된 것은 특이하다. 동성애를 하지 않는 일반인들은 주로 '성기 주변'에 콘딜로마(흔히 곤지름이라고 부른다)가 생기는데 동성애자들은 항문과 직장에 콘딜로마가 51%나 관찰됐다. 항문 주변이 가렵거나 혹은 가려움이 심하여 타는 듯이 화끈거리는 증상인 항문소양증, 양성 종양, 간염, 직장 성교통증, 임질, 매독, 직장 궤양, 변실금도 있었다. 클라미디어가 일으키는 성병으로 생

식기에 존재하는 림프 기관에 감염되는 성병성 림프 육아종도 발견
된다. 항문암 등 각종 질병명이 군을 이루며 나열되어 있다.

이러한 병명이나 증상들은 일반인들에게서도 한 두 가지씩 나타
날 수 있는 것이다. 그럼에도 '게이 장 증후군'이라는 명명이 군이 필
요했던 이유는 이렇게 다양한 질병들이 '동시다발적'으로 관찰되는
현상이 일반인들에게는 드물고 남성 동성애자들에게 집중됐고 이 증
후군에 대한 의료인들 간의 도식화된 명칭이 필요했던 것이다.

그러나 이것이 전부가 아니었다. 1985년 영국 런던 미들섹스병원
의학부의 웰러 교수는 캐잘 의학박사팀이 제시한 게이 장 증후군으
로 나열된 병명 중에서 위장과 관련한 증세가 누락돼 있다고 주장했
다. 그리고 게이 장 증후군이라는 단어에서 특정 질병만 규정하면 명
시해 놓은 질병 외 증상을 남성 동성애자와 연관 짓지 않고 검사를
빠뜨릴 가능성이 있다고 지적했다.[191] 결국 특정 병명들을 아무리 많
이 나열한다 하더라도 다양하게 존재하는 게이 장의 이상 증상들을
다 열거할 수 없다고 본 것이다.

미국 국립의료도서관 홈페이지에서는 남성 동성애자들의 장 증후
군에 대한 논문들을 쉽게 찾을 수 있을 뿐 아니라 그 논문들의 요약문
을 볼 수 있다. 게이 장 증후군에 관한 논문의 요약문은 다음과 같다.

"Sexually transmitted bowel and rectal diseases are common in
gay men and are caused by a wide variety of infectious agents.
Each of the entities implicated in the gay bowel syndrome

is considered separately and epidemiologic considerations responsible for the appearance of such a syndrome are examined. The emergency physician should be prepared to diagnose and initiate treatment of these disorders on a rational basis."[192]

(성접촉으로 감염되는 장과 직장의 질병들이 게이 남성들에게 흔하며 다양한 감염 원인균들에 의해 발생한다. '게이 장 증후군'의 각 질환들은 개별적으로 고려되며 그러한 증후군이 나타나게 된 원인이 되는 역학적 고려사항들이 검토된다. 응급의학과 의사들은 이러한 질환을 진단하고 합리적으로 치료할 준비를 해야 한다.)

친동성애 진영의 방해없이 게이 장 증후군에 대한 연구가 활발하던 시절인 1980년대 중반, 말레이시아 의학저널에 수록된 논문 〈게이 장 증후군; 동성애자인 환자에게서 발견되는 기생충 감염 보고서(Gay men bowel syndrome; A report of parasitic infection in homosexual patients)〉에는 이런 표현이 있다.

"Amoebiasis has been reported as d a common cause of diarrhoea in homosexuals."[193]

(동성애자들이 설사를 하는 흔한 원인 중 하나가 아메바에 의한 것

이다.)

친동성애단체가
'게이 장 증후군'이란 용어의 삭제를 요구하다

항문과 구강으로 성관계를 하는 주된 계층인 남성 동성애자들의 장기 상태를 잘 규명해 대책을 세울 수 있는 시점에 안타까운 일이 발생했다. 1980년대부터 시작된 동성애자들의 권리 운동과 정치적 올바름(PC, Political Correctness)의 영향, 1990년대 이후 동성애 단체들의 압력이 복합적으로 작용해 의학서적에서 게이 장 증후군이라는 용어가 삭제되기 시작한 것이다.

1997년 학술지 '동성애'에 '전염병의 대두: 게이 장 증후군의 나쁜 케이스'라는 글이 게재됐는데, "게이 장 증후군이란 용어는 남자 동성애자들의 몸에 사회적·문화적·정치적 복종을 강제하는 것을 찾는 사회정책과 정부 정책을 만들기 때문에 그 사용이 중단되어야 한다"는 주장이 실렸다.[194]

1999년에 출판된 '퀴어를 비하하기: 남자 동성애자의 건강관리에서 의학적 편견'이란 책 역시 "게이 장 증후군은 남자 동성애자의 몸에 대한 특별한 감시, 규제, 정의, 의료화, 정체성 규정, 파편화를 위한 효과적인 도구로 오늘날까지 남아 있다"며 게이 장 증후군이란 용어의 폐기를 주장했다.[195]

2001년 동성애 인권 단체 등의 항의로 결국 캐나다 위장전문의

협회(Canadian Association of Gastroenterologists)는 의학교과서에서 게이 장 증후군이라는 용어를 삭제키로 했다. 미국도 같은 수순을 밟았다.[196]

동성애자들은 캐나다의 위장병전문의협회에서 게이 장 증후군이란 단어를 교과서에서 삭제한 예를 들면서 캠브리지 의학연구소에 메일을 보냈다. 그리고 위력을 행사하기 전 인터넷 의학사전에서 게이 장 증후군이란 단어를 삭제하고 공개사과 할 것을 촉구했다. 해당 문구는 결국 삭제됐다.[197]

> 덮으려는 자, 펼치려는 자

▍ 알아봅시다

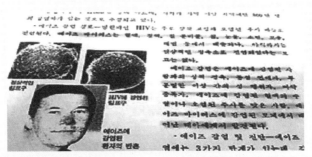

[그림 3-5] 2000년 교련 교과서에 게재된 에이즈 관련 부분
'동성연애자'가 고위험군의 한 부류로 언급되고 있다.

'게이 장 증후군'이라는 용어가 동성애 운동가들의 요구로 삭제된 일과 비슷한 사건은 한국에서도 일어났다. 1999년 당시 동성애자인권연대는 교과서에서 동성연애와 성병이 연관돼 있다는 내용([사진 3-5] 참조)의 삭제를 요구하였고, 교육부가 이것을 받아들인 것이다. 외국의 동성애단체들이 사전과 교과서의 내용을 개정하는 운동을 시작한 것과 비슷한 시기다.[198]

원래 교육부가 발간한 교련(2000) 교과서에는 '에이즈감염은 에이즈에 감염된 사람과의 성적접촉, 동성연애자, 무분별한 이성 간의 성 행위자, 마약중독자, 에이즈에 감염된 혈액의 수혈이나 오염된 주사를 맞은 사람, 에이즈 바이러스에 감염된 모체에서 태어난 태아에게서 발견 된다'고 기술했었다.[199]

대한교과서에서 펴낸 보건 교과서(2001)도 '1981년 미국에서 티리니성 폐렴에 걸린 남성 동성애자의 보고에서 시작되어 후천성 면역결핍 증후군에 의한 것이 밝혀지고 그 원균은 HIV 바이러스'라는 것을 적시 했었다. 그러나 이런 내용은 교과서에서 이런 내용을 삭제해 달라는 친동성애 진영의 요구와 논리에 교육부는 손을 들었고 이런 중요한 내용들은 결국 삭제되었다.

어쨌든 지속적인 동성애 진영의 게이 장 증후군 삭제 노력과 성공, 그리고 에이즈라고 하는 더 심각한 질병이 동성애자들 사이에서 급증하면서 게이 장 증후군이라는 단어는 사람들의 뇌리에서 점점 사라지게 됐다.

우리나라 교과서에서 동성애와 에이즈의 연관성이 사라진 후 그에 대한 각성이 사라져간 것처럼 말이다.

심지어 미국에선 동성애자가 동성애를 죄악으로 명시한 내용을 문제 삼아 성경 출판사를 상대로 소송을 제기한 사건도 있었다.[200] 미국에서 한 동성애자 남성이 기독교 출판사인 존더반(Zondervan)과 토마스 넬슨(Thomas Nelson)을 상대로 총 7000만 달러(798억 원) 손해배상 소송을 제기한 것이다. 동성애자는 두 출판사에서 나온 성경책에 동성애를 죄악으로 명시한 내용이 들어가 있어 자신의 헌법상 권리를 침해했으며 감정적 고통을 야기했다고 주장했다. 그가 문제시한 부분은 고린도전서 6장 9절로, 하나님의 나라를 유업으로 받지 못할 불의한 자 중 'homosexual'이란 단어가 직접 사용된 것에 문제를 삼았다고 기사는 전하고 있다. 이 소송에서 법원은 성경 출판사의 손을 들어주었다.

[그림 3-6] 2015년 7월 29일자 기독일보 캡쳐: 남성 동성애자가 성경책 출판사를 상대로 소송을 제기한 사건을 소개하고 있다.

병명을 삭제했다고 병이 사라진 것이 아니다

1999년부터 2001년까지 미국 샌프란시스코와 독일 베를린 등에서 동성애자 사이에서 쉽게 번지는 전염병인 이질이 유행했다. 전술한 바와 같이 이질은 게이 장 증후군의 중요 증상 중 하나다. 위생시설이 낙후한 개발도상국 병이라고 치부되던 이질이 선진국의 대도시에서 다시 유행하게 되자 보건당국은 긴장했다. 미국 질병관리본부는 결국 남성 동성애자의 주요 대장 관련 증상 질환 중 하나인 이질을 다시 공식적으로 경고 하기에 이르렀다([그림 3-7 참조]).

[그림 3-7] 미국 질병관리본부 홈페이지 캡처:
미국 보건당국이 남성 동성애자들을 중심으로
이질이 급증하고 있음을 알리고 있다.[201]

항생제 상용화 이후 매독이 사라져 가던 네덜란드에서는 1999년 부터 남성 동성애자 사이에서 매독이 급증하는 현상이 발생했다. 또한 2004년에는 HIV 보균자인 남성 동성애자들 사이에서 클라미디어 균이 원인인 성병성 림프 육아종이 발병했다. 매독은 2000년대 이후 유럽 전역에서 급증하는 양상을 보였다. 게이 장 증후군이라는 병명 삭제를 요구하는 친동성애 진영의 운동이 거세게 일던 2000년대 초반에도 지구촌 곳곳에서 아메바성 설사와 매독이 동시다발적으로 일어났다. 남성 동성애자들의 게이 장 증후군 유사 증상들이 나타난 것이다.

2004년 일본에서 오니시 박사 등은 〈일본 대도시에서 나타나는 이질 아메바 감염의 특징(Present characteristics of symptomatic Entamoeba histolytica infection in the big cities of Japan)〉이라는 논문을 발표했다.[202] 이 논문에 따르면 도쿄, 요코하마, 오사카 등 아메바 감염이 원인이 된 증후군에 걸린 58명(이중 55명이 남성)에 대해 설명하면서 이들 중 56%가 남성 동성애자 였고(나머지 44%는 동성애 여부에 대한 응답을 거절하거나 부인했다) 절반 가까이(45%)는 매독균에도 동시에 감염되어 있었다.

이렇게 남성 동성애자들에게 '항문, 대장 관련 아메바성 질환+성병'이 동시 다발 중첩되어 나타나는 현상들이 대두되는 것을 보며 전문가들은 게이 장 증후군의 전형적인 양상을 떠올리지 않을 수가 없던 것이다. 이와같은 양상은 일반인에게선 쉽게 찾아보기 어려운 상황이기 때문이다.

90년대 후반 에이즈 치료제의 혁신으로 HIV 바이러스의 활동을 억제해 일상생활이 가능케 되자 남자 동성애자들은 남성 간 성행위를 할 때 상대적으로 주의를 기울이지 않게 됐다. 그리고 예전처럼 다시 공격적이며 위험한 성행위를 벌이게 됐다.[203] 이로 인해 다시 남자 동성애자들 사이에서 발생하는 각종 증후군이 감소는커녕 증가하기 시작했다. 에이즈로 인한 조기사망의 위험성이 에이즈 바이러스 억제제 등의 개발로 한풀 꺾이자 그보다 덜 위급한 질병이 다시 관심의 대상이 됐다. 또한 HIV감염 이후 사망에 이르는 시간이 늘어나면서 HIV 생존자도 점점 늘어나게 됐고, 그들에게서 발생하는 각종 질병도 새로운 과제가 됐다.

1990년대부터 2005년까지 동성애 단체와 진보 진영이 연대해 확산시킨 PC(political correctness, 정치적 올바름) 문화에 따라 게이 장 증후군이라는 단어가 상당부분 삭제됐지만[204] 그 피해는 고스란히 동성애자들에게 돌아갔다. 의학적으로 밝혀진 진실은 수치스럽다고 해서 덮어버리는 것이 능사는 아니다. 병명을 삭제한다고 병이 사라지면 얼마나 좋겠는가.

언론도 이 같은 문제를 보도하지 않으므로 일반 대중뿐만 아니라 동성애자 본인도 쉽게 자각할 수 없게 됐다. 결국 게이 장 증후군이라는 것은 동성애자조차 들어보지 못한 생소한 질병이 돼 버렸다. 해당 질병에 걸리고 난 뒤에야 그런 증상이 있다는 것을 알게 되는 악순환이 발생하고 있는 것이다.

게이 장 증후군은 하나의 병명으로서가 아니라 주로 동시 다발적으로 나타나는 증상들로 표현되어 왔다.[205] 이것을 좀 더 펼쳐서 구체적으로 연구하지 않고 오히려 동성애자들에 대한 혐오적 용어로 치부하고 덮어버린 결과는 좋지 않았다. 의과대에서 의학생들을 대상으로 한 교육에서 동성애자들이 빈번하게 걸리는 특정 질병에 대한 교육이 사라지게 됐고, 의학적 진실을 억누른 정치적 행위가 부메랑이 되어 보건적 위협으로 돌아오고 있다. 한국사회도 이런 위험성을 간과해서는 안 된다.

'게이 장 증후군'이라는 용어 삭제가 능사는 아니다

게이 장 증후군이라는 용어는 잊혀질만 하면 다시 등장하곤 한다. 2004년도 미국의 메드스케이프 약사전용 사이트에서 이 용어가 다시 언급된 것이 그 예이다.[206]

게이 포르노 배우였다가 회심한 조셉 스키암브라 역시 게이 장 증후군에 대해 서슴치 않고 고백한 바 있다. 그는 2016년 인터뷰에서 다음과 같이 밝혔다.

"When I was in the gay lifestyle, I was constantly sick," he says. "I had chlamydia, gonorrhea, gay bowel syndrome, yeast infections."[207]

(나는 게이로 살던 시절 끊임없이 병에 걸렸다. 나는 클라미디아, 임

질, 게이 장 증후군, 곰팡이 감염증에 시달렸다.)

▌탈동성애자 박 모씨가 언급한 '게이 장 증후군'

[그림 3-8] 동성애에서 탈출해 사랑하는 여성과 결혼하여
두 아이를 낳고 행복한 가정을 이룬 박 모씨

탈동성애자인 박 모씨와 2016년 가을 서울로 올라가는 기차
안에서 대화를 나눈 적이 있다. 지방에서 동성애와 에이즈의
연관성을 알리는 토크콘서트를 마치고 서울로 함께 올라가는
길이었다. 박 모씨는 10년 넘게 남성 간 성관계를 하다가 회심
하고 이제는 동성애로 고민하는 많은 청년들이 동성애에서 탈
출할 수 있도록 돕고 있다.

그는 동성 간 성행위를 할 때 장이 너무 나빴고 항문 근처도 각종 염증과 불편한 증상들이 끊이지 않았다고 했다. 동성애를 끊고 결혼까지 한 그지만 여전히 그 후유증이 일부 남아 있고 다수의 게이들이 장 증후군에 따른 불편함을 겪고 있다고 귀띔했다.

그는 김광진 감독의 다큐 영화 '나는 더 이상 게이가 아닙니다'에 출연하기도 했다. 현재 많은 강연과 집회 등을 통해 동성애자의 삶이 어땠는지, 그리고 그런 생활의 결과가 얼마나 비참한지 생생하게 증언하고 있다. 그리고 절대 동성애자의 삶으로 돌아가고 싶지 않은 현재의 심정을 담담히 피력해 많은 반향을 일으키고 있다. 그가 출연한 다큐 영화는 공개 9일 만에 조회 수가 9만5000건을 넘는 등[208] 영화관 상영과 유튜브 상영, 기타 교회와 교육기관에서의 상영을 합하면 100만 명 이상이 시청한 것으로 집계되고 있다.

그는 당시 항문 주위의 병으로 받은 고통과 엉덩이로 번지는 피부병의 문제, 장 상태의 악화를 방치한 채 동성애를 끊지 못하고 괴로워하던 과거의 삶을 고백했다. 그리고 결국 에이즈에 감염된 사실을 알고서 뼈저리게 후회한 시간 등 생각하기도 싫은 당시 상황을 솔직히 털어 놓았다. 미화된 동성애의 실체와 그 결과를 반드시 젊은이들에게 직면시키고 더이상 동성애를 안 하도록, 그래서 자신처럼 심신의 고통을 겪는 이가 없도록 전국을 다니며 외쳐달라고 필자에게 이렇게 당부했다.

"게이 장 증후군은 실제 제가 동성애자로 살 때 겪었던 문제입니다. 그와 같은 증상들은 동료 게이들이 무수히 겪었습니다. 그 용어가 뭐든 간에 존재하는 것을 없는 것처럼 은폐해선 절대 안 된다는 겁니다."

▌ 대변 유래 세균에 닿은 '손'을 잘 씻어야 한다.

HIV, 즉 에이즈 바이러스는 성적 접촉이나 수혈이라는 극히 제한적인 감염경로를 통해서 전염되므로 일반인은 쉽게 감염되지 않는다. 반면 이질, 매독, 임질, 성병성 림프육아종은 피부접촉을 통해서도 전염된다. 심지어 이질은 손에 묻어 있는 변이 음식물이나 다른 물건을 통해서도 옮길 수 있기 때문에 일반인도 쉽게 전염될 수 있다.

그래서 케잘 박사팀은 논문에서 게이 장 증후군이 있는 남성 동성애자가 음식을 다루는 업종에 종사하는 것은 공공보건을 위태롭게 할 수 있다고 경고하기도 했다("These patients could be a pulblic health hazard if employed as food handlers.").[209]

미국 영국 등의 보건당국은 남성 동성애자들이 항문 성관계를 할 때는 고무장갑을 착용하고 성관계 하라고 충고한다. 그 역시 미봉책이 될 수 있음을 알아야 한다. 그러나 자신의 손과 주변 물건들이 더러울 때 가장 손해 보는 사람은 1차적으로 나 자신이며 2차 피해자는 내 주변 사람들과 가족이 될 수 있다는 사실을 잊어서는 안 된다.

미국 질병관리본부는 남성 간 성접촉자들이 이질 등 대변이 입으로 들어가서 걸리는 질병들을 조심해야 함을 아래와 같이 거듭 알리고 있다.

"Shigella germs are found in the stool (poop) of sick people when they have diarrhea and for up to two weeks after the diarrhea has gone away. Shigella infection is spread when peopleput something (for example, a finger, food, or objects) in their mouths or swallow something that has come into contact with stool of someone sick with shigellosis. This includes exposure to stool through sexual contact. Men who have sex with men (MSM) are more likely than others to get infected with Shigella that is resistant to antibiotics commonly used to treat adults who have shigellosis."[210]

(이질균은 설사가 있을 때, 설사가 사라진 이후에도 최대 2주 동안 아픈 사람들의 대변에서 발견된다. Shigella 감염은 사람들이 세균 감염으로 아픈 사람의 대변과 접촉한 무언가(예 : 손가락, 음식 또는 물건)를 입에 넣거나 삼킬 때 전파된다. 여기에는 성 접촉을 통한 대변에 대한 노출이 포함된다. 남성과 성관계를 가진 남성은 일반인보다 항생제가 안 듣는 이질균에 감염될 확률이 높다.)

게이 장 증후군과 에이즈

세계보건기구 및 해외 보건당국들은 남성 동성애자들이 대변유래 질환(fecal-oral transmission)을 더 많이 매개하고 있다고 전하고 있다. 이것은 이후에 좀 더 자세히 다루기로 한다.

게이 장 증후군이 갖는 추가적인 위험성은 이렇다. 이질이나 매독이나 기타 유사 증상들은 남성 동성애자의 장의 저항력을 약화시킨다. 장의 면역력이 약화되면 남성 간 항문성교를 통해 직장 내 사정된 정액이나 혈액 속의 HIV 바이러스가 활동할 수 있는 여건이 높아진다. 이렇게 되면 직장이나 대장의 얇은 막을 뚫고 바이러스가 혈관에 침투하기가 좋아진다. 그래서 HIV에 감염된 남성 동성애자는 HIV에 감염되지 않은 동성애자에 비해 게이 장 증후군의 발병 비율이 높다. 즉 게이 장 증후군에 걸렸다는 말은 HIV가 잘 전염될 수 있는 환경을 만들어 놓았다는 말과 같다.

게이 장 증후군이란 용어는 남성 동성애자들의 소화기관과 관련된 의학 용어다. 그런데도 의료계에서 조차 용어 사용을 기피할수록 언론이 이 말의 사용을 하지 않게 되는 것은 당연지사이고 결국 용어의 보편성을 잃을 수밖에 없다. 그렇게 되면 결국 그 손해는 사회의 일부인 남성 동성애자들과 그들을 구성원으로 포함하는 사회 구성원 모두에게 직·간접적인 영향을 미친다.

후술될 베로사이토톡신 생성 대장균(verocytotoxin-producing E. coli)에 의한 남성 동성애자들의 장내 환경 변화는 보다 심해진 게이 장 증후군의 변형된 형태라고 말할 수 있다.

"Gay, bisexual,

and other men who have sex with men are

17 times more likely to get anal cancer

than heterosexual men"

(게이, 양성애자, 남성과 성관계를 가지는 일체의 남성들

은 이성애 남성보다 항문암에 걸릴 확률이 17배 높다.)

미국 질병관리본부 웹사이트 '남성 동성애자 건강'에서

'성병(sexually transmitted dieases)' 코너 中

3. 항문암

미국 국립암연구소에 따르면 미국은 1990년대 초반부터 암환자의 사망률이 감소하는 추세에 있다. 2016년 미국 신규 암환자는 168만 5210명인데 가장 많이 걸린 암은 유방암, 폐 및 기관지 암, 전립선암, 결장암, 직장암 등이었다.

암 환자 발생 동향을 보면 1999년부터 2008년까지 여성의 암 발생율은 변동이 거의 없었다. 반면 남성은 매년 0.6%씩 감소했으며 이후 2008년부터 2013년까지는 2.3%씩 감소폭이 커졌다. 암으로 인한 사망률도 유사한 기간 남자는 1.8% 감소했고, 여성은 1.4% 감소했다.[211] 그러나 특이하게도 게이나 양성애 남자들 사이에선 암이 증가하고 있다. 미국 암학회는 LGBT 공동체 내에 항문암 외에도 고환암, 자궁경부암, 자궁암 등의 암 발생 위험이 높다고 지적하면서 다음의 권고 사항을 제시하고 있다.[212]

-금연, 건강한 체중 유지, 음주 제한(하루 2잔 이내 또는 금주),
 건강한 식사, 신체적 활동 유지(앉거나 누워 지내지 말기, 오래
 TV 보기 등)
-정기 검진

암과 동성애

2011년 암 학회지(The Journal Cancer)[213]는 LGBT의 암을 연구한 결과를 수록했다. 연구자들은 2001, 2003, 2005년 California Health interview survey를 통해 암진단을 받은 3690명의 남자, 7252명의 여자 성인들을 조사하고 이성애자와 동성애자 사이를 비교했다. 그 결과 동성 간 성행위자들의 행동이 암의 위험도를 높이는 것으로 나타났다. 레즈비언들은 비만, 흡연, 과음, 스트레스 등이 문제였고, 게이와 양성애 남자들은 흡연이 문제였다. 특히 남성 간 성행위는 두경부암(머리와 목의 암)과 항문암과 높은 관련성이 있었다. 동성애자들은 이성애자들에 비해 암 발생율이 1.9배 높았다. 전립선암은 예외였으나 다른 모든 암에서 동성애자의 발생율이 높았다.

동성애 및 양성애 여성에서는 이성애 여성들보다 자궁암은 두 배 높았고, 양성애 여성들의 자궁경부암(cervical cancer)은 이성애 여성들보다 두 배 높았다. 그들은 전반적으로 건강상태가 이성애자에 비해 나빴다. 저자들은 동성애자들에 대한 공공 기관들의 검진, 교육, 예방 사업이 중요하다고 지적했다. 미국의 여성건강국 역시 레즈비언의 자궁경부암 발병 확률이 일반 여성들의 자궁경부암 발병률보다 높다고 전하고 있다.[214]

항문암은 증가 추세

전술한 바와 같이 미국에서 암은 전반적으로 감소 추세에 있다. 그런데 특이하게도 항문암은 증가 추세에 있다. 항문암은 쉽게 말해 항문에 발생하는 암을 말한다. 항문암은 다른 암에 비해 흔하지 않다.

항문암 환자는 1975년 이래로 증가 추세를 보이고 있다. 미국 국립암연구소 통계에 의하면 항문암은 최근 10년간 연평균 2.2%씩 증가하고 있다. 사망률 역시 매년 2.9%씩 증가하고 있다. 심지어 미국에서 직장암과 대장암도 연평균 2.7~3.2%씩 감소하고 있으나 유독 항문암만은 늘고 있다. 미국의 항문암은 기타 암 환자 감소 동향과 다르게 역행하는 것이다.[215]

항문은 부위마다 다양한 종류의 세포로 이루어져 있어 선암, 편평상피세포암, 악성 흑색종 등 다양한 종류의 암이 발생할 수 있다. 그중에서도 편평상피세포암(squamous cell carcinoma)이 미국 내에서 가장 흔하다. 통계에 따르면 2008~2014년 통계에 의하면 항문암 환자의 5년 생존률은 67.4%였다. 미국 국립암연구소는 미국 내에서 항문암 환자가 2018년 신규로 8580명 발생할 것이며, 같은 해 1160명이 항문암으로 사망하게 될 것이라고 추정치를 발표했다. 이것은 전체암 중에서 25위에 해당되는 수치다.[216] 그리고 이러한 항문암 발병의 핵심 그룹이 남성 동성애자들이었다.

우리나라의 국가암정보센터 자료에 의하면 항문암은 2009년에 178건이 발생하여 전체 암 가운데 0.1%를 차지했다. 편평상피세포암이 51%, 선암이 32%를 차지하고 있다.[217]

항문암의 주된 원인은 사람유두종바이러스

사람유두종바이러스(human papilloma virus, HPV)는 항문암을 일으키는 주요 원인으로 꼽히고 있다. HPV는 종류가 다양하고 또한 여러 가지 질병의 원인으로 작용하는데, 특히 항문암을 유발할 수 있다는 점에 주목해야한다. 항문이 HPV에 감염된 경우 이 암에 걸릴 위험성이 높다. 미국 국립암연구소는 미국 내외 항문암 환자의 10명 중 9명은 HPV 감염인이라고 밝히고 있다.[218]

미국 뿐 아니라 전 세계적으로도 항문암의 주된 원인은 HPV라고 꼽힌다. HPV의 감염부위 피부가 고등급편평상피내병변(HSIL)이라 불리는 비정상적인 피부로 진행된 이후에 그 다음 단계로 항문암으로 발전할 확률이 높아진다. 즉 암이 되기 전단계 상태 중 가장 변이가 심한 단계인 고등급편평상피내병변 단계에 도달하면 암이 될 가능성이 높아진다고 미국 국립 암 연구소는 지적하고 있다.[219]

위험인자

항문암 증가와 관련된 주요 위험인자는 다음과 같다. 평생 동안 성행위를 하는 파트너의 수, MSM(Men who have sex with men) 여부, 기타 다른 성병 감염여부, 흡연과 면역이 억제된 상태 등을 꼽을 수 있다. 특히 수동성 항문성교(receptive anal intercourse, 바텀)의 위험성이 높다. 에이즈 감염으로 인한 면역 약화도 항문암 발병의 위험도를 높인

다.[220]

남성 동성애자들은 일반인보다 항문암에 17배 더 많이 걸린다

우려스런 사실은 남성 동성애자들 사이에서는 항문암이 지나치게 높게 관찰된다는 것이다. 특히 미국 샌프란시스코에 거주하는 백인 남성 동성애자의 경우 항문암 발병률이 높게 관찰된다고 보고하고 있다.[221] 미국 질병관리본부 자료에 따르면 남성 동성애자들은 타 집단보다 월등하게 항문암에 많이 걸리는 것으로 나온다([그림 3-9] 참조).

[그림 3-9] 미국 질병관리본부 홈페이지 캡처:
미국 질병관리본부는 남성 동성애자들이
일반 남성보다 17배 항문암에 많이 걸린다고 보고하고 있다.

미국 질병관리본부 공식 웹사이트는 남성 동성애자들이 일반 남성들보다 17배 더 많이 항문암에 걸린다고 전하고 있다.[222] 퍼센트로 표현하면 1700%에 해당된다. 항문암의 주요 원인인 HPV는 인체의 면역 체계에 의해 방어 되며 건강한 사람은 쉽게 감염되지 않는다. 그러나 면역 체계가 낮은 사람은 HPV 감염이 빠르게 암 발생으로 연결된다. 따라서 에이즈 유병률이 일반인들보다 월등히 높은 남성 동성애자들에게 항문암이 집중적으로 발병되는 것은 이상한 일이 아니다.

HPV는 항문-성기의 암(ano-genital cancer)의 위험요인일 뿐만 아니라 동시에 구강암 등 두경부(head and neck)암과 관련된다. 즉 남성 간 구강성교-HPV 감염-구강암 발생 간에 밀접한 관련이 있다는 말이다.

남성 간 구강성교가 이성 간 구강성교 보다 위험한 이유는 대변에 오염된 성기가 구강으로 들어가는 위험한 일이 벌어지고 있기 때문이다. 이러한 성행태로 HPV에 감염된 과거력이 있는 사람은 그런 과거력이 없는 사람보다 구강암 발생률이 32배나 높아진다.[223] 반면 흡연과 음주는 구강암 발생률을 2.5~3배 높일 뿐이다. 영국의 HIV협회는 남성 동성애자들에게 항문암이 증가하고 있으며 항문암의 90%이상이 사람유두종바이러스에 의한 것이며, 특히 에이즈 감염인의 경우 항문암 발병률이 매우 높다고 결론 내리고 있다.[224]

미국 보건당국은 남성의 항문, 음경 또는 인후암에 대해 징후나 증상이 나타나기 전에 HPV 또는 HPV 관련 질병 검사를 권장하지 않으나 항문성교를 하는 남성을 포함해 항문암 위험이 높은 남성에게 항문 세포 도말 검사(anal pap test)를 시행한다고 보고하고 있다.[225]

미국 질병관리본부는 해마다 거의 400명의 남성이 사람유두종바이러스 즉 HPV에 의해 음경암(cancers of the penis)에 걸리고 있다고 보고하고 있다.

미국 국립보건원에서 열린 제4회 국제 에이즈 악성종양학회에서 앤드류 그루리 박사는 HPV와 관련된 중요한 발표를 했다. 앤드류 박사는 항문암의 대부분은 여성역할을 하는 항문 성교자들에게 많이 발생하며 HIV 양성인 게이 남성의 90% 및 HIV 음성인 게이 남성의 65%가 HPV에 감염되어 있다고 밝혔다.[226] 즉 남성 동성애자들이 항문성교를 통해 HPV에 쉽게 감염된다는 뜻이다. 그래서 미국, 캐나다, 영국 등의 보건당국이 남성 동성애자들에게 HPV 예방백신을 접종할 것을 권유하고 있는 것이다.[227]

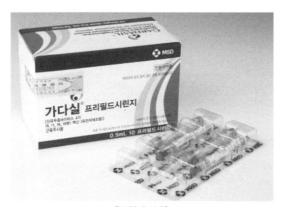

[그림 3-10]
미국 질병관리본부가 추천하는 HPV예방 백신
'가다실'[228]

HIV와 HPV

미국의 LGBT 암 환자의 삶을 개선하기 위해 창설된 '전국 LGBT 암네트워크(National LGBT Cancer Network)'는 브류어 박사 등의 논문을 인용해 남성 동성애자와 남성 양성애자 집단에서 높게 관찰되는 HPV의 문제점을 지적하고 있다. 이 단체는 HIV 양성인 남성 동성애자와 양성애자는 93%가 동시에 HPV에도 감염되어 있고, HIV 음성인 남성 동성애자와 남성 양성애자는 61%가 HPV에 감염된 반면 동성간 성행위를 하지 않는 남자의 HPV 감염은 50% 이하라고 발표했다.[229]

높은 HPV 감염률은 항문암 발생으로 직결된다. 해외는 남성 동성애자에게 만연된 항문암에 대한 논문과 보건당국의 발표, 각종 기사들이 많다. 하지만 국내에는 관련자료가 많이 부족한 편이다.

2012년 헬스조선에 남성 동성애자들의 항문암 발병률에 대한 기사가 실려 이목을 끌었다.[230] 호주 뉴사우스대학 연구진이 발표한 내용을 기사화했는데, 2014년 HPV 감염과 항문상피내종양 유병률과 발생률을 연구한 53개 논문을 검토한 결과, 남성 동성애자는 항문을 통한 성 접촉을 함으로 병이 잘 발생한다고 밝힌 것이다. 연구진이 논문 검토 결과 남성 동성애자들이 HPV 감염에 따른 항문상피 내종양에 걸릴 위험이 높다는 결론을 얻었다는 것이다.

국내 유력한 항문 전문 H병원은 항문성교를 즐기는 남성은 여성보다 곤지름 질환에 많이 걸린다고 밝힌 바 있다. H병원이 2005년 7

월부터 2009년 6월까지 항문 성병인 곤지름 환자 177명을 분석한 결과 남성이 131명, 여성이 46명으로 남성이 여성보다 3배 가까이 많았다([그림 3–11] 참조).

[그림 3-11] 일요시사 2010년 9월 20일자 기사:
남성은 주로 항문 경로를 통해
항문주위에 콘딜로마가 발생하고 있다고 소개하고 있다.[231]

항문암 예방

미국 암학회(American Cancer Society)는 HPV가 여성의 자궁경부암을 유발할 수 있다고 경고하며 콘돔 및 덴탈댐 등을 사용하여 안전한 성행위를 해야 한다고 경고했다.[232] 그러나 콘돔 사용이 HPV 예방에 일부 도움이 되긴 하지만 완전하게 HPV를 예방하지는 못한다는 사실을 알아야 한다. 왜냐하면 성기 주변의 피부에 체액이 닿아 HPV에 감염될 수도 있기 때문이다. 가다실과 같은 HPV 백신도 HPV 감염 예방에 도움이 된다. HPV는 정기검진을 통해 조기 발견해야 하는데, 항문 세포 도말 검사(anal pap test) 등이 사용되고 있다. HPV로부터 건강을 지키고 싶다면 동성 간 성행위를 중단하고 금연, 음주 절제, 마약 사용 중단 등 건강관리에도 힘써야 한다.

"Verocytotoxin-producing Escherichia coli O117,
another bacteria transmitted faecal-orally,
was also described for the first time in MSM in 2014.
The majority of cases were in London and chemsex
and sex parties were also described by cases"

(대변-구강 경로로 감염되는 박테리아의 일종인
'베로사이토톡신 생성 대장균 O117'이
2014년 남성 동성애자들 사이에서 최초로 발견되었다.
이들은 대부분 런던에서 거주하고 있었고
마약을 이용한 채 성관계하거나
섹스파티를 벌인 사람들도 더러 있었다.)

영국 공중보건국(PHE) 2016년도 보고서
<Inequalities in sexual health : Update on HIV and STIs in men who have
sex with men in London
(성적인 건강에 있어서의 불균형 : 런던 남성 동성애자의 에이즈와
성병에 관한 업데이트> 中

4. 남성 동성애자들의 장에 등장한 희귀 독성 대장균

일반적인 대장균의 독성은 크게 보고되지 않고 있다

대장균은 말 그대로 대장에 분포하는 세균 가운데 하나다. 현재 지구상에 살고 있는 거의 모든 사람의 대장에 살고 있다. 미생물학에선 모델 생물로 유전자 조작이 간편하고 성장속도가 굉장히 빨라 분자생물학에서 주로 쓰인다. 일반적으로 사람의 체온에서 최적으로 생장한다고 알려져 있다.

대장균은 그 자체로 크게 유해하진 않다. 하지만 환경위생관리에 대한 척도로서 대장균 양을 측정하기도 한다. 대장균은 입을 통해 소화기관으로 들어오면 보통의 건강한 사람에겐 해를 끼치지 않는다. 하지만 면역력이 저하된 환자의 경우 대장균의 종류에 따라 질환을 일으킬 수 있다.

먹는 물을 기준으로 일반세균은 기준치 이하로만 존재하면 음용 가능 하지만 대장균은 아예 검출되지 않아야 식수로 인정받는다. 즉 대장균이 검출된 물은 그대로 먹을 수 없다. 여름에 음용수나 음식에서 대장균이 검출되었다고 언론에서 뉴스 거리로 다루는 경우가 많은데 딱히 대장균 자체가 위험해서 그런 것은 아니다. 대장균 수치에 주목하는 것은 이유가 있다. 대장균이 체내나 실험실 등 적합한 환경에서는 매우 잘 자라지만 자연환경에서는 거의 자라지 못한다. 따라서 물에서 대장균이 발견되었다는 것은 그 물이 사람이나 동물의 대변에 의해 오염되었다는 것을 의미한다. 따라서 약수터 같은 식수에서 대장균이 검출되었다는 것은 이 수원이 사람, 동물의 대변에 오염되었다는 것을 의미한다. 또 굳이 대변이 아니라도 대장균이 검출됐다는 것은 사람이나 동물의 사체가 빠져서 부식 중이라든지 각종 생물학적 오염원과 접촉해 오염되었다는 증거다. 그래서 다른 유해균도 존재할 확률이 매우 높다는 지표로 볼 수 있다.

즉, 대장균은 그 자체가 인류의 대장에 존재하며 위협적이지는 않지만 분변 등에 의한 오염의 지표로 보건의학적으로 활용되고 있는 것이다.

세포 독성 물질을 생성하는 변종 대장균이
남성 동성애자들 장에서 발견되다

그런데 이 대장균에 대해서 영국 공중보건국은 2016년 발표한 〈성적인 건강에 있어서의 불균형: 런던 남성 동성애자의 에이즈와 성병에 관한 업데이트 (Inequalities in sexual health: Update on HIV and STIs in men who have sex with men in London)〉에서 우려의 입장을 발표했다. 세포를 파괴하는 독성 물질인 베로사이토톡신(verocytotoxin)을 생성하는 유독성 대장균에 감염되는 사례가 남성 동성애자들 사이에서 처음으로 보고됐다는 것이다.[233]

세포를 파괴하는 세포독성 물질인 베로사이토톡신을 생성하는 유해한 대장균(이하 VTEC O117:H7 VT1)에 감염된 사례 9건이 2013년 11월부터 2014년 8월까지 성인 남성들에게서 확인된 것이다. 이런 내용을 담은 유로서베일런스 보고서[234]를 영국 보건당국은 인용하며 2016도 주요 보고 내용 중의 하나로 다루고 있다.

이 희귀하고 위협적인 대장균이 장에서 발견된 9명 중 8명이 영국 출생의 남성 동성애자(MSM)들이었다. 이들 중 상당수는 HIV 양성 즉, 에이즈에 걸린 감염자로 다수의 성관계 파트너를 갖고 있었으며 이는 최근 남성 동성애자 사이에서 성병감염이 급속한 증가를 보이는 것과 유사한 양상이라고 보건당국은 보고서를 통해 알렸다.

자신의 서식처가 되는 숙주인 인간에게 해로움을 끼치지 않던 대장균이 왜 자신의 삶의 터전인 숙주를 공격하는 독성물질을 뿜어내기 시작한 것일까.

베로사이토톡신(verocytotoxin)과 VTEC

베로사이토톡신은 말 그대로 사이토(cyto. 세포의)+톡신(toxin, 독) 즉 살아있는 세포를 파괴하는 독성을 가진 물질을 통칭하는 세포 독소(cytotoxin)의 일종이다. 이는 박테리아 같은 균체가 아니다. '균체' 가 아닌 '물질' 형태로 독성을 띠기 때문에 이것을 뿜어내는 균이 체내에 살고 있다는 것은 마치 체내의 한 부분이 자체적으로 독성을 만들어내는 것과 유사한 효과를 낸다. 이 독성은 용혈성 요독 승후군(Haemolytic uraemic syndrome)등 치명적 결과를 가져 올 수 있다.[235]

베로사이토톡신은 두 부분으로 구성된다. A부분은 단백질 합성을 억제해 소화관 상피조직을 손상시킨다. 이렇게 되면 인체 혈류로 외부물질의 유입이 쉬워지게 된다. B부분은 톡신의 A부분을 상피 세포에 주입하는 기능을 한다.

톡신의 종류는 많고 독성이 미치는 영역도 광범위하다. 예를 들어 오래된 곡류에서 발견되는 아플라톡신(aflatoxin)도 톡신, 즉 독성 물질이다. 오래된 곡류를 가열하면 톡신을 만들어 내는 곰팡이는 죽지만 이미 생겨난 독성물질인 아플라톡신(aflatoxin)은 가열해도 쉽게 제거되지 않는다. 아플라톡신은 강력한 발암물질이다.

'VTEC O117:H7 VT1' 감염은 영국에서 매년 드물게 보고되었다. 2009년 1월 1일부터 2013년 11월 20일 사이에 영국 보건부 산하 공중보건국에서 13건이 보고되었다([그림 3-11] 참조). 13건 중 10건은 감염자가 VTEC O117:H7 유행 지역으로 최근에 여행한 적이 있는 것으로 확인되었다([그림3-12] 참조).

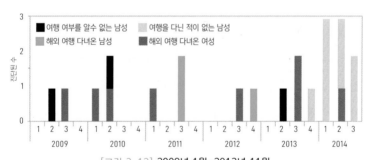

[그림 3-12] 2009년 1월~2013년 11월
영국 보건당국에 보고된 VTEC 감염상황[236]

VTEC O117:H7 VT1 증가에 대한 주의보 발령, 핵심 위험 그룹은 남성 동성애자

2014년 6월 영국 공중보건국은 9건의 확진을 통해 2013년 11월 21일 이후 'VTEC O117:H7 VT1' 감염이 증가했음을 파악했다. 9건 모두 성인 남성들이었다. 2014년 7월에 특별팀을 구성하고 각 사례별 임상학적 양상을 조사하고 최근 남성 동성애자들사이 이질균 감염의 급격한 증가와 관련성이 있는지 조사했다. 당시 영국 보건당국은 이미 남성 동성애자들을 중심으로 증가 추세에 있는 이질 감염 때문에 위기감을 갖고 있었다.[237]

그해 6월 19일에 영국 내 204개의 연구실에 'VTEC O117:H7 VT1' 증가에 대한 주의보가 발령되었고, 각 연구실이 파악한 모든 이질균 보균자들을[238] 보고하도록 지시가 내려졌다.

2013년 11월 21일~2014년 8월 21일 'VTEC O117:H7 VT1'에 확진된 9건의 경우, 공통의 음식이나 물, 동물에 노출된 경우가 전혀 없는 것으로 확인됐다. 즉 각각 확진된 사람들은 서로 모르는 사람들이고 9명 중 8명은 남성 동성애자로 확인됐다. 그 8명 중 인터뷰에 응한 7명의 남성 동성애자들 평균나이는 46세로 6명이 백인이었다. 6명은 사귀는 남성 파트너가 있었고 그 중 3명은 자신의 남성 파트너와 동거하고 있었다. 그들 모두는 자신도 다른 남성들과 성행위를 하고 자신의 파트너도 다른 남성을 만나는 것을 용인하는 이른바 '개방적 성관계'를 맺고 있었으며 런던과 브라이튼 같이 게이 커뮤니티가 활성

화 되어있는 대도시에 거주하는 것으로 보고되었다.[239]

인터뷰에 응한 7명은 질병이 발생하기 2주 전 평균 5명의 성행위 파트너가 있었다고 응답했고, 그 전년도에는 평균 40명의 파트너가 있었다고 응답했다. 병 발생 전 2주의 기간에 7명 남성 동성애자 전원이 보호 도구도 없이, 즉 콘돔없이 구강성교와 항문성교를 자신의 남성 파트너와 즐겼다고 응답했다.

7명의 남성 동성애자들은 항문 및 구강성교를 하는 도중 남성 간 성행위의 특징적인 또 다른 성행태를 행한 것으로 조사되었다. 5명은 피스팅(fisting)을 했고, 한 명은 스캇플레이(scat play. 성행위를 하면서 대변을 바르거나 먹으며 진행하는 가학-피가학적인 성 행태)까지 하였다고 답변했다. 그리고 4명은 SNS와 GPS 기능이 있는 게이 어플 등을 이용해 섹스 파트너를 만났다고 응답했다. 유사한 성적 취향을 가진 이용자들이 근접한 곳에 있음을 알려주는 이런 어플을 이용해 파트너를 만나고 그 결과로 일상생활로는 쉽게 옮기 힘든 균까지 공유하게 된 것이다. 심지어 2명은 이 시기에 섹스파티에 참여하기도 했다. 7명 중 3명은 마약류의 일종인 메페드론, 히로뽕이라 불리는 메탐페타민, 물뽕이라 불리는 감마부티로락톤 중 한 개 혹은 그 이상을 사용하면서 성행위를 했다고 답변했다.

보고서에서 언급된 동성애자들의 SNS와 어플리케이션이 어떤 것이기에 이렇게 위험한 성행태의 도구가 되는지 의아해 하는 독자들이 있을 것이다. 여기서 잠시 SNS가 남성 동성애자들의 위험 행동을 어떻게 확산시키고 있는지 알려주는 백상현 기자의 글[240]

을 소개한다.

사회관계망서비스(SNS)에 나타난
동성 간 성행위자들의 구애활동

남성 동성애자들이 즐겨 찾는 사회
관계망서비스(SNS) 4곳을 확인하면
이들의 성행위 패턴과 질병확산의 가
능성을 주장 할 수 있다. 대표적인 곳
은 '이반시티' 사이트와 '딕쏘', '잭
디', '이반시티' 앱이다.
이반시티 사이트는 1999년 시작된
인터넷 포털 서비스로 하루 순방문

국민일보 백상현 기자

자만 4만~5 만명인 국내 최대의 동성애자 온라인 커뮤니티
다.[241] 수백 개의 게시판과 미니홈피, 카페, 채팅서비스, 파일
공유 서비스 등이 가능해 남성 동성애자들의 밑바닥 정서와
보편적 문화를 확인할 수 있는 공간이다. 딕쏘는 2013년 출
범한 국내 1위의 게이 소셜 서비스[242]로 10만명 이상이 다운
로드 했다. 잭디는 전 세계 500만명 이상의 게이가 가입한 해
외 앱[243]으로 국내 동성애자들도 다수 가입돼 있다. 이반시
티앱은 이반시티에서 구축한 앱으로 1만명 이상이 가입된

게이 전용 데이팅 앱이다.[244]

이반시티 사이트의 목적은 "(동성애자들에게) 보다 밝고 편견 없는 세상을 여는데 조금이나마 기여 하겠다"는 것이다. 하지만 목적과 달리 이곳은 동성 간의 성관계를 연결해주는 공간으로 이용되고 있다. 게이 전용 앱도 '나와 생각이 통하는 다양한 게이 친구들을 만나보세요'라는 문구를 내걸고 있는데 내용을 들여다 보면 자신의 독특한 성적 취향에 맞는 섹스파트너를 찾는 데이팅앱인 것을 알 수있다.

이들 SNS를 분석해 보면 동성애자의 다수를 차지하는 게이들에게서 몇 가지 특징이 나타난다는 사실을 확인할 수 있다.

그것은 성기가 노출된 사진 등을 올려놓고 즉흥적인 섹스 파트너를 찾는다는 것이다. 또한 변태적인 성행위, 항문 성행위 아르바이트를 하고 싶다는 제안이 하루에도 수천 건씩 올라와 있었다.

특히 동성애자 군인과 여장 남성, 청소년의 활동이 두드러졌다. 이반시티 앱에는 '우리동네'라는 코너가 있는데, 이곳엔 익명의 남성 동성애자들이 즉흥적인 성관계를 갖고 싶다는 글이 다수 올라와 있다. 이 코너는 전국을 서울 경기 강원 충청 전라 경상 등 7개 권역으로 나누고 각 지역에서 활동하는 동성애자들의 만남을 주선하는 온라인 공간이다. 이 코너에 올라온 아래 글에서 볼 수 있듯 이곳은 즉흥적인 성관계를 할 파트너를 찾는 공간이다.

"제목: 오류동역 18 ㄷㅁ 탑(성기 크기가 18*cm*로 큼, 남성 간 성접촉 때 남성역할)

간단히. 80 77 29 18 ㄷㅁ 탑입니다. 하체 체모나 큰 분 좋아해요. 간단히 ㅇㄹㅇㅁ(오럴섹스, 애무)도 좋아요. 역 근처입니다."(아이디 P****)[245]

"제목: 신촌 현백 ㅇㄹ받을 분(신촌 현대백화점에서 오럴섹스를 할 사람)

164 50 26 ㄸㅌ 31 이상(164*cm* 50*kg* 26세 뚱뚱한 통건장 스타일, 31세 이상)"(아이디 Z***)[246]

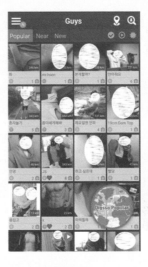

"제목: 죽전휴게소 서울방향 보실 중년 분 전 180-77-34(180*cm*, 77*kg*, 34세). 가벼운 스킨십 정도요. 50대 중년분 환영."(아이디 중*****)[247]

"제목: 광주 불금 힐링(동성 간 성행위) 할 분.

광주 뜨겁게 힐링 할 분. 20대 슬림 스탠 귀여운 TOP(날씬하고 평범한 체형으로 남성 간 성접촉 시 남성 역할을 하는

게이)입니다."(아이디 q*******)[248]

"제목: 대전 유성
172 64 28(172cm 64kg 28세).
간단하게 ㅇㄹㅇㅁ(오럴섹
스와 애무) 하실 분. 남자다
운 분께 호감가요. "(아이디
F****)[249]

"제목: 마산 바텀이에요. 170
74 32(170cm 74kg 32세) 마산
통바텀이에요(통통한 체구로
남성 간 성접촉시 여성역할).
저녁 늦게 텔(모텔) 잡고 질펀
하게 ㅅㅅ(섹스)하실 탑분 연
락주세요^^."[250]

[그림 3-13]
공중 화장실에서 즉흥적인
성관계를 하자는
동성애자의 글이 올라온 J앱

이들은 공통적으로 '180-76-23' 등의 형태로 키, 몸무게, 나이
를 기록하고 구강성교나 항문성교 등 일회적인 성관계를 하자
고 은밀히 제안한다. 성관계를 할 장소는 모텔이나 자취방, 찜
방(남성 동성애자 다수가 모이는 은밀한 성행위 공간)이었으
며, 심지어 지하철 화장실도 있었다. 이들은 카톡이나 라인 등
SNS로 약속 장소를 잡고 있었다.

전국의 남성 동성애자들은 이런 종류의 글을 매일 수천 개씩
올려놓고 익명의 남성 동성애자들과 번개(즉흥적인 성관계)

를 시도한다. 글 밑에는 어김없이 오픈 카톡 주소나 라인아이디를 남겨놨다. 변태적인 내용이 아니더라도 다수의 게이들이 얼굴도, 이름도, 휴대폰 번호도 모르는 사람을 찾아 즉흥적인 성관계 파트너를 찾고 있는 것이다.

이반시티 사이트 '우리동네' 게시판에는 익명의 상대와 즉흥적인 성관계를 하고 싶다는 글이 하루 만에 약 5700개가 올라왔다. 30초에 1개꼴로 글을 올려놓고 섹스파트너를 기다리고 있었던 것이다. 이 사이트에 평일에는 1만 명, 주말에는 3만 명 가량이 접속하는데, 수치상으로 따진다면 접속 회원 중 절반 정도가 즉흥적인 성관계 파트너를 찾는다는 글을 올린 셈이다. 이런 현상은 딕쏘앱이라고 예외는 아이었다. 아이디 편****는 자신을 소개하는 사진에 '지금 할 분'이라는 글을 올리고 파트너를 찾고 있었다.

성인을 상대로 동성 간 성매매 하는 청소년들

우려스러운 현상은 아무런 통제 없이 남성 동성애자들이 성적 파트너를 찾는 게이 전문 애플리케이션에서 중·고등학생으로 보이는 청소년들이 다수 활동하고 있다는 것이다. 스마트폰을 통한 동성애자들의 성행위 구애행위가 자라나는 청소년에게 뻗치고 있었으며, 성행위를 대가로 금전거래까지 요구하고 있던 것이다.

이들 청소년들은 교복 사진을 올려놓고 게이 전문 앱에서 동성 파트너에게 구애행위를 하고 있었다.

아이디 윤*은 딕쏘앱에서 몸무게 52kg에 키 168cm, 탑(남성 간 성접촉 때 남자역할을 하는 동성애자)이라고 자신을 소개했다.[251] 경기도 부천에 거주하는 18세의 Y*은 교복사진을 올려놓고 "ㅇㄹ(오랄 섹스) 하고 싶어요. 어려운 사람 아니니 먼저 쪽지 보내줘요"라고 써 놨다.[252]

O**도 교복을 착용하고 책가방을 둘러멘 사진을 올려놨다. 그는 자신이 몸무게 51kg에 키 170cm로 바텀(남성 간 성접촉 때 여자역할을 하는 동성애자)이라고 소개하고 "키가 크고 듬직한 분이 좋다"고 써 놨다.[253]

넥타이와 교복 조끼를 착용한 심**도 애인을 찾는다고 해 놨다. '심OO'은 자신이 바텀이라며 "고딩 끼(고등학생 느낌이) 없다. 번개(남성 간 즉흥적인 성관계) 얘기를 하자"며 대놓고 성행위를 요구했다.[254]

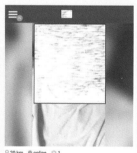

♀ 20 km ● online 📷 1
20대 48kg 163cm Slim Bottom 애인
저 중학생이에요ㅠ 어리다구요ㅠ 외롭다 잘생기고 키크고 몸좋고경기도살면 나한테 작업좀 걸어줘요

[그림 3-14] 남성 동성애자 전용 I앱에서 활동하는 중학생

대구에 거주하는 승**도 "19세다. 서로를 알아 가면 좋을 것"이라며 애인을 찾고 있다고 써 놨다. 앳된 얼굴에 안경을 쓴 '잘OOOOO'은 "진짜 묻고 싶다. 왜 나 싫어하지? 이 나이에 번개하면 안 되는 건가"라고 반문했다.[255]

자신을 19세로 소개한 연***은 좀더 노골적으로 팬티만 착용한 사진을 올려놨다. 그는 "(앱에서) 화면을 옆으로 넘기면 사진이 더 나온다. 편하게 연락을 달라"고 했다.[256]

자신을 17세로 소개한 아***은 서울 송파구에 거주하는 데 바텀성향이 있다고 기록해 놨다. 그는 "알바(돈을 받는 성 접촉) 번개 X"로 표시해 이들 청소년에게 돈을 주고 즉흥적인 성관계를 요구하는 남성들이 있음을 암시했다. 바텀성향의 삐****도 "17살입니다. 장난이 아니라 진심으로 저를 좋아해 주는 사람이랑 연애하고 싶어요"라고 써 놨다.[257]

충격적인 사실은 앱에 자신을 중학생이라고 소개하는 청소년도 있었다는 것이다. 아이디 O**는 "저 중학생이에요. 어리다구요. 잘생기고 키 크고 몸 좋고 경기도 살면 나한테 작업 좀 걸어줘요"라고 당당히 요구했다.[258]

앳된 얼굴에 가방을 옆으로 멘 ㅎ**도 자신을 바텀으로 소개하고 "먼저 쪽지주세요. 16살 군산"이라고 올려놨다. 아이디 저****도 "제가 16세이다. 어린 애를 좋아하시는 분, 제거 빨아주세요"라며 노골적으로 성행위 파트너를 찾는 글을 올려놨다.[259]

더욱 심각한 문제는 청소년들이 돈을 받는 성매매를 하는 속칭 '알바'에 쉽게 노출돼 있다는 것이다. 실제로 잭디앱에는 "그냥 아무것도 안하고 키스하면 3만원, 오랄 섹스를 하면 4만원, 탑까지 해주면 5만원"이라는 글이 올라와 있다.[260]

딕쏘앱에서도 "알바합니다. 연락주세요." "ㅇㄹ(오럴) 알바"

등의 글이 있다.[261]

탈동성애자인 박 모씨는 "나는 중학교 때부터 동성애를 시작했는데, 고등학교 때는 성인 남성과 성행위를 하려고 서울에서 경기도 안산까지 지하철을 타고 찾아간 적도 있다"고 회고했다. 그는 "동성애는 자신의 욕망을 충족시키기 위해 가족들의 마음을 무참히 짓밟는 이기적 성행위에 불과하다"면서 "동성애는 중독이 맞으며, 남성 간 성접촉은 에이즈와 매우 긴밀한 관련성이 있다"고 충고했다. 이어 "청소년들이 욕망을 쫓아 헤매는 불나방 같은 동성애자의 삶에서 하루빨리 나왔으면 좋겠다"고 말했다.

성행위 전 혹은 중간에 마약을 사용하면 성적으로 위험한 행동을 촉진시키고 성적 충동을 증가시킨다.[262] 문제는 이런 마약을 사용하게 되면 모르는 사람과 성행위를 했을 때 수반될 수 있는 위험요소인 각종 성병, 에이즈에 걸릴 수 있다는 경각심이 낮아져서 보호조치를 무시하고 성행위에 몰입하게 될 가능성이 높아진다는 것이다. 후술되겠지만 남성 동성애자들은 성병과 에이즈 등의 유병률이 일반인보다 월등히 높다. 마약을 한 상태에서 그들 사이에서 성행위가 벌어지는 것 자체가 매우 위험한 일이다.

이 조사에서 인터뷰에 응한 7명의 남성 동성애자 중 3명 남성이 HIV 양성을 나타냈고 치료를 받고 있는 중이었다. 이들은 성병 감염 역시 많았는데 지난 5년 간 성병성림프육아종(3번), 임질(4번), 매독(1번), 클라미디어(6번)가 있었다고 조사되었다. 7명 모두 대장균(E. coli)에 대해 들어 본 적이 있으나 그 중 3명만이 공중보건국과 테렌스히긴스 재단이 제공한 세균성 이질에 관한 캠페인[263]을 접했다고 답했다. 한 명의 남성이 출혈을 동반한 설사를 하는 급성 감염을 경험했지만 다른 남성들은 약한 정도의 위경련과 몇 주간 계속되는 피로감 등의 좀 더 만성적인 증세를 겪었다고 응답했다. 그 중 한 남성은 그런 증세를 계속 겪다 한 달 후에야 병원을 찾기도 했다. 해당 남성들은 자신의 주치의의 진료를 받거나 비뇨기과를 찾기도 했고, 그 중 한 남성은 결국 입원했다.

영국 공중보건국의 고민

조사 과정에서 발견된 중요한 사실은 남성 동성애자들에게서 'VTEC O117:H7 VT1' 균주가 집중적으로 확인됐다는 것이다. 샘플수가 적어서 해석에 제약은 있지만, 영국에서의 'VTEC O117:H7 VT1' 진단 사례들이 매우 활발한 성생활을 하는 영국 태생의 남성 동성애자들의 성관계를 통해 확산되었음을 보여준다고 보건당국은 판단했다. 〈성(性)건강상의 불균형 ; 런던 남성 동성애자들의 HIV와 성병에 대한 업데이트(Inequalities in sexual health: Update on HIV and STIs in men who have sex with men in London)〉라는 보고서를 통해 영국 보건국은 2016년 2월 남성 동성애자들의 장에서 발견된 변종 대장균주를 알리는 정보를 다시 한번 공식화했다.

[그림 3-15] 영국 보건당국은 보고서를 통해
남성 동성애자의 장에서 발견된
희귀 독성 대장균에 대해 보고하고 있다. [264]

"Verocytotoxin-producing Escherichia coli O117, another
bacteria transmitted faecal-orally, was also described for the
first time in MSM in 2014." [265]

(대변-구강으로 옮기는 또 다른 박테리아인 '베로사이토톡신 생산 대
장균 O117'이 2014년 남성 동성애자들에게서 처음으로 기술되었
다.)

그들 중 일부는 HIV 양성이며 성행위 시 마약도 사용했다. 이러한
양상은 영국 내의 성병성림프육아종, 매독, 세균성 이질의 전염 양상
과 유사함을 보인다. [266] 영국 보건국은 GPS 기능이 있는 앱에 의해

촉진된 긴밀한 성적 네트워크(sexual networks)로 말미암아 매우 효과적으로 세균이 전파되고, 전염을 통제하기 어려운 환경이 형성되고 있다고 지적했다.[267]

세균성 이질에 관한 경각심을 높이기 위해 인터넷 사이트의 팝업창은 물론 병원과 의원에서 게이 신문, 잡지, 전단지의 광고를 통해 위생정보를 알리고 있고, 각종 예방적 캠페인을 확대하고 있음에도 불구하고 남성 동성애 집단내에서 세균 감염이 줄지않고 일어나고 있다고 영국 공중보건국의 보고서는 전하고 있다.[268]

이 새로운 균주는 남성 동성애자들의 경각심을 높이기 위한 조치들, 그리고 대변과 구강을 통한 전염을 줄이기 위한 조치를 강화하는 것이 얼마나 중요한지 알려준다. 예를 들면 남성 간 성행위 시 고무장갑을 낄 것과 콘돔을 사용할 것과 덴탈댐을 쓸 것을 권하는 보건당국의 노력이 더 강화되어야 한다는 것이다. 이질균 감염 등의 고위험군에 해당하는 남성 동성애자 집단이 병원성이 더욱 강력한 VTEC에 노출될 수도 있음을 감안할 때 이는 매우 중대한 문제이다.

남성 동성애자들의 장에서 많이 발견되어진 'VTEC O117:H7 VT1'에 대해 영국 보건국이 공공보건 활동을 벌이는 것이 결코 그들을 차별하기 위함이 아니라 건강을 개선하기 위함인 것임은 보건당국 보고서 문구에 아래와 같이 잘 나타나있다.

"The public health response to VTEC O117:H7 VT1 has been combined with ongoing initiatives aimed at improving

the health and wellbeing of MSM and promoting access to
health services" [269]

(VTEC O117:H7 VT1에 대한 공공보건활동은 남성 동성애자들의
건강과 복지를 개선하고 보건서비스에 대한 접근성을 높이기 위한
정책적 차원에서 진행되어 왔다.)

덮으려는 자
펼치려는 자

04
남성 간
성행위와
이질

"Why should MSM be concerned about Shigella?

-MSM are more likely to acquire shigellosis than the general
 adult population

-Many shigellosis outbreaks among MSM have been
 reported in the United States, Canada, Tokyo, and Europe
 since 1999."

(왜 남성 동성애자들이 이질을 염려해야 하는가?

-남성 동성애자들은 일반적인 성인들에 비해 이질에 더 많이 걸
 린다.

-이질이 남성 동성애자들에게 많이 발생했다고 미국과 캐나다,
 도쿄, 유럽 등에서 1999년부터 보고되고 있다.)

미국 질병관리본부 웹사이트 남성 동성애자 건강 부분
'이질(Shigella)' 코너 中

1. 남성 동성애자들을 중심으로 급증하는 이질

미국 보건당국은 남성 동성애자들이 일반 성인에 비해 이질에 많이 걸린다고 밝히고 있다. 영국 및 유럽 감염병 감시 단체 역시 남성 동성애자들의 높은 이질감염에 대해 경고하고 있다. 왜 이런 보고들이 세계 여러 국가에서 일관성 있게 나오는 것일까?

이질이란

이질은 원래 피가 섞인 설사 증상 등을 포괄적으로 지칭하던 용어다. 이질은 위생적 대변처리 시설이 미비한 개발도상국의 전염병으로 분류된다. 그래서 보통 저개발 국가, 개발도상국 병이라고 많이 알려져 있다. 위생적인 대변처리 시설이 부족하고 상·하수도 시설이 안 된 나라에선 주민들이 대변에서 유래한 각종 세균에 쉽게 노출된다. 이질은 이런 환경적 문제 때문에 감염되기 쉽다.

원인

이질을 일으키는 원인은 세균(이질균), 기생충, 자가면역 등 다양하다. 이 중에서 특히 이질균에 의해 일어난 이질을 세균성 이질이라 한다. 그래서 세균성 이질(Baciliary dysentery)을 이질(Shigellosis)이라 통칭하기도 한다.[270] 세균성 이질은 사람의 대장과 소장이 이질균에 감염된 상태를 의미한다. 제1군 법정 전염병으로 보균자가 배출한 대변이 다른 사람의 입으로 들어가면 전염된다. 10개 정도의 적은 세균으로도 감염된다.[271]

이질의 유행은 전쟁 중 포위된 도시의 주민, 성지순례자 집단, 난민캠프 등 위생상태가 열악한 집단 환경에서 주로 발생한 역사가 있다. 잘 씻기도 힘들고 대변의 위생적인 처리도 어려운 상황에 있는 집단은 이질과 같은 대변에 기인한 감염에 취약할 수밖에 없다.[272] 세계보건기구의 후원으로 간행된 논문에 의하면 1966년부터 1997년까지 이질 증례수는 1억6500만 예로 이중 69%는 5세 미만의 영유아 계층에서 발생했다. 어린 아이들의 위생관념은 어른보다 낮아 어른보다 자발적으로 손을 잘 씻지 않는 편이다. 그래서 어린이의 손 씻기 교육은 매우 중요하다. 이 논문에 의하면 이질에 따른 연간 사망자 수는 50만에서 110만 명으로 추정된다.[273]

국내에서 발생되는 세균성 이질은 1군 감염병(6종) 중 가장 많이 발생한다. 2001년 927명, 2002년 767명, 2003년 1117명이 감염됐으며 다 수질환경 개선 및 위생에 대한 홍보 등으로 2004년 이후로는 연간 500명 미만이 보고되고 있다.[274]

우리나라 보다 먼저 분변처리가 잘되고 상하수도 시설과 비누, 항생제의 상용화가 이뤄진 선진국에서는 이질 감염사례가 대폭 줄어들고 있었다.

그런데 이런 흐름에 역행하며 이질의 재확산을 일으키는 사람들이 나타나면서 환자 수가 증가하는 현상이 나타나고 있다. 남성 동성애자들에 의한 이질 재유행이 선진국에서 보고되기 시작한 것이다.

가난한 나라에 살고 있지 않다 하더라도 항문을 자주 만지는 습관이 있는 사람이나 분변에 자주 노출되는 생활환경, 혹은 항문 성관계 등 배변기관에 손을 대는 습관을 가진 사람이라면 이질세균에 감염된 사람의 대변에 의한 이질 감염에 취약해질 수밖에 없다.[275] 항문을 통해 성관계하는 다수의 남성 동성애자들이 이질로부터 자유로울 수 없는 이유가 여기에 있다. 우려스러운 것은 남성 간 성관계를 한 적이 없는 일반인이라 할지라도 공공장소의 손잡이 등을 통해 내성 이질균이 구강으로 들어오는 상황이 벌어질 수도 있다는 것이다.

이질은 심각한 장 감염증으로 장기간의 지속적 설사, 복통 등의 증상이 나타난다. 이밖에 발열, 구역질, 잔변감 혈액이 포함된 설사 등의 증상도 나타난다. 심할 경우 경련이 나타나며, 합병증으로 독성 거대결장, 직장 탈출증 등이 나타난다.[276]

남성 동성애자들 사이에서의 이질의 재유행

남성 동성애자들은 대변에서 유래한 세균에 오염될 확률이 높다고 영국, 미국 등의 보건당국은 경고하고 있다. 남자 동성애자 및 양성애자 집단에게 있어 이질은 대변-구강 경로를 통해 직접 또는 간접적으로 전염된다.[277] 그렇다 보니 미국 질병관리본부는 '남성 동성애자들은 일반 남성보다 이질에도 잘 걸리고 있다'고 경고하기에 이르렀다.

　남성 동성애자 사이에서 유행하는 이질 감염의 대표적인 사건은 1974년 샌프란시스코 남성 동성애자 간 이질 유행 사건이다.[278] 그 이후 2001년 10월에도 샌프란시스코의 남성 동성애자들 사이에서 세균성 이질 유행이 추가로 보고됐었다.

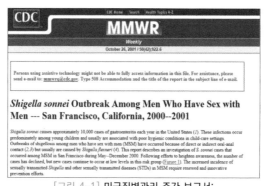

[그림 4-1] 미국질병관리 주간 보고서:
미국 보건당국이 2000년대 초반에 새롭게 유행한 이질의 주된 전파가
남성 동성애자들 사이에서 시작되었다고 밝히고 있다.[279]

　그해 12월 중순에는 독일 베를린에서 이질이 남성 동성애자들 사이에서 유행하였다.[280] 5주간 5개 지역에서 73명의 이질 감염자가 확인됐는데 그 중 25건은 응답자가 설사가 시작되기 전 남성 파트너와 성관계를 했다고 답했다.

　독일 베를린에서 남성 동성애자 사이에서 이질이 번지기 전 이미 미국 샌프란시스코, 캐나다 브리티시콜럼비아주[281], 호주 시드니[282] 등에서도 이질이 남성 동성애자들 사이에서 유행했다. 이 도시들의 공통점은 동성애자들이 비율이 다른 도시에 비해 월등히 높다는 것이다. 미국 보건당국 및 유럽의 전염병 감시 기구 유로서베일런스가 제공하는 자료를 종합하면 1999년 이후 미국 캐나다 일본 유럽에서 발생한 이질이 대부분 남성 동성애자에 의한 것임을 알 수 있다.[283] 최근에는 남성 동성애자들의 이질 중 상당수가 항생제에 내성을 띠게 되어 기존에 이질균을 죽이는데 유효하던 항생제가 더 이상 듣지 않는 경우가 생겨나고 있다.[284]

미국의 이질 감염 현황

미국 질병관리본부는 홈페이지에서 남성 동성애자 및 양성애자가 일반인들보다 이질에 걸리기 쉽다고 밝히고 있는데 구체적인 이질 예방법까지 안내하고 있다. 또한 이질에 관한 팸플릿을 무제한 다운받거나 보관하거나 정보를 공유할 수 있도록 해놓아 남성 동성애자들을 이질로부터 보호하기 위해 노력하고 있다.[285] 미국 질병관리본부는 내성을 가진, 즉 독해진 이질균을 막기 위해서는 남성 동성애자 관리가 필수적이라고 말하고 있다.

미국 질병관리본부는 '왜 남성 동성애자(MSM)들이 이질을 염려해야 하는가'라는 코너에서 아래와 같이 밝히고 있다.

왜 남성 동성애자(MSM)들이 이질을 염려해야 하는가?
-남성 동성애자들은 일반적인 성인들에 비해 이질에 더 많이 걸린

다.

- 이질이 남성 동성애자들에게 많이 발생했다고 미국과 캐나다, 일본, 유럽 등에서 1999년부터 보고되고 있다.
- 남성 동성애자들은 일반인들의 이질치료에 유용한 두 종류의 항생제에 내성을 가진 이질에 감염될 가능성이 더 높다. 그러므로 이질에 걸린 남성 동성애자는 치료를 받기 전 먼저 여러 번에 걸쳐 의료진을 만나야 한다. 또한 그들은 구강 투여 항생제 보다 주사제 형태의 항생제를 쓸 필요가 있다.
- HIV에 감염된 사람은 더 심각하고 잘 낫지 않고 지속되는 이질에 걸릴 수 있다. 이런 경우 일부의 경우는 이질이 혈중으로 번져 치명적인 상황에 처할 수 있다.[286]

미국 샌프란시스코는 동성애자들의 비율이 다른 주보다 월등히 높은 도시이다.[287] 그렇다 보니 이질로부터 자유롭지 못한 도시로 불리기도 한다. 2001년 미국 질병관리본부가 공개한 주간 보고서에 따르면 2000년 6월부터 12월 사이 샌프란시스코에서 발생한 이질 환자 230명 중 211명이 남성이었다. 즉 이질이 남성에게 집중적으로 발생하고 있는 것이다([그림4-2]참조). 이 중에서 설문조사가 가능했던 199명의 이질 환자 중 61%에 해당하는 121명이 남성 동성애자였다.[288]

2000년 5월부터 12월까지 106명을 전화조사한 결과에 따르면 응답자 67명 중 64명이 남자였고 그중 62명(97%)이 남성 동성애자였다. 조사에 따르면 이질에 걸리기 1주일 전 성관계를 했다는 응답이

78%였다. 53%는 다수의 성적 파트너와 성관계를 가졌고 50%는 자신의 입을 파트너의 배설기관에 접촉했다고 답변했다. 73%는 상대방의 성기를 자신의 입에 갖다 댔다고 응답했다. 심지어 응답자 중 21%는 이질로 몸이 아픈데도 성관계를 가졌다고 답변했다. 대변에 의해 전염되는 이질이 남성 동성애자의 위험한 성행위를 통해 쉽게 전염되고 있음을 보여주는 대목이다.

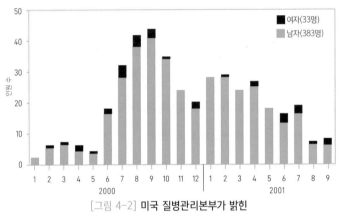

[그림 4-2] 미국 질병관리본부가 밝힌
2000~2001년 샌프란시스코의 성별에 따른 이질 발병 현황

2015년 7월 미국 포틀랜드 남성 동성애자 사이에 유행한 이질 역시 주목해야 할 사건이다. 2015년 7월 1일부터 2016년 6월 30일까지 1년 간 오레곤에 보고된 이질감염 사례를 보면 총 103명의 감염자 중 77명(75%)이 남성이었고 그 중 38명(49%)이 동성애자였다.[289]

미국 질병관리본부의 '이환율과 사망률 주간보고서'는 노숙자와 남성 동성애자 커뮤니티에서 세균성 이질의 발발을 알리면서 고소

득 국가에서의 이질 증가가 어린이들과 개발도상국을 방문한 여행객, 그리고 남성 동성애자가 원인이 되고 있다고 명시하고 있다. 캘리포니아 건강경고네트웍 샌디에이고(California Health Alert Network CAHAN San Diego)[290]는 남성 간 성행위를 하면 이질에 쉽게 감염된다고 보고했다. 그래서 일단 남성 동성애자가 설사를 하면 이질이 아닌지 고려해야 한다고 경고할 정도다. 특히 남성 동성애자가 이질균에 감염되지 않으려면 구강-항문 접촉을 자제하고, 성기와 항문, 성기구, 손을 잘 씻으라고 주의하고 있다.

노숙자들도 이질에 많이 감염된 것으로 나타나는데 샌프란시스코 노숙자의 3분의 1가량은 동성애자인 것으로 알려지고 있다. 시 통계에 따르면 이 지역의 노숙자 수는 최근 2년간 20% 이상 늘어나 6436명에 이르며, 이 중 29%가 LGBT(동성애·양성애·성전환자)였다. 샌프란시스코 도심 지역에서 노숙자 인권운동을 하는 리사 마리 알라토레는 "샌프란시스코의 젊은 노숙자 중 절반 이상이 LGBT일 것"이라고 주장했다.[291] 이런 비위생적이고 열악한 상황 속에서 노숙자들은 스스로 혹은 돈을 벌기 위해 바텀(남성 간 성접촉 시 여성역할을 하는 게이) 행위를 하는 등 악순환이 반복되다보니 빈곤층 동성애자 사이에서 이질이 광범위하게 확산되는 상황에 놓여있다.

유럽과 영국의 경우

유럽의 남성 동성애자들 역시 미국과 마찬가지로 이질에 쉽게 노출돼있다. 유로서베일런스의 보고에 따르면 보건위생 상태가 낙후된 곳에서나 발견되던 이질이 최근 남성 동성애자 사이에서 유행하고 있음을 경고하고 있다.[292]

영국 보건국이 남성 동성애자를 상대로 이질을 조심하라는 캠페인을 벌였다는 사실을 아는 사람은 그리 많지 않다. 영국 공중보건국은 2014년 남성 동성애자들과 남성 양성애자들 사이에서 이질이 유행하고 있음을 알리는 캠페인을 시작한다는 공식 보도자료를 발표했다.

영국 공중보건국는 2014년 1월 '게이와 양성애자 사이에서 유행하고 있는 이질'이라는 제목의 보도 자료에서 '2013년에만 200명 이상의 런던 남성들에게 주로 이질이 전염되고 있다'고 구체적으로 경고했다. 영국 공중보건국은 성관계 도중에 대변이 입으로 전달되는 방식으로 이질균에 감염되기도 하고, 혹은 성관계 도중 씻지 않은 손을 통해 확산되기도 하므로 이질 감염 위험을 줄이기 위해 성관계 중에 입과 대변의 접촉을 피하고(by avoiding oral contact with faeces during sex) 손을 깨끗이 씻을 것을 당부했다.

"Shigella is a serious gut infection causing severe, prolonged diarrhoea and stomach cramps. Among gay and bisexual men, Shigella is usually passed on through the faecal-oral route during sex, either directly or via unwashed hands - only a tiny amount of bacteria can spread the infection. Symptoms often develop around 1 to 3 days after sex."[293]

(이질은 심각한 위장관 감염으로 심한 설사와 위경련을 유발한다. 게이 및 양성애자는 일반적으로 성관계 도중 대변-구강 경로로 직간접적으로 씻지 않은 손을 통해 전달된다. 단지 소량의 박테리아로도 감염을 확산시킬수 있다. 증세는 성관계를 가진 뒤 1~3일 후부터 나타난다.)

[그림 4-3] 영국 보건당국이
게이와 남성 양성애자 그룹에서
이질감염이 증가추세에 있다고 경고하고 있다.[294]

아래의 표는 2007년부터 2012년까지 영국의 이질 발병 현황이다 ([그림 4-4]참조). 2009년 이후 제3세계 전염병인 이질의 발병이 선진

국인 영국에서도 계속 증가하고 있음을 보여준다. 영국의 이러한 상
황도 미국처럼 남성 동성애자의 위험한 성행위와 관련돼 있었다.

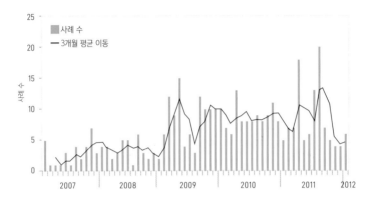

[그림 4-4] 2007년~2012년 영국의 이질 발병 현황[295]

"MSM are more likely than others to get infected
with Shigella that is resistant to two antibiotics
commonly used to treat adults who have
shigellosis."

(남성 동성애자들은 이질치료에
잘 듣는 두 종류의 항생제에 내성을 가진
이질에 감염될 가능성이 더 높다.)

미국 질병관리본부의 남성 동성애자를 위한
이질 예방 팸플릿 中

2. 항생제가 잘 듣지 않는 내성 이질균의 등장

2015년 4월 미국 질병관리본부는 주간 보고서를 통해 이질과 관련된 우려스러운 내용을 발표했다. 그것은 이질균에 유효한 항생제인 시프록플록사신(Ciprofloxacin)에 내성을 가진 이질균이 발견됐다는 것이었다. 보고서는 시플로플록사신과 같은 강력한 퀴놀론계열의 항생제를 써도 죽지 않는 이질균이 등장했다고 밝혔다.[296] 또한 내성이 생긴 이질 환자의 발생 빈도가 나오는데, 2014년 11월부터 2015년 1월까지 남성 동성애자 사이에서 이질이 수차례 돌았음을 알리고 있다. 자료에선 남성 동성애자 비율이 미국에서 가장 높은 샌프란시스코 거주자들과 그 외 지역을 여행하지 않은 자들에게 이질이 집중적으로 발생한 것을 확인할 수 있다([그림 4-5] 참조).

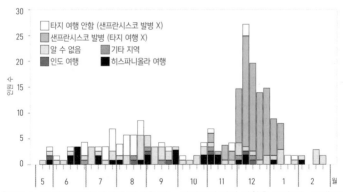

[그림 4-5] 시프로플록사신에 내성을 띠는 이질균의 감염 상황을 보여주는 그래프: 미국 샌프란시스코 여행자들 사이에서 집중적으로 이질이 발병함을 나타내고 있다.[297]

에이즈라는 허리케인과
이질이라는 허리케인이 만나 퍼펙트 스톰을 만들다

2006년 뉴욕 의과대의 다스칼라키스 교수 등은 영국 옥스퍼드 저널에 '남성 동성애자의 이질과 HIV의 또 다른 퍼펙트 스톰'이란 기고문을 게재했다.[298] 퍼펙트 스톰이란 허리케인 두 개가 만나 거대한 폭풍을 만드는 현상을 말하는 것으로 여기서는 남성 동성애자 사이에서 주로 전염되는 이질과 HIV가 만나면서 큰 문제를 초래할 것이라는 의미다. 이 글은 남성 동성애자의 이질이 미래에 위험요소가 될 것임을 알리고 있다. 70년대 초 뉴욕과 샌프란시스코의 동성애자들 사이에서 이질이 창궐한 후 이런 상황이 반복되고 있는데 그 이유는 항문과 입을 이용한 성행위 등을 통해 동성애자들의 입과 대변이 직접 접촉하기 때문이다.

이질은 10개체의 세균만 있어도 전염이 가능하다. 이질균은 대장에 내려가서도 죽지 않고 장벽을 뚫고 혈관으로 침투하는 강력한 생명력을 갖고 있다. 칵테일 요법(HAART, highly active antiretroviral therapy)의 효과로 에이즈 감염자가 조기에 사망하지 않고 일상생활이 가능해지자 의외의 반작용이 발생했다. HIV감염자를 포함 해 남성 동성애자들이 적극적인 성생활을 추구했고 이것은 장내의 세균을 다른 동성애자에게 전염시키기 쉬운 여건을 만들었다.

또한 해외여행의 증가와 인터넷의 보급 등으로 전 세계 동성애자 커뮤니티가 전염병에 보다 쉽게 전염될 수 있는 환경을 조성했다.[299]

HIV에 감염된 남성 동성애자들이 이질까지 앓게 되는 경우 이질을 앓는 기간이 늘어나거나 이질균의 공격성이 강화되는 등 문제점이 나타날 수 있다는 논문이 2007년 감염병 학술지에 발표되기도 했다.[300]

미국 질병관리본부는 남성 동성애자 사이에서 많이 발견되는 이질과 에이즈, 두 가지 질병이 좋지 않은 시너지를 일으키는 것을 염려하고 있다.[301]

남성 동성애자의 이질 예방을 위한 실질적인 방법

이질에 대한 초기 대응을 못한 상태에서 항생제에 내성까지 생기는 상황이 발생하고 있다. 남성 동성애자들이 이질과의 전쟁에서 승리하려면 무엇보다도 성행위 도중 대변이 직접 구강으로 들어가는 습관, 즉 배설기관을 통한 각종 성행위를 멈추는 것이 중요하다. 옥스퍼드대학 저널에서 말한 남성 동성애자의 이질과 에이즈, 이 두 가지 질병이 퍼펙트 스톰을 형성하는 일이 최대한 줄어들 수 있도록 실질적이고 적극적인 홍보가 절실한 시점이다.

미국 질병관리본부는 남성 동성애자들의 이질 감염 및 타인에게 전파를 막기위한 실질적인 방법으로 덴탈댐과 고무장갑 등을 사용하는 안전수칙으로 명시하고 있다.[302]

[그림 4-6] 미국 질병관리본부가 제공하는
남성 동성애자를 위한 이질 예방 전단지 파일 앞면 캡쳐[303]

How can *Shigella* infections be treated?

Diarrhea caused by *Shigella* usually goes away without antibiotic treatment in 5 to 7 days. People with mild shigellosis may need only fluids and rest. However, antibiotics are useful for severe cases of shigellosis because they can reduce the duration of symptoms. Tell your healthcare provider if you do not get better within a couple of days after starting antibiotics. He or she can do additional tests to learn whether your strain of *Shigella* is resistant to the antibiotic you are taking.

I was diagnosed with shigellosis. What can I do to avoid giving it to other people?

- Wash your hands with soap after going to the bathroom.
- Wait to have sex until you no longer have diarrhea. You might have *Shigella* germs in your stool for a few weeks after you recover, so wash your body and hands before sex. During oral-anal sex (anilingus or "rimming"), use barriers, such as condoms, natural rubber latex sheets, dental dams, or cut-open non-lubricated condoms between your rectum and your partner's mouth. Use condoms during anal sex.
- Do not prepare food for others while you are sick. After you get better, wash your hands carefully with soap before preparing food for others.
- For those who work in healthcare, food service, or childcare, follow your local health department's guidance about exclusion from work while ill and returning to work after you have recovered.

How can I reduce my risk of getting shigellosis?

- Meticulously washing your hands with soap during key times:
  - Before eating
  - After changing a diaper
  - After helping to clean another person who has defecated (pooped)
- Avoid sexual activity with those who have diarrhea or who recently recovered from diarrhea.
- Reduce fecal-oral exposure during sex:
  - Wash your genitals, anus, and hands before and after sexual activity.
  - Use barriers like condoms or dental dams during oral sex and oral-anal sex and latex gloves during anal fingering or fisting.
  - Use condoms during anal and vaginal sex to prevent other sexually transmitted infections.
- Avoid swallowing recreational (for example, lake or river water while swimming) or drinking water that was contaminated by infected fecal matter.
- When traveling internationally, follow food and water precautions and wash hands with soap frequently.

Where can I get more information?

- CDC's *Shigella* website: http://www.cdc.gov/shigella/general-information.html
- CDC's Proctitis, Proctocolitis, and Enteritis website: http://www.cdc.gov/std/treatment/2010/proctitis.htm
- Travelers' health: Safe Food and Water.
- Travelers' Health: Yellow Book-Shigellosis.
- Travelers' Health: Disease Related to Travel.
- Healthy Swimming

†The term men who have sex with men is used in CDC surveillance systems because it indicates the behaviors that spread *Shigella* infection, rather than how individuals self-identify in terms of their sexuality.

[그림 4-7] 미국 질병관리본부가 제공하는
남성 동성애자를 위한 이질 예방 전단지 파일 뒷면 캡쳐

덮으려는 자
펼치려는 자

05
남성 간
성행위와
각종 간염

"Are gay and bisexual men at risk for viral hepatitis?
Yes. Among adults, an estimated 10% of new Hepatitis
A cases and 20% of new Hepatitis B cases occur
in gay or bisexual men. Gay and bisexual men are
at increased risk for Hepatitis C if they are
involved in high-risk behaviors."

(남성 동성애자와 양성애자가
바이러스성 간염의 위험에 처해 있는가?
그렇다. 성인들 중에 발생하는 A형 간염의 10%, B형 간염의 20%가
남성 동성애자 혹은 남성 양성애자에게서 발생한다.
고위험 행동에 관여하는 게이와 양성애자의 경우
C형 간염에 걸릴 확률이 높아진다.)

미국 질병관리본부가 제공하는
'Viral hepatitis ; Information for Gay and Bisexual Men
(게이와 양성애자의 바이러스성 간염에 대한 정보)' 中

1. 각종 간염에 노출되는 남성 동성애자들

간염이란

간염이란 간 세포 혹은 조직에 나타나는 염증 현상을 말한다.[304] 증상이 없기도 하지만 대개 황달, 식욕부진, 구토, 피곤, 복통, 설사 등을 야기시킨다. 경과는 급성일 수도 있고 만성일 수도 있다. 급성형은 경과가 좋으나 만성형은 간경변, 간기능 부전, 간암 등으로 악화될 수 있다.

간염의 가장 대표적인 원인은 바이러스이다(그 외 음주, 특정 약물, 독성 물질, 기타 감염증, 자가면역 장애 등이 있다). 바이러스성 간염에는 A, B, C, D 및 E형 등이 있다. A형과 및 E형 간염은 주로 분변에서 발견되는 세균, 바이러스 등이 입으로 들어가 걸리게 되는, 이른바 수인성 질환이다. B형과 C형 간염은 혈청감염으로 바이러스가 전파되므로 성행위로도 전염된다. 산모에서 신생아로 수직 감염되기도 한다. B형과 및 C형 간염은 감염된 피로 전염된다. D형 간염은 이미 B형 간염에 걸린 사람에게만 전염된다.

일부 간염은 치료제가 나왔으나 아직까지는 완치시킨다는 개념은 아니다.[305] 예방법으로 건강한 라이프스타일, 식사, 체중 조절 등이 있다. 자가면역 간염은 면역 체계를 통제함으로 치료한다. 이떤 경우에는 간이식을 하기도 한다.

미국 질병관리본부는 남성 동성애자가 대변-구강 오염(fecal-oral route)으로 주로 전파되는 A형 간염뿐만 아니라 혈액접촉으로 전파되는 B형 간염, C형 간염에 일반인들보다 더 많이 걸리고 있다고 강조한다. 이 같은 내용은 사실보고서와 주간 보고서, 남성 동성애자 전용 코너에서 반복적으로 경고하고 있다.

[그림 5-1] 게이와 양성애자가 간염에
쉽게 감염되고 있음을 경고하는 미국 질병관리본부 홈페이지[306]

"In Spain,

hepatitis A cases reported in 2017 are

almost eight times higher

than the average number of cases reported

during the same period

between the years 2012 and 2016.

Most cases are men with ages

between 15 to 45 years old,

and MSM are the most affected group."

(스페인에서는 2017년에 보고 된 A형 간염 사례가

2012년과 2016년 사이에 보고된

평균사례 수보다 거의 8배나 높다.

대부분 15~45세 사이의 남성이며

남성 동성애자가 감염의 가장 많은 영향을 받은 그룹이었다.)

세계보건기구(WHO) 2017년 보고서
<'Hepatitis A outbreaks mostly affecting men who have sex with men
(A형 간염은 남성 동성애자들에게 가장 많이 나타나고 있다)'> 中

2. A형 간염

20세 이상 성인은 급성 간염에 걸리면 1개월 이상 입원해야 할 만큼 심각한 경우가 발생할 수 있다. 그러나 85% 정도는 3개월 이내에 회복된다. 연령이 증가하거나 만성 간질환이 있는 경우 전격성 간염[307]으로 진행될 수 있다.

A형 간염은 주로 대변에서 입으로 감염되는(fecal-oral transmission) 질환이다. 간염 바이러스는 대변에서 출발해서 중간 매개체(손, 식수, 음식 등)를 통해 입으로 들어간다. 이후 위장-소장 등 소화기계를 통해 간으로 간다. 따라서 통상적인 예방법은 손과 입을 대변에서 멀리하는 것, 즉 손씻기이다. 이보다 더 직접적으로 간염에 노출되는 경우는 주사바늘과 임신 등 직접적인 체액의 전파에 의한 감염이다.

분변에 오염된 물을 살균 없이 마셔 세균이나 바이러스에 감염된 경우를 수인성 오염이라고 한다. 불결한 환경, 즉 대변처리를 위한 정화조, 온전한 세척을 위한 상하수도 시설, 비누와 같은 세정용품 등 기본적인 위생 인프라가 부족한 환경에서 대변에 노출된 식수를 마시면 쉽게 감염된다. 또 분뇨를 거름으로 사용한 밭에서 자란 채소를 제대로 씻지 않고 먹은 경우, 혹은 대변 유래 세균이 묻은 문고리를 만지고 그 손으로 음식을 먹는 행위 등으로 A형 간염이 전파될 수 있다.

불결한 위생환경과 직결되다 보니 따라서 A형 간염은 개발도상국 혹은 저개발국에서 주로 발병하는 질병이었다. 상하수도가 생기고 비누가 상용화되며 정화조가 도입되는 등 대변의 위생적 처리가 거의 완벽하게 가능해지면서 대변-구강 오염의 일종인 A형 간염은 이질과 마찬가지로 대폭 줄어들게 됐다.

그런데 최근 의외의 현상이 발생하고 있다. 위생환경이 좋은 지역의 20~30대 남성에게서 A형 간염이 증가하는 현상이 나타나는 것이다.[308] 보건당국은 남성 동성애자들을 중심으로 간염이 늘고 있는 정황을 포착했다.

임상소견

A형 감염 증상은 바이러스에 노출된 지 50일 이내에 나타난다. 어떤 성인 또는 소아에게는 증상이 나타나지 않기도 한다. 그러나 잠복기인 2~6주(평균 28일)가 지나면 독특한 증상들이 나타나기 시작한다. 초기 증상은 인플루엔자 같다. 피로, 발열, 오심, 식욕감퇴, 황달, 설사, 복부 불편감 증상은 대개 2주 이내로 끝난다. 그러나 6개월까지 지속되는 경우도 있는데, 연령이 증가함에 따라 증상이 심해지는 경향을 보인다. 50세 이상에서는 사망률이 2.7%로 높다. 대부분 완전히 회복이 가능한 것으로 알려져 있으나 드물게는 급성 간부전이 발생해 간이식이 필요한 경우도 있다.

진단은 혈액검사에서 A형 간염 바이러스 항체 검사를 확인해서 한다. 환자에게는 주로 아직까지 A형 간염 바이러스를 치료하는 약은 개발되지 않았다. 안정을 취하고 고단백 식단을 섭취할 것을 권장한다. 심한 증상을 동반하는 경우 입원치료를 해야 한다.

A형 간염 바이러스는 85도 이상에서 1분만 가열해도 사라지기 때문에 끓인 물을 마시거나 충분히 익힌 음식을 섭취하는 것만으로도 예방이 가능하다. 다행히 예방 백신도 있다.

남성 동성애자는 A형 간염에 많이 걸린다

미국 하버드의학대학원 교수 출신의 폴 처치 박사는 보스턴에 있는 베스 이스라엘 병원(Beth Israel Deaconess Medical Center)에서 진료하던 시절, 동성 간 성행위는 간염과 밀접한 관계가 있다는 정보를 담은 이메일을 병원 관계자들에게 보냈다.[309]

그렇다면 폴 처치 박사의 주장대로 남성 동성애자들은 정말 간염에 쉽게 걸리는 것일까. 답은 '그렇다'이다. 미국 질병관리본부는 남성과 성관계를 갖는 남성들은 A형 간염, B형 간염, C형 간염에 감염될 가능성이 일반인보다 매우 높다고 밝히고 있다. 그래서 남성 동성애자들에게 감염예방 백신을 맞을 것을 적극 권고하는 것이다.[310]

항문 성관계와 A형 간염의 긴밀한 연관성

의학적으로 어떤 경로로 감염되길래 남성 동성애지들이 A형 간염에 많이 걸리는 것일까. 보건당국은 남성 동성애자 사이에 A형 간염이 발생하는 이유는 남성 간 성관계 시 대변에서 유래하는 각종 세균에 오염된 배설기관, 즉 항문을 이용하기 때문이다.

간염 바이러스를 지닌 동성애자가 아무리 관장을 잘한다고 해도 바이러스가 항문과 직장 내에 남아 있다. 따라서 입을 항문에 대는 행위(rimming)는 매우 위험하다. 성기를 항문에 삽입하는 행위, 그렇게 오염된 성기로 다시 구강성교하는 행위 등은 간염 바이러스를 쉽게 전파시킨다. 항문 성관계 시 사용해 오염 물질이 묻은 콘돔, 고무장갑, 항문에 넣었던 손가락이나 주먹, 성기구 등을 통해 전염될 수 있다. 당연히 성관계 파트너 수가 많을수록 감염 위험성은 커진다.[311]

감염 예방의학 활동을 해온 비영리 의료단체로, WHO와 미국 질병관리본부로부터 수상한 면역행동연합(IAC, Immunize Action Coalition)은 'A형 간염과 B형 간염으로부터 자신을 지키기: 남성 동성애자와 남성 양성애자를 위한 가이드'라는 홍보물을 제공하고 있다.[312] 이 홍보물에는 2015년에 2만8000여명이 A형 간염에 감염되었는데, 항문 성행위가 이러한 감염 위험을 증가시킨다고 지적하고 있다.

영국 보건국은 대변으로 오염된 음식물 등을 통해 전염될수 있지만 최근엔 남성과 성관계를 맺는 남성의 구강성교와 항문성교를 통해 퍼지고 있다고 발표했다. 영국 보건국은 A형 간염에 걸릴 위험이 가장 높은 그룹으로 MSM을 꼽았으며, 이러한 우려는 런던에서 이미 현실화 되었다고 발표했다.

"Hepatitis A among gay and bisexual men is significantly

higher than usual, making it important to take extra care – especially if travelling to other countries. MSM and bisexual men are at highest risk and should ask about the hepatitis A vaccine next time they visit a GUM clinic."[313]

(게이와 양성애자 남자 중에 A형 간염은 보통의 경우보다 매우 빈도가 높기 때문에 특별한 관심을 필요로 한다. 특히 그들이 다른 나라로 여행을 갈 때 그렇다. MSM과 양성애자 남자들은 가장 높은 위험도를 가진다. GUM 진료소를 방문할 때 A형 간염 백신에 대해 문의해야 한다.)

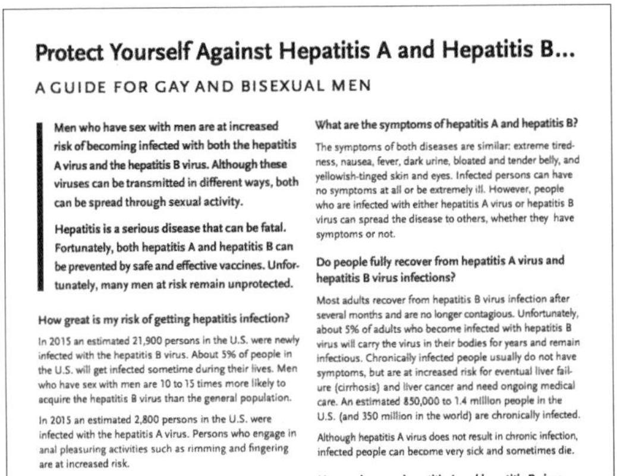

Protect Yourself Against Hepatitis A and Hepatitis B...

A GUIDE FOR GAY AND BISEXUAL MEN

Men who have sex with men are at increased risk of becoming infected with both the hepatitis A virus and the hepatitis B virus. Although these viruses can be transmitted in different ways, both can be spread through sexual activity.

Hepatitis is a serious disease that can be fatal. Fortunately, both hepatitis A and hepatitis B can be prevented by safe and effective vaccines. Unfortunately, many men at risk remain unprotected.

How great is my risk of getting hepatitis infection?

In 2015 an estimated 21,900 persons in the U.S. were newly infected with the hepatitis B virus. About 5% of people in the U.S. will get infected sometime during their lives. Men who have sex with men are 10 to 15 times more likely to acquire the hepatitis B virus than the general population.

In 2015 an estimated 2,800 persons in the U.S. were infected with the hepatitis A virus. Persons who engage in anal pleasuring activities such as rimming and fingering are at increased risk.

How are hepatitis A virus and hepatitis B virus spread?

A man infected with hepatitis B virus can spread the virus

What are the symptoms of hepatitis A and hepatitis B?

The symptoms of both diseases are similar: extreme tiredness, nausea, fever, dark urine, bloated and tender belly, and yellowish-tinged skin and eyes. Infected persons can have no symptoms at all or be extremely ill. However, people who are infected with either hepatitis A virus or hepatitis B virus can spread the disease to others, whether they have symptoms or not.

Do people fully recover from hepatitis A virus and hepatitis B virus infections?

Most adults recover from hepatitis B virus infection after several months and are no longer contagious. Unfortunately, about 5% of adults who become infected with hepatitis B virus will carry the virus in their bodies for years and remain infectious. Chronically infected people usually do not have symptoms, but are at increased risk for eventual liver failure (cirrhosis) and liver cancer and need ongoing medical care. An estimated 850,000 to 1.4 milllion people in the U.S. (and 350 million in the world) are chronically infected.

Although hepatitis A virus does not result in chronic infection, infected people can become very sick and sometimes die.

How serious are hepatitis A and hepatitis B virus infections?

[그림 5-2] 면역행동연합이 제공하는 <A형 간염과 B형 간염으로부터 자신을 지키기: 남성 동성애자와 남성 양성애자를 위한 가이드>: 이 단체는 홍보물을 통해 일반인들보다 월등히 높은 남성 동성애자들의 간염 유병률을 소개하고 있다.[314]

미국 질병관리본부는 남성 동성애자의 경우 A형 간염환자의 항문에 닿은 손가락, 도구 때문에 대변이 입으로 직접 들어가게 되는 경로를 특히 조심하라고 거듭 경고하고 있다([그림 5-2] 참조). 그에 비해 한국 질병관리본부는 남성 동성애자들의 간염에 대한 어떠한 언급도 하지 않고 있다.

영국 신규 A형 감염 환자의 74%가 남성 동성애자

2012년 미국 보건복지부의 로널드 장관은 미연방정부의 AIDS에 관한 정보 공개 사이트에 기고한 글에서 질병관리본부 자료를 인용해 "A형 간염 신규 감염자의 10%가 남성 동성애자"라고 밝혔다.[315]

전술한 바와 같이 2014년 미국 질병관리본부의 건강통계 보고서에 의하면 자신을 동성애자라고 밝힌 18세 이상 남녀는 1.6%이고 양성애자는 0.7%로 합이 2.3%이다.[316] 이중 남성 동성애자가 1.3%로 추정가능한데 1.3%밖에 안 되는 사람들이 전체 A형 간염의 10%나 차지한다는 것은 일반인에 비해 훨씬 A형 간염에 잘 걸린다는 것을 의미한다.

2017년 스페인에서 보고된 A형 간염은 지난 5년 평균 발생률보다 8배 증가했다. 이는 대부분 15~45세 남성 동성애자에게서 발생했다.[317] 2016년 전 세계적으로 A형 간염의 발생 추이를 살펴보면 미국과 유럽, 칠레 등지에서 남성 동성애자에 의한 확산이 눈에 띈다. 2016년 7월부터 2017년 4월 2일까지 영국에서 발병된 A형 간염의

74%이상이 MSM이었다.[318]

세계보건기구,
게이 퍼레이드를 통한 A형 간염 확산 경고

2018년 6월 동성애를 옹호 지지하는 국제적인 '해외 성소수자 소식 블로그 미트르'조차 유럽에서 게이 양성애자 남성들 사이에서 간염이 돌고 있기 때문에 보건 전문가들은 게이 퍼레이드가 바이러스 전염에 미칠 영향을 우려하고 있다고 지적했다.[319] 세계보건기구(WHO)도 "미국과 유럽에서 매년 열리는 동성애자 축제가 A형 간염의 확산에 기여할 수 있다"고 경고했다.[320] WHO는 "간염이 생명에 지장을 주는 위험한 병은 아니지만 증상이 몇 달간 지속될 수 있다"며 "전 세계적으로 A형 간염 백신이 부족한 지금 주의하지 않을 수 없다"고 전했다. 이어 "A형 간염 확산의 주된 원인은 동성애자 간 성적 접촉"이라고 발표했다.

게이 문화 행사에 의해 간염 확산이 될 수 있다는 WHO의 경고를 간과해선 안 되는 근거 자료는 많다. 영국 보건국 역시 마드리드 게이 퍼레이드에 참여할 사람들에게 A형 간염 백신을 맞고 참여하라고 공식 웹사이트를 통해 공지하기에 이르렀다.[321]

영국 보건국은 현지(마드리드)에 백신이 부족하니 떠나기 전 자국 내 병원에서 예방 백신을 미리 맞고 가라고 다음과 같이 공지하고 있다([그림 5-3] 참조).

[그림 5-3] 영국 보건국은 홈페이지에
마드리드 게이 퍼레이드에 참여할 사람들에게
A형 간염 백신을 미리 맞고 참여하라고 공지한다.[322]

"스페인 정부는 마드리드에서 개최되는 월드 프라이드(World
Pride) 행사에 참여하고자 하는 사람들에게 스스로를 보호하라고 요
청했다. 그러나 해당 지역에 백신이 부족하므로 여행하려는 사람들
은 출발 전에 GUM[323] 진료소에 문의해야 한다."

이는 남성 동성애자가 많이 모이는 곳에 어떤 일들이 벌어지는지
영국 보건국이 인지하고 국민들에게 알린 사례이다. 심지어 만일 예

방 접종을 받지 않고 마드리드 월드 프라이드 행사에 간다면 성관계 중 위생에 신경을 써야 할 구체적인 항목들을 아래와 같이 나열 할 정도다.

"Hepatitis A is a vaccine-preventable viral infection of the liver that is mainly spread faeco-orally through contaminated food or inadequate hand-washing, but can also be sexually acquired. MSM with multiple partners are at higher risk of sexually acquiring the virus. Symptoms can appear up to 50 days after exposure. Men may avoid getting hepatitis A by washing hands after sex (buttocks, groin and penis too, ideally), changing condoms between anal and oral sex, using latex gloves for fingering or fisting, using a barrier for rimming (such as a square of latex) and not sharing sex toys or douching equipment."[324]

(A형 간염은 주로 백신으로 예방 가능한 간염 바이러스 감염이며 주로 오염된 음식이나 부적절한 손 씻기로 인해 구강 내로 퍼진다. 그러나 성접촉을 통해서도 전파된다. 다수의 파트너가 있는 MSM은 성적으로 바이러스에 감염될 가능성이 높다. 증상은 노출 후 최대 50일까지 나타날 수 있다. 남성은 성관계 이후 손을 잘 씻고(가급적 엉덩이, 사타구니 및 페니스 등도), 항문성교와 구강성교를 오가는

사이에 콘돔을 새 것으로 바꿔야 한다. 손가락과 주먹을 이용하여 항문을 늘이는 과정에서 고무 장갑을 사용하고, 리밍을 할 때 보호도구(고무 덴탈댐)를 사용해야 한다. 섹스 토이나 관장 도구를 타인과 함께 쓰지 않는 것으로 A형 간염을 예방할 수 있다.)

영국 공중보건국이 제안한 남성 동성애자들의 A형 간염 예방지침	
· wash your hands after sex(ideally buttocks, groin and penis too) · use protection for fingering, rimming and fisting · change condoms between anal and oral sex · avoid sharing sex toys	· 성관계 후 손을 씻으라(가급적 엉덩이, 사타구니, 성기까지) · 핑거링, 리밍. 피스팅 시행 시 보호 장치를 써라 · 항문성교와 구강성교를 할때 콘돔을 새 것으로 바꾸라 · 성관계 도구(섹스 토이)는 공유하지 마라

"Men who have sex with men are

10 to 15 times

more likely to acquire the hepatitis B virus

than the general population."

(남성 간 성행위를 하는 남성들은

일반인들보다 B형 간염에 걸릴 가능성이

10~15배 높다.)

미국 면역행동연대 팸플릿
'A형 간염과 B형 간염으로부터 자신을 지키기 :
남성 동성애자와 남성 양성애자를 위한 가이드' 中

3. B형 간염

WHO는 해마다 전 세계적으로 간 질환으로 진행된 B, C형 간염 때문에 140만명이 사망하고 있다고 전하고 있다.[325] 앞서 A형 간염에 대해 살펴보았다. A형 간염이나 B형 간염이나 간염이라는 공통점이 있으니 두 가지 질환의 감염경로가 동일하다고 생각하는 독자가 많을 듯하다.

그러나 이 둘은 감염경로가 다르다. B형 간염은 A형 간염보다는 전염 경로가 훨씬 적다. B형 간염은 대변-구강 전염의 경로로는 옮기지 않고, 바이러스에 감염된 혈액과 체액이 직접 체내로 유입되는 방식으로 감염된다. B형 간염에 걸린 어머니로부터 출생하는 아기는 수직감염 될 수 있다. 마약주입 오염된 주사기 바늘을 재사용해 걸릴 수도 있다.

B형 간염을 특히 조심해야 하는 이유는 C형 간염과 함께 각종 급성, 만성 간 질환, 즉 간경화와 간암 등의 주된 원인이 된다는 것이다. B형 간염 진단을 받은 사람이 10년이 경과한 뒤에 간경변증으로 발전되는 비율은 23%이며, 간암으로 진행되는 비율은 11%나 된다.[326]

남성 동성애와 B형 간염

남성 동성애자는 성행위 도중 항문과 직장 내에 출혈이 유발되며 체액(정액)이 항문과 직장에 닿는다. 따라서 둘 중 한 명이 B형 간염 환자일 경우, 출혈이 동반되는 성관계 등으로 전염이 일어난다. 미국 보건복지부 장관은 미연방정부의 에이즈 정보 공개 사이트에 기고한 글에서 미국 질병관리본부의 자료를 인용해 "B형 간염 신규 감염자의 15~25%가 남성 동성애자"라고 밝힌 바 있다.[327]

2014년 미국 질병관리본부의 건강통계 보고서[328]를 기준으로 남성 동성애자 인구비율을 1.3%로 가정할 때 B형 감염 발병율은 일반인에 비해 월등히 높다는 것을 알 수 있다.

WHO는 아래와 같이 남성 동성애자를 B형 간염전파의 핵심군(Key population)으로 꼽고 있다. 남성 동성애자, 마약주사기 사용자, 감옥에 수감된 죄수 등 폐쇄된 공간에서 생활하는 사람, 성매매 종사자, 트랜스젠더가 B형 간염의 핵심 전파군이다.

"The burden of chronic HBV and HCV remains disproportionately high in low- and middle-income countries (LMICs), particularly in Asia and Africa. Additionally, even in low-prevalence areas, certain populations have high levels of HCV and HBV infection, such as persons who inject drugs (PWID), men who have sex with men (MSM), people with HIV, as well as those belonging to certain indigenous communities."[329]

(만성 B형 및 C형 간염의 부담은 저소득 및 중간소득 국가들, 특히 아시아 아프리카의 국가에서 높다. 감염 빈도가 낮은 지역이라 하더라도 특정 인구집단에서는 높은데 예를 들어 마약 주사하는 사람들, 남자 동성애자, HIV 감염자, 특정 토착 공동체 집단에서 높게 나타난다.)

면역행동연합이 배포하는 'A형 간염과 B형 간염으로부터 자신을 지키기: 남성 동성애자와 남성 양성애자를 위한 가이드'라는 팸플릿에는 2015년 미국에서 2만1900명이 B형 간염에 감염되었으며, 남성 간 성행위자는 일반인보다 10~15배 더 많이 B형 간염에 전염된다고 밝히고 있다.[330] 백분율로 표시하면 일반인보다 1000~1500% 더 많이 B형 간염에 걸린다는 뜻이다. 미국 질병관리본부가 제공하는 남성 동성애자들의 간염관련 통계에 따르면 B형 간염 바이러스의 전염성은 에이즈 바이러스보다 50~100배 높다고 한다.[331]

캐나다 보건부 역시 남성 동성애자 그룹을 B형 간염의 위험 그룹으로 보고있다. B형 간염의 고위험군에는 마약주사와, MSM, 감염에 걸린 파트너와 성관계하는 남성 및 그들의 주부 등을 꼽고 있는 것이다.[332] 보고서에 따르면 전체 인구중 1%에 지나지 않는 MSM들이 전체 B형 간염 환자의 9.9%를 차지하고 있다.

영국 보건국은 B형 간염이 남성 동성애자 사이에서 급격히 번지고 있는 것을 우려했다.[333] HIV보다 50~100배 더 높은 감염력을 지닌 B형 간염이 결국 간경화 및 간암을 비롯한 심각한 간 질환으로 연결될 수 있음을 우려하는 것이다. B형 간염에 많이 걸리는 위험군으로 보호 도구를 사용하지 않은, 즉 콘돔 등을 사용하지 않은 채 우발적으로 익명의 다른 남성과 성관계하는 남성을 위험집단으로 꼽고 있는 것이다. 문제는 이런 행위를 하고도 자신이 고위험군이라는 것을 인지하지 못하기 때문에 적절한 보건 조치를 받지 않고 있다고 영국 공중 보건국은 밝히고 있다([자료 5-4] 참조). B형 간염바이러스는 에이즈 바이러스보다 감염력이 100배나 강하다. [334]

[그림 5-4] 남성 동성애자들의 급성 B형 간염 확산에
문제를 제기 하는 영국 공중보건국[335]

영국 공중보건국은 2014년 '런던 동성애자의 HIV와 성병(HIV and STIs In men who have sex With men in London)'이라는 보고서를 통해 남성 간 성행위가 B형 간염자의 전파의 주된 경로임을 발표했다. 2012년 런던에 보고된 B형 간염 중 5분에 1이 남성 간 성행위 때문으로 드러났기 때문이다. 80%는 이성애자들에 의한 것이고 20%가 남성

동성애자에 의한 것이니 표면적으로 보면 이성 간 성관계가 B형 간염에 걸리는 주된 경로같다. 그러나 그것은 착시 현상일 뿐이다. 영국 전체 인구 중 거의 98%가 동성애자가 아닌 상황에서 통계이므로 상대적으로는 남성 간 성행위가 확률적으로 B형 간염 전파에 위험성이 높은 행위임을 말해주는 것이다.

'···sex between men was identified as the most likely route of transmission, therefore the relative burden is high.'[336]

(···남성 간 성행위가 감염의 가장 높은 통로인 것으로 분류되었다.)

에이즈 동반 감염

에이즈에 감염된 남성 동성애자는 B형 간염에 동시에 감염된 경우가 많다.[337] 이런 경우 B형 간염 등의 질병 치료에서 더욱 난항을 겪게 된다. 독일은 전체 HIV감염인 중 66%가 남성 동성애자이며 그 중 상당수가 다른 성병에도 걸려 있다고 전했다.[338]

So when hepatitis C began to emerge

among MSM(men who have sex with men)

the silence that ensued seemed eerily familiar,

When I first started reporting on hepatitis C

in gay men nearly a generation ago,

the disease was already being called

"the stealth epidemic"

(그래서 MSM 사이에서 C형 간염이 출현하기 시작하자

그 뒤에 이어지는 침묵이 소름 끼칠 정도로 친숙해 보였다.

내가 거의 한 세대 전 게이 남성들의 C형 간염에 대해

처음 보고하기 시작했을 때,

그 병은 이미 '스텔스 유행병'이라고 불렸다.)

동성애자 잡지 POZ 2014년 6월 1일자 기사
'Hepatitis C Transmits Sexually in HIV-Positive Gay Men
(C형 간염이 HIV에 감염된 남성 동성애자들 사이에서
성관계를 통해 번지고 있다)' 中

4. C형 간염

미국 질병관리본부는 C형 간염이 남성 동성애자 사이에서 빈번한 대표적인 이유로 그들이 에이즈에 많이 감염되어 있기 때문이라고 밝히고 있다.[339] C형 간염은 B형 간염과 마찬가지로 바이러스에 감염된 혈액 등 체액에 의해서 옮겨진다. 그러므로 B형 간염과 마찬가지로 성 접촉, 수혈, 혈액을 이용한 의약품, 오염된 주사기나 침의 재사용, 피어싱, 문신을 새기는 과정 등에서 발생 할 수 있다. C형 바이러스에 감염되면 대부분 만성 C형 간염으로 진행되며, 간경변증 및 간암으로 발전하고 심하면 사망에 이를 수도 있다.

C형 간염은 완치가 불가능한데다 치료비용도 매우 비싸고 부작용이 심해 치료를 중단하는 비율이 10~14%에 달한다.[340] 2005년 뉴욕의 다니엘 피에르 의학박사는 남성 동성애자 사이에서 급증하고 있는 C형 간염의 새로운 발병 패턴을 확인했다.

2013년 허핑턴 포스트는 동성애 전문의사 로렌스 매스 박사의 '남성 동성애자는 C형 감염 검사를 받아야 한다'는 기사를 게재했다.[341] 그는 이미 10년 전부터 C형 감염이 '스텔스 유행병'이라고 불렸다고 밝혔다. 원래 스텔스(stealth)는 '조용한, 잠행하는'의 뜻으로 쓰이던 단어다. "레이더가 탐지하기 힘들게 만든 스텔스기의"라는 의미로도 어학사전에 표기돼 있다. 매스 박사 역시 단순히 C형 간염이 조용히 인체를 파괴한다는 의미로 사일런트(silent)를 사용할 수 있었으나 스텔스라는 단어를 사용함으로써 상대의 레이더, 적외선 탐지기, 음향탐지기 및 육안에 의한 탐지까지 포함한 모든 탐지 기능에 대항하는 은폐 기술을 가진 항공기에 빗대어 표현했다.

로렌스 매스 박사는 글에서 '다수의 성관계 파트너를 가진 사람들'에 대한 보고서가 명쾌하게 설명되지 않았다고 비판했다. 그는 남성 동성애자들이 C형 간염 검사를 받도록 정책적으로 추진하기 위해 다수의 성관계 파트너를 갖는 남성 동성애자나 모든 종류의 남성 간 성행위자에 대한 통계가 명쾌하게 나와야 한다고 촉구하였다.

2013년 미국 내과의학 연보에 실린 논문에 의하면 C형 간염 고위험군에 마약주사자, 수혈자, 소독되지 않은 바늘을 이용한 문신, 다수의 성관계 파트너를 가진 사람을 포함시켰다.[342] 다행스럽게도 최근 부작용이 적고 완치율이 95%인 항바이러스제가 개발됐다.[343] 그러나 완치율이 모든 C형 간염인에게 동일하게 나타나는 것은 아니다. 특히 에이즈 감염률이 높은 남성 동성애자그룹은 C형 간염은 완치에 난항을 겪는 경우가 많다.

에이즈와 C형 간염

C형 간염은 면역력이 떨어진 사람들, 특히 HIV감염자에게 더욱 치명적인 것으로 알려져 있다. C형 간염이 우리 몸에서 자연적으로 치유되는 경우는 연간 1% 미만으로 매우 드물다. 한번 감염되면 대부분 만성 C형 간염으로 발전하기 때문이다. 이런 경우 간경변증 및

간암이 발생해 사망에 이를 수도 있다.[344]

일반적인 C형 간염은 10년이 지나면서 총 4단계로 구분되는 간 손상이 진행된다. 이에 반해 HIV에 감염된 C형 간염 환자 11명 중 9명이 14주 만에 2단계나 3단계의 섬유증으로 발전하는 것이 확인됐다. HIV 바이러스는 C형 간염 바이러스가 간을 손상시키는 것을 촉진시킨다. 다른 15명의 C형 간염에 감염된 HIV감염인 중 4명은 치료법이 적용되지 않았으며 17개월~6년 사이에 간경화나 간부전으로 진행했다. 이들 중 3명은 8년 이내 사망했고, 간이식수술을 받은 1명도 2년이 지나기 전에 다시 C형 간염 바이러스가 발견됐다.

미국의 HIV감염인의 70%가 본다는 동성애자 잡지 POZ는 2014년 'HIV 양성반응 남성 동성애자 사이에서 성접촉을 통해 전염되는 C형 간염'을 주제로 특집기사를 실었다. 피에르 박사는 성기를 삽입하는 남성 동성애자, 즉 탑(남성 간 성접촉 시 남성 역할을 하는 사람)이 다수의 동성애자들에게 쉽게 C형 바이러스를 전염시키는 상황을 우려했다.[345] 또 기사는 스위스의 연구를 인용해 C형 감염자인 남성 동성애자가 1998년 대비 2011년에 18배 증가했으며, 뉴욕의 HIV에 감염된 남성 동성애자의 C형 간염 바이러스 동시 감염률이 2000년 7%에서 2014년 24%로 증가했다고 밝혔다. 뿐만 아니라 네덜란드 암스테르담의 HIV감염인 성병 클리닉은 HIV감염인의 C형 간염 바이러스 동시 감염률이 1995년 5.6%에서 2008년 20.9%으로 급상승했다고 밝혔다.

최근 스위스의 연구는 HIV감염인이 일반인에 비해 73배 더 많이 C

형 간염에 감염되는 반면 HIV에 감염되지 않은 남성 동성애자 사이의 간염 증가율은 보이지 않는다고 밝혔다. HIV에 감염되면 C형 간염에 급속도로 취약해짐을 강조한 것이다.[346] 93~100%의 완치율을 보이는 C형 간염 치료제의 가격은 무려 8만4000달러나 된다고 한다.

피에르 박사는 남성 동성애자들의 HIV감염검사 시 C형 간염도 동시에 검사할 것을 제안하고 있다.

미국은 대통령이 직접 나서서 '간염검사의 날'을 선포하고 HIV감염인이 간염에 잘 걸린다는 사실을 알리고 있다. 오바마 전 미국 대통령은 2016년 5월 19일을 간염 검사의 날로 선포하면서 HIV감염자가 간염에 더욱 취약하다며 감염 검사와 치료를 받을 수 있는 방안을 제안했다.[347] 또한 미국 질병관리본부는 남성 동성애자와 간염의 관계를 명시한 팸플릿을 만들어 배포하고 있다.[348] 아래는 팸플릿 내용이다.

미국 질병관리본부 간염 예방 팸플릿 내용	
Are gay and bisexual men at risk for viral hepatitis? Yes. Among adults, an estimated 10% of new Hepatitis A cases and 20% of new Hepatitis B cases occur in gay or bisexual men. Gay and bisexual men are at increased risk for Hepatitis C if they are involved in high-risk behaviors. Sharing needles or other equipment used to inject drugs puts a person at risk for Hepatitis B, Hepatitis C, and HIV. Of people with HIV infection, 10% also have Hepatitis B and 25% also have Hepatitis C. New research shows that gay men who are HIV-positive and have multiple sex partners may increase their risk for Hepatitis C.	**남성 동성애자와 남성 양성애자는 감염 바이러스의 감염에 위험한가?** 그렇다. 성인 중 A형 간염 신규 감염자의 10%와 B형 간염 신규 감염자의 20%가 남성 동성애자와 남성 양성애자에게서 발생한다.

남성 동성애자와 남성 양성애자는 그들이 위험한 성행위를 한다면 C형 간염 감염의 위험도 역시 증가한다.

마약을 사용하기 위해 주사기 바늘이나 다른 도구를 공유하는 것은 B형 간염, C형 간염, HIV감염의 위험에 노출시킨다.

HIV감염자 중 10%는 B형 간염을 갖고 있으며, 25%는 C형 간염을 갖고 있었다. 새로운 연구는 다수의 성적 파트너를 갖고 있는 남성 동성애자와 HIV 양성 반응인 남성 동성애자가 C형 간염의 위험을 증가시킬 수 있음을 보여주고 있다.

C형 간염은 간의 말기성 질병의 원인의 50%를 차지하고 있는 위험 질병이지만 감염자의 75% 이상은 검사를 받지 않고 있다. 요즘은 HIV보다 더 많은 사람이 C형 간염으로 사망하고 있기 때문에 HIV 감염 고위험 집단인 남성 동성애자들은 특히 조심해야한다.[349] C형 간염에 걸리는 것을 막는 가장 좋은 방법은 생활 속에서 예방하는 것이다. C형 간염은 B형 간염과 달리 백신이 개발되어 있지 않다. 따라서 체액을 통해 C형 간염 바이러스가 전파되지 않도록 각별히 주의해야 한다.[350]

미국 질병관리본부와 의료 NGO들은 남성 동성애자의 성문화가 간염에 얼마나 쉽게 노출돼 있는지 구체적으로 설명하며 정기적인 검사와 함께 안전한 성생활을 촉구하고 있다. HIV감염자 단체 잡지에서도 HIV감염인이 C형 간염에 얼마나 취약한 집단인지 구체적인 정보를 제공하고 있다.

의학자들의 계몽활동과 동성애 옹호진영의 방해

유럽의 다수 국가는 12월 1일 에이즈의 날을 앞두고 11월에 동성애자들이 에이즈와 간염검사를 받도록 대대적인 캠페인을 실시하고 있다. 2016년 11월 18일부터 25일을 '유럽 HIV · 간염 검사의 날'로 지정하고 남성 동성애자들이 검사를 받도록 홍보활동을 펼칠 정도다.[351]

하버드의학대학원 교수 출신인 폴 처치 박사도 현장 진료경험 상 이런 사실을 잘 알고 있었기 때문에 보스턴에 있는 베스 이스라엘 병원(Beth Israel Deaconess Medical Center)에서 '동성 간 성행위는 간염 등과 밀접한 관계가 있다'는 정보를 병원 관계자들에게 이메일로 보냈다. 그러나 동성애자들은 이같은 메일을 보내 경각심을 줬다는 이유로 폴 처치의 행보에 문제를 제기했고 28년간 꾸준히 협진 해 오던 보스턴 병원과 폴 처치의 관계는 끊어졌다.[352]

명백한 증거에도 불구하고 이런 식의 마녀사냥이 의료계에서 벌어지고 있다. 이것은 올바른 의료 정보를 유포하는 의료진의 입을 막고 사회적으로 매장시키려는 친동성애 진영의 독재논리가 아닐 수 없다. 오죽하면 서구에서는 호모파시즘(homofascism)이라는 용어가 유행할 정도다. 1949년에 설립된 단체 카톨리시즘은 동성애 독재, 즉 호모파시즘을 아래와 같이 정의하고 있다.

'Homofascism - A way of organizing a society in which

homosexualists impose their agenda with which no one is allowed to disagree or have any appeal to the contrary without being subjected to severe consequences of ridicule, slander, libel, fines, public demonstrations, distortions, denial of free speech rights, loss of employment, and having the word "hate" attached to you in some form.'[353]

(호모파시즘 – 동성애자들이 사회에 내미는 의제들에 대해 일반인들이 그에 동의하지 않거나 반대되는 의견을 표현하는 것이 매우 어려운 구조로 만들어가는 사회조직 방법. 그들의 의견에 동의하지 않거나 반대의견을 표현하면 조롱, 비방, 모욕, 벌금, 공개 시위, 왜곡, 의사표현의 자유 박탈, 직업 상실 등의 심각한 결과를 겪어야 하고 어떤 형태로든 '혐오'라는 꼬리표가 달리며 혐오세력으로 오인되게 만든다.)

폴 처치 박사는 의료계가 동성애의 의료보건상의 문제점을 알리지 않고 침묵하는 것은 비난받아 마땅하다며 아래와 같이 주장했다.

"The evidence is irrefutable that behaviors common within the homosexual community are unhealthy and high risk for a host of serious medical consequences, including STD's, HIV and AIDS, anal cancer, hepatitis, parasitic intestinal infections, and psychiatric disorders. Life expectancy is significantly decreased as a result of HIV/AIDS, complications from the other health problems, and suicide. This alone should make it reprehensible to the medical community, who has an obligation to promote and model healthy behaviors and lifestyles" [354]

"동성애자 간에 성병, AIDS, 항문암, 간염, 장염, 정신적 질환 등의 심각한 질병이 만연하다는 것은 반박할 수 없다. 에이즈로 수명이 눈에 띄게 줄어들고, 다른 건강 상의 문제와 자살 등의 문제를 일으킨다. 이것만으로도 의료계는 비난받아 마땅하다. 의료계는 건강한 생활습관을 알려 줄 의무가 있기 때문이다."

이것이 의료인의 양심을 저버리지 않았던 폴 처치 박사의 외침이었다. 그리고 이런 의료인의 양심적 외침은 전술한 바와 같이 동성애 독재라는 신종 전체주의에 의해 강압적으로 통제됐다.

▌여성 동성애자의 건강문제는 괜찮지요?

여성 동성애자의 건강에 대한 연구는 남성 동성애자의 건강에 대한 연구만큼 많이 진행되어 있지는 않다. 하지만 보건당국이 제공하는 자료나 레즈비언에 관한 논문 등을 통해 공통적으로 나타나는 보건·위생 상황을 알 수 있다.

안타깝게도 여성 동성애자의 건강이 동성애를 하지 않는 일반 여성들보다 좋지 않음을 시사하고 있는 보고서가 대부분이다. 미국 여성건강국은 아예 레즈비언 건강을 다루는 코너가 따로 있다. 일반 여성과 건강 상황이 여러모로 다르다는 것을 체계적으로 보여준다([그림 5-5] 참조).[355] 우선 여성건강국은 레즈비언들은 일반 여성보다 심장병에 걸릴 가능성이 높다고 경고 한다.

[그림 5-5] 미국 여성건강국은 레즈비언의 건강 문제를
별도의 카테고리로 분류해놨다.

여성 동성애자들은 높은 비만율과 흡연율, 스트레스를 갖고 있으며 이런 습관은 모두 심장병의 위험요인이라고 경고하고 있다. 물론 비만과 흡연 등은 동성애를 하지 않는 일반 여성들에게도 심장병 발생의 가능성을 증가시키는 요인이다.

문제는 미국 여성건강국과 질병관리본부가 말하듯 레즈비언은 일반적인 여성들보다 더 많이 흡연하고 있다는 것이다.[356] 일반인들에 비해 레즈비언의 니코틴 중독 가능성은 2.3~10.9배 높다.[357]

그래서 "레즈비언과 여성 양성애자들은 심장병을 잘 예방하도록 주치의와 상의하라"고 미국 보건당국이 별도의 홈페이지 콘텐츠를 구성해 경고하고 있는 것이다. 레즈비언과 양성애자 여성은 일반 여성보다는 높은 스트레스 비율을 가지고 있다.

여성건강국은 이런 습관이 모두 심장병의 위험 요인이므로 레즈비언과 양성애자 여성들은 심장병을 잘 예방하도록 주치의와 상의하라고 권고하고 있다.

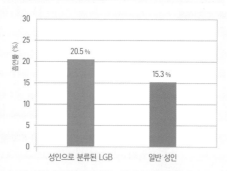

[그림 5-6] 미국 LGB(레즈비언, 게이, 양성애자)의 높은 흡연율

비단 여성 동성애자 뿐만 아니라 LGB(레즈비언, 게이, 양성애자) 모두 흡연율이 높다([그림 5-6] 참조).[358]

많은 보고서가 여성 동성애자는 일반 여성보다 3~4가지 암에 더 많이 걸린다고 경고한다. 여성 건강국에 따르면 레즈비언은 자궁경부암, 난소암, 유방암, 폐암 등에 걸릴 위험이 일반 여성보다 높다. 임신과 모유 수유 중에 생성되는 유익한 호르몬들에 의해 유방암, 자궁내막암, 난소암등이 예방될 레즈비언은 10개월을 다 채우는 정상적인 임신을 할 가능성이 낮아 이러한 호르몬 분비로 예방되어질 수 있는 암들에 많이 걸린다고 여성 보건당국은 전하고 있다. 또 정기적인 건강검진을 받는 가능성도 낮은 편이고, 흡연율은 월등히 높아 여러 가지 이성 간 성행위를 하는 여성과 차이를 보이는 생활 패턴이 그 주요 원인이라고 보고 있다.[359] 또한 전술한 여성 동성애자들의 높은 흡연율도 암 발생을 부추기고 있다.

미국 질병관리본부에 따르면 레즈비언 파트너 간 폭력은 일반인의 가정 폭력보다 더 은밀하게 일어나고 있다.[360] 또한 레즈비언 중 44%는 성폭행이나 성추행을 경험했고, 여성 양성애자들의 경우에는 그들의 성관계 파트너에게 61%나 폭행을 당했다. 여성 양성애자는 성관계 파트너에게 37%가 스토킹을 당했으며 강간을 당한 여성 양성애자 중에서 48%는 청소년기에 해당하는 11~17세 사이에 피해를 입었다.[361] 화이트헤드 박사팀 역시 레즈비언 그룹인 동성 파트너 폭행이 일반인들에 비해 1.5배 더 많다는 보고를 한 바 있다.[362]

레즈비언들은 일반인에 비해 품행장애를 8.7배 더 많이 경험한다.[363] 조울증 역시 레즈비언들이 1.8배 더 겪는 것으로 보고돼 있으며, 고의적인 자해행위를 할 확률이 일반인의 2.12배이다. 물론 동성 간의 강간은 남성 동성애자 사이에서도 높게 나타난다. 남성 동성애자 중에 26%는 강간이나 물리적 폭행 등을 가까운 동성 파트너에게 당한 것으로 나타났다. 남성 양성애자 중 37%도 강간이나 물리적 폭행 등을 당한 것으로 드러났다.[364]

레즈비언은 에이즈에 안 걸리지요?

레즈비언과 에이즈는 어떤 관련이 있을까. 이 질문은 보통 거의 모든 강의장에서 받는 질문이다. 많은 사람들이 레즈비언은 에이즈에는 잘 안 걸린다고 알고 있다. 그런데 최근 이런 인식을 뒤집는 보고서와 논문이 나오고 있다. 미국 보건복지부는 질병관리본부의 자료를 인용하여 1996년 당시 에이즈에 걸린 85500명 여성중 1648명이 여성과 성관계한 여성(wsw)이라고 보고했다.[365] 남아프리카공화국 레즈비언 에이즈 감염보고도 참조할만하다. 남아공은 동성 간 성접촉에 따른 에이즈 감염인이 많은 나라다. 남아공은 동성 간 결혼이 2006년 통과된 나라로[366], 넬슨 만델라의 차남이 남성 동성애자로 살다가 에이즈로 사망하기도 했다.[367] 동성애를 반대하는 미국의 목사가 남아공에 입국하지 못하도록 비자 발급을 거부한 사건이 있을 만큼 친동성애 정책을 펼치는 나라다.[368] 그런데 2015년 6월 남아공의 항구도시 더반에서 열린 에이즈 컨퍼런스에서 충격적인 보고서가 나왔다.

오베르트 박사는 남아공 레즈비언들이 성관계, 마약, 강간, 남성과의 성관계, 매춘 등에 연결된 경우가 많기 때문에 일반 여성보다 에이즈에 많이 걸리고 있다고 발표한 것이다.[369] 이 보고서는 그간의 여성 동성애자의 에이즈 감염문제를 간과한 게 잘못된 것이 아니냐는 비판이 나오는 계기가 됐다.

[그림 5-7] 남아공 헤럴드 기사:
'Lesbians in South Africa are at risk, say researchers
(남아프리카 공화국의 레즈비언들이 위험에 처해있다고 조사원들이 말하다)' 캡처[372]

실제로 남아공 레즈비언들은 성폭행을 당하는 일도 빈번한 것으로 알려져 있다.[370] 이 컨퍼런스에서 피비 키스비 박사는 남아공 케이프타운과 요하네스버그의 레즈비언 209명 중 9%가 에이즈에 걸린 것으로 확인됐다고 발표했다.[371]

또한 9%의 여성 중 약 40%가 월경 중 콘돔 없이 성관계를 가졌다고 보고했다. 키스비 박사는 이런 것이 위험행동이라고 지적했다.[372] 그는 NGO와 정부 정책이 전체적으로 레즈비언의 에이즈 확산을 방치해 왔다고 꼬집었다.

화이트헤드 박사는 레즈비언들은 일반인보다 난교(pro-miscuity)를 4배 가까이 많이 하고 있다고 발표한 바 있다.[373] 레즈비언 100명 중 9명이 에이즈에 감염된 남아공의 현실은 사회적으로 충격을 줬다. 그것은 단순히 여성 간 성관계 뿐 아니라 기타 위험요소를 많이 포함하고 있는 복합적인 여성 동성애자들의 생활패턴이 결국 위험한 결과로 나타난 것이 아니냐는 지적이 일었으며, 결국 '이것이 과연 남아공 레즈비언들만의 문제일까'라는 합리적 의문을 갖게 했다.[374]

미국 질병관리본부는 주간 보고서를 통해 WSW, 즉 여성 동성애자의 에이즈 감염에 무감각했던 사실과 미국에서 발생한 여성 동성애자들의 에이즈 감염 사례를 소개하면서 여성 동성애자들의 에이즈 문제를 간과해선 안 된다고 지적했다.[375]

그러나 에이즈 감염이 남성 동성애자들에게 집중되고 있는 대한민국이나 미국 영국 등 아프리카가 아닌 국가들은 여성 에이즈 감염자들이 남성들을 통해 옮게 되는 경우가 절대적으로 많다.

참고로 미국에서 여성은 2015년에 신규로 발생한 3만 9513건의 HIV감염 중 19%(7402건)를 차지했다.[376]

같은 해 한국에서 신규 에이즈 감염자들 중 국내에 있는 외국인을 제외한 내국인을 기준으로 했을 때 남자는 974명, 여자는 44명으로 여자가 4.3%를 차지했다.[377]

[그림 5-8] 2004년 1월 7일 KBS 뉴스 캡쳐:
국내 처음으로 2명의 여성 동성애자가 동성 간 성행위로
에이즈에 감염되었다고 보도하고 있다.[378]

미국이나 남아공처럼 국내 여성 동성애자들의 에이즈 감염이 보고된 적이 있다. 한국에이즈퇴치연맹과 남서울대 이주열 교수팀이 발표한 고위험군 성행태 및 에이즈 의식조사 보고서를 보면 2004년 당시 생존해 있던 에이즈 감염인 1930명의 13%에 해당하는 258명(남성 232명, 여성 26명)을 대상으로 설문조사한 결과 여성 감염인 2명이 동성애 간 성행위로 에이즈에 감염됐다고 밝혀졌다.[379]

여성 동성애자가 에이즈로부터 자유하다는 정보가 사실이 아
님이 국내에서도 밝혀진 것이다. 레즈비언 간 성행위로 에이
즈가 전파된 사례는 뉴스 보도에 소개되었다([그림 5-8 참
조]).
남아프리카 레즈비언들을 조사한 연구가들의 보고서를 기사
화한 일간지 더 헤럴드는 다음과 같이 보도를 했다.

"Claims that south africa lesbians are at zero risk for
HIV are a myth."[380]

(남아프리카의 레즈비언들이 HIV에 감염될 확률이 제로라는
주장은 미신에 불과하다.)

덮으려는 자
펼치려는 자

06
남성
동성애와
각종 성병

'The gay bathhouses of New York City and San Francisco were where the virus thrived. HIV seems tailor-made for gay men to carry: it infects semen, the virus loves to absorb into the bloodstream through the anus, and a long incubation period makes it perfect to transmit to many unsuspecting partners. Gay men, unsurprisingly, made perfect hosts for this scary disease."

(뉴욕시와 샌프란시스코 게이 목욕탕은 이 바이러스가 성행하는 곳이었다. HIV는 남성 동성애자들을 위해 맞춤 제작된 것 같다. HIV는 정액을 감염시키고, 항문을 통해 혈류로 흡수되기 쉬우며, 긴 잠복기 때문에 의심하지 않은 많은 파트너들에게 전염하기에 완벽하다. 동성애자들은 놀랄 것도 없이 이 무서운 병의 완벽한 숙주가 되었다.)

2014년 12월 12일자 허핑턴포스트 '왜 남성 동성애자들이
세균이 자라는 거대한 숙주가 되었는가(Why Gay Men Make Great Hosts)' 기사 中

1. 각종 성병에 노출되는 남성 동성애자들

2014년 여름에 북한군 사이에 성추행, 성상납, 동성애가 만연하고 있다는 뉴스가 나온 적이 있다.[381] 뉴스를 접한 국민들 중에 통제가 심하다고 알려져 있는 북한 군인 사이에서 그런 일이 벌어지고 있다는 사실이 뜻밖이라는 반응이 있었다. 우리나라는 군형법 제92조의 6 즉, "제1조 제1항부터 제3항까지에 규정된 사람에 대하여 항문성교나 그 밖의 추행을 한 사람은 2년 이하의 징역에 처한다"라는 법을 근거로 군인 간 항문성교를 처벌한다.[382]

그런데 2017년 여름 이 법을 위반한 대위의 행각이 인터넷과 신문 지상에 올라 눈길을 끌었다. 남성 동성애자인 A대위가 중위, 병장 등과 군복무 중에 동성 성관계를 가진 것이 밝혀졌다.[383] 군의관인 A대위는 영내에서 점심시간 동성 간 성행위를 했고 결국 징역 5월 집행유예 1년을 선고 받았다.[384] 그런데 며칠 뒤 이 사건에 대한 또 다른 전말이 알려졌는데 알고 보니 이 A대위가 성병에 걸린 군의관이었다는 것이다. 해당 기사는 이렇게 말한다.

"장병의 건강을 책임져야 하는 군의관이 오히려 에이즈, 매독, 간염, 콘딜로마, 이질 등의 감염 위험성이 높은 남성 간 성행위를 장병을 상대로 시행한 것이다… A대위는 점심시간 의사 가운을 입은채 계룡대 정문에서 B하사를 만났으며, 숙소로 이동해 동성 간 성행위를 했다. 지난해 11월에도 J어플리케이션에 접속해 B하사에게 메시지를 보내고 영내숙소(BOQ)로 불러 성관계를 했다. A대위는 남성 동성애자 전용 I앱을 통해 중위 병장 등과 성관계를 가진 것으로 밝혀졌다."[385]

댓글 중 상당수는 A대위의 범죄에 대해서 비난하는 것이었다. 그러나 에이즈 이외의 매독이나 임질, 곤지름 등 여러 성병과 남성 동성애와의 긴밀한 연관성에 대한 언급은 적었다.

남성 동성애자들은 성병에 많이 걸린다는 자료가 수없이 많음에도 대부분 해외 자료로 국내에는 많이 소개돼 있지 않은 게 현실이다. 영국[386], 캐나다[387], 미국[388] 등 세계 많은 나라의 보건당국은 남성 동성애가 많은 여러 질병과 직결된다고 알리고 있는데도 말이다.

성병이란?

성병이란 일차적으로 성교 또는 생식기 접촉으로 전이되는 감염병이다.[389] 성병은 전문의학적으로는 성매개 감염증(Sexually Transmitted Diseases)으로 불린다.

성매개 감염증이란 과거 임상증상과 병변이 생식기에 존재하는 상태를 나타내는 성병(Venereal Disease, VD)이라는 용어로 사용됐다. 그러나 WHO에서 이들 질병이 성 접촉에 의해 전파되기 때문에, 임상증상이나 병변에 관계없이 성매개 감염증(Sexually Transmitted

Infection: STI)으로 부를 것을 권장하고 있다.[390] WHO에 의하면 성매개 감염증은 세계적으로 바이러스성을 제외하고 약 3억4000만 명에게 발생한 것으로 추정하고 있다. 과거에는 성병하면 대표적으로 임질, 매독을 꼽았으나 페니실린의 사용 이후 매독은 많이 줄어든 상황이다. WHO는 항생제 내성이 생긴 균주의 출현으로 임질치료가 난항을 겪을수 있다고 경고하기도 했다.

요즘 가장 흔한 성병은 임질, 클라미디아, 헤르페스 같은 것들이다. 그 외에 곤지름, 각종 질염(트리코모나스, 칸디다, 세균성 질염), 사면발니 등이 있다. 간염 바이러스도 성관계로 감염될 수 있다. 또한 생식기 암을 유발시키는 사람유두종바이러스(HPV) 같은 경우도 대부분이 미국에서 흔히발견 되는 성매개 감염증 중 하나다. 에이즈도 바이러스에 의한 성병이다. 성병은 전염병이기 때문에 일단 걸리면 감염자와 성관계를 한 파트너가 모두 철저히 치료받아야만 증상이 호전된다. WHO는 약이 듣지 않는 성병의 등장을 우려하고 있다.[391]

동성애자들에게 집중되는 성병

최근 매독 감염 증가 결과에 따르면 성병 즉 성매개 감염증은 동성애자와 남성 양성애자들을 중심으로 증가 추세를 보이고 있다. 매독을 예로 들자면 2014년 미국 매독 감염자의 83%가 남성과 남성 간에 성관계를 가진 사람들이었다. 문제는 이러한 남성 동성애자 대부분이 매독뿐만 아니라 임질이나 클라미디아 감염을 포함한 또 다른 성매개 감염병 진단을 받았다는 사실이다. 미국 질병관리본부는 사람 유두종바이러스(HPV) 또한 남성 간 성관계로 쉽게 전파된다고 경고하고 있다.

[그림 6-1]
허핑턴포스트
2014년 12월 12일자 기사
'왜 남성 동성애자는 세균의 엄청난 숙주가 되었나' 캡쳐 [392]

　미국 질병관리본부에 의하면 최근 성병이 게이, 양성애 남자들에서 증가하는 현상은 계속되고 있다.[393] 2012년 미국 전체 매독의 75%를 남성 동성애자가 차지했는데 여기서 그치지 않고 2014년에는 남성 동성애자가 1차 및 2차 매독의 83%까지 차지할 정도로 그 비율이 상승했다. 남자와 남자가 성관계할 때 흔히 감염되는 성병에는 매독, 임질, 클라미디아, 곤지름(HPV. Human papilloma virus), 에이즈 등이 있다.

　허핑턴포스트는 '왜 남성 동성애자들이 세균이 자라는 거대한 숙주가 되었는가'라는 제목의 기사까지 게재했다([그림 6-1] 참조).[394]

기사는 남성 동성애자들이 세대를 거치며 성병 전염의 선두에 있다고 지적한다. 특히 항문성교가 장내 혈류로 대변 세균이 들어가는 위험한 성관계임을 언급하고 있다.

20세기 중반, 이미 뉴욕과 샌프란시스코의 게이 목욕탕은 HIV 바이러스가 성행하는 곳이었다. 기사는 남성 간 성행위를 통해 정액 내 HIV 바이러스가 항문의 혈류로 흡수되기 쉽고, 잠복기마저 길다 보니 의심 없이 성행위에 응하는 파트너 사이에서 성병이 확산된다는 것이었고 결국 동성애자들은 놀랄 것도 없이 이 무서운 병의 완벽한 숙주가 되었으며 HIV는 남성 동성애자들을 위해 맞춤 제작된 것으로 보인다고 전하고 있다.

허핑턴포스트는 친동성애적 언론으로 이미 널리 알려져 있는데, 이런 기사까지 낸 것은 남성 동애자의 심각한 성병 발병률이 이미 서구사회에 널리 알려져 있다는 반증이다.

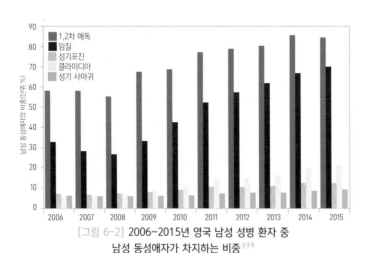

[그림 6-2] 2006~2015년 영국 남성 성병 환자 중
남성 동성애자가 차지하는 비중[395]

영국도 마찬가지다([그림 6-2] 참조). 매독, 임질, 성기 포진, 클라미디어, 곤지름 등 주요 성병이 남자 동성애자들 사이에서 증가하고 있다. 후술되겠지만 런던에서 발생되고 있는 매독 감염의 90%가 MSM, 즉 남성 동성애자 집단에서 발생했다.[396]

매독, 임질 그리고 HIV의 동시 감염의 문제점

HIV, 즉 에이즈 바이러스에 감염된 남성 동성애자는 HIV에 감염되지 않은 남성 동성애자보다 더 많은 다른 성병에 걸린다는 자료는 많다. 매독은 물론 직장 및 요도 임질이 많았고, 직장 클라미디아도 많았다.

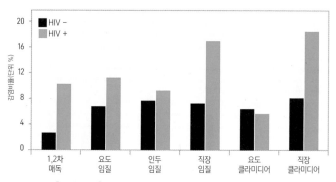

[그림 6-3] 2015년 성병 클리닉에 방문한 에이즈 감염
남성 동성애자들의 기타 성병 감염 실태[397]

이 같은 패턴은 다른 성병에서도 비슷하게 나온다. HIV감염이 면역력을 약화시켜서 성병 감염을 더욱 쉽게 만들기 때문이다. 임질 역

시 에이즈 감염인들에게 위험 요소가 되고 있다. 예를 들어 미국의 성병조사네트워크(SSuN : STD Surveillance Network)는 HIV에 감염되지 않은 남성 동성애자의 직장 임질 감염율은 8% 미만이지만 HIV에 감염된 남성 동성애자의 임질 감염율은 17% 이상이라고 밝히고 있다([그림6-3] 참조).

이런 이유로 모든 남성 간 성행위자들(남성 동성애자와 양성애자)은 적어도 1년에 한 번은 성병 검사를 받아야 한다고 미국 질병관리본부는 엄중히 경고한다. 특히 임질과 같은 성매개 감염병 감염자는 에이즈 바이러스에도 감염될 가능성이 높기 때문에 성관계 파트너를 위해서라도 검사를 받는 것이 매우 중요하다고 밝히고 있다.

미국 질병관리본부는 홈페이지에서 다음과 같이 적시하고 있다.

- 항문성교를 했거나 지난 몇 년간 여성의 역할을 해온 남성 동성애자일 경우 직장 클라미디어 검사와 임질 검사를 받을 것.
- 몇 년간 항문이나 구강성교를 가졌던 남성 동성애자의 경우 음경 클라미디어와 임질 검사를 받을 것.
- 구강성교를 해왔을 경우 목에 임질 감염이 생겼는지 검사 받을 것.
- 모든 남성 간 성행위자(남성 동성애자와 양성애자)들은 다수 혹은 익명의 파트너들과 성관계한 경우 더욱 자주(3~6개월에 한 번) 성매개감염병 검사를 받아야 한다.[398]

영국 보건복지부 역시 남성 동성애자들 사이에서 치명적인 두 가지 성병, 즉 매독과 임질이 급진적으로 늘어나고 있다는 연구 결과를 발표했다.

문제는 현장의 의료진과 학자들이 이런 연구 결과조차 '빙산의 일각'이라는 점이다. 즉 두 가지 성병을 지표로 삼아 발표하긴 했지만 그 외의 많은 성매개감염병이 남성 동성애자들에게 일반인보다 높게 나타난다는 것이다.[399]

우리나라의 상황도 해외와 그다지 다르지 않은 것으로 보인다. 2013년 10월 동성애자 커뮤니티에선 동성애자 에이즈 예방센터인 아이샵에서 무료로 성병검사를 해준다는 광고가 나갔다. 검사항목에는 HIV, 매독, 임질, 요도염, 간염, 간수치, 혈액형이 포함됐다. 그 밑에는 이런 답글이 달렸다.

"비뇨기과 안 가본 어린 게이들은 꼭 받아봐라. 특히 애널(항문성교) 하는 게이들은 임질 요도염 습진 은근히 많이 걸린다."[400]

동성애자 커뮤니티에서도 요도염에 걸렸다는 이야기는 자주 나온다. h***는 '요도염 같아요'라는 제목에 다음과 같은 글을 올렸다.

"요도염에 걸린 거 같아요. 소변 볼 때 약간 따갑고 노란 고름 조금 나오는 것 같아요. 내일 비뇨기과 가봐야겠네요. 치료는 얼마나 걸리나요. 주사 맞고 약만 먹으면 되나요. 웬지 좀 창피할 거 같아요. 일반 남자도 요도염 잘 걸리는 질환인가요?"[401]

답글은 이렇게 달려있었다.

"네, 성병인데 위생상의 병이죠. 깨끗하지 못하면 걸리는 병입니다."(아이디 기*****)

성병은 적극적인 치료가 필요하다

성병은 자연 치유되는 경우가 없다. 게다가 전염성이 강하므로 반드시 치료를 받아야 한다. 증상이 있다가 저절로 없어지는 것처럼 보인다고 병이 나았다고 생각하면 큰 오산이다. 저절로 증상이 없어졌다면 오히려 다음 단계로 접어든 것을 의심하고 빨리 병원을 찾아야 한다. 세균(박테리아)이나 기생충에 의한 성병은 치료약물이 있으나, 바이러스에 의한 성병에는 완치방법이 없다. 약물로 증상을 완화시키거나 전염을 통제할 순 있다.

따라서 성병은 예방이 무엇보다 중요하다. 무분별한 성 관계를 자제하는게 최고의 예방법이다. 예방책으로는 콘돔 사용이 있으나 결코 완전하지는 않다. 그리고 성병에 걸렸다면 반드시 성관계 파트너까지 함께 치료하는 것을 원칙으로 해야 한다.

항생제가 듣지 않는 임질균의 등장

미국 동성애자 잡지 'POZ'의 2014년 특집기사는 미국 질병관리본부의 로버트(Robert Kirkcaldy, MD) 박사의 이야기를 담고 있다. 그 내용은 최근 수년간 임질균이 항생제에 내성을 보이는 현상에 대해 경고하는 것이었다. 임질 치료에 사용할 수 있는 항생제가 한 종류밖에 남지 않았으며, 이 유일한 치료약도 내성을 보일 수 있어 치료약 없는 임질의 시대가 열릴 수 있다고 경고했다.[402]

미국 질병관리본부는 임질에 대한 항생제 내성 조사에서 강한 항생제로 통하는 퀴놀론계 항생제인 시프로플록사신(ciprofloxacin)에 내성을 갖는 균체의 비율은 1999년 0.4%에서 2007년 14.8%로 증가했다. 2015년에는 22.3%로 증가했다. 남성 간 성행위를 하는 집단을 대상으로 할 때 내성은 32.1%이고, 이성애자를 대상으로 할 때 내성은 16.4%였다.

2015년 GISP 자료수집소들에서 39.6%의 균체가 페니실린, 테트라사이클린(tetracycline), 시프로플록사신과 이러한 항생제들을 복수로 조합한 처방에 대해서 마저 내성을 나타내고 있어 임질의 위험성은 더욱 증가하고 있다.[403]

PrEP 요법의 대중화와 성병의 증가

잡지 'POZ'는 2014년 특집기사에서 남성 동성애자 사이에서 임질이 증가하는 이유가 트루바다(Truvada)를 HIV감염 전에 미리 복용하는 프렙 요법(Pre-exposure prophylaxis or PrEP)의 확산과 관련이 있다고 주장했다. 동성애자들이 에이즈 예방 및 치료제로 허가 받은 트루바다를 미리 복용하면 HIV감염을 예방할 수 있다며 콘돔 사용을 줄인 결과, HIV감염은 다소 줄일 수 있었으나 오히려 각종 성병에 노출되고 있다는 것이다.[404] 1년 뒤 POZ의 기사는, 프렙 요법이 대중화되기 시작한 것은 2013년 후반기부터이므로 미국 질병관리본부는 프렙 요법이 남성 동성애자들의 성병 증가와 직접적인 연관이 없는 것으로 생각한다는 기사를 실었다. 그러나 샌프란시스코에서 프렙 요법을 시행한 600명을 대상으로 한 조사에서 41%의 남성 동성애자들이 콘돔 사용을 줄였고, 약 절반 정도가 1년 이내에 성병에 걸렸기 때문에 질병관리본부의 발표를 과신할 수 없음을 지적하고 있다.[405]

이것은 동성애자들을 대상으로 한 성병 예방 교육에서 HIV 외의 성병 감염 위험성에 대해 충분히 교육하지 않을 경우 프렙 요법을 맹신하게 할 수 있음을 보여준다. 이런 잘못된 인식은 방만한 성관계로 이어져 각종 성병의 확산으로 나타날 수 있음을 시사한다. 90년대 초부터 발행된 동성애자 잡지 POZ가 질병관리본부보다 더 객관적인 입장에서 남성 동성애자들의 건강 문제에 접근하는 부분이다.

MSM의 콘돔을 사용하지 않는 항문성교(CAS)의 증가

2003년 미국 질병관리본부는 미국 내 HIV 양상 조사(NHBS,

National HIV Behavioral Surveillance) 프로그램을 시작했다. HIV에 취약한 남성 동성애자, 마약주사기 사용자, 이성애자 등을 대상으로 데이터 수집에 나선 것이다. 남성 동성애자들의 행태 연구를 위해 게이바, 클럽, 거리 등에서 시간을 구분해 모집했다.[406] NHBS의 데이터에 의하면 남성 동성애자들은 항문성교 시 콘돔을 덜 사용하는 것으로 나타났다([그림 6-4] 참조).

	2005		2008		2011		2014		조정된 P-값
	n	(%)	n	(%)	n	(%)	n	(%)	
HIV에 감염된 남성 동성애자									
콘돔 안 쓴 항문성교 일체	489	34.2	410	37.7	495	39.8	703	44.5	〈 0.001
HIV 감염 상태가 같은 남성 동성애자 간의 콘돔 안 쓴 성관계	279	19.0	231	21.1	318	25.6	401	25.4	〈 0.001
바텀 역할만 항문성교	101	7.3	71	6.5	109	8.8	151	9.6	〈 0.001
탑 역할을 한 항문성교(바텀 역할을 겸한 탑 포함)	178	12.3	160	14.6	209	16.9	250	15.8	〈 0.001
상대방의 HIV 감염 여부를 모르는 상태에서 남성 동성애자간에 콘돔 안쓴 성관계	210	15.0	177	15.1	174	14.0	301	19.0	〈 0.001
바텀 역할만 항문성교	102	6.8	87	7.9	90	7.3	167	10.6	〈 0.001
탑 역할을 한 항문성교(바텀역할을 겸한 탑 포함)	108	7.7	90	8.2	84	6.8	134	8.5	〈 0.001
합 계	1440	100.0	1101	100.0	1244	100.0	1586	100.0	
HIV에 감염 안 된 남성 동성애자									
콘돔 안 쓴 항문성교 일체	2522	28.7	2304	32.8	2472	34.7	2998	40.5	〈 0.001
HIV 감염 상태가 같은 남성 동성애자간의 콘돔 안 쓴 성관계	1828	21.2	1576	22.4	1700	23.9	2023	27.4	〈 0.001
바텀 역할만 항문성교	854	9.9	699	9.9	740	10.4	847	11.5	〈 0.001
탑 역할을 한 항문성교(바텀 역할을 겸한 탑 포함)	972	11.3	877	12.5	960	13.5	1174	15.9	〈 0.001
상대방의 HIV 감염 여부를 모르는 상태에서 남성 동성애자 간에 콘돔 안 쓴 성관계	692	7.6	725	10.3	768	10.8	971	13.1	〈 0.001

[그림 6-4] 2005~2014년 성행위 행태에 대한
MSM의 자가보고 현황[407]

즉 HIV에 감염된 남성 동성애자들 사이에서 HIV 진단 상태가 같은 사람들끼리 콘돔 없는 항문성교(Concordant CAS)를 하는 비율은 2005년 19%에서 2014년에 25.4%로 증가했다.

HIV 진단 상태가 다르거나 확인이 안 되는 사람 간 콘돔 없는 항문성교를 하는 비율은 2005년 15%에서 2014년 19%로 증가했다. HIV에 감염되지 않은 남성 동성애자 사이에서 콘돔 없는 항문성교를 하는 비율은 2005년 21.2%에서 2014년에는 27.4%로 증가했다.

HIV에 감염되지 않은 남성 동성애자 중 HIV 진단 상태가 다르거나 확인이 안 되는 사람과의 콘돔 없는 항문성교를 하는 비율은 2005년 7.6%에서 2014년에는 13.1%로 증가했다.

콘돔 없는 성관계는 HIV감염과는 별도로 각종 성병의 원인균과 접촉 기회를 늘려 성병 증가에도 직접적인 원인이 된다.

2013년 미국 질병관리본부는 2005년부터 2011년까지 콘돔을 사용하지 않는 항문성교가 20% 증가했다고 발표했다.

콘돔사용 권고는 구속인가?

LGBT운동가들은 콘돔 없는 항문성교를 안전하지 않은 성행위로 규정하는 것을 "구태의연한 낙인 전술"이라고 주장하고 있다. 80년대 에이즈 감염으로 남성 동성애자들이 대거 죽어갔고 '콘돔을 사용해야 살 수 있다'는 주장에 설득되었다. 하지만 지금은 에이즈 치료방법의 발달로 HIV는 사형선고가 아닌 만성질환이라는 인식이 확산되어 있으므로 콘돔에 대해서도 생각을 바꾸어야 한다고 주장한다.

일부일처제를 지향하는 동성애자 커플은 항문성교를 하더라도 에이즈에 걸리지 않으므로 그들에게 콘돔 사용을 강요하는 것은 모욕적인 것이라고 주장한다. 이는 콘돔의 사용을 강요당하기 보다는 콘돔을 사용하지 않아도 안전한 성관계의 방법을 찾겠다는 주장이다.[408] 콘돔 사용을 건강을 지키기 위한 수단이라기 보다 구속이라고 생각하는 일부 동성애자들의 정서를 확인할 수 있는 대목이다.

"Men who have sex with men (MSM) in London are

disproportionately affected

by syphilis and this worsening.

In 2015, 2,406 syphilis case were diagnosed

in MSM in London.

MSM accounted for 90% of syphilis cases in 2015."

(매독 감염이 런던 남성 동성애자들에게 불균형하게 몰려 있다.

2015년 런던에서 2,406명의 남성 동애자가 매독에 걸렸다.

그리고 2015년 런던 매독 발생의 90%가

남성 동성애자들에 의한 것이다.)

2016년도 영국 공중보건국 보고서

'Syphilis epidemiology in London (런던 매독 역학조사)' 中

2. 매독

잠복기가 긴 매독

매독은 매독균인 트레포네마 팔리듐(Treponema pallidum)에 의해 발생하는 성병이다.[409] 성관계뿐 아니라 모친이 매독 감염자일 경우 수직감염[410]으로 옮기도 한다. 이런 경로로 감염된 매독은 선천성 매독이라고 한다. 태아는 대개 유산되거나 사산되지만, 생존하면 기형아가 될 가능성이 높다.

보통 성관계로 옮은 매독은 후천성 매독이라고 부른다. 매독이라고 하면 이 후천성 매독을 지칭하는 경우가 많다. 후천성 매독은 대부분 성 접촉에 의해서 감염되나 간혹 수혈, 키스 등으로 감염되기도 한다. 치료하지 않으면 사망에 이를 수도 있다.

성 접촉을 한 후 3주 후에 성기 부근, 입술과 입, 항문, 직장 등에 작은 통증이 없는 궤양이 생기고 양쪽 사타구니에 가래톳(단단한 멍울. 임파선이 부은 것)이 생긴다. 치료를 하지 않아도 저절로 없어진다(이때를 흔히 1기 매독이라 한다).

3개월 후에 2기 매독이 나타나는데 전신의 피부나 점막에 붉은 반점이 생긴다. 이것을 장미진이라고 한다. 아프거나 가렵진 않지만 이 증세가 수년 동안 생겼다 없어졌다 한다. 일반 탈모증괴는 다른, 지저분한 탈모현상을 일으킨다. 이 시기가 가장 전염력이 강한 때다. 매독 증상이 보이지 않아도 균은 계속 남아서 잠복상태가 된다.

3~12년 후에는 피부, 점막, 근육층 등에 고무처럼 말랑말랑한 혹이 생겼다가 시간이 지나면서 헐어 궤양이 된다. 이 3기 매독은 매독균이 전신에 퍼져 있는 시기로 수 년에 걸쳐 중추신경계와 눈, 심장, 혈관, 간, 뼈, 관절 등 다양한 장기까지 매독균이 침범한다. 코뼈가 상해 주저앉거나 귀가 멀기도 하는데, 심장 혈관계, 신경계가 상해 사망하기도 한다. 신경계를 침범한 신경매독의 경우 뇌막 자극, 뇌혈관 증상 등을 발생시킬 수 있다. 3기 매독환자의 10% 정도가 심혈관계 합병증이 발생하고, 7%의 환자는 신경 매독 증상이 나타난다. 신경계가 상하면 사지 마비, 경련, 치매, 정신병이 나타난다.

매독 정복의 길

다행히 페니실린이 1928년에 발견되고 상용화되면서 치명적인 성병으로 알려진 매독은 퇴치의 길을 걷고 있다. 그러나 항생제가 본격적으로 보급되기 이전인 1939년에만 해도 미국에선 2만여 명이 매독으로 사망했다.[411]

페니실린 상용화가 급물살을 타면서 1960년대 중반에는 매독에 의한 사망률이 10만 명당 1명 미만 수준으로 감소했다. 60년대에 이르러선 발병 건수 자체가 95%나 감소했다.

미국 매독 사망자 수가 2만 명에서 0명으로 감소했다는 사실만으로도 인류의 매독 정복 상황이 획기적으로 이뤄졌음을 말해준다. 공중 보건을 위한 위생시설의 발전과 항생제의 개발도 계속되고 있다.

그러나 이런 성과에도 불구하고 매독이 다시 유행하는 상황이 벌어지고 있다. 전문가들과 보건당국은 매독의 재유행이 남성 동성애자들의 위험한 성행위와 관련돼 있음을 밝혀냈다. 또한 페니실린에 저항성인 변종 매독균까지 이들을 중심으로 확산되면서 치료를 어렵게 한다는 사실이 밝혀졌다.

미국 신규 매독 환자의 83%가 남성 동성애자

2000년 미국 신규 매독 감염자는 3만1618명이었으나 2015년에는 7만4702명으로 136% 증가했다. 아래 그림을 보면 2006년부터 매독의 재유행이 시작되고 매독의 전염이 꾸준히 증가 추세에 있음을 알 수 있다([그림 6-5] 참조).

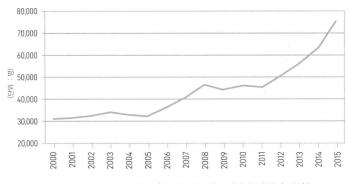

[그림 6-5] 2000~2015년 미국 내 매독 신규감염자 발생 추이[412]

에이즈 감염인의 대부분이 남자이듯 매독도 비슷한 상황이다. 미국 질병관리본부는 남성 동성애자가 매독 전파의 주된 계층이라고 일관성 있게 보고하고 있다. 보건당국의 발표에 따르면 남성 동성애자들은 매독에 잘 걸리는 계층이다. 2013년 기준으로 미국 내에서 보고된 매독 사례의 91%가 남성이며 흑인 남성이 가장 많이 매독에 걸렸다. 히스패닉 남성과 백인 남성의 매독 감염률은 가장 큰 폭으로 증가했다.[413] 반면 여성의 경우 매독이 2008년 10만 명당 1.5명에서 2013년 10만 명당 0.9명으로 현저히 줄어들었다.

미국 질병관리본부의 발표에 따르면 2014년 신규 매독 환자의 83%가 남성 동성애자였다.[414]

[그림 6-6] 미국 질병관리본부 홈페이지 캡처: 남성동성애자들이 매독 에이즈 같은 성병에 많이 걸린다고 한 눈에 알아볼 수 있도록 알리고 있다.

2015년 매독 신규 감염의 81.7%가 남성 간 성행위에 의한 것으로 밝혀졌다.[415] 전체 미국 인구 중 2%에도 미치지 못하는 남성 동성애자가 전체 신규 매독의 80%를 웃돈다는 것은 남성 간 성행위가 얼마나 위험한 행동인지 말해준다. 남성 동성애자들의 매독 감염 증가폭을 보자면 2013~2014년 15% 증가했다.[416] 1976년 미국 매독 환자 중 2.7%에 불과했던 남성 동성애자 그룹이 2014년 신규 매독 감염자를 기준으로 83%나 차지하고 있으니 불과 40년도 안 되는 사이에 그 비율이 30배 증가한 셈이다. 미국 질병관리본부가 이성애자나 여성에서 매독의 증가가 없으나 유독 남성 동성애자들의 매독 감염은 계속 증가 추세에 있다([그림 6-7] 참조).

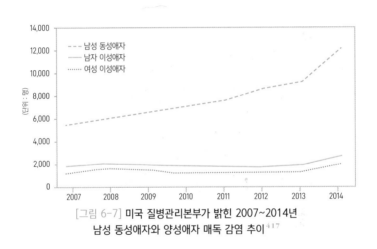

[그림 6-7] 미국 질병관리본부가 밝힌 2007~2014년
남성 동성애자와 양성애자 매독 감염 추이[417]

미국 질병관리본부는 2015년도 보고서를 통해 남자와 관계를 맺는 남자들의 매독 감염 비율이 2000년대에 들어서 최고치에 이르렀다고 지적했다.[418] 이런 상황이 만들어진 배경에는 남성 동성애자들이 있고 그 결과 매독 신규 발병 남녀 성비율에서 불균형을 초래했다([그림 6-8] 참조).

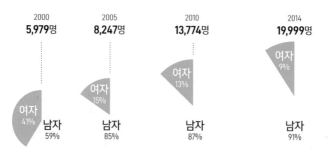

2000	2005	2010	2014
5,979명	**8,247명**	**13,774명**	**19,999명**

여자 41% / 남자 59%
여자 15% / 남자 85%
여자 13% / 남자 87%
여자 9% / 남자 91%

[그림 6-8] 2000~2014년 미국의 매독 신규 감염자 남녀 성비 추이[419]

　미국 질병관리본부는 시민들을 상대로 매독 퇴치운동에 동참해 달라고 호소하고 있다. 이런 상황은 한국에도 소개되었다.[420] 특히 남성 동성애자의 매독 감염자 비율은 이성애자 남성보다 106배 높고, 여성 이성애자와 비교하면 168배에 달한다.[421] 각종 항생제의 발달과 혜택이 위험한 성행위를 일삼고 절제하지 않는 특정 계층의 방종에는 예외임을 보여주고 있는 것이다.

　미국 여론조사기관 갤럽이 2012년 6월부터 2014년 12월까지 37만 4325명의 시민에게 성적지향이 무엇인지를 질문했다. 샌프란시스코의 경우 매독 환자의 90%가 남성 동성애자인 것으로 나타났다. 샌프란시스코는 자신이 LGBT라고 응답한 비율이 6.2%로 미국에서 최고치를 기록했다.[422] LGBT를 모두 합쳐서 6%정도이니 남성 동성애자는 샌프란시스코 전체 인구의 4% 가량으로 추산된다. 이렇듯 4%에 불과한 남성 동성애자가 전체 샌프란시스코 매독 환자의 90%에 달한다는 것은 남성 간 성행위가 얼마나 위험한 행동인지 보여준다.

　2011년부터 2015년까지 67% 증가한 미국의 매독 확산 현상[423]을 두고, 미국 보건당국은 매독 감염 방지에 심혈을 기울이고 있다. 그러나 매독 증가 추세가 쉽게 잡힐 것 같지는 않다.

남성 동성애자에게 집중되는 매독

2013년 기준으로 미국 내에서 보고된 매독 사례의 91%가 남성이며 흑인 남성이 가장 많이 매독에 걸렸고 히스패닉 남성과 백인 남성의 매독 감염률이 가장 많이 증가했다. 그러나 여성의 경우에는 매독이 2008년 10만 명당 1.5명에서 2013년 10만 명당 0.9명으로 현저히 줄어들고 있다.

남성 동성애자들의 매독 감염 증가폭을 보자면 2013~2014년 사이 15%나 증가했다. 양성애자는 여성에게 매독을 전염시키고, 이 여성과 성관계를 갖는 남성도 매독에 감염되며 매독균이 확산되고 있다. 여성의 매독 감염은 남성 동성애자의 감염율 추이에 따라가는 경향을 보이고 있다. 남성 동성애자들의 매독균은 그들에게만 머물지 않고 양성애자를 통해 여성과 이성애만을 대상으로 하는 남성에게도 피해를 끼친다.

미 보건당국의 대처

이런 배경에서 미국 질병관리본부 홈페이지에서 남성 동성애자들에게 매독의 위험성을 적극 알리고 있다. '매독 감염을 예방하기 위해 다수의 사람과 성관계를 갖는 것을 피하라' 고 반복적으로 경고하는 이유가 여기에 있다. 페니실린이라는 강력한 무기가 매독과의 전쟁을 승리로 이끌지는 못했다. 지금도 남성 간 성행위라는 위험행동이 매독 확산의 주된 전파경로가 되고 있기 때문이다([자료 6-9] 참조).

MSM FACT SHEET

83% of reported male primary and secondary (P&S) syphilis cases where sex of sex partner is known are among men who have sex with men (MSM).

More >

[그림 6-9]
미국 질병관리본부
홈페이지: 매독 항목
남성 동성애자와 관련된 부분[424]

동성애를 옹호하는 진영은 "매독은 매독균이 원인이며, 이성애자든 동성애자든 누구나 위험한 성행위를 하면 매독에 걸릴 수 있다. 특정 성적지향자와 특정 성병을 연결지어 말하는 것은 무식한 것이다"라고 주장한다. 하지만 보건당국의 통계는 이러한 주장의 허구성을 드러내고 있다.

2015년 런던 신규 매독 감염자의 90%는 남성 동성애자

영국도 남성 동성애자들의 매독 때문에 몸살을 앓고 있다. 1985년 영국의 웰러 박사는 런던의 매독 환자 중 80%가 동성 간 성행위자임을 밝힌 바 있다.[425] 이처럼 매독은 런던에 거주하는 남성 동성애자의 건강을 매우 심각하게 위협하고 있다는 사실이 일찌감치 밝혀졌다. 런던의 이러한 상황은 "매독 신규 감염자의 80% 이상이 남성 간 성행위자"라고 발표한 미국 질병관리본부의 발표와도 일맥상통한다. 영국의 1997~2007년 사이에 매독의 연간 진단이 1200% 이상 증가했다. 2000년의 매독 진단 건수는 3762건에 달했다. 2001년 이후부터 남성 동성애자의 매독 감염이 눈에 띄게 높아진 점과 여성 감염자의 숫자가 남성 감염자의 숫자보다 훨씬 적은 것을 주목할 필요가 있다([그림 6-10] 참조).

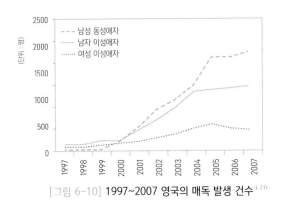

[그림 6-10] 1997~2007 영국의 매독 발생 건수[426]

만약 이성 간 성관계를 통해 매독에 감염된 남성이 1000명이라면 여성 감염자도 그에 상응하는 수치가 나와야 한다. 그러나 남성 이성애자와 여성 감염자와의 차이가 크다. 이것은 무엇을 뜻하는 것일까.

2016년 7월 영국 보건복지부는 공식 주간보고서를 통해 2014~2015년 남성 동성애자들 사이에서 매독 감염자가 큰 폭으로 증가했다고 보고했다. 1년 만에 21%의 증가율을 보였기 때문이다. 이 보고서에 따르면 영국 성병의 대부분이 25세 미만의 남성 동성애자들에게 집중돼 있으며, 특히 매독과 임질이 남성 동성애자 사이에서 큰 폭으로 증가했는데 매독은 19%, 임질은 21% 증가했다고 보고하고 있다.[427]

영국 스코틀랜드[428]의 남성 동성애자 매독 감염 역시 심각한 수준이다. [그림 6-11]을 보면 스코틀랜드에서 2015년에 매월 남성 동성애자의 신규 매독 감염자가 80명을 넘어설 정도로 매독 전염이 빠르게 전개되고 있으며 대부분 남성 동성애자들에게 감염이 집중되고 있음을 보여준다.

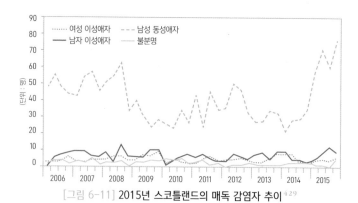

[그림 6-11] 2015년 스코틀랜드의 매독 감염자 추이[429]

영국에서 가장 많은 매독 감염 보고가 있는 도시는 런던이다.[430] 2016년 7월 영국 보건복지부는 〈런던의 매독 역학조사 ; 남성 동성애자에게 높게 유지되고 있는 매독 감염사례들(Syphilis epidemiology in London ; Sustained high numbers of cases in men who have sex with men)〉이라는 보고서를 발표한 바 있다([그림 6-12] 참조). 2010년에 724명이던 매독 환자가 2015년에 2406명으로 증가하여 무려 232% 증가율을 보였다. 그중 2014~2015년 사이에만 18%가 증가했다. 높은 매독 증가율도 문제지만 이러한 증가가 남성동성애자 그룹에게 몰려있다는 것역시 문제이다. 즉 2015년도 기준으로 런던에서 보고된 매독의 90%가 남성 동성애자들에 의한 것이었다.[431]

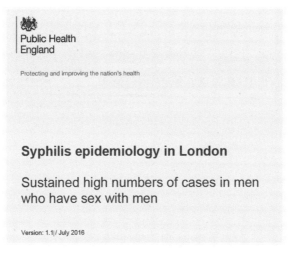

[그림 6-12] 런던의 매독 유행에 대한 역학조사:
남성 동성애자 사이에서 감염 사례가 다수 보고되고 있음을 지적하고 있다.

이 보고서에 따르면 영국에서 확진 판정을 받은 매독 환자의 56%는 런던에 거주하고 있다. 2015년에 영국 전역에서 매독 진단 사례가 5042건이었는데, 그중 2811건이 런던에서 발생한 것이다.[432] 우려스럽게도 2015년 런던에서 신규로 보고된 매독 환자 중 90%는 남성 동성애자들이었다.[433] 전체 런던 성인 인구 중 2%에 불과한 남성 동성애자들이 런던 전체 매독의 90%를 차지한 것이다. 이 같은 의학적 팩트는 다시 한번 남성 동성애자 사이의 성병 감염의 위중성을 환기시키고 있다.

더욱 심각한 것은 런던에서 매독 진단을 받은 남성 동성애자 중에 51%는 이미 매독 뿐 아니라 에이즈 바이러스에도 감염되어 있다는 사실이었다.[434] 2015년 매독을 진단받은 MSM의 평균 나이는 36세이다.[435] 영국 보건국은 위험한 성행위를 얼마나 많이 하는가 하는 지표로 매독 감염의 지속성을 꼽고 있다. 그리고 그 매독 감염이 빈번한 1순위 집단으로 남성 동성애자들을 꼽고 있다.[436]

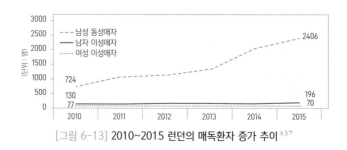

[그림 6-13] 2010~2015 런던의 매독환자 증가 추이[437]

MSM의 매독 감염이 724명에서 2406명으로 232%가 증가한

2010~2015년 여성 신규 매독 감염자는 77명에서 70명으로 9% 감소했다. 동성애를 하지 않는 일반 남성들은 130명에서 196명으로 157% 증가해 MSM의 절반 수준의 증가 폭을 보였다.

영국 보건국은 남성 동성애자들에게 아래와 같은 메시지를 전하고 있다.

PHE's messages for MSM
(남성 동성애자들에 대한 영국 보건국의 메시지)

"Have an HIV and STI screen at least annually and every three months if you are having unprotected anal intercourse with casual or new sexual partners."

(남성 동성애자들은 최소 3개월 혹은 일 년에 한 번이라도 성병검사와 에이즈 검사를 받아야 한다.)

"reduce the number of sexual partners and avoid overlapping sexual relationships."[438]

(남성 동성애자들은 성관계 파트너를 줄이고 성관계 파트너를 공유하는 일을 줄여야 한다.)

이런 경고의 메시지로만 그치지 않고 런던은 HIV 전염을 줄이기 위해 남성 동성애자들을 대상으로 콘돔 공급 촉진을 위한 캠페인을 적극 전개하고 있다. 런던 인근지역까지 범위를 넓혀 남성 동성애자들이 쉽게 진단을 받을 수 있는 시스템을 구축했음에도 남성 동성애자 사이에서 매독의 증가 추세가 꺾이지 않고 있다. 이것은 영국 뿐 아니라 유럽의 여러 국가에서 보이는 현상이다.[439] 동성 간 성행위가 가지는 특성, 즉 복수의 성관계 파트너를 갖고 그 파트너 중복되는 일이 많다는 현실을 감안할 때 "그러한 위험한 성행위를 중단하라"고 말하지 않고 "콘돔을 사용하면 안전하다"는 주의는 미봉책에 불과하다. 그리고 통계는 이같은 정책이 현실적으로 효과가 낮다는 것을 보여준다.

캐나다의 매독 감염 상황

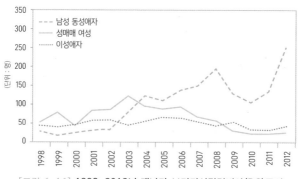

[그림 6-16] 1998~2012년 캐나다 브리티시컬럼비아(BC)주의
성적 취향별 매독 감염자 추이[440]

미국 못지않게 동성애 문화가 발달한 캐나다의 남성 동성애자의 매독 감염 상황은 어떨까. 캐나다 브리티시컬럼비아 주(이하 BC주)의 질병관리본부는 2013년 '2003~2012년 사이의 게이, 양성애자, 남성 간 성관계자 사이의 매독 감염(Infectious Syphilis among gay, bisexual and other men who have sex with men in British Columbia 2003 to 2012)'이라는 보고서를 발표했다. 보고서는 캐나다 BC주 역시 남성 동성애자들이 매독 환자의 대다수를 구성하고 있다고 지적했다.[441]

이 보고서는 성매매 여성이나 이성애자, 즉 동성애를 하지 않는 일반인들은 매독이 감소하는 경향을 보이고 있으나 남성 동성애자의 매독은 두드러지게 늘고 있음을 설명한다. 1998~2012년 캐나다 BC주는 성적 지향별 매독 감염 추이 그래프까지 제시하며 남성 간 성행위의 위험성을 보여주고 있다.

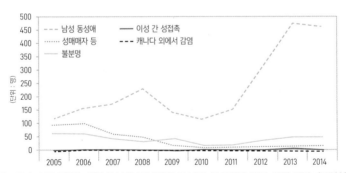

[그림 6-15] 2005~2014년 캐나다 BC주의 남자 동성애자 매독 감염 증가 추세[443]

또한 2015년도에도 캐나다 BC주 질병관리본부는 2005~2014년 캐나다 BC주의 매독 발병 현황을 보고했다.[442] 이 보고서에 나온 위의 그래프는 캐나다 BC주의 매독 감염이 남성 동성애자들을 중심으로 가파르게 증가한 추세를 보여주고 있다. 보고서는 매독 감염인의 84.9%가 남성 동성애자였다고 전하고 있다. 매독 감염자의의 27%는 꾸준히 콘돔을 사용했음에도 불구하고 매독에 걸린 것으로 드러났다. 결국 콘돔 사용이 성병 예방에 도움을 주긴 하지만 성병을 완벽히 예방하는 것이 현실적으로 불가능함을 다시 한 번 보여준 것이다.[444]

안타깝게도 매독 진단을 받은 남성 동성애자의 15%(1171명 중 173명)는 또 다른 성병을 갖고 있었다. 복수의 성병을 갖고 있는 남성 동성애자 중 79%는 두 종류의 성병을, 15%는 세 종류의 성병을, 6%는 4~6종류의 성병을 갖고 있었다.[445] 신경까지 매독이 퍼진 신경매독 감염자는 4%에 달했다.[446] 2013년 캐나다 밴쿠버 보건국과 BC주의 질병관리본부는 동성애와 양성애 남성들의 매독 감염의 수준이 밴쿠버에서 지난 30년 간 가장 높은 수치에 도달했다고 발표했다.

매독과 에이즈

캐나다 BC주의 2003~2012년 매독 진단자의 55%는 동시에 HIV 보균자였다.[447] 또한 매독 진단자의 HIV감염인 비율은 2004년 80%에 육박했다. 2013년에는 매독 신규진단자의 64.5%가 HIV에 동시에 감염된 상태로 밝혀졌다.[448]

전술된 통계를 종합해 볼 때 매독 감염인의 절반 이상이 HIV에

감염되어 있으며 남성 동성애자들이 그 주된 그룹임을 말해준다. 후
술되겠지만, 캐나다 HIV감염인들 역시 대다수가 남성 동성애자다.
결국 남성 간 성행위와 에이즈, 성병의 위험한 연결고리를 분명하게
확인할 수 있는 것이다. 캐나다 온타리오주 역시 매독 감염인의 상당
수가 남성 동성애자였다.

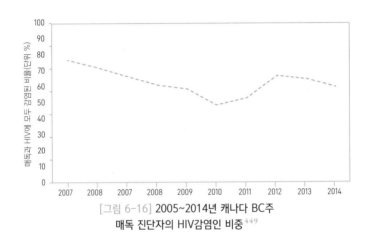

[그림 6-16] 2005~2014년 캐나다 BC주
매독 진단자의 HIV감염인 비중[449]

　　캐나다 보건국의 '2011년 캐나다 성매개감염병 보고서'에 따르면
온타리오주의 경우 매독의 96%가 남성중에서 발생되었고 그중 88%
가 남성 동성애자였다. 이 매독에 걸린 남성들 중 40%는 HIV에도 감
염된 상태였다.[450] 이처럼 에이즈와 매독에 동시 감염(co-infected)된
경우 신경 매독 등으로 빠르게 병세가 악화될수 있다.[451]

　　매독은 1928년 페니실린이 발견되고, 2차 세계대전 때 군인들을
대상으로 페니실린이 대량 보급되면서 매독을 통제할 수 있는 단계

에 접어든 것처럼 보였다. 그러나 안타깝게도 매독균이 남성 동성애자 및 HIV 보균인을 주된 숙주로 지금까지 명맥을 유지하고 있다는 게 현실이다.

매독으로 고민하는 국내 동성애자들

국내 남성 동성애자들이 매독 감염을 고민하는 글들은 종종 인터넷에서 검색된다. 군***는 '매독 양성 판정이 나왔습니다'라는 글을 인터넷 커뮤니티에 올리고 다음과 같이 자신의 불안한 심경을 토로했다.

"아이샵에서 받은 종합검진에서 매독 양성이 떴습니다. 콘돔끼고 다녔는데도 전염된 것 같습니다. 비뇨기과 가서 한 번 더 혈청검사를 하더니 아직 1기까지 진행이 된 초기는 아니라고 하네요. 대신 활동성을 낮추는 단계입니다.

그래서 페니실린 처음 맞아봤는데 무지하게 아프고 하루 지난 오늘까지도 제대로 못 걷고 있습니다. 앞으로 주사 3번 더 맞고 3개월 뒤 혈청검사 받아봐야 한다더군요.

의사 선생님께 들어보니 매독이 완치는 가능해도 항체가 몸에 남아 있기 때문에 양성 반응은 계속 뜬다고 했습니다.

근데 중요한 것은 앞으로의 관계인데 완치 후에도 제가 앞으로 관계할 사람들에게 전염시킬까 봐. 또는 상대방 쪽에서 비슷하게 행동해도 다시 제가 재발할까 봐 걱정돼서 섹스에 대한 거부감이 생깁니다."[452]

항생제나 콘돔도 위험한 성행태 앞에서는 한계를 보인다

페니실린이라는 강력한 무기의 개발과 콘돔 보급도 인류를 매독과의 전쟁에서 승리로 이끌진 못했다. 지금도 남성 간 성행위라는 위험행동이 매독 확산의 주된 전파경로가 되고 있는 현실 속에 미국 보건당국이 선택한 방법은 질병관리본부 홈페이지에서 남성 동성애자의 매독 감염 위험성을 적극 알리는 것이다. 그래서 '매독 감염을 예방하기 위해 다수의 사람과 성관계를 갖는 것을 피하라'고 반복적으로 경고하는 것이다.[453]

동성애, 스마트폰, 매독

미국 필라델피아 공공보건국의 캐롤라인 존슨 국장은 스마트폰이 매독 확산의 또 다른 주범이라고 밝히고 있다. 스마트폰에 장착된 일대일 섹스 파트너 만남을 주선하는 애플리케이션을 통해 매독 위험 집단이 손쉽게 익명의 파트너와 접촉하게 되면서, 폭발적인 환자 급증 현상이 나타났다는 주장이다.[454] 존슨에 따르면 필라델피아 거주 동성애자들의 3분의 2 이상이 스마트폰 앱을 통해 파트너와 접촉하는 것으로 파악됐다. 그는 "이들 계층에서 발생한 매독이 지난해 전체 환자 증가 폭의 대부분을 차지한다"고 말했다.

주디스 오도넬 전 필라델피아 성병예방국장도 "스마트폰 앱을 통해 이뤄진 접촉은 익명성이 보장되기 때문에 병의 예방과 확산을 막는 추적조사를 불가능하게 만든다"며 "전체 공동체의 건강을 위협하는 심각한 요소로 떠올랐다"고 경고했다.

덮으려는 자, 펼치려는 자

"Based on these enhanced interviews,
the burden of disease represented by MSM,
men who have sex with women only (MSW),
and women varied substantially
across collaborating sites.
San Francisco County had
the highest proportion
of estimated MSM cases (87.8%)."

(이러한 광범위한 면접조사에 의하면 남성 동성애자,
여성과만 성관계하는 남성, 그리고 여성들은 질병(임질)의
발병 부담이 상당히 다르다.
샌프란시스코에서 발생한 임질의 경우 87.8%가
남성 동성애자 그룹에서 발병한 것이다.)

미국 질병관리본부 홈페이지 내
2015년 '임질(gonorrhea)'코너 中

3. 임질

임질에 대하여

임질(gonorrhea, 淋疾)은 임균(세균)에 의해 발생하는 성병이다.[455] 성기의 점막이 감염되면 염증을 일으킨다. 성관계로 감염되며, 음경, 질, 입, 항문 등을 통해 감염된다. 항생제 상용화 이후 임질도 매독과 마찬가지로 그 발생빈도가 줄어드는 경향이 나타나고 있다. 그러나 이 병은 15~20세 사이에 잘 감염되므로 청소년의 주의가 필요하다. 임질 역시 성관계를 통해 전파되기 때문에 성관계가 활발한 젊은 연령층에서 발생빈도가 높다. 곧바로 치료하면 수시간 내에 감염성이 사라지지만 치료하지 않으면 수개월 동안 증상이 지속된다. 남성이 임질에 감염되면 요도염, 부고환염, 전립선염 등을 일으킬 수 있다.

성관계 후 2~5일정도 지나면서 소변을 볼 때 따금거리고 요도에서 하얗거나 누런색 분비물이 나온다. 소변이 자주 마렵거나 요도가 간질거리는 증상도 나타난다.

고환이 붓고 아프며 목구멍이 쓰리기도 한다(인후통, sore throat). 치료하지 않으면 전립선, 고환까지 감염된다(남성 불임증의 원인이 될 수 있다). 대개 임질에 감염되면 비임균성 요도염의 원인균도 같이 감염되는 경우가 많다. 여성의 경우 질 분비와 출혈, 소변 시 통증, 하복부 통증, 성교 시 통증 등이 나타난다. 치료하지 않으면 임질에 걸린 여성의 20%에서 골반 내 염증질병(pelvic inflammatory disease)을 야기하여 임신 시 장애와 자궁, 난관, 난소에 염증이 퍼져 열이 나고 난관이 막히게 되고 불임증이나 자궁 외 임신을 초래할 수 있다. 임질 감염자 중 0.5~1%는 패혈증을 일으킨다. 관절염, 뇌수막염, 심내막염을 일으킬 수 있다. 환자는 치료 후 24시간이 지날 때까지 신생아와 소아와의 접촉을 금해야 한다.

또한 치료가 완료될 때까지 성행위를 금지해야 한다. 모든 성병이 그러하듯 임질 역시 파트너까지 동시에 치료해야 한다. 고위험군의 경우 HIV감염과 매독 등 다른 성매개성 질환의 유무를 확인하는 게 필요하다. 치료는 항생제 주사와 먹는 약으로 완치 가능하다. 그러나 최근 항생제에 내성을 가진 임질균이 나타나고 있다.[456]

미국 샌프란시스코 임질 감염의 87.8%가 남성 동성애자

1976년 케잘 박사 연구팀은 클리닉을 찾은 남성 동성애자의 3.1%가 임질에 걸렸다고 보고했다.[457] 당시 자료에 따르면 전체 인구 1만 명당 40명 정도가 임질에 걸리지만 남성 동성애자는 1만 명당 310명이 임질에 걸렸다는 통계를 발표한 것이다. 당시 통계만 보더라도 남성 동성애자가 임질균에 8배 정도 많이 감염되고 있음을 알 수 있다. 이같은 패턴은 훗날 더 심각한 수치로 발전했다.

1985년 미국 웰러 박사는 임질에 걸린 남성 동성애자의 40%가 직장에서 임질이 발견됐다고 보고했다.[458] 동성애를 하지 않은 일반인들은 임질 발병 부위가 성기 주변인 것과 대조적이다. 임질균이 직장염을 초래해 남성 동성애자 등의 항문 성관계 시 HIV에 감염될 위험성을 더욱 높인다는 문제점도 제기 되었다. 임질과 에이즈의 만남이 굉장히 우려스러운 상승효과로 나타나고 있는 것이다.

2003년 샌프란시스코의 성병 클릭을 찾아온 남성 동성애자의 9.2%에서 구강 인근의 임질 즉 인두(pharyngeal)임질이 발견됐다.[459] 2010년의 샌프란시스코의 성병 클리닉 조사에서 남성 동성애자의 임질 감염율은 5.76%였다.[460] 2011~2012년 플로리다의 마이애미 데이드 카운티의 성병 클리닉을 찾아온 남성 동성애자의 10.9%가 임질에 감염됐다.[461]

이런 사정이다 보니 미국 의료진들은 남성 간 성관계와 임질의 긴밀한 연관성을 우려하고 있다. 2006년 미국 가정의학회(American Association of Family Physicans)는 남성 간 성관계를 통해 임질에 감염될 위험성이 높다고 발표했다. 특히 샌프란시스코에서 발생하는 임질 환자의 50% 이상이 남성 동성애자이고, 과거 연구에서 동성애자의 15.3%가 임질 감염자라고 발표했다.[462] 1976년 3.1%와 비교할 때에 5배 정도 증가한 것이다. 전체 인구 대비 남성 간 성관계를 하는 인구가 40배 이상 임질에 더 많이 걸리는 현상을 발견한 것이다. HIV 감염인의 요도에 임질까지 발생하면 정액을 통해 HIV 바이러스가 전달될 가능성은 훨씬 높아진다.[463]

미국 전역에 걸쳐 남성 동성애자들의 임질 점유율도 높다. 미국 임질 발병수의 42.2%는 남성 동성애자들이 차지하고 있다. 동성애를 하지 않는 일반 남성은 25.4%, 여성은 32.4%를 차지한다.[464] 미국 전역에 2% 가량 되는 남성 동성애자들이 전체 임질의 42%를 넘게 차지하고 있다는 사실은 시사하는 바가 크다.

미국은 GISP(Gonococcal Isolate Suveillance Project)라는 이름 아래 전국적인 임질 조사 네트워크를 구축하고 있다. GISP가 제시한 자료에 따르면 1989년부터 남성 동성애자들의 임질은 꾸준히 증가하고 있다.[465] 성병클리닉에 방문한 남성 동성애자들의 요로균체 중 40%에서 임질균이 나왔다([그림 6-17] 참조).

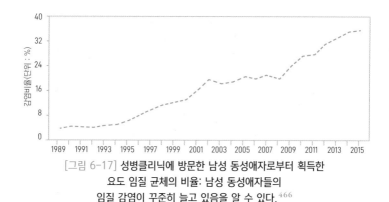

[그림 6-17] 성병클리닉에 방문한 남성 동성애자로부터 획득한
요도 임질 균체의 비율: 남성 동성애자들의
임질 감염이 꾸준히 늘고 있음을 알 수 있다.[466]

2015년 미국 보건당국 보고서에 따르면 샌프란시스코에서 발생한 임질의 87.8%가 남성 동성애자들에 의한 것이었다. 샌프란시스코뿐만 아니라 매사추세츠, 뉴욕, 캘리포니아, 필라델피아 등 소위 동성애 친화적 도시로 알려진 지역에서 임질 환자가 많이 발생한다는 공통점이 나타나고 있다. 이중 샌프란시스코는 미국에서 동성애자 비율

이 가장 높은 도시다([그림 6-18] 참조).

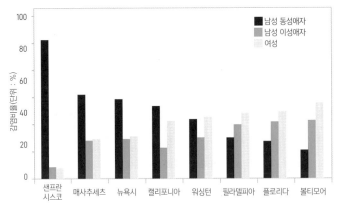

[그림 6-18] 2015년 성적지향별 지역별 임질 감염 경로 추정치:
총 인구 중 남성 동성애자가 차지하는 비율은 2%에 불과하지만
임질 감염 비율은 월등히 높다.[467]

2015년 미국에서 임질 환자가 가장 많이 발생한 곳은 LA다. 환자
수가 1만7563명이었는데, 10만 명 당 발병비율은 173.6명이었다. 샌
프란시스코가 10만 명당 524명이 임질에 걸려 가장 높았고, 필라델
피아는 401.2명, 뉴욕 335.3명 등으로 나타났다. 친동성애 지역일수
록 임질 감염자수가 증가하는 양상을 보이고 있는 것이다.[468]

2015년 성병 클리닉을 찾은 남성 동성애자의 임질의 빈도

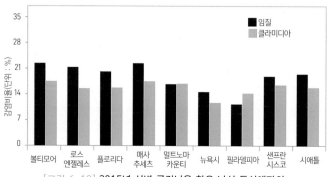

[그림 6-19] 2015년 성병 클리닉을 찾은 남성 동성애자의
임질과 클라미디아 발병률[469]

[그림 6-19]은 성병 클리닉을 찾은 남성 동성애자의 임질의 빈도
가 볼티모어, LA, 샌프란시스코, 시애틀 등지에 높음을 보여준다.

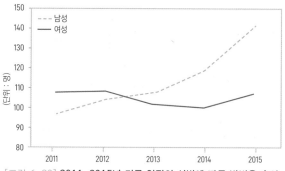

[그림 6-20] 2011~2015년 미국 임질의 성별에 따른 발병율 추이
(인구 10만명당 임질 환자수)[470]

[그림 6-20]은 미국 임질 발병자들의 성별·시기별 추이이다. 남성의 임질 발병률이 지속적으로 높아지고 있는 것을 확인할 수 있다. 2013~2014년 남성의 발병이 증가하는 반면 여성의 발병은 감소하고 있다는 것은 이성 간 성관계가 주요 원인이 아니라는 것을 말해준다.

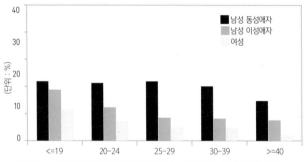

[그림 6-21] 2015년 미국의 연령별·성적지향별 임질 발병률[471]

[그림 6-21]은 미국의 연령별·성적지향별 임질 발병률을 보여준다. 필자는 면담신청을 통해 한국의 질병관리본부 관계자를 몇 차례 만나 대화를 나눌 기회가 있었다. 그들은 "성적지향과 성병은 관계가 없다"고 주장하지만 미국의 성적지향별 성병발생률 통계는 여러 의미를 제시해 준다.

그래프에서 확인할 수 있듯 동성애를 하지 않는 일반 남성이나 여성은 나이가 들수록 성병 감염율이 낮아진다. 반면 남성 동성애자의 임질 감염율은 40세가 될 때까지 크게 줄어들지 않는다. 40세가 넘어서 소폭 감소하는 데 그친다. 여기에서 우리는 남성 동성애자들 전 연령대에 걸쳐서 일반인에 비해 임질에 더 많이 걸린다는 사실을 알 수 있다. 일반인보다 더 긴 생애 주기에 걸쳐 성병 환자로 살게 되는 셈이다.

영국 임질의 70%가 남성 동성애자

영국 보건부는 공식 주간보고서를 통해 2014~2015년 남성 동성 애자 사이에서 임질이 큰 폭으로 증가했다고 밝혔다. [472]

임질은 영국 남성 동성애자들에게 매우 흔한 성병이다. 성건강클리닉(SHC, sexual health clinic)을 찾은 남성 동성애자 중 임질이 생식기가 아닌 배설기관인 항문에 나타난 경우는 25%에 육박했다.

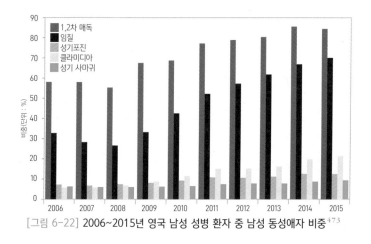

[그림 6-22] 2006~2015년 영국 남성 성병 환자 중 남성 동성애자 비중[473]

영국 전역의 임질 환자 중 남성 동성애자가 차지하는 비율은 어느 정도일까. 2015년 기준으로 보면 영국 전역에서 발생한 임질의 70%

는 남성 동성애자들에 의한 것이었다([그림 6-22] 참조).

영국 보건복지부는 이 같은 이유가 남성 동성애자들이 콘돔을 사용하지 않고 항문성교를 하기 때문이라고 보고했다.

뿐만 아니라 남성 동성애자 중 15%가 입과 식도를 연결하는 소화기관의 일부인 인두(pharynx)부위에서 임질 감염현상이 나타났다. 영국 보건국은 이것이 구강성교 때문인 것으로 보고있다. 이처럼 신체 여러 곳에서 동시다발적인 임질균 감염이 일어난 남성 동성애자는 10%에 달했다.[474] 성병인 임질의 감염이 배설기관인 항문(25%)과 구강 인근 즉 인두(15%)에서 발생한 경우를 합치면 40%에 해당된다. 동성애를 하지 않는 일반 남성 그룹에서는 관찰되지 않는 특이한 결과다.

유럽 국가들의 임질 감염 실태

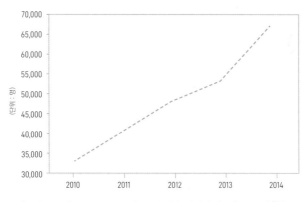

[그림 6-23] 2010~2014년 유럽 임질 진단자 추이(31개국)[475]

유럽 질병예방 및 통제센터(European Centre for Disease Prevention and Control)는 매년 성병 보고서를 발표한다. 일부 회원 국가들의 현황이 누락되어 있지만 유럽 대륙의 개괄적인 흐름은 이해할 수 있다. 여기에서 나타나는 현상은 항생제와 위생 인프라가 향상되고 있음에도 불구하고 임질이 증가하고 있다는 것이다([그림 6-23] 참조). 남성 동성애자에 의한 임질 전파는 세계 여러 지역와 임질 감염률 증가의 견인차 역할을 하고 있다.

덮으려는 자
펼치려는 자

07
남자
동성애와
에이즈

"찜질방 이런데 막 다니기 시작하고, 하루도 빠지지 않고 술을 먹기 시작하고 매일 술로 지새웠던 거 같아요. 찜질방 가서 자고 남자랑 (성)관계를 매일하고, 그러면서도 정욕이 채워지지 않는 거에요. 너무 미치겠는, 어떠한 말로 표현할 수 없는 고통이랄까"

"항문성교를 하다보면 엉덩이에도 뭐가 나고 뭔가 안 좋은 징후들이 일어나거든요. 몸에. 아는 동성애하는 형한테 '형, 나 이래.' 그랬더니 '야, 너 검사해 봐야 하는 거 아냐?' 그래서 검사 해봐야겠다 싶어 검사를 했어요."

"병(에이즈)에 걸리면서 보건소로부터 통보를 받고 사형선고 같은 느낌을 받았어요."

다큐멘터리 '나는 더이상 게이가 아닙니다'의 박진권씨 인터뷰 中

1. HIV/AIDS

HIV란 무엇인가

HIV란 일종의 바이러스로 'Human(인체) Immunodeficiency(면역 결핍) Virus(바이러스)'의 줄임말이다. HIV는 에이즈(AIDS)를 일으키는 원인 바이러스로, 인체 내에 들어오면 면역을 담당하는 세포(CD4 림프구 등)를 공격하여 면역체계를 파괴시켜 에이즈의 증상들을 야기한다.[476] HIV 구조는 [그림 7-1]과 같다. 언론이나 간호학대사전 등은 HIV를 통상 '에이즈 바이러스'라고 국민들이 인지하기 쉬운 용어로 부르기도 한다.[477]

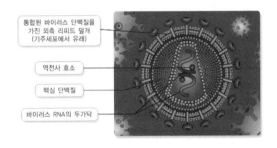

[그림 7-1] HIV 모식도(출처 : 보건복지부 건강정보포털)[478]

에이즈 바이러스(HIV)가 우리 몸에 들어와도 6~14주(개인에 따라서는 6개월에서 2년이 되는 경우도 있음) 정도가 지나야만 항체가 형성되고 항체가 형성되어야만 감염여부를 알 수 있다.[479] HIV로 진단을 받더라도 잠복기 동안은 에이즈 증상이 나타나지 않는다. 시간이 지나면서 점차 면역세포가 약화되면서 여러 가지 증상들이 나타나기 시작한다.

HIV 바이러스의 종류와 개인의 차이가 있지만 9년 정도 지나면 에이즈 증상이 나타나 에이즈 환자로 진단받고 통상 3~4년 내 여러 합병증이 발생하면서 사망하게 된다.[480] 이후 HIV 바이러스 억제제가 개방되어 FDA로부터 에이즈 치료제로 허가받았고 그 약물들의 효과로 에이즈 환자로 진단받은 이후의 생존 기간이 30년 이상 연장되는 쾌거를 달성했다.

한국 질병관리본부는 HIV에 대하여 아래와 같이 설명하고 있다.

'HIV' 란?

-HIV : Human(인체) Immunodeficiency(면역결핍) Virus(바이러스)

-에이즈를 일으키는 원인 병원체.

-인체 내에 들어오면 면역을 담당하는 세포를 찾아내어 면역세포 내에서 증식을 하며 면역세포를 파괴.

-HIV는 감염인의 모든 체액에 존재하며 특히 혈액, 정액, 질 분비물, 모유에 많은 양의 HIV가 존재.

-주로 성관계나 감염된 혈액의 수혈, 오염된 주사바늘의 공동사용, 감염된 산모의 임신과 출산을 통해 바이러스가 전파.[481]

AIDS는 무엇일까?

일반적으로 사용하는 에이즈는 영어 명칭인 Acquired Immune Deficiency Syndrome의 머리글자인 A, I, D, S를 따서 만든 약어다. 공식적으로 우리말 명칭은 후천성면역결핍증(後天性免疫缺乏症)이다.

'후천성'이란 '선천성'과 대비되는 말로 유전 등 선천적인 요인에 의한 것이 아닌 것을 말하며, '면역결핍증'은 우리 몸의 방어기능을 담당하는 면역 세포가 파괴되어 면역기능이 부족한 상태를 말한다. 그러나 질병명으로서 후천성면역결핍증은 면역의 정도와 관계없이 에이즈를 전염시키는 바이러스인 HIV에 감염된 상태 모두를 나타낸다.

국립보건원은 지침서를 통해 '에이즈는 에이즈 바이러스(HIV: Human Immunodeficiency Virus, 인체면역결핍바이러스)가 몸 속에 침입하여 우리 몸의 면역세포(CD4+Tcell)를 파괴시켜 면역기능이 저하되면 보통상태에서 거의 생기지 않는 각종 감염병이나 암 등이 생겨서 사망하게 되는 질병'이라고 간단하게 요약하고 있다.[482]

즉 에이즈란 HIV(인체면역결핍바이러스)의 공격에 의해 인체 내에서 병원균의 증식을 막는 면역세포인 CD4 림프구의 수가 $200/mm^3$ 미만으로 감소하거나 면역체계가 손상되면 건강한 사람에게는 나타나지 않는 세균, 바이러스, 곰팡이, 원충 또는 기생충에 의한 기회감염증 등의 증상들이 나타나는 것을 말한다.

기회감염증이란 건강한 사람에게는 감염증을 잘 일으키지 않으나 면역 기능이 저하된 사람에게서는 심각한 감염증을 일으키는 경우를 말한다. 즉, 기회를 보아 감염증을 일으킨다는 의미로, '2차감염' 이라는 말과 혼용해서 사용하기도 한다.[483]

대한에이즈학회는 HIV감염자가 기회감염증에 걸리는 것을 줄이기 위해 예방백신을 맞게 할 것을 권고하는데 대상 질병은 인플루엔자, 폐렴사슬알균, 파상풍-디프테리아/백일해, A형 감염, B형 감염, 사람유두종바이러스, 수막알균 감염(Meningococcal infections)의 원인균 (Neisseria meningitidis), 홍역 볼거리 풍진(MMR), 대상포진 등이다.[484] 기회감염증을 막을 수 있는 예방 백신은 있지만 HIV 예방 백신은 없다.[485]

에이즈(AIDS)에 대해 한국 질병관리본부는 다음과 같이 설명하고 있다.

AIDS란 'Acquired Immune Deficiency Syndrome'의 약어로 우리말로는 '후천성면역결핍증'이라고 한다. 에이즈는 HIV(Human Immunodeficiency Virus, 인체면역결핍바이러스)가 몸 속에 침입하여 우리 몸의 면역세포를 파괴시켜 면역기능이 저하되면 정상상태에서는 거의 발생하지 않는 각종 감염병이나 암 등이 생겨서 사망하게 되는 질병이다. 그러므로 HIV가 우리 몸에 들어와도 일반적으로 6주~12주 정도가 지나야만 항체가 형성되고 항체가 형성되어야만 검사로 감염여부를 알 수 있으며, 에이즈 증상이 나타나는 환자로 진전되면 치료하지 않을 경우 거의 수년 내에 사망하게 된다.[486]

HIV감염인에서 에이즈 환자로 진행된다

HIV감염인이나 에이즈 환자나 그게 그거 아니냐는 질문을 자주 접한다. 원칙적으로 말하자면 일단 HIV에 감염되었다고 해서 모두 에이즈 환자라고 하지는 않는다. 에이즈는 HIV가 활동을 하면서 면역기능이 한계 수준을 넘어선 상태로, 이로 인해 나타나는 여러 가지 증후군(syndrome)을 말한다. 후천성면역결핍증 예방법(약칭 에이즈예방법)에서 사용하는 두 용어의 뜻은 다음과 같이 제2조에서 정의하고 있다.

> 1. "감염인"이란 인체면역결핍바이러스에 감염된 사람을 말한다.
> 2. "후천성면역결핍증환자"란 감염인 중 대통령령으로 정하는 후천성면역결핍증 특유의 임상증상이 나타난 사람을 말한다.[487]

HIV감염인

에이즈 환자

[그림 7-2] **HIV와 에이즈 환자의 범위**

여기서 '대통령령으로 정하는 후천성면역결핍증 특유의 임상증상'이란 세포면역기능에 결함이 있고 주폐포자충폐렴, 결핵 등의 기회감염 또는 기회질환이 있는 경우를 말한다.[488] HIV감염인 중 에이즈 증상이 나타나는 계층을 에이즈 환자라고 부른다고 이해하면 된다.

에이즈 환자는 HIV감염인들 중 CD4림프구 수가 혈액의 1mm³당 200(200/mm³)미만으로 감소되어 있거나 에이즈 관련 증상이 나타난 사람을 말한다. 그래서 모든 HIV감염인이 에이즈 환자인 것도 아니다([그림 7-2] 참조).

치료제를 복용하지 않은 상태에서, 일반적으로 HIV감염인의 50%가 에이즈 환자로 발전하는데, 약 10년 정도 걸리고, 15년 후에는 약 75%의 감염인이 에이즈 환자가 된다.[489]

일단 HIV에 감염되면 인체면역기능이 저하되기 시작하고, 자신의 감염사실을 모르거나 관리를 위한 약을 먹지 않고 수년이 지나면 면역저하로 여러 가지 감염증이나 질환에 걸리게 된다. 이런 과정을 거쳐 비로소 에이즈 환자가 되는 것이다.[490] 즉 HIV에 감염된 이후 특별한 치료를 받지 않고 지내게 되면 HIV는 시간이 지나면서 우리 몸의 면역세포를 서서히 파괴한다. HIV에 의해 일어나는 면역체계의 손상이 일정수준을 넘어서게 되면 우리 몸은 균과 싸우는 면역 능력이 떨어지게 되고, 이로 인해 건강한 사람에게서 잘 나타나지 않는 바이러스나 세균, 곰팡이, 원충, 또는 기생충에 의한 감염이나 피부암 등 악성종양이 생겨 사망까지 이르게 되는 것이다.

참고로 HIV/AIDS 감염인을 칭하는 또 다른 용어가 있다. 'PLWHA'라는 것인데 이는 'People Living With HIV/AIDS(HIV 혹은 에이즈 증상을 가진 상태로 살고 있는 사람들)'의 앞머리 글자만 딴 것으로 자주 쓰이지는 않는다.[491]

▌'에이즈에 걸린다'라는 표현

우리나라 질병관리본부는 '에이즈에 걸렸다'라는 표현을 아래와 같이 HIV감염과 동일한 개념으로 쓰고 있다. 즉 HIV에 감염되어 있으나 에이즈 증상이 나타나지 않은 상태, 혹은 이미 에이즈 증상이 나타나는 에이즈 환자, 이 두 부류를 모두 '에이즈에 걸린' 상태라고 통칭하고 있다.

아래와 같이 HIV, 즉 에이즈 바이러스에 감염되는 것을 에이즈에 걸렸다라고 표현하므로써 에이즈 증상의 유무와 관계없이 모든 HIV감염인은 '에이즈에 걸린' 사람이라고 부르도록 해두었다.

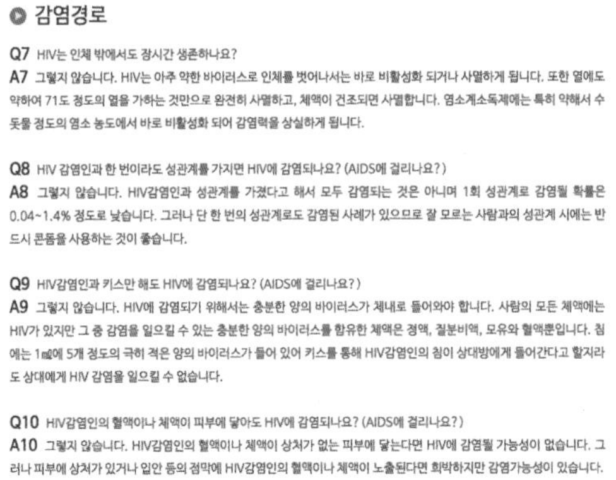

◉ 감염경로

Q7 HIV는 인체 밖에서도 장시간 생존하나요?
A7 그렇지 않습니다. HIV는 아주 약한 바이러스로 인체를 벗어나서는 바로 비활성화 되거나 사멸하게 됩니다. 또한 열에 약하여 71도 정도의 열을 가하는 것만으로 완전히 사멸하고, 체액이 건조되면 사멸합니다. 염소계소독제에는 특히 약해서 수돗물 정도의 염소 농도에서 바로 비활성화 되어 감염력을 상실하게 됩니다.

Q8 HIV 감염인과 한 번이라도 성관계를 가지면 HIV에 감염되나요? (AIDS에 걸리나요?)
A8 그렇지 않습니다. HIV감염인과 성관계를 가졌다고 해서 모두 감염되는 것은 아니며 1회 성관계로 감염될 확률은 0.04~1.4% 정도로 낮습니다. 그러나 단 한 번의 성관계로도 감염된 사례가 있으므로 잘 모르는 사람과의 성관계 시에는 반드시 콘돔을 사용하는 것이 좋습니다.

Q9 HIV감염인과 키스만 해도 HIV에 감염되나요? (AIDS에 걸리나요?)
A9 그렇지 않습니다. HIV에 감염되기 위해서는 충분한 양의 바이러스가 체내로 들어와야 합니다. 사람의 모든 체액에는 HIV가 있지만 그 중 감염을 일으킬 수 있는 충분한 양의 바이러스를 함유한 체액은 정액, 질분비액, 모유와 혈액뿐입니다. 침에는 1㎖에 5개 정도의 극히 적은 양의 바이러스가 들어 있어 키스를 통해 HIV감염인의 침이 상대방에게 들어간다고 할지라도 상대에게 HIV 감염을 일으킬 수 없습니다.

Q10 HIV감염인의 혈액이나 체액이 피부에 닿아도 HIV에 감염되나요? (AIDS에 걸리나요?)
A10 그렇지 않습니다. HIV감염인의 혈액이나 체액이 상처가 없는 피부에 닿는다면 HIV에 감염될 가능성이 없습니다. 그러나 피부에 상처가 있거나 입안 등의 점막에 HIV감염인의 혈액이나 체액이 노출된다면 희박하지만 감염가능성이 있습니다.

[그림 7-3] 질병관리본부는 홈페이지에서
'HIV감염'과 '에이즈에 걸렸다'는 표현을 같이 쓰고 있다.[492]

에이즈 감염경로는 협소하다

에이즈는 에이즈에 걸린 사람의 혈액, 정액, 질 분비물, 모유 등을 통해 전파된다. 이러한 체액에는 HIV의 농도가 높기 때문이다.[493] HIV감염인의 땀, 침, 눈물 등에도 HIV가 미량 존재하지만 감염력이 없어 이를 통해 타인에게 전파되지는 않는다.

그래서 감염인과의 일상적인 접촉을 통해서 HIV가 쉽게 전파되지 않는다. HIV감염인과의 악수, 포옹 등의 신체 접촉, 감염인이 요리해서 함께 먹는 식사, 감염인과 함께 쓰는 화장실, 목욕탕 및 변기, 혹은 모기 등의 매개동물을 통해서는 전파되지 않는다.[494]

그러므로 우리가 HIV감염인을 대할 때 악수를 피하거나 같이 식사하고 담소 나누는 소소한 생활들에 대해서는 공포나 거리낌을 가질 필요가 없다. 필자도 에이즈 감염인과 함께 차 마시고 식사하고 침 튀는 대화를 하지만 전혀 감염의 걱정이 없다. 에이즈는 그렇게 쉽게 감염되는 질병이 아니기 때문이다.

그러나 에이즈가 감염인의 혈액 등이 바로 혈중으로 유입되는 상황이 발생하면 에이즈에 걸릴 가능성이 높아진다.[495] 즉 에이즈는 상대방의 혈액이나 정액, 질 분비물 등이 혈중으로 유입될 수 있는 위험한 성접촉, HIV에 감염된 혈액의 수혈, HIV로 오염된 주사바늘의 공동사용, 에이즈에 걸린 모체에서 아기로의 HIV전파에 의한 감염 (수직감염) 등으로 전파 된다.[496]

성접촉을 통한 감염

HIV는 성행위 중 감염된 사람에게서 감염되지 않은 사람 몸 안으로 정액 또는 질 분비물 그리고 혈액 등이 들어감으로써 감염된다.[497] HIV는 정액과 자궁경부, 질 내에서 발견되며 성병에 의한 염증 소견이나 생식기 점막의 궤양, 그리고 성기에 상처가 있을 때 더욱 잘 전파된다. 성접촉은 전 세계적으로 가장 큰 비중을 차지하는 전파경로다. 우리나라의 경우에 전체 HIV감염인의 99%정도가 성관계를 통해 감염된 것으로 나타나, 성접촉이 HIV 확산에 큰 비중을 차지하고 있다.

세계 많은 나라의 보건당국들이 남성 간 항문성교가 가장 위험한 성접촉 형태임을 명시하고 있다. 예를 들어 미국 질병관리본부는 남성 동성애 성관계시에 항문을 제공하는 역할을 하는 행위(바터밍, bottoming)가 가장 에이즈 감염 위험이 높은 행위라고 지적한다. 두 번째로 위험한 행위는 남성 간 성관계 때 상대방 항문에 자신의 성기를 삽입하는 역할을 하는 행위(타핑, topping)이며 그 다음은 남성이 여성의 질로 삽입하는 성접촉 형태라고 명시하고 있다.[498]

유럽, 미국, 한국, 일본, 호주 등지에서는 동성애(Homosexuality)에 의한 경우가 에이즈 감염의 상당 부분을 차지하고 있는 반면, 아프리카나 개발도상국 등 이미 에이즈 전파의 마지막 단계로 가고 있는 나라는 이성 간의 성접촉(Heterosexuality)에 의한 전파로 그 주된 전파 경로가 확장되고 있다.[499]

감염된 혈액의 수혈

HIV에 감염된 혈액을 직접 수혈을 받거나 감염인의 혈액에서 생산된 혈청을 투여받는 경우에도 에이즈에 걸린다. 전혈, 농축 적혈구, 혈소판, 백혈구, 혈장 등의 혈액제제를 수혈할 때 역시 HIV의 전파 가능성이 높다. 감염된 혈액 수혈 시 감염될 확률은 95~100%에 달한다. 근래에는 수혈에 사용되는 혈액에 대하여 철저한 감염여부 검사(HIV선별검사 및 핵산증폭검사)를 실시하고 있어 수혈로 인한 감염은 매우 낮아져 빈도수는 200만 명당 한 건 정도로 아주 미미한 수준이 됐다.[500] 감마글로불린, B형 간염 면역글로불린, 혈장 추출 B형 간염 백신을 통해서는 감염되지 않는다.

오염된 주사바늘의 공동사용

정맥주사를 놓는 방법으로 마약을 남용하는 마약 사용자가 자신이 사용한 주사기를 타인과 공동으로 사용할 경우 오염된 바늘을 통해 HIV가 전파될 수 있다. 미국 등지에서는 마약 주사기 사용(injection drug user)이 성접촉 다음으로 높은 순위 차지하고 있는 감염 경로다.[501] 감염인과 주사바늘 공동사용 시 감염될 확률은 0.5~1%이며 국내에선 2건의 사례 보고만 있을 뿐이다. 한국은 의사 처방 없이도 약국에서 주사기의 구입이 가능하고 마약주사기 사용자가 적기 때문에 주사기의 공동사용으로 인한 전파가 외국에 비해 현저히 낮

은 것으로 판단되고 있다.[502]

수직감염

에이즈는 임신 중 태반을 통해 감염되거나 분만과정에서 감염이 일어날 수 있으며 수유 시 모유를 통한 감염도 가능하다. 에이즈가 수직 전파 될 확률은 25~30%(개인차는 있으나, 예방조치 시 평균 감염률은 2~10%) 정도다.

세계적으로 신생아가 에이즈에 걸린 경우는 90%가 수직감염에 의한 것이었다. 에이즈 증상이 있는 모체 또는 혈중 바이러스 농도가 높은 산모에게서 전파가 잘 되며 임신 중 HIV에 감염된 산모는 감염 초기에는 바이러스의 양이 상대적으로 많기 때문에 태아 감염이 쉽다. 그러나 현재 시행되는 화학적 예방요법을 잘 따르기만 해도 건강한 아기를 출산할 수 있으므로 가임기 여성 혹은 산모의 에이즈를 조기에 발견하는 것이 매우 중요하다.

2004년 12월 에이즈 치료제 부작용으로 임산부가 사망하는 해외 사건이 기사화 되기도 했다.[503] 그 이후 부작용을 경감시킨 신약이 꾸준히 발견되어 에이즈에 걸린 임산부 및 아기의 삶의 질이 향상되고 있다(그렇다 할지라도 에이즈에 걸린 산모는 수유를 금하는 것을 원칙으로 한다.[504]).

우리나라 보건당국은 에이즈의 전파 경로 중 수혈이나 윤락 여성과 접촉한 남성에 의한 경우보다 남성 동성애자들의 성행위로 인한 경우는 추적이 어렵다고 밝힌 바 있다. 국립보건원 연구팀의 한 관계자가 국내 월간지와의 인터뷰에서 "국내 HIV의 두 가지 감염 경로 가운데 윤락여성을 매개로 한 계보는 비교적 추적이 쉽지만 동성애자의 경우는 신분 노출을 꺼리는 당사자들의 침묵으로 찾기가 어렵다"고 밝힌 바 있다.[505] 이 같은 사실은 국가인권위원회가 밝힌 국내 20여개 보건소 에이즈 담당 직원들의 설문조사 결과 등을 통해서도 쉽게 알 수 있다.[506]

그럼에도 불구하고 집중적으로 병을 옮기는 감염 집단의 실체를 조사하고 알리는 일에 주력해야 효과적으로 질병을 예방할 수 있는 것은 자명한 사실이다.

항문성교 자체가 문제다

임페리얼 칼리지 런던 의과대학의 버갤리 박사와 그 연구팀은 논문을 통해 콘돔 사용 없이 바텀역을 하는 남성(URAI. unprotected receptive anal intercourse)의 1회 항문성교당 HIV감염율은 1.4%라고 밝혔다.[507] 이성 간 성행위 시 여성이 HIV에 감염될 확률보다 18배 이상으로 높은 셈이다. 이성이든 동성이든 항문성교 자체가 위험하다.

특히 MSM의 경우 여러 가지의 HIV 변종 바이러스에 감염될 확률이 동성 성행위를 하지 않는 일반인들에 비해 훨씬 높다고 밝히고 있다. 감염되는 HIV의 종류도 훨씬 다양하며 MSM의 남성들 간 HIV의 전파 속도도 빠르다. 결국 이런 요인들이 에이즈 예방 백신의 개발을 가로막고 있다고 레베카 박사팀은 논문을 통해 전하고 있다. HIV 변종 바이러스가 많아질수록 백신 개발의 가능성은 요원해지기 때문이다.

사이언스 데일리는 2015년 2월 공격성이 강하고 진행이 빠른 새로운 HIV 변종이 쿠바에서 발견돼 의학계를 긴장시키고 있다고 보도했다. 이 뉴스에 따르면 HIV의 아형(subtype)인 HIV A, D, G가 섞여 재조합된 이 새로운 변종(CRF19)은 지금까지 알려진 다른 변종에 비해 공격성이 강해 잠복기가 10년까지 지속되지 않고 3년이면 에이즈로 이행된다고 벨기에 루뱅대학 임상 · 역학바이러스연구소 안네미케 반담 박사가 밝혔다.[508]

남성 동성애자 사이에서 주로 유행하는 것으로 알려진 각종 질병도 양성애를 하는 일부 동성애자들을 통해 일반인들에게 전파될 수 있음을 알리는 기사가 국내에 소개되기도 했다. 2004년 신동아는 '한국형 에이즈 환자 1호를 찾아라'라는 글에서 에이즈에 걸린 최 모씨 사례를 소개하고 있다.

1990년 11월에 에이즈 감염자로 밝혀진 여성 최 모씨(당시 31세)는 내국인을 상대로 하는 카페 종업원이었다. 그전까지 모든 여성 감염자가 외국인 상대 윤락여성이었다. 그는 최초의 내국인 간 성접촉으로 바이러스에 감염된 윤락여성이다. 당시 학계에서는 "국내 남성 동성애자의 경우, 대부분 여성과도 성접촉을 하는 양성애자가 많기 때문에 최씨의 감염 제공자를 추적하면 의외의 동성애자 계보가 돌출할 수도 있을 것"이라고 예측했다고 해당 기사는 전하고 있다.[509]

"Scientists identified a type of

chimpanzee in Central Africa as the

source of HIV infection in humans,"

(과학자들은 HIV감염의 근원이 중앙 아프리카의

침팬지의 일종으로부터 유래한 것임을 밝혀냈다.)

미국 질병관리본부 웹사이트 中

2. 에이즈의 기원과 확산

에이즈의 시작은 동물원성 바이러스이다

미국 질병관리본부의 홈페이지에는 인체 면역결핍 바이러스(HIV)가 처음부터 인류에게 있었던 것이 아니라 중앙아프리카에 서식하는 침팬지들에게 나타나는 원숭이 면역결핍 바이러스(SIV, Simian immunodeficiency Virus)가 인체에 들어와서 HIV로 변한 것이라고 설명하고 있다. 즉 원숭이에 있던 바이러스가 피를 통해 직접 인간의 혈중으로 들어오는 방식으로 인류에게로 전달됐다고 전하고 있다.[510]

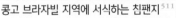

콩고 브라자빌 지역에 서식하는 침팬지[511]	검댕맹거베이 원숭이[512]

[그림 7-4] HIV-1의 숙주인 보통 침팬지와 HIV-2의 숙주인 검댕맹거베이 원숭이

HIV는 감염원에 따라 크게 두 가지로 나뉜다. HIV-1 바이러스는 콩고의 킨샤사 인근에 거주하는 침팬지가 숙주이고, HIV-2는 가나 지역의 검댕맹거베이 원숭이가 숙주다.

HIV-2는 아프리카 지역 내에서 주로 유행하고 서구로 널리 확산되지 않았다. 한국에도 HIV-2 감염자가 있기는 하나, 아프리카 이외의 지역에서 주로 맹위를 떨치는 바이러스는 HIV-1이다. HIV-1은 전염력도 더 강하고 에이즈로 이행하는 기간도 짧다.

어쨌든 인류는 침팬지의 몸 속에만 머물게 할 수 있었던 치명적인 바이러스를 스스로에게 초대하고 말았다.

에이즈 같이 동물의 바이러스나 박테리아가 인간에게 전염되어 발생하는 질병을 동물원성 감염증(Zoonosis)이라고 한다. 영국공중보건국의 홈페이지에는 동물원성 감염증 43가지를 나열하고 있다. 탄저병, 에볼라, 조류 독감, 흑사병과 같은 전염병들이 동물원성 감염증이다.[513]

2014년 국내에서도 에볼라 환자가 확인돼 국가 지정 격리병원인 국립중앙의료원에 입원한 적이 있다. 이때 간호사 4명이 에볼라 바이러스 감염을 우려해 사표를 냈다. 그 정도로 동물원성 감염증은 인간에게 공포스러운 존재다.[514] HIV 역시 인류를 위협해 온 동물원성 감염증 중의 하나다. 에이즈는 7000만 명 이상을 감염시키고 3400만 명 이상을 사망케 했다.

에이즈라는 이름을 갖기까지

게이 암(gay cancer) 혹은 그리드(GRID, gay-related immune deficiency)라고도 불렸던 에이즈(AIDS)

1970년대 남성 동성애자 그룹에서 건강상 문제들이 다수 발견되어 그들을 치료했던 의사들의 고민이 깊어졌다.

지금이야 에이즈라는 병명이 있고, 이것이 HIV라고 이름 붙여진 바이러스에 의한 질병임이 밝혀졌지만, 처음부터 에이즈란 이름으로 불린 것은 아니다. 1960년대와 1970년대 당시에는 남성 동성애자들에게서 구강 칸디다, 카포시 종양, 카리니 폐렴 등 다수의 병증들이 집중적으로 나타나니 이것이 진균증인지 암인지 박테리아성 질환인지 종잡지를 못하고 그냥 게이들이 많이 걸리며 일반인들에게서는 찾아보기 힘든 일종의 증후군 정도로만 인식하고 있었다.

1981년 미국 질병관리본부는 건강한 게이 남성들에게서 일반인 사이에선 드문 암인 카포시 육종의 발생을 보고했다. 처음에는 이 질병을 '게이 암(gay cancer)'이라고 부르다가 곧 GRID(gay related immune deficiency, 게이 관련 면역 결핍증)로 이름을 변경했다. 1981년에 뉴욕타임스는 "41명의 동성애자들에게서 보인 희귀한 암"이라고 발표하기도 했다.[515] 게이 암은 카포시 육종을 포함한 게이들이 흔히 나타내는 증상들의 집합체이자 하나의 증후군을 의미하기도 했다. 1982년 하반기 미국 질병관리본부는 '에이즈'라는 명칭을 처음으로 사용했고[516] 1984년부터 본격적으로 각국의 보건당국과 언론들이 이 용어를 사용하기 시작했다.

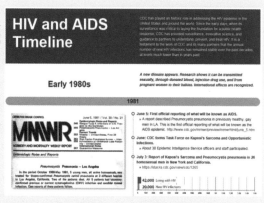

[그림7-5] 미국 내 에이즈 HIV/AIDS역사를 알기 쉽게 정리해 공개하고 있는 미국질병관리본부 홈페이지: 남성 동성애자가 공식적인 첫 에이즈 감염인이었음을 알려주고 있다.

"However, late diagnosis remains
a key challenge. In 2016 42% of diagnoses
happened at a late stage of infection."

(그러나 뒤늦게 에이즈 진단을 받는 것은
시급히 해결해야 할 문제이다.
2016년 영국에서 HIV감염의 42%가
에이즈 감염 말기에 확진되었다.)

미국 에이즈 예방 단체 AVERT 의 웹사이트 中

3. HIV/AIDS 감염의 증상과 진단

에이즈 증상의 발현 속도는 나이, 건강상태, 조기발견 및 치료에 따라 다르다. HIV가 몸속에서 증식하면 $CD4^+$ Tcell을 파괴하고 더 증식함으로 면역기능 파괴의 사이클이 반복된다. 그러면 인체는 감염으로부터 자신을 보호하지 못하게 된다. 에이즈는 그 마지막 단계다. 자연스럽게 기회감염(opportunistic infections)의 위험성이 높아진다.

HIV에 감염됐다고 해서 단기간에 관련 증상들이 모두 나타나는 것은 아니다. 또한 모든 HIV감염자가 에이즈 환자가 되는 것은 아니다. 꾸준히 약을 복용하고 관리만 잘해도 에이즈로 전환되기까지 10여 년이 소요되기도 한다. 적절한 에이즈 치료제가 없던 시절에도 4~5년 정도의 생존기간을 보였다. 문제는 이런 기간 동안에도 감염인들이 성행위를 지속하는 경향[517]을 유지할 경우, 다른 사람에게 HIV를 감염시킬 가능성과 기간이 매우 증가한다.

RNA에서 DNA로 복제되는 레트로바이러스[518]는 특성상 돌연변이가 잦아 적절한 치료약을 개발하기도 어렵다. 그러나 현재 개발된 불완전한 치료라도 빨리 시작할수록 예후가 좋다. 단점으로 치료 비용이 비싸기 때문에 개인에게 매우 큰 부담이 된다는 점 등은 여전히 숙제로 남아 있다.

병의 경과는 대개 급성, 무증상 기간 그리고 에이즈로 진행된다. 한국은 병의 경과를 증상단계에 따라 급성 감염기(노출행위 후 1개월 내외 독감증상), 무증상기(평균 10년 정도 무증상, 면역수치 감소), 발병초기 (지속적 설사, 몸무게 급감 발열 등), 발병기(에이즈 증상 발현), 말기 에이즈 단계로 나누고 있다.[519] 의학 서적에 따라 초기급성증상, 무증상, 에이즈 발병, 말기 에이즈 단계로 나누기도 한다.

HIV에 감염 된 후 1개월 내의 일부 감염인(전체 감염인의 30~50% 정도)에게서 체중감소(평균 체중의 10%), 원인모를 만성설사, 발열, 지속적인 마른기침, 전신 피로감 등 다른 질병군에서도 나타날 수 있는 비특이적 증상이 나타난다. 그렇기 때문에 급성 감염기의 비특이적인 증상, 또는 무증상으로는 HIV감염여부를 파악하기 어려우므로 의심스럽다면 반드시 검사를 해야 한다.

HIV에 감염된 후 평균 10년 정도의 무증상기간을 거쳐 에이즈 증상이 나타난다. 무증상기에는 특별한 증상이 없으며 본인이 검사를 받지 않는 한 자신도 감염사실을 알 수 없다. 이처럼 감염 사실을 모른 채 다른 사람에게 성관계 등을 통해 HIV 바이러스를 감염시킬 수 있다. 감염사실을 모르고 치료를 받지 않은 채 시간이 경과해 감염 말기가 되면 면역체계가 파괴된다. 이때부터 감염되지 않은 사람에게서 잘 나타나지 않는 각종 세균, 바이러스, 기생충 등에 의한 기회감염(폐렴, 결핵, 구강 칸디다증, 대상포진 등)과 악성종양이 발생한다. 우리나라에서 발견되는 가장 흔한 기회감염은 결핵과 폐렴이다.[520]

에이즈를 옮을 만한 위험행위 후 1개월 이내 발열, 설사 등 독감증세가 나타나는 경우가 있으나 이러한 증세에는 개인차가 있으며 대부분 경미한 증상, 또는 무증상으로 지나가기도 한다.

에이즈 감염의 단계별 증상은 아래와 같다.

① 초기 급성 증상

수개월 이내에 감기같은 증상이 나타나며 수주 간 지속된다. 이를 급성 감염단계(acute infection stage)라 한다. 이는 가벼운 증상이지만 혈액에는 이미 많은 HIV 바이러스가 증식된 상태다. 그 외 급성 증상에는 피부발진, 발열, 오한, 동통 등이 있고 보다 드문 증상으로는 피곤, 야간 발한(진땀), 오심과 구토, 설사, 두통, 근육통, 관절통, 목쓰림, 임파선 부종, 입안 또는 성기 궤양 등이 나타난다. 보통 이런 증세가 1~2주 나타나고 사라진다. 그래서 무심하게 여길 수 있으나 성관계 후 이런 증상이 나타난다면 곧바로 검사를 받아야 한다.

② 무증상 단계 –
임상적 잠복 감염기(clinical latent infection state)

8~10년 간 잠복기를 거치며 별다른 증상을 느끼지 못한다. 그러나 몸 속에서는 바이러스가 증식하면서, 면역체계를 서서히 파괴되는 현상이 나타난다. 바이러스가 더 많은 수의 CD4+을 파괴하면 다음 증상이 나타날 수 있다. 병색이 나타나고 피곤, 숨가쁨, 기침, 발열, 임파선 부종, 설사, 체중 감소 등 증상을 느낄 수 있다. 이때 다른 사람에게 바이러스를 전염시킬 수 있다. 그러나 에이즈 변종 바이러스에 감염된 경우는 급격히 악화되어 잠복기가 2~3년으로 단축되고 바로 에이즈 발병단계로 넘어가기도 한다.[521]

③ 에이즈 단계(Advanced infection)

시간 차는 있으나 HIV는 인체의 면역체계를 결국 와해시킨다. 에이즈 환자가 되면 다른 세균이나 바이러스에 의한 감염, 즉 기회감염이 증가하기 시작한다. 이는 정상적 상태라면 병을 일으키지 않을 수준의 감염도 HIV 때문에 병을 얻게 된다는 의미다. 이런 병들은 대개 치명적이기 때문에 '대통령령으로 정하는 후천성면역결핍증 특유의 임상증상'이라고 명확히 하는 것이다.[522] 그래도 감염을 막으려면 손씻기 등 일반적 위생을 지키고 에이즈 약을 꾸준히 복용해야 한다. 다음은 에이즈 환자에게서 나타나는 보편적 증상들이다.

일반적 증상 – 피부, 눈, 소화기, 호흡기, 신장, 뇌 등 전신에 면역장애 증상이 나타난다.

전반적 징후들 – 오심(구역질), 구토, 지속적 설사, 만성적 피곤감, 빠른 체중감소, 기침, 호흡곤란, 발열, 오한, 야간 진땀, 피부발진, 욕창, 구강 비강 성기 주변 기타 피부의 병소, 겨드랑이와 성기 부근, 그리고 목 부근의 임파선 붓기, 기억장애, 정신혼동, 경련 같은 신경장애 와 낮은 발열이 지속된다. 신체열은 몸의 어딘가에서 문제가 있다는 징후다.

피부(Integumentary system) – 가장 눈에 띄는 에이즈 증상은 피부증상이다. 헤르페스(cytomegalovirus) 증상이 나타나 입주변과 성기 피부에 발진, 포진, 물집, 혹, 지루성 피부염, 옴, 심지어 피부암 등이 나타난다. 헤르페스는 눈, 허파, 소화기에도 나타난다. 물사마귀, 곰팡이 감염도 나타난다.

임파선 - 면역세포들을 간직하고 있어 몸에 해로운 것들을 걸러내는 기능을 하는 곳이 임파선인데 HIV감염 시 초기부터 임파선이 붓고 나중엔 임파선 암(lymphoma)이 생기기도 한다.

호흡기계 - 감기, 독감, 폐렴 등에 자주 걸린다. T cell이 더욱 감소하면 결핵에 걸리기 쉽게 된다. 이때 결핵은 에이즈 환자가 사망의 위험에 빠지는 주된 전염병이다. 홍통, 심한 기침, 각혈 등이 나타난다. 일명 카리니 폐렴(Pneumocystis carini pneumonia. PCP)은 매우 무서운 병으로 호흡곤란, 기침, 발열을 동반한다. 미국에서 공식적으로 보고된 첫 에이즈 사망자 2명은 모두 남성 동성애자였는데, 이들은 에이즈 관련 증상 중 PCP 때문에 병원을 찾은 경우였다고 미국 보건당국은 전하고 있다.[523]

심장순환기계 - 폐동맥고혈압(pulmonary arterial hypertension. PAH)도 무서운 장애로서 폐로 가는 동맥에 혈압을 올려 결국 심장장애를 일으킨다.

소화기계 - 식욕감퇴, 체중감소, 혀에 염증(흰 설태, oral hairy leuko-plakia), 식도 염증, 만성 설사 등이 나타난다. 특히 살모넬라 감염으로 설사, 복통, 구토가 나타난다. 담도관과 소장에 감염이 생긴다.

간 - 간염, 특히 C형 간염이 나타난다.

신장(콩팥) - HIV 관련 신장(콩팥) 장애(HIV-associated nephropathy, HIVAN)로 혈액에서 노폐물을 걸러내지 못한다.

뇌 신경계 - 병이 더 경과하면 뇌기능에 장애가 오기 시작해 두통, 어지러움, 시각장애와 환각(환청, 환시 등) 단순 정신병 상태가 나타날 수 있다. 불안, 우울증도 동반할 수 있다. 궁극적으로 HIV-관련 치매(HIV- associated dementia or AIDS dementia complex)가 온다. 인지기능 장애가 오고 결국 혼수가 온다. 말초 신경에도 장애를 일으켜 통증, 근 무력, 보행장애 등이 나타난다. 톡소플라스마 뇌염(Toxoplasma encephalitis)은 고양이 대변에 있는 기생충인 톡소플라스마가 뇌로 들어와 뇌와 척수에 염증을 일으키는 질병인데 에이즈 감염자는 이에 취약하다.[524] 정신혼동, 두통, 경련발작이 나타나고 심해지면 치매가 온다.

암 — 암이 발생할 수 있다. 카포시육종(Kaposi's sarcoma), 비호지킨스 림프암(non-Hodgkin's lymphoma) 등이 있다. 카포시 육종은 혈관 벽의 암이다. 일반인에게는 드문 병이나 HIV에 양성인 사람에게 더 자주, 더 심한 양상으로 나타난다. 그 증상은 짙은 자색 반점 뿐 아니라 폐기능 장애, 소화기 장애 등 내부 장기에 장애들로 나타난다. HIV로 면역기능이 파괴되면 여러 가지 다른 암이 발생할 위험성이 높아진다.

④ 말기

말기의 에이즈 환자는 혼자 거동할 수 없기에 보통은 와상 환자가 된다. 미국의 한 에이즈요양병원의 조사내용을 보면 입원 시 평균 11가지의 질병을 진단받은 상태로 입원했으며, 정신적인 문제도 갖고 있었다. 에이즈로 인해 뇌가 손상되어 입원환자의 48%가 신경질환을 진단받았고, 44%는 정신질환을 진단받았다.[525] 에이즈 약으로 면역력 저하를 억제하다가 더 이상 버틸 수 없게 된 말기 에이즈 환자는 여러 질병, 특히 신경 · 정신과적 질병에 시달리다가 생을 마치게 된다([그림 7-4] 참조).

질병명(전체 환자수는 180명)	질병을 가진 사람의 비율 (단위 : %)
HIV-관련 신경질환	48%
HIV-치매	32%
말초 신경장애	19%
진행성 다발성 뇌증(multifocal leucoencephalopathy)	7%
대뇌 톡소플라모시스(cerebral toxoplamosis)	7%
척수병증(myelopathy)	5%
중추신경계 임파선암(lymphoma)	4%
거대 세포 바이러스성 뇌염(cytomegalovirus encephalitis)	4%
크립토코커스뇌막염(cryptococcal memingitis)	3%
중풍(stroke)	3%
뇌전증(경련)	9%
정신과적 장애	44%
우울증/정동장애	29%
불안장애	11%
조현병(정신분열병)/정신병	8%
양극성장애	4%
정신지체	3%
외상후스트레스 장애(PTSD)	2%
기타	3%

[그림 7-6] 미국 에이즈 요양환자의 신경의학 및 정신의학적 질환들[526]

⑤ 사망

'아직도 에이즈로 사망하는 사람이 있느냐, 이제 에이즈를 완전히 정복한 것 아니냐'고 질문을 하는 시민들이 의외로 많다. 에이즈로 사망하는 사람은 여전히 많고, 에이즈는 아직 정복되지 않은 불치의 질병이라는 게 답이다. 에이즈 연구가 가장 활발했던 미국 조차도 2014년 25~34세 집단의 8번째 사망원인이 에이즈였고, 35~44세 집단의 9번째 사망원인 역시 에이즈였다([그림 7-7]참조).[527]

Do people still die from HIV?

Yes. In the United States, 6,721 people died from HIV and AIDS in 2014. HIV remains a significant cause of death for certain populations. In 2014, it was the 8th leading cause of death for those aged 25-34 and 9th for those aged 35-44.

[그림 7-7] 미국 질병관리본부는 미국의 청·장년층에서 나타나는
8~9번째 사망원인이 에이즈라고 밝히고 있다.

대책 없는 낙관론

문제는 에이즈의 발병과 치료에 대한 과도한 낙관론이 번지고 있다는 것이다. 당뇨나 고혈압처럼 단순 만성질환의 하나일 뿐이고 잘 다스리기만 하면 천수를 누리고 살며 잘하면 완치도 된다는 무책임한 낙관론을 퍼뜨리는 사람들이 있다. 다행히 에이즈의 증상완화와 바이러스의 억제가 과거보다 많이 좋아진 것은 사실이나 '에이즈로 고통받다가 에이즈 약을 먹더니 완치가 됐다더라'식의 잘못된 정보를 확산시켜서는 안 된다.

우리나라의 에이즈 사망자 추이

우리나라 에이즈 사망자의 거의 절반은 에이즈 확진 판정을 받은 후 6개월 이내에 사망하였다는 보고가 있다.

'세계 에이즈의 날'을 앞두고 2009년 질병관리본부가 1985~2007년 등록된 HIV 감염인 5323명을 대상으로 2007년 말까지 생존율을 산출한 결과 18%(980명)가 사망한 것으로 밝혀졌다.[528]

2003~2007년 발견된 감염인 3314명 중에 사망자는 340명(10%)이 었는데, 4명 중 3명꼴 수준인 256명(75%)이 감염 6개월 내에 사망했다. 6개월 이내 사망자 비율은 1985~90년 6%에서 1991~96년 16%, 1997~2002년 43% 등으로 가파르게 증가하는 추세다. 한국의 감염 6개월 이내 사망자 비율은 프랑스와 영국(10~20%)에 비해 월등히 높은 수준이다.

다행히 HIV 감염 이후 10년 이상 생존율은 1985~90년 56%에서 91~96년 62%, 97~2002년 70% 등으로 계속 늘고 있다. 이는 신약 개발과 정부의 적극적인 치료비 지원사업 영향으로 풀이된다.[529]

질병관리본부는 2008년 12월 말 기준으로 국내 HIV 누적 감염인 수가 총 6120명(사망 1084명)이라고 공식 발표한 바 있다. 그러나 정부에 '신고'된 감염인과 실제 감염인 수는 크게 차이가 나는 것으로 추정되는데, UNAIDS도 당시 우리나라의 감염인 수를 1만3000명(2007년 말 기준)으로 추계한 바 있다.[530] 현장 전문가들도 에이즈에 의한 사망자가 실제로는 훨씬 많다고 주장한다.

"In 2014 gay and bisexual men made up

an estimated 2% of the U.S. population,

but accounted for

70% of new HIV infections.

Approximately 492,000

sexually active gay and bisexual men are

at high risk for HIV."

(2014년 미국 인구의 2% 정도가 남성 동성애자 혹은 양성애자이나,

이들이 전체 신규 HIV감염의 70%를 차지하고 있다.

약 49만2000명의 남성 동성애자와 양성애자들이

HIV에 감염될 위험성이 높다.)

미국 질병관리본부 사실보고서
<HIV Among Gay and Bisexual Men> 中

4. 남자 동성애자들은
   일반인보다 에이즈에 많이 걸린다

남성 동성애자의 HIV감염률은 미국, 스페인, 칠레, 태국, 말레이시아, 남아프리카공화국, 기타 아프리카 및 카리브해 국가에서 15%를 초과했다. 즉 게이 7명 중 1명이 HIV, 즉 에이즈 바이러스에 감염됐다는 것이다. 지역별로 MSM에 그룹에서 가장 높은 HIV감염률을 보이는 지역은 카리브해(25.44%), 사하라 사막 이남 아프리카(17.73%), 북아메리카(15.35%)였다.[531] 태국의 경우 남성 동성애자 3명 중 1명 꼴로 에이즈에 감염됐다.[532]

UNAIDS가 제공하는 에이즈 관련 통계들

유엔의 에이즈 전담기구인 유엔에이즈의 에이즈와 관련된 〈2018년 사실 보고서(2018 Fact sheet)〉는 HIV/AIDS와 관련된 주요 통계를 제공한다. 유엔에이즈의 글로벌 통계의 주요 내용은 아래와 같다.

- 2017년도 기준 HIV에 감염된채로 살고 있는 사람은 3690만명 (3110만~4390만명)이다.
- 2017년도 기준 에이즈 치료를 받고 있는 사람은 2170만명(1910만 ~2260만명)이었다.
- 2017년 증가한 신규 HIV 감염 인구는 180만명(140만~240만명).

- 2017년에 에이즈 관련 질환 사망자는 94만 명(67만 명~130만 명)이다.

- 에이즈 감염 인구는 총 7730만 명(5990만~1억 명)에 이른다.

- 에이즈 관련 총 사망자는 3540만 명(2500만~4990만 명)에 이른다.

- 생존 HIV감염인 중 항레트로 바이러스 치료를 받는 사람은 46% 수준인 1820만 명(1610만 명~1900만 명)이다.

- 2017년 HIV에 감염된 임산부의 80% 태아가 수직 감염되는 것을 막기 위해 항레트로 바이러스 치료제를 제공받았다.

- 2010년 이후 아이들 사이에서 신규 HIV감염은 2017년까지 35% 까지 감소했다.

- 2010년 이후 성인 사이에서 신규 HIV감염은 2017년까지 16% 감소했다.[533]

대륙별 통계는 [그림 7-8]에서 보는 바와 같다.

대륙 구분	아프리카	아·태 지역	북미·서유럽	중남미	동유럽·중앙아시아·러시아
감염인	2473만명	510만명	240만명	200만명	150만명

[그림 7-8] 2015년 대륙별 HIV감염인 수[534]

덮으려는 자, 펼치려는 자

그간의 추이

전 세계적으로 1997년 HIV 신규 감염자는 347만 명으로 최고치를 기록했으며 이후 예방활동, 예방 교육, 치료약물의 등장 등으로 약간씩 감소하고 있어 2015년에는 210만 명으로 약 40%가 감소했다([그림 7-9] 참조).

1996년에 고강도 항레트로바이러스치료(칵테일 치료, HAART, highly active antiretroviral therapy)가 등장하면서 에이즈 환자들의 수명을 연장시키게 됐다. 이에 따라 에이즈 사망자는 감소하고 HIV 생존자는 증가하기 시작했다. 즉 HIV에 감염된 채 연명해 가고 있는 감염자들이 증가하게 된 것이다.

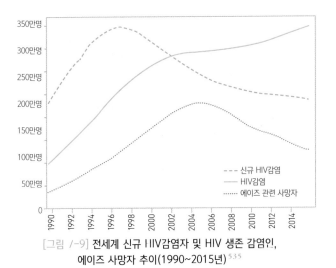

[그림 7-9] 전세계 신규 HIV감염자 및 HIV 생존 감염인, 에이즈 사망자 추이(1990~2015년)[535]

[그림 7-8]에서 볼 수 있듯 신규 HIV감염자 수는 1996년까지 급증하다가 이후 감소하고 있다. 현재 HIV감염자 수는 2000년까지 증가세가 가파르다가 이후 신규 환자가 줄어듦에 따라 다소 둔해지고 있다. 에이즈 사망자 수도 2004년까지 급증하다가 이후 신규감염자가 줄어든 데다가 치료 약물도 사용하게 되어 사망자 수는 감소추세에 있다.

확산 단계

세계보건기구(WHO)에 따르면 HIV/AIDS의 발생 양상은 통상적으로 총 6단계를 따라 변천한다.[536] 이 WHO의 자료는 태국의 상황을 참고한 자료다.

1단계(first wave) : 주로 남성 동성애자(homosexual men)간 성접촉을 통해 확산되는 단계.
2단계(second wave) : 주사기를 공동 사용하는 마약 중독자들(injecting drug users)에서의 감염 사례가 급증하는 단계.
3단계(third wave) : 성매매 여성들(commercial sex workers, CSW)의 감염이 뚜렷이 증가하는 단계.
4단계(fourth wave) : 성매매 여성들과 성접촉을 한 일반 남성들에서 광범위하게 유행되고 있는 단계.
5단계(fifth wave) : 성매매 여성들과의 성접촉으로 감염된 일반 남성

들의 배우자 또는 파트너들(wives and girlfriends of CSW clients)의
감염사례가 늘어나는 단계.
6단계(sixth wave): 감염된 산모들로부터 출생한 신생아들에서의 감
염 사례가 빈번해지는 단계.

이 변천 체계에 따르면 대부분의 국가는 HIV/AIDS 발생양상이
초기에 남성 간 성접촉자들에서 많이 나타난다. 이후 여성에게로 넘
어가고 그 이후 남녀 성비율이 유사해지는 단계로 발전하게 됨을 알
수 있다. 말레이시아 사례에서도 비슷한 양상이 확인되고 있다. 즉 말
레이시아 HIV감염인은 초기에 대부분 남성이었으나 90년대 중반을
넘어서면서 여성 감염자가 증가함을 볼 수 있다.

미국 내 에이즈 확산의 키워드 'MSM'

미국 동성애자 비율은 약 2%, 즉 100명 중 2명꼴이라고 볼 수 있
다. 만일 동성애자와 일반인이 에이즈에 걸릴 위험확률이 비슷하다
면 미국의 에이즈 감염인 중 동성애자가 2%, 일반인들이 98%를 차
지해야 할 것이다. 그러나 미국 에이즈 감염인의 70%가 게이다.[537]
미국에서는 초기에 동성애자들을 통해 HIV가 확산됐다. 벨기에
가 콩고에서 철수하면서 아이티 기술자 6000여 명이 콩고로 들어갔
다. 이들이 HIV에 감염되어 아이티로 귀국했다. 아이티에 매춘관광
을 온 뉴욕 게이들에게 HIV가 전염됐고 미국 본토에 HIV가 상륙했

다. 이것이 미국 에이즈 전파의 시작이라는 것이 현재까지 알려진 정설이다.

1981년 6월 5일 미국 질병관리본부는 로스앤젤레스에 있는 소규모의 게이 남성 중 비교적 희귀한 형태의 폐렴인 카리니폐렴(Pneumocystis carinii pneumonia, PCP)에 관한 경고를 최초로 발표했는데 나중에 에이즈 때문인 것으로 판명되었다.[538] 미국 최초의 에이즈 감염인 5명은 모두 동성 간 성행위에 적극적인 젊은 남성들 즉 남성 동성애자였다고 보건당국은 전하고 있다([그림 7-10] 참조).

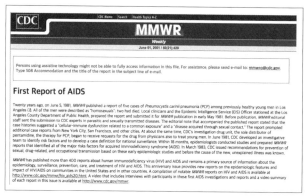

[그림 7-10] 2001년 미국 질병관리본부 주간보고서
<에이즈 최초 보고서(first report of AIDS)>: 미국 최초의
에이즈 감염자들이 남성 동성애자들이며 두 명 모두 사망했다고 밝히고 있다.[539]

이 남성들의 건강상태는 이후 기회 감염[540]과 악성종양인 카포시 육종이 있음이 추가로 드러났다. 그리고 보고될 당시 두 명의 동성애자 에이즈 환자는 사망한 상태였다. 이 사례들은 미국 내에서의 공식

적인 AIDS의 최초의 사례가 되었다.

우리나라 국립보건원 역시 공식적으로 1981년 6월 미국 LA에서 처음으로 5명의 에이즈 환자가 발견되었으며, 이들은 모두 남성 동성애자였다고 보고하고 있다.[541] 초기에는 게이들에게 증상이 집중적으로 나타났기 때문에 게이 암이라고 부르기도 했다.

알아봅시다

'게이 남성의 건강 위기'라는 에이즈 대책 단체를 아십니까?

미국의 가장 오래된 에이즈 단체는 무엇일까? 놀랍게도 민간인들, 특히 남성 동성애자 6명에 의해 세워진 단체인 '게이 남성의 건강 위기(GMHC, Gay Men's Health Crisis)'라는 단체다.[542]

이 단체의 설립 배경을 보면 당시 미국 초기 에이즈 확산의 주된 계층이 남성 동성애자임을 알 수 있다. 국내 친동성애 진영에서는 이 단체의 존재 자체가 알려지는 것을 꺼려한다는 소문이 있을 정도인데 실제로 이 단체의 설립 당시에 벌어졌던 일들이 최근에 영화화되기도 했다.[543]

1981년 6월 5일 미국 질병관리본부는 로스앤젤레스에 있는 소규모의 게이 남성 중 비교적 희귀한 형태의 폐렴인 카리니 폐렴에 관한 최초의 경고를 발표했는데 나중에 에이즈로

말미암은 것으로 판명되었다.[544]

같은 해 질병관리본부는 건강한 게이 남성들에게서 일반인에게는 드문 암인 카포시 육종의 발생을 보고했다. 처음에는 이 질병을 '게이 암(gay cancer)'이라고 부르다가 곧 GRID(gay related immune deficiency, 게이 관련 면역 결핍증)로 이름을 변경했다. 1981년도에 뉴욕타임스는 "41명의 동성애자들에게서 보인 희귀한 암"이라고 발표하기도 했다.[545] 지금에야 에이즈라는 이름으로 불리우고 이것이 HIV라고 이름 붙여진 바이러스에 의한 질병임을 알지만 당시에 남성 동성애자들에게서 구강 칸디다, 카포시 종양, 카리니 폐렴 등 다수의 병증들이 집중적으로 나타났다. 이것이 진균증인지 암인지 박테리아성 질환인지 종잡지를 못하고 그냥 게이들이 많이 걸린다는 단서 하나만 일반화 된 상태에서 게이 암이라고 부르고 있었던 상황이었다.

1981년 첫 모임 이후로 1982년 게이 암에 대처하고 연구 자금을 모으기 위해 6명의 남성 동성애자들이 맨하튼 어느 아파트에 모였는데 이 비공식 회의는 곧 GMHC 설립의 초석이 됐다.[546]

GMHC의 설립 배경이 되는 실제 이야기는 '더 노멀 하트(The normal heart)'라는 영화로 만들어지고, 영화관뿐 아니라 미국에서는 TV 드라마로 방영되었다.[547]

남성 동성애자 사이에서 나타나는 치명적인 보건문제로 의료진과 시민들은 공포감을 느낀다. 이 영화는 병명조차 알 수 없는 질병에 걸린 수많은 남성 동성애자들의 삶의 애환을 보여준다. 남성 동성애자인 주인공은 결국 에이즈에 걸려 사망하는 것으로 끝난다. 1984년까지만 해도 미국 질병관리본부는 에이즈 근절을 위해 GMHC의 적극적인 도움을 받았다.[548] 즉 미국의 에이즈 연구의 역사는 남성 동성애자들의 적극적인 협조가 있었기에 가능했다.

이런 공로를 한 단체임에도 불구하고 많은 동성애자들이 이 단체의 존재를 부담스럽게 생각하는 경향이 있다. GMHC의 존재 자체가 미국 에이즈 확산의 주된 통로가 무엇이었는지를 드러내고 있기 때문이다.

[그림 7-11] 미국 게이 에이즈 단체인 GAY MEN'S
HEALTH CRISIS의 웹사이트[549]

이후 미국 질병관리본부는 이 새로운 질병을 암이 아닌 전염병으로 선언했다. 때마침 1983년에 프랑스 파스퇴르 연구소의 몽따니에 박사팀이 에이즈 바이러스를 처음으로 분리하는데 성공하였다.[550] 이것은 미국 질병관리본부의 에이즈 연구에 시너지를 일으켰다. 70년대 미국 히피들은 단체로 거주하면서 마약을 즐겼다. 그들이 마약 주사기를 공유하면서 이들 중에 HIV에 감염된 동성애자가 있어 주사바늘을 공유한 다른 남녀에게도 HIV를 감염시켰다. 이 과정에서 동성애자가 아닌 이성애자들에게도 HIV가 나타나기 시작했다. 2000년대 이후 주사기 오염을 통한 HIV 전파를 적극 예방한 결과 이것으로 인한 HIV감염자는 감소한 반면 남성 간 성행위로 인한 HIV감염율이 다시 증가하고 있다. 유럽과 북미 등에선 HIV 확산단계가 2~3단계로 올라섰다고 평가할 수 있다.

역학조사를 통해 본 에이즈 감염자

미국에서는 이미 남성 동성애자와 양성애자의 19%가 HIV에 감염돼 있다.[551] 이는 2008년에 실시한 검사에서 나온 통계다. 미국에서는 노골적으로 전체 인구 중 2%도 안되는 남성 동성애자들이 2013년 신규 에이즈 감염 중 67%나 차지한다는 현실을 꼬집은 기사도 등장했다.[552]

미국 보건당국 역시 전체 인구의 2% 정도를 차지하는 MSM들이 미국 내 HIV감염인 120만 명 중 절반이나 차지하고 있으며 신규

HIV 진단의 약 70%를 차지한다고 발표한 바 있다.[553] 미국 질병관리본부는 웹사이트를 통해 신규 및 기존 HIV/AIDS 감염인의 대부분이 남성 동성애자 집단이라고 밝혔다. 2010년 미국에 13세 이상 HIV감염인이 약 110만 명일 때 그 중 76%가 남성이며 남성의 69%가 남성 동성애자라고 지적했다.[554]

2015년 미국의 신규 HIV 진단은 3만9513건으로, 그 81%는 13세 이상 남자들이었다. 지금은 미국인 120만 명이 HIV에 감염돼 있다. 지금도 남성의 수가 훨씬 많으며 점점 청소년층의 감염자가 증가하고 있다.

해리슨 내과학

HIV/AIDS 감염인들은 감염내과를 찾는다. 감염내과 의사들은 해리슨 내과학을 많이 참조한다. 미국에서 사용되는 의학 교과서인데 사실상 전 세계 의사들이 보는 내과학 교과서라고 할 수 있다. 해리슨 내과학에서 HIV감염에 취약한 계층으로 가장 먼저 언급하는 것이 동성애자다.

"게다가 동성애자들, 도시와 시골의 빈민지역(특히, 보건의료 혜택을 제대로 받지 못하는 미국 남부 지역의 소수 민족)에서의 확산뿐만 아니라, 이성 간의 성접촉(특히 주사약물 남용자의 성상대, 여성, 그리고 청소년)에 의해서 감염과 에이즈 환자가 최근에 증가하는 것은 미국에서 HIV감염의 유행이 공중보건 문제의 주요 부분이라는 사실을 입증하고 있다."555

Although the HIV/AIDS epidemic on the whole is plateauing in the United States, it is spreading rapidly among certain populations, stabilizing in others, and decreasing in others. Similar to other STIs, HIV infection will not spread homogeneously throughout the population of the United States. However, it is clear that anyone who practices high-risk behavior is at risk for HIV infection. In addition, recent increases in infections and AIDS cases among young men who have sex wigh men as well as the spread in pockets of poverty in both urban and rural regions (particularly among underserved minority populations in the southern United States with inadequate access to health care) testify that the epidemic of HIV infection in the United States remains a public health problem of major proportion.

HIV/AIDS 감염양상은 미국 전체로 봤을때는 보합상태를 보이며 변동이 없다. 그러나 어떤 집단에서는 빠르게 확산되고 있고, 어떤 집단에서는 변동이 없다. 그러나 어떤 집단에서는 감소하고 있다. HIV감염은 미국의 인구 내에서 균일하게 확산되지 않으며 이는 다른 성병들의 전염양상과도 비슷하다. 그러나 매우 위험한 행동을 하는 사람이라면 누구든 HIV에 감염될 수 있다.

최근 젊은 남성 동성애자들의 HIV감염 및 에이즈 증가와 함께, 도시와 지방의, 특히 보건서비스를 충분히 누릴 수 없는 미국 남부의 빈곤한 소수집단들 내에서 AIDS증가는 HIV감염 확산이 미국 공중보건의 주요한 문제임을 보여준다.

[표 7-12] '해리슨 내과학'은 남성 동성애자 사이에서
주로 확산되는 HIV감염 현상을 지적하고 있다.556

최근에 나온 해리슨 내과학 제19판에서도 남성 동성애자들의 성행위가 HIV의 주요 원인이라는 기술([그림 7-12] 참조)은 그대로 유지

되고 있다. 해리슨 내과학 제18판과 제19판의 차이점이 있다면 HIV 전염에서 남성 동성애자가 차지하는 비율이 75%에서 79%로 증가했다는 것이다.

미국 질병관리본부가 '바터밍'의 위험성을 경고하다

미국 질병관리본부는 국가 통계에 따라 보다 직설적으로 남성 간 성행위의 위험성을 표현하고 있다. 에이즈 바이러스에 감염되기 쉬운 위험행위는 남성 간 성행위이며, 그 중에서도 특히 '바터밍(Bottoming)'[557]에 집중되고 있다고 설명하고 있다.

In fact, anal sex is the riskiest type of sex for getting or transmitting HIV. HIV can be found in certain body fluids— blood, semen (cum), pre-seminal fluid (pre-cum), or rectal fluids—of a person who has HIV. Although receptive anal sex (bottoming) is much riskier for getting HIV than insertive anal sex (topping), it's possible for either partner—the top or the bottom—to get HIV. The bottom's risk is very high because the lining of the rectum is thin and may allow HIV to enter the body during anal sex. The top is also at risk because HIV can enter the body through the opening at the tip of the penis (or urethra); the foreskin if the penis isn't circumcised;

or small cuts, scratches, or open sores anywhere on the penis.[558]

"HIV는 HIV감염인의 체액-혈액, 정액, 쿠퍼액(pre-seminal fluid), 또는 직장액-에서 발견된다. 수용성 항문성교(바터밍)는 삽입성 항문성교(탑)보다 HIV에 감염될 위험이 매우 높다. 탑이나 바텀이나 모두 HIV에 감염될 수 있으나 바텀의 경우 더 위험한 이유는 직장의 점막이 얇아 항문성교 시 바이러스의 침투가 이뤄질 수 있기 때문이다. 탑의 경우도 HIV가 요도를 통해서, 포경이 안되어 있는 경우 피부를 통해서, 성기의 작은 상처나 염증을 통해서도 들어갈 수 있다."

미국 질병관리본부 홈페이지는 곳곳에서 남성 간 성행위가 HIV/AIDS 전파의 주된 경로임을 알리고 있다([그림 7-13] 참조).

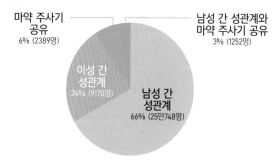

[그림 7-13] 2017년 신규 HIV감염의 발생경로(38만559명 조사):
미국 에이즈 감염이 주로 남성 간 성행위 때문에
일어나는 상황임을 알려주는 그래프[559]

'집단별 HIV(HIV by group)'이란 코너를 보면, 집단 분류 기준 혹은 집단의 종류로 '남성 동성애자와 양성애자', '성별', '연령' 등의 항목이 있다. 여기서 반드시 다루는 그룹이 항상 '게이와 양성애자 남성'이다. '남성 동성애자와 양성애자는 다른 어떤 집단보다도 HIV에 가장 많이 감염되는 집단임'을 확고히 알리고 있는 것이다.

위험 요인

랜싯 보고서에 따르면 HIV/AIDS 감염의 알려진 위험 요인은 다음과 같다.

- 바텀 역할을 하는 남성, 즉 남성 간 성관계시 수용적(항문을 제공하는) 위치에 있는 사람이 보호장치(콘돔) 없이 성관계를 갖는 경우.
- 남성 간 성관계 빈도가 높은 경우.
- 생애 동안에 많은 남성 성관계 파트너를 가지는 경우.
- 마약 주사기를 이용하는 경우.
- 주된 성관계 파트너들이 바이러스에 감염된 경우가 많은 경우.
- 흑인인 경우(미국인 경우).
- 암페타민 및 기타 주사형태가 아닌 마약을 사용하는 경우.[560]

미국 에이즈 감염자 신규 발생

2017년 미국 신규 에이즈 감염의 66%가 남성 간 성행위로 발생했다.[561] 추가로 3%는 남성 간 성행위와 마약 주사기를 사용하여 에이즈에 걸렸다. 여성들의 상당수는 이성, 즉 남성과의 성관계로 에이즈에 걸렸다. 플로리다주 보건부는 2013년 한 해 플로리다주 안에서만 5400명이 신규로 HIV에 감염되었다고 발표했다. 이는 미국 50개 주중에서 최고치에 해당되는데, 이런 결과에 가장 큰 영향을 준 그룹으로 남성 간 성관계를 하는 청년 · 청소년 남성과 50대 남성을 꼽았다.

2016년 미국 전역에서 신규로 에이즈에 가장 많이 걸린 집단은 흑인 남성 동성애자였으며, 그 다음이 백인 남성 동성애자, 세 번째는 히스패닉 · 라틴계열의 남성 동성애자였다([그림 7-14] 참조).

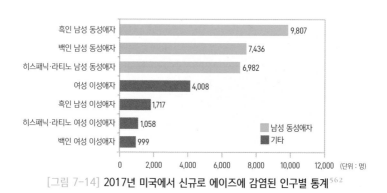

[그림 7-14] 2017년 미국에서 신규로 에이즈에 감염된 인구별 통계[562]

이처럼 미국 내에서 남성 동성애자와 에이즈의 긴밀한 연관성을 경고하는 보건당국의 발표와 기사는 인터넷을 통해 확인할 수 있다.

청소년 HIV 신규 감염

　미국 내 청소년 HIV 신규 감염인 역시 대다수가 남성 동성애자와 양성애자였다.

　2008~2010년 남성 동성애자와 양성애자의 신규 감염이 12% 증가 했는데, 특히 13~24세 남성 동성애자와 양성애자의 신규 감염은 22% 증가 했다.

　미국 질병관리본부는 청년 · 청소년의 에이즈 감염 현상을 비중있게 다루고 있다. 중 · 고등학교 학생, 대학생 나이에 해당하는 13~24세 사이의 청년 청소년들의 에이즈 감염의 현황과 감염경로를 웹사이트를 통해 공개하고 있다.[563]

　[표 7-15] 에서 볼 수 있듯 2016년에 13~19세 신규 남성 감염인의 92.7%, 20~24세 신규 남성 감염인의 91.6%가 남성 간 성행위로 감염되었다. 이와는 별도로 13~19세 신규 남성 감염인의 2.8%, 20~24세 신규 남성 감염인의 3.1%는 남성 간 성관계 및 마약이용을 겸하여 에이즈에 걸렸다. 즉 에이즈에 감염된 13세에서 24세까지 총 7535명을 대상으로 설문조사 한 결과 약 92%에 해당하는 8916명이 남성 동성애로 에이즈에 걸렸다. 남성 동성애 및 마약을 겸하여 에이즈에 걸린 228명까지 합하면 13~24세의 나이에 에이즈에 걸린 인구의 94.81%가 남성 동성애를 한 것으로 집계된다.[564]

　후술되겠지만 우리나라 18세~19세 HIV감염인의 92.9%가 동성 간 성행위 및 양성간 성행위로 말미암아 감염되었다고 2018년 4월

13일 대한감염학회 춘계학술대회 때 발표 되었는데,[565] 이는 미국 청소년 에이즈 감염인들의 에이즈 전파 경로 설문조사 결과와 매우 유사한 패턴을 보이고 있다.

Transmission category	13~29 years		20~24 years	
	No.	%	No.	%
Male-to-male sexual contact	1,321	92.7	5595	91.6
Injection drug use(IDU)	15	1.0	88	1.4
Male-to-male sexual contact and IDU	40	2.8	188	3.1
Haterosexual contact	42	3.0	234	3.8
Other	6	0.4	6	0.1
Total	1,424	100	6111	100

[표 7-15] 2016년 미국 청년·청소년
신규 HIV감염경로 조사 결과

2012년 7월 존스 홉킨스 대학 연구팀은 의학전문지 랜싯에 게재한 보고서에서 미국, 스페인, 칠레, 말레이시아, 남아프리카 등에서 MSM 중 15%가 이미 에이즈 바이러스에 감염되어 있다고 발표했다.[566]

세계보건기구(WHO)

세계보건기구는 동성애와 에이즈의 유관성에 대해 미국과 별 차이가 없는 입장을 보인다. WHO 역시 HIV, 즉 에이즈 바이러스 감염의 핵심 집단으로 아래와 같이 남성 동성애자를 1순위로 꼽는다([표

7-16] 참조).

HIV in key populations	HIV, 에이즈 바이러스 감염의 핵심 부류
· Men who have sex with men · ehdtjPeople in prisons and other closed settings · People who inject drugs · Sex workers · Transgender people	· 남성 동성애자 · 수감자들 등과 같은 폐쇄된 상황에서 생활하는 사람 · 마약 이용자 · 성매매 종사자 · 트랜스젠더

[표 7-16] WHO가 밝힌 HIV감염 핵심 그룹[567]

영국

2012년 영국 보건당국이 밝힌 자료에 따르면 남성 동성애자 20명 중 1명이 에이즈 바이러스에 감염됐다. 이는 일반 인구의 경우 667명 중에 1명이 걸리는 비율에 비해 매우 높은 수치라고 할 수 있다.[568] 2015년 봄, 영국 보건국은 '남성과 성관계를 갖는 남성의 건강 불균형 해결을 위한 행동계획'이라는 보도자료를 발표했다.[569] MSM이 HIV와 기타 성병에 가장 많이 감염되고 있으며, 그 수가 계속 증가하고 있음을 우려하는 내용이었다. 영국 보건당국은 '게이, 양성애자, 그리고 기타 남성 간 성관계 가지는 사람의 건강과 복지 증진을 위한 조사와 분석'이라는 행동계획서[570]를 발표했다.

2016년 발표된 영국 보건국 보고서에 따르면, 2015년 북아일랜드에서 보고된 HIV감염의 96%가 성관계에 의한 것이었다. 에이즈 치료를 받고 있는 감염인 중 60%가 동성 간 성관계로 40%는 이성 간 성관계로 감염되었다고 조사되었다. 영국 통계청은 동성애자 인구가 전체 인구 중 2.3%라고 발표한 바 있는데 전체 에이즈 감염자 중 남성 동성애자가 60%를 차지한다는 말은 성적지향에 따라 심각한 에이즈 감염 불균형을 보이고 있음을 보이고 있다.[571]

태국

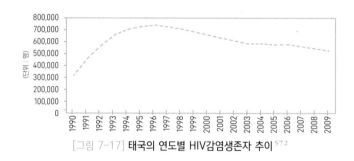

[그림 7-17] 태국의 연도별 HIV감염생존자 추이[572]

　　태국은 1984년 최초의 HIV감염자가 발생된 후 감염자가 급증해 1990년 한 해에만 15만여 명이 HIV에 감염됐다. 정부 차원에서 에이즈와의 전쟁을 선포하고 성문화 교정과 콘돔 사용 등을 통해 감염자를 줄여나갔다([그림 7-17] 참조).[573]

　　태국은 1984년 이래 100만 명 이상이 HIV에 감염되었고 50만여 명 이상이 에이즈로 사망했다. 2016년 기준으로 약 44만 명이 생존하고 있다. 2016년 HIV 신규 감염자는 6400명이었으며, 에이즈로 인한 사망자는 1만5000명이었다. 성인 중 1.1%가 HIV에 감염된 상태였다. 신규 에이즈 감염경로는 50%가 남성 간 성관계, 마약 주사기로 인한 감염자가 12%, 여성과 성매매로 인한 감염이 10%였다. 이성 간 성관계를 통한 감염은 28%였다([그림 7-18] 참조).[574]

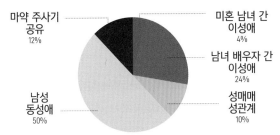

[그림 7-18] 2015~2019년 예상 되는 태국 HIV 신규감염 경로[575]

1996년 28%에 달했던 윤락 여성의 에이즈 바이러스 감염률은 2011년에는 1.8%까지 낮아졌다. 그러나 태국 방콕의 남성 동성애자들의 31%가 에이즈 바이러스에 감염되었다고 가디언지는 보도했다.[576]

태국에서 HIV감염자가 급증했던 이유로 성매매 관광산업의 활성화, 마약 주사기 사용자, 성매매 종사 트랜스젠더의 높은 HIV감염, 남성의 높은 성매매 경험율, 낮은 콘돔 사용율 등이 거론되고 있다.

태국에서 HIV 전염이 확산될 때 시간 진행에 따라 주 전염대상이 바뀌었기 때문에 이를 '태국의 6단계 에이즈 확산 양상'이라고 부른다.

- 1단계 : 성관계를 통한 전파
- 2단계 : 마약 주사를 통한 전파
- 3단계 : 매춘종사 여성(CSW)
- 4단계 : 매춘종사 여성이 상대하는 남성들
- 5단계 : 임산부
- 6단계 : HIV에 감염된 임산부에서 태어난 아이들(2% 내외)[577]

즉 초기에는 에이즈가 성매매 종사자와 남성 동성애자를 통해 확산된다. 태국에선 동성애자 중 마약 주사기 사용자로 인해 마약주사자의 HIV감염 비율이 급증하면서 1988년에는 HIV감염인의 60%를 차지할 정도였다. 1989년부터 남성 동성애자의 감염이 급증하면서 마약 주사자 비율은 상대적으로 감소했다. 동시에 HIV에 전염된 남편을 통해 HIV에 전염된 여성이 2000년에는 50%를 차지할 정도로 증가했고, 90년대 중반 이후부터 HIV에 감염된 여성을 통해 HIV에 감염되는 남성의 비율도 증가했다. 2000년 이후 남성 동성애자와 혼외자(미혼자)의 HIV감염이 증가했다.

2004년 우리나라 질병관리본부, 국제연합개발계획(UNDP)이 공동주관한 국제 에이즈심포지엄의 결과 보고서인 〈에이즈로 인한 사회 경제적 영향〉에서 국제연합개발계획 자문관 소남 양천 라나(Sonam Yangcheon Rana) 박사는 태국에서 에이즈가 어떻게 가정을 힘들게 하고 있는지 언급했다. 그는 태국에서 에이즈에 걸려 마지막 여생을 보내는 가족 구성원 1명 때문에 평균 1년 소득에 맞먹는 비용을 지출해야하는 경우도 있으며 가구 소득의 80%가량이 감소했다고 발표했다.[578]

모리타니아

모리타니아의 남성 동성애자의 다수는 이미 HIV/AIDS 감염인이다. 유엔은 2017년 보고서를 통해 모리타니아의 게이들이 44.4%의 HIV/AIDS 유병률을 보이고 있다고 발표했다.[579] 그러나 이들 감염인 중 치료를 받고 있는 비율은 23%에 그친다.

레바논

2017년 유엔 발표에 따르면 레바논은 전체 인구 중 약 4220명이 MSM인 것으로 집계됐다. 레바논은 남성 동성애자 중 27.5%가 HIV/AIDS 감염인으로 살아가고 있는 나라이다. 즉, 레바논 MSM의 3~4명 중 1명은 이미 HIV/AIDS 감염인으로 살아가고 있다.[580]

마다가스카르

2017년 유엔 발표에 따르면 마다가스카르는 남성 동성애자 중 14.9%가 HIV/AIDS 감염인으로 살아가고 있는 나라이다. 즉, 마다

가스카르 MSM의 7명 중 1명 이상이 이미 HIV/AIDS에 감염된 것이다.[581] 그러나 HIV/AIDS 감염인 중 치료를 받고 있는 비율은 5%에 그치고 있다고 유엔은 보고했다.

레소토

2017년 유엔 발표에 따르면 레소토 역시 MSM의 에이즈 감염률이 심각하다. 유엔은 2017년 에이즈 보고서를 통해 레소토 게이의 32.9%가 HIV감염인이라고 발표했다.[582] 즉 레소토 게이 3명 중 1명이 이미 HIV/AIDS 감염인으로 살아가고 있다. 레소토에 만일 3명의 게이가 나란히 길을 걷고 있다면 그 중 1명이 에이즈 감염인인 셈이다.

남아프리카공화국

2017년 유엔 발표에 따르면 남아프리카공화국 남성 동성애자 중 26.8%가 HIV/AIDS 감염인이었다. 즉 남성 동성애자의 4명 중 1명 이상이 이미 HIV/AIDS 감염인으로 살아가고 있는 것이다.[583] HIV/AIDS 감염인 중 치료를 받는 비율은 56%에 달했다.

호주

호주는 세계 최대 규모의 퀴어 퍼레이드가 벌어지는 나라다. 2017

년 11월엔 국민 투표로 동성결혼을 통과시킨 바 있다.[584] 호주 남성 동성애자 6명 중 1명은 이미 에이즈에 걸려있다. 유엔은 호주 게이의 16.5%가 이미 HIV/AIDS 감염인이라고 발표하고 있다.[585] 다행히 호주 에이즈 감염인 중 90%는 적절한 에이즈 치료를 받고 있다.

나이지리아

나이지리아 MSM의 경우 4명 중 1명꼴로 HIV/AIDS에 감염되었다. 유엔은 나이지리아 남성 동성애자들 중 23%가 HIV에 감염돼 살고 있다고 발표했다.[586]

중국

최근 중국 질병 예방센터가 발행한 에이즈 관련 보고서에 따르면 15~24세 청소년들의 에이즈 바이러스 감염이 연평균 35%씩 증가하고 있다. 베이징의 경우 2015년 신규 에이즈 감염자의 82%가 남성 동성애자였다.[587] 2011년 중국 위생부 통계에 따르면 남성 동성애자(양성애자 포함)의 HIV 보균 비율은 5%가량으로 전 국민 평균인 0.057%보다 88배 높다. 이후 중국 남성 동성애자의 HIV/AIDS 유병률은 높아졌다. 유엔은 2017년 보고서를 통해 중국 MSM의 7.75%가 이미 에이즈 감염인이라고 밝혔다.[588]

중국 남부 지역은 HIV감염 상황이 더욱 심각했다. 에이즈 환자 비율이 높은 남방의 특정 대도시에서는 남성 동성애자 가운데 HIV 보균 비율이 20%까지 올라가는 경우도 있었다.[589]

말라위

아프리카 남동부의 말라위도 남성 동성애자들의 에이즈 유병률이 높은 편이다. 말라위에 거주하는 MSM 5명 중 1명이 HIV/AIDS 감염인이다. 정확히는 말라위 게이의 17.3%가 HIV/AIDS 감염인이다.[590]

스와질랜드

2017년 유엔 발표에 따르면 스와질랜드는 남성 동성애자 중 12.6%가 HIV/AIDS 감염인으로 살아가는 나라이다. 즉 스와질랜드 MSM의 8명 중 1명 이상이 이미 HIV/AIDS 감염인이다.[591] 그러나 HIV/AIDS 감염인 중 치료를 받고 있는 비율은 5%에 그치고 있다고 유엔은 2017년 발표했다.

'에이즈 왕국'이라고도 불리던 스와질랜드는 2011년 성인(18세~49세)의 에이즈 감염률이 31%였다.[592]

중앙아프리카공화국

2017년도 유엔 발표에 따르면 중앙아프리카공화국은 남성 동성애자 중 25.4%가 HIV/AIDS 감염인으로 살아가고 있는 나라다. 즉 중앙아프리카공화국 MSM의 8명 중 1명 이상이 이미 HIV/AIDS 감염인이다.[593] 그러나 이들 감염인 중 치료를 받는 비율은 24%에 그치고 있다.

미국

2017년 여름 존스홉킨스 대학 연구팀에 따르면 미국 남성 동성애자 중 15%가 HIV/ADIS 감염인이다.[594]

세네갈

세네갈은 남성 동성애자 중 절반에 가까운 41.9%가 HIV/AIDS 감염인이다. 즉 세네갈 MSM의 2명 중 1명 꼴로 이미 HIV/AIDS 감염인으로 살아가고 있다.[595] 그러나 이들 감염인 중 치료를 받는 비율은 26%에 그친다.

인도

인도는 남성 동성애자 중 4.3%가 HIV/AIDS 감염인이다. 즉 인도 MSM의 25명 중 1명 이상이 이미 HIV/AIDS에 감염인으로 살아가고 있다는 것이다.[596]

인도네시아

인도네시아는 한국인이 많이 관광을 가는 나라다. 인도네시아 남성 동성애자 중 25.8%가 이미 HIV/AIDS 감염인이라는 것을 아는 국민은 많지 않다. 즉 인도네시아 MSM의 4명 중 1명 이상이 에이즈 감염인인 것이다.[597]

일본

2017년 유엔 발표에 따르면 일본은 남성 동성애자 중 4.8%가 HIV/AIDS 감염인이다.[598] 일본 보건당국은 일본 에이즈 감염의 주된(70% 이상) 전파 경로가 남성 간 성관계라고 분명하게 명시하고 있다.[599] 일본 남성 동성애자는 성교 시 콘돔을 사용하는 비율이 높은데, 71%가 콘돔을 사용한다.[600] 한국 남성 동성애자들의 콘돔 사용률은 일본에 비해 매우 저조하다. 그래서 이들이 콘돔 사용률을 60% 이상으로 끌어 올리는 것이 '국민건강증진 계획 16-가' 사업 목표 중 하나다.[601]

말레이시아

말레이시아는 남성 동성애자 중 8.9.%가 HIV/AIDS 감염인으로 살아간다. 즉 말레이시아 MSM의 11명 중 1명 꼴로 HIV/AIDS 감염인으로 살아가고 있다.[602] 그러나 이들 감염인 중 치료를 받고 있는 비율은 37%에 그치고 있다고 유엔은 발표했다.

몽골

몽골은 남성 동성애자 중 13.7%가 HIV/AIDS 감염인이다. 즉 몽골 MSM의 7명 중 1명 꼴로 이미 HIV/AIDS에 감염인으로 살아가고 있다.[603] 특이하게도 몽골 MSM의 94.9%, 즉 거의 대부분이 자신의 에이즈 감염 여부를 알고 있다. 그러나 치료를 받고 있는 비율은 33%에 그치고 있다고 유엔은 보고했다.

뉴질랜드

뉴질랜드는 남성 동성애자 중 6.5%가 HIV/AIDS 감염인으로 살아가고 있다. 즉 뉴질랜드 MSM의 15명 중 1명 꼴로 이미 HIV/AIDS에 감염인으로 살아가고 있다.[604] 뉴질랜드 MSM의 콘돔 사용률이 높다. MSM의 81%가 콘돔을 사용한다고 유엔은 보고했다.

필리핀

필리핀은 남성 동성애자 중 4.9%가 HIV/AIDS 감염인이다. 즉 필리핀 MSM의 20명 중 1명 꼴로 이미 HIV/AIDS 감염인으로 살아가고 있는 것이다. 이는 우리나라 남성 동성애자들의 에이즈 유병률과 유사하다.[605] 문제는 필리핀 MSM 중 자신들의 에이즈 감염여부를 아는 사람이 16%에 불과하다는 것이다.

베트남

베트남은 남성 동성애자 중 8.2%가 HIV/AIDS 감염인으로 살아가고 있다. 즉 베트남 MSM의 12명 중 1명 꼴로 이미 HIV/AIDS 감염인으로 살아가고 있다.[606] 베트남 에이즈 감염인 중 절반(47%) 정도가 에이즈 치료를 받고 있다.

아르헨티나

아르헨티나는 9명의 MSM 중 1명 정도가 이미 에이즈에 걸려있다고 유엔은 발표했다. 유엔이 2017년에 발표한 보고서에 따르면 아르헨티나 MSM의 HIV 유병률은 11.4%였다.[607]

코스타리카

유엔 자료에 따르면 코스타리카는 8명의 MSM 중 1명 정도가 이미 에이즈에 걸려있다. 코스타리카 MSM의 HIV 유병률은 2017년 기

준으로 12.7%이다.[608]

에콰도르

에콰도르는 8명의 MSM 중 1명 정도가 이미 에이즈에 걸려있다. 유엔이 2017년에 발표한 보고서에 따르면 에콰도르 MSM의 HIV유병률은 13.3%였다.[609] 에콰도르의 트랜스젠더 중 32%가 HIV에 감염되었다.

엘살바도르

엘살바도르는 10명의 MSM 중 1명 정도가 이미 에이즈에 걸려있다. 유엔이 2017년에 발표한 보고서에 따르면 엘살바도르 MSM의 HIV유병률은 10.3%였다.[610]

과테말라

과테말라는 12명의 MSM 중 1명 정도가 이미 에이즈에 걸려있다. 유엔이 2017년에 발표한 보고서에 따르면 과테말라 MSM의 HIV유병률은 8%였다.[611] 또한 과테말라 트랜스젠더 중 22%가 HIV에 감염되었다.

온두라스

온두라스는 9명의 MSM 중 1명, 트랜스젠더 9명 중 1명 꼴로 에이즈 유병률을 보이고 있다. 유엔이 2017년에 발표한 보고서에 따르면 온두라스 MSM의 HIV 유병률은 11.7%, 트랜스젠더 유병률은 11.9%였다.[612]

멕시코

멕시코 트랜스젠더 6명 중 1명 꼴로 HIV/AIDS 유병률을 보인다. 유엔이 2017년에 발표한 보고서에 따르면 트랜스젠더 유병률은 17.4%였다.[613]

파나마

파나마는 7명의 MSM 중 1명 정도가 이미 에이즈에 걸려있다. 유엔이 2017년에 발표한 보고서에 따르면 파나마 MSM의 HIV 유병률은 14.2%였다.[614] 또한 파나마 트랜스젠더 중 15%가 HIV에 감염되었다.

파라과이

파라과이는 남성 동성애자 중 15.4%가 HIV/AIDS 감염인으로 살아가는 나라다. 즉 파라과이 MSM의 6~7명 중 1명 꼴로 HIV/AIDS에 감염됐다는 말이다 .[615]

페루

페루는 남성 동성애자중 16.4%가 HIV/AIDS 감염인으로 살아가고 있다. 즉 페루 MSM의 6명 중 1명 꼴로 이미 HIV/AIDS에 감염인으로 살아가고 있다.[616]

바하마

바하마는 남성 동성애자 중 19.6%가 HIV/AIDS 감염인으로 살아가고 있다. 즉 바하마는 MSM의 5명 중 1명 꼴로 HIV/AIDS 감염이 발생하고 있다.[617]

이집트

이집트는 남성 동성애자 중 6.2%가 HIV/AIDS 감염인으로 살아가고 있는 나라다. 즉 이집트는 MSM의 18명 중 1명 꼴로 이미 HIV/AIDS 감염인으로 살아가고 있다.[618]

모로코

모로코는 남성 동성애자 중 5.7%가 HIV/AIDS 감염인으로 살아가고 있는 나라이다. 즉 모로코는 MSM 18명 중 1명 꼴로 HIV/AIDS 감염인으로 살아가고 있다.[619]

튀니지

튀니지는 남성 동성애자 중 9.1%가 HIV/AIDS 감염인으로 살아가고 있는 나라다. 즉 튀니지는 MSM의 11명 중 1명 꼴로 HIV/AIDS에 감염되어 있다.[620]

아제르바이젠

아제르바이젠은 남성 동성애자 중 2.2%가 HIV/AIDS 감염인으로 살아가고 있는 나라다. 즉 아제르바이젠은 MSM의 49명 중 1명 꼴로 HIV/AIDS 감염인으로 살고 있다.[621]

벨라루스

벨라루스는 남성 동성애자 중 5.7%가 HIV/AIDS 감염인으로 살아가고 있는 나라다. 즉 벨라루스는 MSM의 18명 중 1명 꼴로 HIV/

AIDS 감염인으로 살고 있다.[622]

카자흐스탄

카자흐스탄 남성 동성애자 중 3.2%가 HIV/AIDS 감염인으로 살아가고 있는 나라다. 즉 카자흐스탄 MSM의 30명 중 1명 꼴로 이미 HIV/AIDS 감염인으로 살아가고 있다.[623]

폴란드

폴란드 남성 동성애자 중 7.2%가 HIV/AIDS 감염인으로 살아가고 있는 나라다. 즉 폴란드 MSM의 13명 중 1명 꼴로 HIV/AIDS 감염인으로 살고 있다.[624]

루마니아

루마니아 남성 동성애사 중 18.2%가 HIV/AIDS 감염인으로 살아가고 있는 나라다. 즉 루마니아 MSM 5명 중 1명 정도가 HIV/AIDS 감염인이다.[625]

우크라이나

우크라이나 남성 동성애자 중 8.5%가 HIV/AIDS 감염인으로 살아가고 있는 나라다. 즉 우크라이나 MSM의 13명 중 1명 정도가 이미 HIV/AIDS 감염인이다.[626]

벨기에

벨기에 남성 동성애자 중 12.3%가 HIV/AIDS 감염인으로 살아가고 있는 나라다. 즉 벨기에 MSM의 8명 중 1명 꼴로 HIV/AIDS 감염인으로 살아가고 있다.[627]

독일

독일 MSM 중 6%가 HIV/AIDS 감염이다. 즉 독일 MSM의 17명 중 1명 꼴로 HIV/AIDS 감염인으로 살아가고 있는 것이다.[628]

아일랜드

아일랜드 남성 동성애자 중 7.8%가 HIV/AIDS 감염인으로 살고 있다. 즉 아일랜드 MSM의 12명 중 1명 정도가 이미 HIV/AIDS 감염인으로 살아가고 있다.[629]

아일랜드는 동성 결혼을 2015년부터 합법화 시켰는데, 동성 결혼을 국민투표 방식으로 통과시킨 최초의 국가다.[630]

스페인

스페인의 MSM 중 11.3% HIV/AIDS 감염인이다. 즉 스페인 MSM 의 9명 중 1명 이상이 이미 HIV/AIDS 감염인으로 살아가고 있다.[631] 스페인에서 동성 결혼은 2005년 7월 3일부터 법적으로 인정받고 있다.[632]

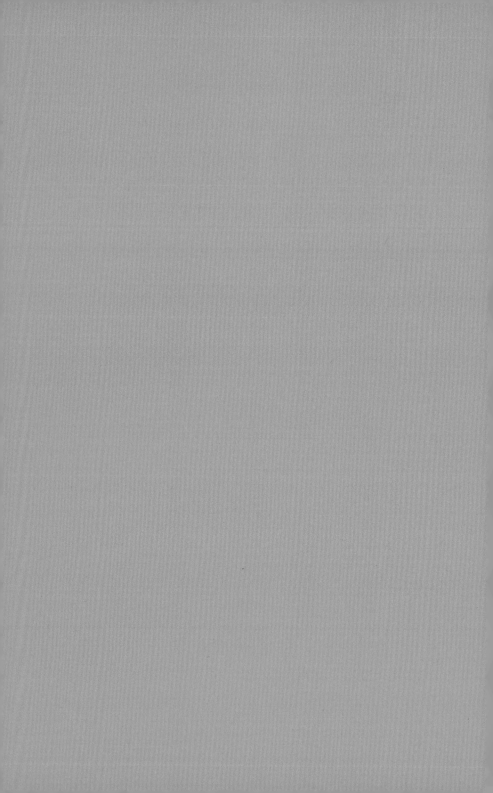

08

국내
에이즈와
남성 간
성행위의
밀접한
연관성

1. 국내 HIV/AIDS

국내 에이즈 감염 1호

내국인 중에서 최초의 HIV 감염인은 1985년 12월에 발견되었다.[633] 그러나 내국인, 외국인을 통틀어 국내에서 최초로 HIV 감염인이 등장한 것은 1985년 여름이었다. 국내 대학에서 학생들을 가르치던 외국인 강사가 에이즈 감염 확진 판정을 받은 것이 국내 에이즈 확진의 첫 케이스였다. 그는 남성 동성애자 였으며 HIV 감염인 단계를 지나 이미 환자로 이행된 상태였다. 당시 세브란스 병원 외국인 진료소장이었던 윤방부 박사가 심각한 폐렴을 앓고 있는 한 남성을 치료하는 과정에서 면역력 저하를 의심해 검사를 했는데 에이즈 진단을 내리게 됐다. 이것이 국내 최초의 에이즈 진단이다. 그 외국인이 동성애자라는 사실은 박사가 직접 질문해서 알아낸 사실이었다.[634]

한국에서 에이즈 감염인이 처음 발견된 상황은 미국과 매우 유사하다. 미국 최초의 에이즈 감염 진단자 역시 병원에서 심각한 폐렴을 호소하는 과정에서 에이즈가 발견 되었다.[635] 그 해 우리나라는 총 2명이 신규로 HIV에 감염되었다. 1986년엔 3명이 에이즈에 감염되었다. 이렇듯 우리나라는 HIV/AIDS 감염자가 다수 발생되는 상황은 아니었다.

그러나 지금은 상황이 너무 많이 달라졌다. 한국은 2016년 한 해

동안만 1199명이 신규 HIV/AIDS 감염인으로 판명되었다.[636]일반 국민들이 쉽게 쓰는 표현으로 소위 '에이즈에 걸린' 사람이 한 해 동안 거의 1200명 가까이나 늘어난 것이다.

'에이즈 치료제가 발견됐다', '백신도 곧 나올 것이다', '인류의 에이즈 정복이 이제 바로 눈 앞이다'라고 대서 특필하고 낙관해 온 지 20년이 넘었는데 왜 한국의 에이즈 시계는 거꾸로 돌아가는 것일까. 85년 불과 2명이 에이즈 감염인이었던 우리나라에서 왜 지금은 해마다 천명이 넘는 HIV/AIDS 감염인이 신규로 발생하는 것일까. 그리고 어떤 이유로 감염인들의 연령대가 점차 어린 나이대로 이동하고 있는 것일까.

한국의 HIV 신규 감염 추이

질병관리본부의 에이즈 종양바이러스과의 발주로 작성된 '제10차년 한국 HIV/AIDS 코호트'[637] 연구보고서를 보면, 현재 시행하는 HIV/AIDS감염경로 설문조사의 신뢰도가 낮아 실제보다 동성애자의 비율이 낮게 추정되는 경향이 있다고 나온다.

▌질문있어요

동성 간 성행위로 에이즈에 걸렸는지 이성 간 성행위로 에이즈에
걸렸는지 보건소가 조사할 때 나온 답변들은 신뢰할만한가요?

질병관리본부와 국가인권위원회는 HIV/AIDS 감염경로를
파악하는 보건소 역학조사에 대해 신뢰도가 낮다고 아래와 같
이 보고하고 있다.

> '보건소 역학조사를 통해 이성 간의 성접촉으로 전파된 것으
> 로 잠정 판단되었던 사례가 추후 남성 동성애자 간의 성접촉
> 에 의한 것으로 정정되는 경우가 빈번하다.'[638]

이러한 보건당국의 보고가 사실임을 입증하는 또 다른 보고서
가 국가인권위원회에 의해 작성되었다. 우리나라 HIV/AIDS
감염인 중 절반 이상이 동성 간이 아닌 이성 간 성관계로 감염
되었다고 설문 조사결과 나온다. 하지만 이러한 역학조사가
결국 부정확하다고 볼 수밖에 없는 이유 중 하나로 보건소에
서 HIV/AIDS 감염인들을 대하는 직원들의 진술을 예로 들
수 있다.[639]
2005년 국가인권위가 실시한 역학조사의 신뢰도에 대한 질문
에 응답한 서울의 보건소 HIV/AIDS 담당자 중 88%는 조사
신뢰도가 낮다고 답변했다.[640]

특히 90%정도는 '동성애가 감염경로일 것이다'라며 신뢰도에 의문을 품고 있었으며, 심지어 '신뢰도를 기대하지 말라'고까지 답변한 담당자도 있었다. 자신들이 수행한 조사는 믿을 수가 없다고 밝힌 것이다. 그 이유로 이성 간 성행위로 감염됐다고 답했다가 역학조사 후 만남이 유지되면서 동성애자였음이 드러나는 경우가 흔하다는 것이다. 어느 정도 담당자와 감염인 사이에 신뢰나 친밀감이 형성된 상태에서 역학조사를 하는 것이 아니라, 보통 첫 만남에서 하는 것을 원칙으로 하다 보니 솔직하게 자신의 성정체성을 말하지 않았던 것이다. 실제로 조사에 응한 24명의 직원 중 23명은 첫 만남에서 조사를 한다고 했다. 아래는 답변한 24명의 보건소 담당자들 중 답변한 23명 전원의 진술을 그대로 옮겨온 것이다.

보건소 A: 주로 감염경로에서 동성애인 경우 이성애라고 답했다가 후에 달라지는 경우가 많다. 역학조사의 신뢰도가 낮다.

보건소 B: 물론 바뀌는 것이 있는데 그중 가장 많이 바뀌는 것이 감염 경로 중 이성이냐 동성이냐 하는 질문이다.

보건소 C: 역시 성 정체성에 관련된 질문이다. 약 10% 만이 올바로 대답한다고 생각한다. 역학조사의 신뢰도 아주 낮다.

보건소 D: 동성애자가 아무리 적어도 50% 이상이라고 보여지는데 역학조사에서 본인 진술은 극히 낮게 나타난다. 후에 제일 많이 바뀌는 부분이다.

보건소 E: 동성애냐 이성애냐의 부분이 많이 바뀐다.

보건소 F: 상담 도중 느낌은 아닌 것 같아도 본인이 답변하는 대로 적을 수 밖에 없다. 역학조사의 신뢰도 낮다.

보건소 G: 성행태에 대해서는 특히 믿기가 어렵다. 그러나 진술한 대로 적을 수 밖에 없다.

보건소 H: 감염인을 많이 만나고 상담하다 보니 나는 동성애자라고 느끼는데 본인은 이성애라고 대답하면 방법이 없다. 90% 정도가 동성애일 것이다. 역학조사의 신뢰도 아주 낮다.

보건소 I: 역학조사에서 가장 많이 바뀌거나 혹은 신뢰하기 어려운 답은 동성애냐 하는 것이다. 동성애자가 70% 정도로 나오지만 믿기가 어렵다.

보건소 J: 성행태나 최근의 성관계 등은 밝히기 어려운 부분이기도 하고 나중에 많이 바뀌기도 하는 질문이다. 신뢰관계가 형성 되기 전에 역학조사를 할 경우 신뢰도 낮다고 생각한다.

보건소 M: 역학조사는 설문지 이상의 효과를 기대하기 어렵다고 본다. 신뢰도를 별로 기대하지 않는다.

보건소 N: 성행태에 대해서는 나중에 많이 바뀌는 것을 알 수 있다.

보건소 O: 성관계에 대한 문제가 전파 문제와 연결되어 있어 솔직한 대답을 하지 않는 경우가 많다. 신뢰도 낮다.

보건소 Q: 초창기보다는 신뢰도 많이 좋아지고 있다고 생각한다. 동성애자라고 밝히는 것도 예전보다 자연스럽게 답을 하고 있다.

보건소 R: 역학조사 신뢰도 낮다. 특히 성 정체성에 대해서는 더욱 그렇다.

보건소 S: 신뢰도를 크게 기대하기는 어려울 것이다.

보건소 T: 역학조사에 대해 설명하려고 하거나 깊이 물어보려고 하면 오히려 더 경계하기 때문에 본인에게 체크하라고 안내하는 정도로 하고 있다. 신뢰도 문제는 느낌으로는 낮다고 생각한다.

보건소 U: 동성이냐 이성이냐 대한 질문에 대해서는 신뢰도가 낮다.

보건소 V: 동성애자가 80 ~ 90% 정도 되는 것 같다. 역학조사 후 만남이 유지되면서 바뀌기도 한다.

보건소 W: 초기에는 성 정체성에 대한 신뢰도를 거의 기대할 수 없었으나 현재는 좀 좋아지고 있다. 쉽게 표현하는 사람들도 있다. 그러나 전체적인 신뢰도는 높지 않다고 생각한다.

보건소 X: 신뢰도 낮다. 후에 친해지면 스스로 사실은 동성애자라 고백해 오기도 한다.

보건소 직원들 뿐 아니라 보건복지부도 동성애자의 경우 역학조사에 응할 때 실제의 성 정체성은 솔직하게 밝히지 못하는 경향이 있다고 파악하고 있다. 우리나라 보건복지부는 '제3차 국민건강증진종합계획(2011~2015)'을 통해 HIV감염인을 상대로 설문조사의 결과가 그다지 신빙성이 높지 않음을 다음과 같이 밝히고 있다.

'역학조사를 통해 감염경로가 밝혀진 사례의 대부분인 99%가량은 성접촉으로 인한 감염사례였다. 그 중 이성 간 성접촉과 동성 간 성접촉으로 인한 감염사례의 비는 대략 6:4(3364명: 2216명)로서 이성 간 성접촉이 더욱 흔한 전파경로인 것처럼 확인되고는 있다. 그러나 동성애자의 경우 역학조사에 응할 때 실제의 성정체성을 솔직하게 밝히지 못하는 경향이 있고, 전체 HIV감염인의 91.7%가 남성에 편중되어 있음을 감안할 때 우리나라는 아직까지 남성 동성애자 간 성접촉이 주요 전파경로인 것으로 인정된다.'[641]

솔직하지 않은 답변들로 채워진 역학조사는 신뢰성을 더 이상 가지지 못한다. 문제는 이런 신빙성 없는 설문조사 결과를 근거로 질병관리본부가 홈페이지에 버젓이 게재하고 있다는 것이다. 그리고 그것을 온 국민들이 보고 혼란에 빠지도록 주무 부처인 질병관리본부가 방치하고 있다는 것이다. '제4차 국민건강증진종합 계획서' 역시 동성애자의 경우 성 정체성을 솔직히 밝히지 않는다고 지적했는데도 말이다.[642]

감염인 성비

2005년 최근 질병관리본부가 발표한 에이즈 감염자 현황을 살펴보면 에이즈 환자 680명 중 94.1%가 남성인 것으로 밝혀졌다.

연도별 내국인 감염자 중 남성의 비율을 살펴보면 2010년 93.5%, 2011년 93.1%, 2012년 93.1%, 2013년 93.4%, 2014년 94%, 2015년 95.7%이었다.[643] 남자와 여자의 성비율이 96:4에 달한다.

2016년 한 해 1199명이 신규로 신고 되었으며, 내국인은 1062명, 국내 거주 외국인은 137명이었다. 내국인은 남자 1002명, 여자 60명으로 16.7:1의 비정상적인 성비율을 보였다.

연령 구성으로 봤을 때 2016년 신규 감염인 중 20대가 33.7%(404명)으로 가장 많았으며, 30대 24.1%(289명), 40대 18.6%(223명) 순으로 20~40대가 전체의 76.4%를 차지했다. 청년 에이즈 감염 문제가 심각하게 드러났다는 것을 여실히 보여준 것이다. 신고한 기관은 병·의원 67.8%(813명), 보건소 22.2%(266명), 기타 10%(120명)이었다.

에이즈 감염자의 급격한 증가 추세

한국의 연간 신규 HIV/AIDS 감염자 수는 매년 증가하고 있다. 2000년 219명이 신규로 HIV/AIDS에 감염됐고, 2015년에는 1018명이 감염됐다. 최근에는 4년째 매년 1000명 이상씩 늘고 있다. 그 결과 누적 생존인도 512명에서 1만502명으로 20배 이상 증가했다. HIV 감염자가 감소하는 세계적인 추세와는 대조적이라는 것을 한눈에 알 수 있다. 한국이 아프리카처럼 의료 후진국이 아님에도 불구하고 2000년 이후 HIV 신규 감염인이 해마다 급증했다는 것은 보건복지부와 질병관리본부, 에이즈 예방단체들이 제 역할을 하지 못했음을 보여준다.

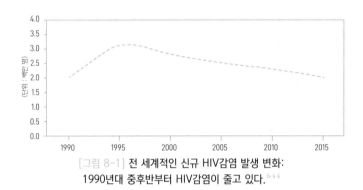

[그림 8-1] 전 세계적인 신규 HIV감염 발생 변화:
1990년대 중후반부터 HIV감염이 줄고 있다.[644]

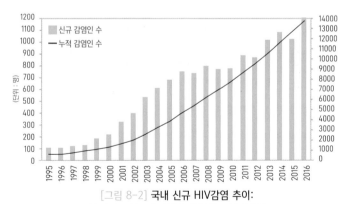

[그림 8-2] 국내 신규 HIV감염 추이:
국내 HIV/AIDS 감염은 급증하고 있다.[645]

2000~2015년 전 세계의 에이즈 신규 환자 수는 35% 감소했으나([그림 8-1] 참조) 한국은 거꾸로 4.65배 증가했다. 1995년 연간 108명이었던 HIV 신규 감염인이 2014년에는 1081명으로 10배 가까이 증가했다([그림 8-2] 참조).

2016년 서울 국회 헌정기념관에서 열린 '청소년 및 청년 에이즈 감염 급증에 관한 정책포럼'에서 김준명 연세대 의대 감염내과 명예교수는 "전 세계적으로 에이즈 신규 감염 수치가 감소하고 있지만 한국은 반대로 증가하고 있다"면서 "그 이유 중 하나는 청소년·청년의 에이즈 감염자가 빠르게 증가하기 때문"이라고 설명했다.

김 교수는 "질병관리본부가 발표한 '한국 HIV/AIDS 코호트'에 따르면 18~29세 청소년 및 청년 중 동성 및 양성 간의 성접촉에 의한 감염이 65.4%였다"면서 "이렇듯 동성 간 성접촉에 의한 감염비율은 예상외로 매우 높았으며, 이성애자와 비교했을 때도 크게 높았다"고 분석했다.

그는 "2015년 보고된 신규 감염인의 연령별 분포를 보면 과거에는 30~40대가 주를 이뤘지만 지금은 20대가 가장 많고 다음이 30대, 40대 순이었다"면서 "20대는 10년 전 21.1%였지만 지금은 34.5%이며, 10대는 10년 전 1.7%였지만 지금은 4.1%"라고 설명했다. 김 교수는 "이처럼 청소년과 청년의 주된 에이즈 감염 경로는 놀랍게도 동성 간 성접촉이며, 심히 우려스러운 상황"이라고 지적했다.[646]

여성 감염자의 대부분이 '윤락가 여성'이 아니라 '주부'였다

2004년 서울대학교 보고서는 여성 HIV 감염인의 26%는 성매매 여성으로, 37%는 남성 양성애자의 여성 파트너로, 37%는 성매매 여성에 의해 감염된 남성의 여성 파트너로 보았다. 따라서 대다수의 여성 감염인은 성매매 여성이 아니라 보통 '주부'라고 추정했다.[647] 질병관리본부의 2006년 'HIV/AIDS 예방 및 대응 국가전략 계발에 관한 연구' 보고서에 따르면, 여성 HIV 감염인의 거의 모두가 이성, 즉 남성에게서 감염되었다. 이들은 여성 성매매 종사자가 아니었고, 대부분 보통의 주부들로서 남편에 의해 감염되었을 가능성이 크다고 아래와 같이 진단을 내리고 있다.

'감염경로 통계가 주는 또 다른 중요한 시사점은 여성 성매매 종사자(commercial sex worker, CSW)가 주요 감염경로가 아닐 가능성이 있다는 점이다. 여성 감염인이 거의 모두가 이성애에 의한 감염을 보고하고 있지만 그들의 연령(30~40대)이 비교적 높고 그 수가 절대적으로 적다는 점을 고려할 때 이들은 대부분 성매매 종사자가 아니고 보통의 주부들로서 남편에 의하여 감염되었을 가능성이 크다.'[648]

청소년·청년 에이즈 감염자가 증가하고 있다

2000년대 초반만 하더라도 전체 에이즈 감염자의 주된 연령층이 40대에 몰려있었다는 것은 질병관리본부 자료를 통해서도 확인할 수 있다. 이는 2004년 국제 에이즈 심포지움에서도 발표되었다. 다음은 서울대학교 보건대학원 조병희 교수의 발표 내용 중 일부다.

'서울시 거주 전체 감염자의 특성을 보면 평균 연령이 남자 40.4세, 여자 41.2세로 30~40대의 감염자가 많은 특성을 반영하고 있다. 혼인 상태는 남자의 60.9%와 여자의 23.4%가 미혼이었다.'[649]

그러나 이제는 에이즈 감염의 주된 연령대가 점점 어린 나이로 내려오고 있다. 미국의 경우처럼 청소년층에서 에이즈 감염자가 증가하고 있는 것이다. 한국 질병관리본부가 밝힌 통계에 따르면 2000년 15~19세 남성 청소년 신규 HIV감염자 수는 2명에서 2013년 53명으로 무려 26배 이상 증가했다. 여기서 우리는 누적 감염인의 수가 아니라 한 해 신규로 감염된 인구를 나타내는 숫자라는 것을 놓쳐서는 안 된다. 숫자가 너무 증가하니 누적 수치인 것으로 착각하는 독자가 많다.[650]

이런 현상이 나타나다 보니 김준명 교수는 "동성 및 양성 간 성접촉이 주된 감염 경로"라며 "연령이 젊을수록 이런 경향이 뚜렷하고, 특히 10대와 20대의 경우 대부분이 동성 및 양성애자 간 성접촉에 의해 감염되기 때문에 이에 대한 적절한 예방 및 관리 대책이 시급히 요구된다"고 말했다.

국내 10대 후반 에이즈의 92.9%가 동성 간 성 행위로 감염

대한민국 청년 청소년의 에이즈 감염 역시 주로 남성 간 성행위로 일어난 것으로 조사되었다. 2006년 12월부터 2018년 1월까지 '한국 HIV/AIDS 코호트'에 등록된 HIV감염인을 조사하여 분석한 코호트 자료가 2018년 4월 춘계학술대회에 공개 됐다.

김준명, 최준용, 정우용, 성혜, 김신우, 김우주, 최희정, 김민자, 우준희, 김윤정, 최보율, 최윤수, 기미경, 김기순 교수 및 한국 HIV/AIDS 코호트 연구팀이 함께 조사하고 연구 발표한 이 자료는 국내 에이즈감염 경로에 대한 연구 중 가장 신뢰성이 높은 자료로 손꼽힌다. 이 자료는 웹사이트를 통해 〈국내 Human Immunodeficiency Virus 감염의 감염 경로: 한국 HIV/AIDS 코호트 연구〉 전문이 공개되었는데 아래와 같이 18세~19세 에이즈 감염의 92.9%가 동성 간 성접촉에 의한 것임을 분명하게 밝혔다.[651]

〈방법〉

2006년 12월부터 2018년 1월까지 '한국 HIV/AIDS 코호트'에 등록된 HIV감염인을 조사하여 분석하였다. 전국 21개 참여 병원에서 진료를 받고 있는 18세 이상의 HIV 감염인으로서 등록 시에 주치의의 역학 관련 문진에 이어 훈련된 전문 상담 간호사가 제시하는 표준화된 설문지를 통해서 역학 조사를 실시하였다. 수집된 자료를 분석하여 전체 대상 및 연령군에 따른 감염 경로를 규명하였고, 특히 젊은 층에서는 좀 더 세부적으로 연령을 구분하여 감염 경로를 조사하고 비교하였다.

<결과>

조사 대상은 1474명이었으며, 남자는 1377명, 여자는 97명이었다. 조사 대상의 평균 연령 값은 41.4 ± 12.6세였으며, 남녀 성비는 14.2:1이었다. 전체 대상 HIV감염인의 감염 경로를 분석해 보면 동성 및 양성 간 성접촉이 886명(60.1%), 이성 간 성접촉이 508명(34.6%), 수혈 및 혈액제제에 의한 감염이 5명(0.3%), 마약주사 공동사용에 의한 감염이 1명(0.0%)이었다. 연령군에 따른 감염 경로를 비교해 보면 젊은 연령군으로 갈수록 동성 및 양성 간 성접촉에 의한 비율이 증가하였다. 다시 말해서 18-29세의 젊은 연령군에 있어서는 동성 및 양성 간 성접촉이 71.5%로 크게 증가하였다. 또한 18-29세의 젊은 연령군을 좀 더 세분화해서 조사해보면 젊을수록 동성 및 양성 간 성접촉에 의한 감염이 크게 증가하여 18-19세의 10대에서는 92.9%가 동성 및 양성 간 성접촉에 의해서 감염되었다.

<결론>

국내 HIV감염의 가장 주된 감염 경로는 동성 및 양성 간 성접촉이며, 이러한 경향은 연령이 젊어질수록 더욱 뚜렷이 나타났다. 특히, 10대의 경우에는 대부분이 동성 및 양성 간 성접촉에 의하여 감염되었다. 따라서 그에 따른 합리적인 예방 및 관리 정책을 수립하는 것이 절실히 요구된다 하겠다.

연구팀은 보고서에 이어서 아래 그래프를 제시했다.

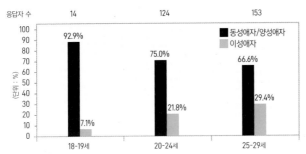

[그림 8-3] HIV/AIDS코호트 연구팀이 보고서에서 공개한 국내 18~29세 연령대 HIV감염의 감염 경로 그래프: 우리나라 청년 청소년 에이즈 감염의 주된 경로 역시 '동성애자·양성애자'임을 알수 있다. 18~19세에서는 92.9%가, 20~24세에서는 75.0%가, 25~29세에서는 66.6%가 동성간 성접촉을 하는 그룹이었다.[652]

한국의 연령별 HIV감염 경로

감염 경로	연 령 군														
	18 - 29			30 - 39			40 - 49			50 - 59			〉60		
	총원	남성	여성	총원	남성	여성	총원	남성	여성	총원	남성	여성	총원	남성	여성
동성애/양성애	208 (71.5)	206 (74.9)	2 (12.5)	251 (62.9)	250 (65.9)	1 (5.0)	242 (61.0)	239 (62.7)	3 (18.7)	117 (46.0)	115 (51.3)	2 (6.7)	68 (51.1)	65 (55.1)	3 (20.0)
이성애	73 (25.1)	59 (21.4)	14 (87.5)	129 (32.3)	113 (29.8)	16 (80.0)	137 (34.5)	126 (33.4)	11 (68.8)	119 (46.9)	91 (40.6)	28 (93.3)	50 (37.6)	39 (33.1)	11 (73.3)
수혈/혈액제재	0 (0.0)	0 (0.0)	0 (0.0)	2 (0.5)	1 (0.3)	1 (5.0)	0 (0.0)	0 (0.0)	0 (0.0)	2 (0.8)	2 (0.9)	0 (0.0)	1 (0.8)	1 (0.8)	0 (0.0)
주사약물이용	1 (0.3)	1 (0.4)	0 (0.0)	0 (0.0)	0 (0.0)	0 (0.0)	0 (0.0)	0 (0.0)	0 (0.0)	0 (0.0)	0 (0.0)	0 (0.0)	0 (0.0)	0 (0.0)	0 (0.0)
수직감염	0 (0.0)	0 (0.0)	0 (0.0)	0 (0.0)	0 (0.0)	0 (0.0)	0 (0.0)	0 (0.0)	0 (0.0)	0 (0.0)	0 (0.0)	0 (0.0)	0 (0.0)	0 (0.0)	0 (0.0)
원인미상/미응답	9 (3.1)	9 (3.3)	0 (0.0)	17 (4.3)	15 (4.0)	2 (10.0)	18 (4.5)	16 (4.2)	2 (12.5)	16 (6.3)	16 (4.2)	0 (0.0)	14 (11.0)	13 (11.0)	1 (6.7)
합 계	291 (100.0)	275 (94.5)	16 (5.5)	399 (100.0)	379 (95.0)	20 (5.0)	397 (100.0)	381 (96.0)	16 (4.0)	254 (100.0)	224 (88.2)	30 (11.8)	133 (100.0)	118 (88.7)	15 (11.3)

※ 괄호안의 숫자는 백분율을 의미하고 HIV는 인간면역결핍바이러스를 의미함

[그림 8-4] 코호트 보고서에서 공개한 국내 HIV감염의 감염 경로 그래프: 우리나라 에이즈 감염의 주된 경로 역시 동성애자와 양성애자임을 알 수 있다.

"에이즈는 오랫동안
장막에 가려져 왔습니다.
'성소수자의 인권'이라는 미명 하에
언론, 정부, 국회 등이 방치하는 사이에
외국은 (에이즈가) 줄고 있는데
우리나라는 예외적으로
10대와 20대에서 증가하고 있습니다.
이 위험한 장막을 걷어내지 않으면,
대한민국이 위기에 빠질 수도 있습니다."

2017년 10월 13일 국회 국정감사 中
성일종 국회의원 발언

2. 덮으려는 자, 펼치려는 자

질병관리본부의 동성애-에이즈 연관성 은폐 태도,
국정감사에서 지적 받다

대한민국 보건당국의 주된 업무는 에이즈 바이러스를 전파하는 위험행동을 정확히 알려서 예방하는 것이다. 그러나 한국의 질병관리본부가 과연 에이즈의 전파 경로를 정확하게 국민들에게 전달해 적극적으로 예방하려는 의지가 있는지 의구심을 갖게 하는 동영상이 국회 TV를 통해 공개되었다. 그것이 2017년 국정감사 영상이다.[653]

[그림 8-5] 2017년 보건복지위원회 국정감사에서
질병관리본부장이 동성애와 에이즈의 관련성을 은폐한 것에 대해
성일종 국회의원에게 지적을 받고 있다.[654]

국회가 국정 전반에 관한 조사를 행하는 것, 즉 국회가 입법 기능 외에 정부를 감시 비판하는 기능을 가지는 2017년 국정감사 때의 일이다. 소관 상임위원회 별로 매년 정기국회 이전에 감사 시작일로부

터 30일 이내의 기간을 정하여 감사를 시행하는데 2017년 10월 13일 보건복지위원회 국정감사에서 질병관리본부장이 크게 2가지 잘못을 지적당했다.

첫째, 동성 간 성접촉이 에이즈 확산의 주요 경로라는 것을 질병관리본부가 '장막'으로 가려냈다는 것이다. 보건복지위 소속 성일종 의원은 "우리나라 에이즈 감염자의 92%가 남성인 상황 속에 동성 간 성접촉이 에이즈 감염 및 확산의 주요 경로인 것이 확실하고, 또한 미국과 일본의 질병관리본부 등에서 확실하게 동성애와 에이즈의 높은 상관성에 대해서 명확하게 밝히고 있는데 우리나라 질병관리본부는 감추기에만 급급하고 있다"고 지적했다. 이어 "그 결과 다른 나라의 에이즈 증가율은 감소추세인데 우리나라는 정반대로 증가추세에 있다"는 것도 설명했다.

그리고 신빙성도 없는 질문지, 즉 보건당국조차도 동성애자들이 '솔직하게' 밝히지 못하는 경향이 있다고 인정한[655] 그 '자가응답식' 질문지를 통해서 나온 부정확한 결과를 그대로 반영해 동성애와 이성애가 비슷한 비율로 에이즈에 감염된다고 홈페이지 게시하고 있는 질병관리본부의 실태가 국정감사 생방송을 통해 알려진 것이다.

같은 국정감사 기간 동안 간호장교 출신 윤종필 의원 역시 에이즈 감염자와 에이즈 환자를 돌본 염안섭 수동연세요양병원 원장을 참고인으로 불러 질의응답 시간을 가졌다. 이 역시 동성애와 에이즈의 긴밀한 연관성 및 그로 인해 발생하는 고액의 에이즈 의료비 문제가 짧은 국감 영상을 통해 다시 한번 세상에 알려지게 됐다.[656]

자유한국당 윤종필 의원, 에이즈 질병 방치한 질병관리본부 질타

데스크 | 승인 2017.10.13 19:54 | 댓글 29

에이즈 환자 치료에 쓴 국민혈세 1,000억원 이상 감염자수 해마다 급격히 증가... 특단의 대책 필요

△ 자유한국당 윤종필 의원이 13일 국회 보건복지위원회가 국회에서 실시한 국정감사에서 에이즈 질병을 방치하고 있는 질병관리본부를 질타하고 있다.

[그림 8-6] 자유한국당 윤종필 의원이 13일 국회 보건복지위원회가 국회에서 실시한 국정감사에서 에이즈 질병을 방치하고 있는 질병관리본부를 질타하고 있다.[657]

직면이 살 길이다

에이즈 치료와 예방의 가장 좋은 방법은 완치제나 백신이 나오는 것이다. 그러나 현실은 냉혹하다. 완치제 없는 질병은 인간에게 공포의 대상이 된다. 특히 그 병세가 매우 광범위하고 준열한 에이즈의 경우에는 더욱 그렇다. 완치되지도 않고 합병증이 수십 가지에 달하는 질병에 대해 "이런 건 아무것도 아니니 공포심을 절대로 가지지 말라"고 강제하는 방식의 캠페인은 국민을 우롱하거나 질병의 의미를 잘 모르는 둘 중에 하나일 것이다. 직면할 것은 직면해야 한다. 소수자 인권 운운하며 마냥 덮어 두는 것은 능사가 아니다. 정부는 철저한 예방으로 에이즈 감염을 막는 것이 최우선 과제다. 만약 HIV/AIDS 감염인으로 확진 판정을 받은 당사자가 적극적으로 치료제를 투약받고 생활 패턴을 좀 더 건강하게 바꾸도록 도와 'HIV 감염인'에서 '에이즈 환자'로 진행되는 것을 막아야 한다.

전술한 바와 같이 우리나라는 세계보건기구(WHO)가 제시한 6가지의 에이즈 확산 단계 중 아직은 1단계에 속한다. 즉 남성 동성애자 간 성접촉을 통해 확산되는 단계에 머물러 있기 때문에[658] 남성이 압도적으로 많다. 그러나 5~6단계로 넘어간 아프리카처럼 즉 남녀노소 무차별적으로 에이즈에 감염되는 지경에 이르면 에이즈 감염은 남성 동성애자 그룹 안에 머물러있는 단계를 벗어나게 된다. 전 세계 에이즈 감염의 압도적인 대다수가 아프리카에서 발생했기 때문에 전체적인 에이즈 감염인의 성비율을 남성과 여성이 각각 절반 정도를 차지하고 있다. 만일 한국이 1단계인 지금 수준에서 HIV 확산을 막지 못하고 방둑이 터진다면 그다음 단계로의 확산은 정해진 수순이라고 봐야 한다.

그러므로 보건복지부가 국민건강증진계획서를 통해 남성 동성애자를 집중적인 에이즈 예방사업의 대상으로 잡은 것은 매우 타당하다고 볼 수 있다.

남성 동성애자 등 감염 취약계층 대상의 에이즈 예방사업 강화
　- 감염 취약집단인 남성 동성애자 등의 성행태 모니터링을 위한 감

시체계 정비 및 운영의 효율화.

- 남성 동성애자 등의 안전한 성행동 실천 촉진을 목적으로 하는 교육상담 활동 활성화.[659]

질병관리본부도 2014년 '국가 에이즈관리사업 평가 및 전략개발' 보고서에서 '동성애자 중에서의 HIV 양성율이 성매매 여성들에서보다 훨씬 높은 우리나라의 역학적 현황을 고려한다면 콘돔배포 활동은 남성 동성애자에게 집중되는 것이 타당하다고 하여야 할 것임'이라고 명시하고 있다.[660]

기왕 국가가 에이즈 예방을 위해 콘돔을 무상 배포한다면 가장 에이즈에 많이 걸리는 계층에게 보급하는 것이 타당하다. 그러므로 익명의 남성들과 성관계하는 여성들의 성매매 행위보다 에이즈에 많이 걸리는 위험 행동인 '항문성교'를 주로 하는 남성 간 성행위자들에게 콘돔을 나눠주라는 것이 우리나라 보건당국의 입장이다.

▌알아봅시다

우리나라 남성 동성애자들은 자신들이 에이즈 고위험군이라는
것을 인지하고 있을까?

전부는 아니지만 대체적으로 그렇다고 할 수 있다. 에이즈 검
사의 필요성을 느끼고 검사 의사를 밝히는 비율이 남성 동성
애자들의 경우 일반인들보다 훨씬 높다.

실제로 이반시티 등 남성 동성애자들이 주로 이용하는 인터넷
사이트에서는 늘 에이즈에 대한 두려움을 호소하는 글들이 다
수 나온다.[661]

또한 2004년도 국제 에이즈 심포지엄 자료집에서 발견되는
통계를 보면 확실히 한국의 남성 동성애자들은 자신들이 에이
즈 감염의 고위험군임을 자각하고 있는 편이라고 볼 수 있다.

"동성애자의 경우 자신들의 성행위 방식이 위험할 수 있다는
인식이 상대적으로 더 높을 수 있고 따라서 콘돔 착용이나 에
이즈 검사 등에 더 적극적일 수도 있다. 남성 동성애자와 남성
이성애자를 대상으로 한 연구에서 HIV검사의도 질문에 대하
여 동성애자의 경우 63.4%가, 이성애자의 경우 16.8%가 검사
할 의사가 있다고 대답했고 실제 검사여부에 대해서는 각각
44.6%, 19.4%를 보여서 이성애자 남성의 경우 동성애자 남성
에 비하여 HIV 테스트 비율이 훨씬 낮다."[662]

한국은 '제4차 국민건강증진종합계획' 보고서에서 에이즈 퇴치를 위한 하나의 지표로 남성 동성애자들의 콘돔 사용률과 에이즈 검사 수검률 증진을 목표로 삼고 있다.

계획서에 따르면 2008년 기준 22% 수준에 머물러 있는 남성 동성애자들의 HIV 수검률을 40%까지 끌어올리는 것이 보건당국이 국민건강증진을 위해 지정한 16번째 중점과제다. 이를 위해 보건당국은 예산을 투입해서 "남성 동성애자 대상 에이즈 예방 교육 홍보 및 검진상담소 운영사업"을 시행하고 있다. 663

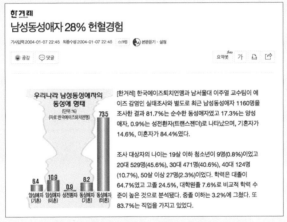

[그림 8-7] 한겨레 신문 2004년 1월 7일자 기사 :
'남성동성애자 28% 헌혈경험' 남성 동성애자 중 28.3%는 에이즈 검사를 목적으로 헌혈을 했던 경험이 있는 것으로 나타났다고 전하고 있다.

한국에이즈퇴치연맹과 남서울대 이주열 교수팀이 2003년 남성 동성애자 1160명을 조사한 결과 이들 중 37.5%는 1~2차례, 11.1%는 3차례 이상 검사를 받은 것으로 드러나 일반인들보다 높은 에이즈 검사율을 보이는 것으로 나타났다. 특이한 점은 이들 중 28.3%는 에이즈 검사를 목적으로 헌혈을 한 경험이 있는 것으로 나타났다는 것이다. [664]

덮으려는 자, 펼치려는 자

"전체 HIV감염인의 91.7%가
남성임과 동성애자 역학조사의 어려움 등을
고려할 때 남성 동성애자 간 성접촉이
주요 전파경로일 것으로 판단됨."

보건 복지부 제4차 국민건강증진계획 16장
에이즈 부분 中

3. 보건복지부의 에이즈 예방 대책과 동성애

'제3차 국민건강증진종합계획(2011~2015)'과
'제4차 국민건강증진종합계획(2016~2020)

보건복지부의 2010년 '제3차 국민건강증진종합계획(2011~2015년)'은 국민 건강증진을 위한 계획으로 에이즈 문제 해결을 16번째 중점과제로 두고 있다. 'HIV/AIDS의 유행을 예방하고 HIV감염인의 삶의 질을 개선하여 국민건강증진과 건강형평성 보장에 기여하고자 함'을 목적으로 하고 있다.[665]

보건복지부는 HIV/AIDS 확산의 주된 그룹을 남성 동성애자로 파악하고 있다. 그래서 남성 동성애자의 콘돔 사용률을 높이고 HIV 수검률을 높이는 것을 HIV/AIDS 확산을 막기 위한 가장 중요한 사업이라고 발표한 것이다.[666] 그러나 남성 동성애자들에게 콘돔을 쓰라고 권하고 콘돔을 주는 것이 우리나라의 사업 중 하나라는 것을 아는 사람은 많지 않을 것이다.

다음 페이지에서 볼 수 있듯 보건복지부가 에이즈를 퇴치하기 위해 세운 사업명은 '16-가. 남성 동성애자 대상 에이즈 예방 교육 홍보 및 검진상담소 운영사업'이다. 또한 16-가 사업의 지표 2가지는 남성 동성애자의 콘돔 사용률, 남성 동성애자의 HIV 검사수검률로 제시되어 있다. 남성 동성애자의 콘돔 사용률을 60%로 끌어 올리고 그들에게 HIV 검사를 받도록 유도해 수검률을 40%로 끌어 올리는 것이 국가의 목표사업인 것이다.

국가가 국민건강증진기금으로 아이샵[667]을 통해 게이들에게 콘돔을 배포해야 하는 상황은 콘돔 없이 남성 간 성행위를 하는 것이 얼마나 위험한지 반증한다. 이런 사실은 다음의 미 보건당국의 자료만 보더라도 충분히 이해할 수 있다.

"Most gay and bisexual men get HIV through having anal sex without condoms or taking medicines to prevent or treat HIV. Anal sex is the riskiest type of sex for getting or transmitting HIV. Receptive anal sex is 13 times as risky for getting HIV as insertive anal sex."[668]

(대부분의 게이와 양성애자는 HIV를 예방하거나 치료하기 위해 콘돔이나 약을 사용하지 않고 항문성교를 함으로서 HIV에 감염된다. 항문성교는 HIV에 감염되거나 상대방을 감염시키는 가장 위험한 유형의 성행태다. 항문으로 받아들이는 역할을 하는 성행위는 항문으로 집어 넣는 성행위보다 HIV 감염의 위험이 13배나 높다.)

물론 콘돔을 사용했다고 해서 에이즈 감염을 100% 예방 할 수 있는 것은 아니다. 그러나 쓰지 않는 것 보다는 훨씬 예방 효과가 크다.

중점과제 16. 에이즈

지표명	2008	2013	2020	관련 사업코드	사업명
16-1. 남성동성애자의 HIV 검사 수검률과 콘돔 사용률을 높인다.					가. 남성동성애자 대상 에이즈 예방 교육·홍보 및 검진상담소 운영 사업
남성동성애자의 콘돔 사용률	46.0%	67.5%	60.0%	16-가	
남성동성애자의 HIV 검사 수검률	22.0%		40.0%		
16-2. HIV 감염인 치료순응도와 삶의 질을 향상한다.					
의료기관 HIV감염인 상담사업 참여 의료기관 수	8개	18개	30개	16-나	나. HIV 감염인 치료순응도와 삶의 질 향상을 위한 상담사업
의료기관 HIV감염인 상담서비스 수혜율	22.3%	50.6%	75.0%		
상담서비스 이용 감염인의 약물치료순응도	70.0% (2009년)	88.4%	75.0%		다. '에이즈 바로 알리기' 교육·홍보 사업
상담서비스 이용 전·후 감염인의 우울 감소율	–	38.3%	44.0%		
16-3. HIV/AIDS에 대한 사회적 편견과 차별을 개선한다.				16-다	라. 보건의료인 및 민간단체 사업인력 전문화 교육·훈련사업
HIV/AIDS에 대한 지식 정답률	20.0%	30.4%	40.0%		
에이즈 환자에 대한 차별적 태도 수준	59.8% (2010)	46.4%	46.8%		
16-4. 효과적인 HIV/AIDS 확산예방을 위한 인적 인프라 강화				16-라	
(예비)의료인의 에이즈에 대한 태도 수준	7.8% (2011)	18%	21.8%		

[그림 8-8] 보건복지부 <제4차 국민건강증진종합계획서> 322쪽:
남성 동성애자를 에이즈 예방의 주된 대상으로 삼고 있다.

보건복지부 국민건강증진종합계획 사업명 '16-가'의 의미

남성 동성애자 사이에서 번지는 에이즈 감염 실태는 보건복지부의 2015년 '제4차 국민건강증진종합계획(2016~2020년)'에 고스란히 나온다. 4차 종합계획서 역시 남성 동성애가 성접촉이 에이즈의 주요 전파 경로라는 결론을 내리고 있다.

'역학조사를 통해 감염경로가 밝혀진 사례의 대부분인 99% 가량은 성접촉으로 인한 감염사례였음. 그 중 이성 간 성접촉과 동성 간 성접촉으로 인한 감염사례의 비는 대략 6:4(3364명 : 2216명)로서 이성 간 성접촉이 더 많은 것으로 조사되나 전체 HIV감염인의 91.7%가 남성임과 동성애자 역학조사의 어려움 등을 고려할 때 남성 동성애자 간 성접촉이 주요 전파경로일 것으로 판단됨.'[669]

또한 종합계획은 감염 취약계층을 대상으로 한 HIV검사가 활성화 되지 못하고 있음을 지적하고 있다.

'남성 간 성접촉이 주된 HIV 전파경로로 작용하고 있는 우리나라의 역학적 특성과 항바이러스 제제의 효과 등을 고려할 때 남성 동성애자 등과 같은 감염 취약계층에 대한 HIV 검사활성화의 중요성은 아무리 강조해도 지나치지 않게 되었음.'[670]

이 종합계획서에는 '우리나라의 경우 일반 성인의 HIV감염률 자체는 낮지만, 성접촉 그중에서도 실질적으로 동성 간 성접촉이 주된 전파경로로 작용하고 있는 HIV/AIDS의 초기 확산단계에 머무르고 있는 상태'라고 명시하고 있다.[671]

이와 같이 국가가 앞장서 남성 동성애자에게 에이즈 검사받으라고 아무리 강조해도 지나치지 않다고 말하고 있는 것이다.

보건당국의 '남성 동성애자 성행태 감시체계'

우리나라 보건당국은 남성 동성애자의 성행태 감시체계에 긴하게 관여코자한다.

한국의 보건당국은 에이즈 퇴치를 위한 중점과제를 추진하며 주요 사업으로 '남성 동성애자들의 성행태 모니터링을 위한 감시체계 정비'를 포함하고 있다.[672]

뿐만 아니라 '남성 동성애자 등의 안전한 성행동 실천 촉진을 목적으로 하는 교육상담'을 포함하고 있다. 국가의 에이즈 해결을 위한 사업 '16-가'는 이렇듯 남성 동성애자들의 성행태가 국가 차원에서 해결해야 하는 에이즈 관련 주요 현안으로 보고 있는 것이다.

누군가가 '에이즈 검사 받으세요. 남성 동성애자는 에이즈에 잘 걸리는 취약계층이시니까요'라고 남성 동성애자들에게 말했다면 그것은 제4차 국민건강증진종합계획이라는 국가사업에 적극 동참하는 개념이다([그림 8-9]참조).

---

2) 사업의 내용
○ 남성동성애자를 대상으로 교육·홍보 활성화를 통해 콘돔사용 촉진 등 안전한 성행동 실천을 유도
○ 교육·홍보에 대한 접근성과 실효성을 높이기 위하여 민간단체와의 연계, 남성동성애자 이용시설 등의 방문홍보, 동료 동성애자를 전문홍보요원으로 활용
○ HIV 검사서비스 이용과 관련한 심리적 장벽 등을 해소하여 감염위험이 특히 높은 동성애자들의 수검을 촉진하기 위하여 민간단체와 연계하여 동성애자 HIV검진상담소를 운영하고 있으며 이를 확대
○ HIV 검진상담소 내소자를 대상으로 HIV 검진을 실시하고, 스스로 감염예방을 위한 역량을 키우기 위한 상담을 병행
○ 남성 동성애자들의 행태조사를 실시하여 사업의 성과를 모니터링하고 추진 전략 수립에 활용

[그림 8-9] 2015년 발표된 '제4차 국민건강증진종합계획(2016~2020)'

이러한 남성 동성애자 중심의 사업을 벌이게 된 배경에 대해 "우

리나라는(에이즈 감염이) 남성 동성애자 중심의 국소적 유행을 보이므로 남성 동성애자를 목표 집단으로 하는 예방사업이 가장 효과적"[673] 이라고 밝히고 있다. 종합계획은 또한 남성 동성애자들의 HIV감염률이 일반 성인에 비하여 '매우 높은 수준'이라고 다시 못 박고 있다.

사정이 이렇다보니 에이즈 예방을 위한 세부 추진계획을 위해 5가지 구체적인 내용 중 '(남성)동성애자'라는 단어가 4번 나온다.[674]

면도날과 에이즈

강의를 다니다 보면 '면도칼 등의 공유 등으로도 에이즈가 전파될 수 있느냐'는 질문을 하는 청중이 종종 있다. 우리나라 보건당국은 이에 대해 무엇이라고 답하고 있을까. 결론부터 말하자면 '면도날 등의 공유로도 HIV/AIDS는 옮을 수 있다'는 것이다. 2003년 9월 6일 우리나라 국립보건원은 아래의 보도자료를 공개했다.[675] 이는 보건복지부 홈페이지에 지금도 게시되어 있다. 면도기 공용 등에 의한 HIV/AIDS감염에 대한 보건당국의 보도자료 전문을 공개한다.

덮으려는 자, 펼치려는 자

보건복지부 HIV/AIDS 감염예방 주의 사항 당부 (2003.9.6)

□ 면도기 공용에 의한 HIV감염의심 사례 보도(연합뉴스, 2003.9.5)에 대해서

○ 동 기사는 AIDS 잡지 최신호(2003.9.5발행)에 게재된 연구 논문을 인용 보도한 BBC 기사(2003.9.4)를 인용 보도한 것임.

○ 동 사례의 상세 내용은 다음과 같음
- 1999.1월 헌혈액 검사과정에서 호주의 16세 소녀가 HIV양 성으로 판정되었음.
- 역학조사 결과 감염자의 언니(18세)도 HIV 양성으로 밝혀 졌으나, 첫 감염자는 성행위나 마약사용 등 감염위험 행위를 전혀 하지 않아서 당시에는 감염원인 미상으로 처리되었음.
- 수년에 걸친 학자들의 연구결과 두 자매 모두 호주에서 발 견된 적이 없는 러시아형 HIV 바이러스에 감염된 것으로 나 타났음.
- 추가 역학조사 결과 언니는 1996.12월에 러시아 남자와 성 행위를 하였는데 그 때 감염된 것으로 추정되며,
- 동생은 언니의 감염사실을 모르는 상태에서 언니와 다리의 털을 깎는 면도기를 함께 사용하였는데 이 과정에서 감염된 것으로 추정됨.

- 면도기 공용이 HIV감염을 유발할 수도 있다는 의심은 1990년대 초반에도 제기되었으나 바이러스 유전자 검사를 통해 확인된 것은 이번이 처음임.

○ 동 기사에 소개되지는 않았으나 같은 논문에서는 통상적이지 않은 방법으로 감염이 전파된 다음 사례도 보고하고 있음

- 1997.6월 헌혈액 검사과정에서 호주의 55세 주부가 HIV양성으로 판정되었음.

- 역학조사 결과 감염자의 아들도 HIV 양성으로 밝혀졌으나. 첫 감염자는 감염 위험행위를 전혀 하지 않아서 당시에는 감염원인 미상으로 처리되었음.

- 수년에 걸친 학자들의 연구 결과 55세 주부와 그 아들 모두 호주에서 드물게 발견되는 E형 HIV 바이러스에 감염된 것으로 나타났음.

- 추가 역학 조사결과 아들은 평소에 건선을 심하게 앓고 있었는데 1990년대 초반 동남아시아에 거주하던 중 성행위를 통해 감염된 것으로 추정되며,

- 55세 주부는 아들이 1996년 12월 귀국하여 6개월간 함께 살았는데 이때 아들의 건선 상처 부위에 맨 손으로 연고를 발라주다가 감염된 것으로 추정됨.

□ HIV/AIDS 감염은 주로 성행위, 주사용 마약사용 등을 통해서 전파되는데 이번에 보고된 두 사례는 '면도기 사용 중의

작은 상처'나 '맨 손으로 연고를 발라주던 중의 작은 상처'에
감염자의 혈액이 침투해도 감염전파가 가능하다는 것을 보여
준 사례임.

□ 따라서, 국립보건원은 HIV/AIDS 감염예방을 위해 의료인
과 국민들에게 다음과 같은 주의 사항을 당부하였음.

○ 다음 행위는 HIV/AIDS 감염이 전파될 수 있는 개연성이
있으므로 주의를 요함.
- 면도기, 손톱깎기 등 사용 중에 상처가 날 수 있는 도구를 여
러 사람이 같이 사용하는 행위.
- 충분히 소독·멸균되지 않는 기구를 이용한 침, 문신, 귀 뚫
기 등의 행위.
- 피가 나거나 진물이 흐르는 상처에 맨 손으로 연고 등을 발
라주는 행위.

○ HIV/AIDS 감염 위험으로부터 스스로를 보호하기 위해서
국민들은 다음 사항을 준수해 줄 것을 당부함.
- 면도기, 손톱깎기 등 사용 중에 상처가 날 수 있는 도구는 공
용하지 말고 개인 전용으로만 사용하는 등 개인 위생 철저.
- 침, 문신, 귀뚫기 등은 충분한 소독·멸균이 이루어질 수 있
는 의료기관을 이용하고 비위생적인 업소 이용 자제.
- 피가 나거나 진물이 흐르는 상처에 연고 등을 발라줄 때는

면봉을 이용하거나 장갑을 착용하는 등 개인 보호 행위 습관화.

○ 의료기관이나 관련 업소는 다음 사항을 준수해 줄 것을 당부함.
 - 이·미용실 등 관련 업소에서는 면도기 등을 반드시 충분한 소독·멸균을 한 후 다른 사람에게 사용하는 등 감염예방 준수사항 철저 이행.
 - 침, 문신, 귀 뚫기 등에 사용하는 기구는 반드시 충분한 소독·멸균을 한 후 다른 사람에게 사용.

"보건소 역학조사를 통해 이성 간의 성접촉으로
전파된 것으로 잠정 판단되었던 사례가
추후 남성 동성애자 간의 성접촉에 의한 것으로
정정되는 경우가 빈번하다."

2014년 질병관리본부 보고서
<국가 에이즈관리사업 평가 및 전략개발> 中

4. 질병관리본부의 에이즈 관리사업과 관리지침서

2014년 '국가 에이즈관리사업 평가 및 전략개발' 보고서

질병관리본부의 2014년 '국가 에이즈관리사업 평가 및 전략개발' 보고서는 동성 간 성접촉이 현재까지 우리나라에서 HIV 확산의 가장 흔한 경로임을 이와 같이 시사하고 있다.

'다음과 같은 사실들은 동성 간의 성접촉이 현재까지 우리나라에서 HIV 확산의 가장 흔한 경로임을 시사하고 있음.

첫째, 성매매 여성 등을 대상으로 HIV 검사가 의무적으로 시행되고 있으며, 거의 모든 산모들에게 에이즈 검사가 필수 정례검사로 적용되고 있음에도 불구하고 누적 에이즈 감염 통계에서 여자는 8.0% 밖에 되지 않음.

둘째, 전국의 HIV감염인들이 집중되고 있는 서울지역 주요 대학병원 감염내과 전문의들이 체감하는 남자 감염인 구성비는 최소 60% 이상인 것으로 알려져 있음.

셋째, 보건소 역학조사를 통해 이성 간의 성접촉으로 전파된 것으로 잠정 판단되었던 사례가 추후 남성 동성애자 간의 성접촉에 의한 것으로 정정되는 경우가 빈번하다는 것도 이를 뒷받침하고 있음.'[676]

보고서는 우리나라의 HIV감염이 남자 동성애자에게 집중되고 있음을 재차 확인시켜 주고 있다. 특히 '우리나라의 경우 전 세계에서 HIV감염률이 가장 낮으며 그 대부분이 남자 동성애자에게 집중되고 있는 HIV/AIDS 유행의 초기 단계임'이라고 명시하고 있는 것이다 ([그림 8-10] 참조).[677]

2. 주요 국가들의 에이즈 전략수립 관련동향 분석

가. 연구 내용

○ 우리나라의 경우 전 세계에서 HIV 감염률이 가장 낮으며 그 대부분이 남자 동성애자에게 집중되고 있는 HIV/AIDS 유행의 초기 단계임. HIV 감염률이 높은 국가들의 경우 HIV/AIDS는 질병 부담이 크다는 점에서 중요한 보건문제로 인식되고 있음. 반면 우리나라에서는 에이즈 관련 그릇된 인식, 이로 인한 감염인 인권침해, 고의적 전파매개행위 사건에 의한 사회적 공황 발생 등이 그간의 주된 문제 유형임. 따라서 우리나라와 역학적 특성, 사회적 이슈 유형, 관련 법제도 체계 자체가 다른 국가들의 동향으로부터 국가 에이즈 예방

[그림 8-10] 2014년 '국가 에이즈 관리사업 평가 및 전략 개발' 보고서

본 전략개발 보고서에 포함됐듯, 에이즈 전문가 25명(감염내과 교수, 보건기관 관계자, 민간단체 관계자)을 대상으로 설문조사를 한 결과 응답자의 90% 이상이 '우리나라 국가 에이즈 예방 및 지원전략의 주된 사업대상으로 포함되어야 할 필요성이 크다'고 꼽은 집단은 남자 동성애자(100%), 성매매 종사자(95.5%), 이주민 · 외국인(91.3%)이었다.[678] 또한 각 사업 대상별 국가 에이즈 예방 및 지원사업에서 우선순위를 1위에서 3위까지 선택하게 한 뒤 합산을 했는데, 남자 동성애자가 225점으로 1등을 차지했다.[679] 즉 우리나라 에이즈 전문가들은 남자 동성애자가 에이즈 예방을 위한 주요 지원 대상이라는 사실에

적극 동의한다는 것이다.

이런 이유로 전략 보고서는 "역학적 현황의 세부 이슈별 해결 우선순위 가중치 종합점수에서도 '남자 동성애자에게 집중되고 있는 신규 HIV감염'이 압도적 1위이었음"이라고 밝히고 있다. 남성 동성애자의 에이즈 집중현상을 분명하게 지적하고 있는 것이다.[680]

'2015 HIV/AIDS 관리지침'

질병관리본부는 '2015 HIV/AIDS 관리지침'을 모든 국민이 알 수 있도록 제공하고 있는데 여기서도 동성애자가 '감염위험집단'으로 나온다.[681] 하지만 질병관리본부가 기자들에게 배포했던 '언론과 미디어를 위한 HIV/AIDS 길라잡이'를 보면 심각성을 구체적으로 표현하지 않고 있다. 다만 남성 동성애자들의 HIV감염 위험성을 가장 먼저 기재하고 있다([그림 8-11]).[682]

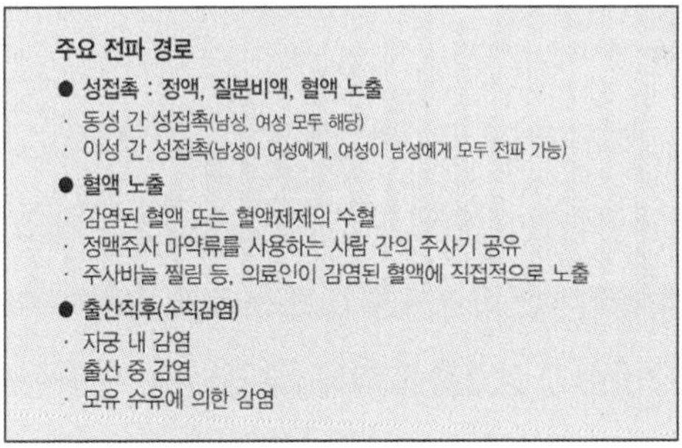

> **주요 전파 경로**
> ● 성접촉 : 정액, 질분비액, 혈액 노출
> · 동성 간 성접촉(남성, 여성 모두 해당)
> · 이성 간 성접촉(남성이 여성에게, 여성이 남성에게 모두 전파 가능)
> ● 혈액 노출
> · 감염된 혈액 또는 혈액제제의 수혈
> · 정액주사 마약류를 사용하는 사람 간의 주사기 공유
> · 주사바늘 찔림 등, 의료인이 감염된 혈액에 직접적으로 노출
> ● 출산직후(수직감염)
> · 자궁 내 감염
> · 출산 중 감염
> · 모유 수유에 의한 감염

[그림 8-11] 질병관리본부 <언론과 미디어를 위한 HIV-AIDS 길라잡이>:
HIV/AIDS 주요 전파 경로 중 하나로 동성 간 성접촉을 꼽고 있다.

2015년 동성애 옹호 정책 반대 국민대책위원회가 한국 질병관리본부에게 이성 간 성접촉과 동성 간 성접촉을 따로 발표하지 않고 단순히 성접촉으로 발표하는 이유를 문의하자 아래와 같은 답변서를 제출 했다.

"성매매여성 등을 대상으로 HIV 검사를 정기적으로 시행하고 있으며, 거의 모든 산모들에게 HIV 검사가 필수 정례검사로 적용되고 있음에도 불구하고 누적 HIV감염 통계에서 여자는 8% 밖에 되지 않습니다.

또한 보건소 역학조사를 통해 이성 간의 성접촉으로 전파된 것으로 잠정 판단되었던 사례가 추후 동성 간의 성접촉에 의한 것으로 정정되는 경우가 빈번합니다.

우리나라의 사회문화적 여건 및 동성애자의 특성상 본인의 성정체성이 남에게 드러남을 꺼려하기 때문에(stigmatization; 낙인) 역학조사 시 단순히 동성 간의 성접촉 여부를 묻는 질문으로는 정확한 답변을 얻지 못할 가능성이 높습니다."[683]

즉 질병관리본부는 감염인의 진술에 근거한 역학조사 통계보다 동성 간 성접촉에 의한 비율이 훨씬 높은 것으로 인식하고 있다는 말이다. 그리고 이성 간 성접촉에 의해 에이즈에 감염되는 비율이 동성 간 성접촉보다 많다는 역학조사 결과가 부정확하다고 판단해 발표를 하지 않는다는 것이었다.

2016년 HIV/AIDS 감염 내국인의 역학조사 자료를 보면 감염경로는 100% '성접촉'에 의한 감염이었으며, 수직감염이나 수혈·혈액제제에 의한 감염 사례는 없었다.[684]

문제는 여기서 말하는 '성접촉'이 어떤 성접촉인지 모호하다는 것이다. 보건당국이 보고서로만 발표할 게 아니라 모든 국민들이 보는 보건당국 홈페이지에 찾아보기 쉽게 게시해야 한다. 그래야만 동성애자들 이성애자들 감염병인 에이즈로부터 자신을 보호하는 일에 도움을 받을 수 있을 것이다.

2016년 질병관리본부가 국회의원에게 제출한 자료

국내 에이즈 문제를 분석하는데 있어 2016년 질병관리본부가 당시 새누리당 주광덕 의원에게 제출한 자료에 주목할 필요가 있다. 질병관리본부가 제출한 '국민건강보험공단·질병관리본부 에이즈 환자 진료비 현황'에 따르면 "2006년 160억3700만원이던 에이즈 진료비는 2015년 810억5100만원으로 껑충 뛰었다"면서 "에이즈 감염이 남자 동성애자에게 집중되고 있는 상태"라고 지적했다. 이어 에이즈 감염 취약집단으로 동성애자를 지목했다.[685]

"에이즈가 남성 동성애자들 사이에서
주로 유행하는 질병이라는 것은
여러 정황상 100% 확실하며
에이즈 전문가라면 누구나 아는 사실."

"그들이 에이즈의 '진원지'라는 사실이
잘 알려지지 않은 것은
남성 동성애자들의 거센 반발 때문."

"MSM이 가장 명확한 에이즈 감염위험군이기 때문에
MSM과 그 주변 사람들은
반드시 에이즈 검사를 받아야 한다."

국민일보기사 중 방지환 서울대 감염내과 교수의 발언
(2015년 6월 23일 '에이즈, 남성 동성애자 사이
주로 유행하는 질병 근거 또 나왔다' 기사 中)

5. 의학자와 현장 의사들의 양심 고백

지금까지 에이즈와 관련된 국내 보건당국의 발표를 살펴봤다. 그러면 실제로 에이즈 감염인을 만나고 진료하는 의료 현장에서 감염인들을 돌보고 있는 의사, 혹은 전문가들은 에이즈 감염경로에 대해서 뭐라고 말할까.

질병관리본부의 에이즈 종양바이러스과의 발주로 작성된 한국 HIV/AIDS 코호트[686] 연구보고서에 의하면 "현재 시행하는 HIV/AIDS 감염경로 설문조사의 신뢰도가 낮아 실제보다 동성애자의 비율이 낮게 추정되는 경향이 있다"고 말한다. 그렇기 때문에 담당 의사가 실제 감염경로를 정확하게 파악하고 있다고 보고[687] HIV/AIDS 감염인으로 등록된 대상자에 대해 담당의사가 직접 재조사를 실시하도록 했다.

그 결과 HIV/AIDS 감염자 1343명 중 응답을 거부한 340명을 제외한 나머지 1003명 중 524명, 즉 52.2%만이 동성 및 양성 성관계로 감염되었다고 설문조사에서 답했다. 그러나 2015년 10월 31일 기준으로 재조사를 했을 때 1343명 중 응답을 거부한 187명을 제외한 나머지 1156명 중 723명, 즉 62.25%가 동성 및 양성 성관계로 감염되었다고 밝혔다.[688]

2013년 이훈제 인하대 의과대 예방의학 교수는 국회에서 열린 '국민행복시대, 에이즈 예방 및 환자 지원을 위한 현황과 과제' 토론회에서 "신규 에이즈 감염이 남성 동성애자에게 집중되고 있다"고 주장하면서 에이즈와 남자 동성애자와의 깊은 관련성을 인정했다.

> "신규 에이즈 감염이 남성 동성애자에게 집중되고 있다. 한국은 전체 감염인 중 남자 동성애자가 차지하는 구성비가 70~80%로 추계되고 있는데, 이는 세계에서 가장 높은 수준이다. 신규 감염인을 효과적으로 억제하기 위하여 남자 동성애자 등 감염 취약집단 대상의 에이즈 예방사업이 대폭 강화되어야 한다."[689]

김준명 교수는 2016년 8월 국회헌정기념에서 열린 '청소년 및 청년에이즈 감염 급증에 관한 정책 포럼'에서 "질병관리본부의 연도별 신고현황에 따르면 이성 간 성접촉은 35.8%, 동성 간 성접촉은 28.3%로 나타난다"며 "역학조사 시 감염인이 감염 경로에 대해 솔직히 말하지 않는 것을 감안하면 실제 동성 간 성접촉 비율은 더 높을 것"이라고 주장했다. 김 교수는 "이로 미뤄봤을 때 최근에 에이즈 감염이 빠르게 증가하고 있는 청소년과 청년에서도 동성 간 성접촉이 많다고 추정할 수 있다"고 말했다.[690] 민간 연구기관들의 보고에서도 에이즈 고위험군으로 남성 동성애자 집단(MSM)을 꼽는다.

의학자들과 진료 현장 의사들의 목소리

남성 간 성행위가 에이즈 주요 감염경로임을 시인하는 전문가들의 의견을 일일이 나열하기 어렵다. 한국에이즈퇴치연맹과 팀을 이루어 '2003년 성 행태 및 에이즈 의식 연구조사'를 수행하는 등 에이즈에 관련된 다수의 연구 활동을 펼친 서울대학교 보건대학원 조병희 교수는 2004년 국제 에이즈 심포지움에서 "에이즈와 주요 감염 집단이 남성 동성애자들"이라고 아래와 같이 설명했다.

> "에이즈와 관련된 주요 관심집단의 하나는 남성 동성애자들이다. 이들이 역학적으로 주목을 받는 것은 전체 에이즈 감염자 중 남자가 절대적으로 많으며, 감염자의 감염경로에서도 동성에 의한 감염이 절반 정도를 차지하고 있기 때문이다. 또한 동성애자들이 일반인보다 항문성교 등 상대적으로 감염 위험도가 높은 성행위를 하는 경향이 있기 때문에 역학적으로 고위험집단으로 간주되고 있다."[691]

조 교수는 남성 간 성행위할 때 바텀, 즉 여성의 역할에 해당하는 수용적 성관계 역할자가 더 많이 에이즈에 걸릴 수 있다고 경고했다.

> "성관계 시 가장 HIV에 취약한 경우는 항문성교 시에 남성 성기를 받아들이는 사람(penetrated partner)이다."[692]

수동연세요양병원의 염안섭 원장은 월간 조선과 인터뷰에서 에이즈 환자를 진료하고 상담하면서 에이즈에 감염된 내다수가 남성 동성애자라는 것을 알게 됐다고 밝혔다. 염 원장은 본인이 돌보고 있거나 돌본 에이즈 감염인의 대다수가 남자였고, 간혹 여자가 있었는데 양성애자 남편이나 애인에게 전염된 경우였다고 답했다.[693]

방지환 서울시 보라매병원 감염내과 교수는 2013년 11월 당시 새누리당 문정림 의원이 주최하고 보건복지부와 질병관리본부가 후원한 '국민행복시대, 에이즈 예방 및 환자 지원을 위한 현황과 과제' 국회토론회에서 에이즈가 남성 동성애자 사이에서 주로 유행하고 있음을 알렸다. 방 교수는 이렇게 말했다.

"국내 에이즈 역학의 특징으로 성별 분포는 남녀 성비가 11대 1 정도로 남성이 압도적으로 많다. 아직까지 남성 동성애자 사이에서 주로 유행하는 질병이다. 매년 800~1000명의 에이즈 환자가 신고 되고 있으며, 신규 환자 수가 매년 지속적으로 증가하고 연령이 낮아지는 경향이 있다."[694]

방 교수는 2015년 6월 국회토론회에서도 "매년 800~1000명의 에이즈 환자가 신고되고 있으며, 신규 환자 수가 매년 조금씩 늘어가고 연령이 낮아지는 경향이 있다"면서 "에이즈가 MSM 사이에서 유행하고 있지만 환자 추산을 위한 기초 자료는 매우 부족한 상황"이라고 지적했다. 그는 국민일보와의 전화 인터뷰에서도 아래와 같이 에이즈와 남성 동성애자의 긴밀한 상관관계를 전했다.

"에이즈가 남성 동성애자들 사이에서 주로 유행하는 질병이라는 것은 여러 정황상 100% 확실하며 에이즈 전문가라면 누구나 아는 사실이다. 그들이 에이즈의 '진원지'라는 사실이 잘 알려지지 않은 것은 남성 동성애자들의 거센 반발 때문이다. MSM가 가장 명확한 에이즈 감염 위험군이기 때문에 MSM과 그 주변 사람들은 반드시 에이즈 검사를 받아야 한다."[695]

권관우 한국에이즈퇴치연맹 상임부회장은 세계일보와의 인터뷰에서 에이즈 확산단계에 대해서 설명하면서 "우리나라는 아직 남성 동성애자들이 에이즈 감염인 중 대부분을 차지한다"고 주장했다. 그는 이렇게 경고했다.

"에이즈가 만연한 사회를 보면 3단계 확산 과정을 거친다. 동성애자에서 양성애자로, 결국 이성애자로까지 퍼지며 급속히 확산된다. 우리나라는 남성이 92%, 여성이 8%로 남성 동성애자들이 대부분인 1단계에 머물러 있다. 그러나 문제는 젊은층이 빠르게 늘어서 양성애, 이성애로 확산될 가능성이 커진다. 3단계에 이르면 절대적인 숫자가 늘어난다."[696]

민성길 연세대 명예교수는 2014년 4월 KTV에 출연해 동성 간 성행위가 에이즈 확산의 주된 경로임을 구체적인 데이터를 제시하면서 설명했다.

민 교수는 이날 방송에서 동성 간 접촉에 의한 에이즈 감염이 45%

라는 것을 그대로 믿어 준다 하더라도 우리나라의 동성애자의 비율이 현저히 낮은 상황에서 전체 에이즈 감염인의 절반 가까이에 해당한다는 것은 엄청난 수치라며 남성 간 성접촉이 에이즈 전파의 주된 경로가 되고 있다고 주장했다.[697]

의료윤리연구회 초대원장을 역임하고 의학평론가로 활동 중인 이명진 원장은 미국 질병관리본부, 유엔에이즈 등의 발표를 인용하며 "미국, 캐나다, 프랑스 등 여러나라에서 HIV/AIDS 감염의 상당수가 남성 간 성교로 일어나고 있으며, 이러한 양상이 우리나라에서도 비슷한 것으로 분석된다"고 의학신문에 발표했다.[698]

우리나라는 에이즈 환자의 정보를 공개하는 것이 불법이다. 보건당국이 HIV/AIDS 감염인 신고가 신규로 들어오더라도 본인의 동의 없이는 감염인의 배우자에게 조차 알리지 않는다. 게다가 2011년 9월 23일 국가인권위원회와 한국기자협회가 '인권보도준칙'[699]을 발표한 이후 에이즈에 감염된 동성 간 성행위자의 실태는 대중이 알 길이 요원해졌다.

실제로 인권보도준칙 제정이후 동성애에 대한 사실 보도나 반대 보도는 상대적으로 급감했고, 동성애 지지 보도가 25%가량 증가했다. 동성 간 성행위의 결과물을 객관적으로 직면하기보다 덮어버리고 쉬쉬하는 상황이 된 것이다.[700]

수동연세요양병원의 진실

국내 에이즈 환자의 의료상태와 동성애 인권단체의 실체를 확인할 수 있는 사건이 2013년 발생했다. 2001년에 HIV 진단을 받았었던 말기 에이즈 환자가 2013년 수동연세요양병원에 이송된 후 사망하는 사건이 발생했다. 이후 동성애단체들은 병원의 방치에 의한 사망이라고 들고 나왔다.[701] 수동연세요양병원은 환자의 상태가 임종을 앞두고 있었다는 주치의의 소견서와 당시 환자의 증상이 어떠했는지 보여주는 경위서, 그리고 어머니가 자녀를 돌봐준 병원에 감사하는 편지, 자녀의 죽음을 에이즈 단체에서 더 이상 이용하지 말아달라고 요구하는 어머니의 편지를 공개했다. 이후 논란이 종결됐다([그림 8-12] 참조).

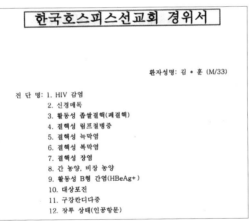

[그림 8-12] 에이즈 요양환자 김*훈씨를 돌본 수동연세요양병원이 공개한 경위서[702]

전술한 바와 같이 미국의 에이즈 요양병원의 입원환자가 평균 11가지의 치료약물을 복용한다.[703] 수동연세요양병원이 제공한 경위서를 보면 한국의 에이즈 말기 환자도 비슷한 정도로 합병증을 갖고 있었음을 확인할 수 있다.

질문있어요

에이즈에 걸린 사람들의 생존기간은 얼마나 되나요?

감염 시기와 건강 상태가 다르기 때문에 명확한 답변이 쉽지는 않다. HIV감염인 단계에서 에이즈 환자로의 이행이 잠복기 이후 즉각 진행되던 과거와는 달리, 지금은 스트리빌드, 트루바다, 키벡사, 푸제온 등 효과 좋은 항레트로 바이러스 약물이 많이 개발되어 에이즈 감염인의 사망시기가 많이 늦춰졌다고 보는 게 적절하다.

국내에서 에이즈 감염자의 생존기간에 대해 발표한 자료가 더러 있긴하다.

예를 들어 발행하는 '주간 건강과 질병'은 1985~2007년 에이즈 바이러스 감염자 5323명의 평균 생존 기간에 대한 조사 내용을 아래와 같이 게제했다.

전체 감염인 중 980명(18%)이 사망하였으며, 사망자의 45%는 HIV감염진단 후 6개월이내에 사망한 것으로 나타났다.

감염인의 HIV감염진단 후 생존기간은 75%가 7년, 50%가 16.7년 생존하였다.[704]

이 자료에 따르면 우리나라에서 에이즈에 걸렸다고 확진 판정 받은 사람들은 이후 16~7년 간 생존했다. 이 기간 동안 숨진 에이즈 환자는 980명으로 전체 감염자의 18%였다. 에이즈에 걸린 것이 확인된 뒤 불과 6개월 안에 숨진 사람은 절반에 가까운 441명(45%)이었다.

즉 우리나라 에이즈 사망자의 거의 절반 가량은 에이즈 확진 판정 6개월 이내에 사망했다는 것이다.

또한 HIV에 감염을 진단받은 뒤 6개월 안에 숨진 사람의 70% 는 사망 전 2개월 안에 에이즈임을 발견했거나 고령이었던 것으로 나타났다. 질병관리본부는 적절한 치료시기를 놓쳐 조기에 사망한 것으로 분석했다.

에이즈 환자의 사망 위험은 남성이 여성보다 1.4배가량 높았다. 사망 위험은 30대가 20대보다 1.5배, 40대는 2.1배, 50대 이상은 3.1배로 나타나 연령이 높아질수록 사망 위험이 높아졌다.

"남성 간 성접촉이
주된 HIV 전파경로로 작용하고 있는
우리나라의 역학적 특성과
항바이러스 제제의 효과 등을 고려할 때
남성 동성애자 등과 같은 감염 취약계층에 대한
HIV 검사 활성화의 중요성은
아무리 강조해도 지나치지 않게 되었음."

보건복지부 <제 4차 국민건강증진종합계획> 326쪽 中

6. HIV/AIDS의 진단과 예방

100번의 검색보다 1번의 검사

남성 간 성행위를 콘돔 등으로 보호되지 않은 성관계를 했다면, 성 파트너가 여러 명이었다면 에이즈 검사는 해봐야 한다. 또 마약 사용을 위해 주사기를 사용한 적이 있다면 그래서 전술한 몇 가지 증상들이 나타났다면 HIV 검사를 해보는 게 좋다. 미국 질병관리본부는 13~64세 국민들에게 다른 신체검사처럼 HIV 검사에 자발적으로 응할 것을 권고하고 있다.[705] 노출 3개월 내 97%는 양성반응이 나온다. 에이즈에 관한 정보를 검색하는데 시간을 허비하는 것보다 제대로 검사를 받는게 중요하다.

HIV 진단검사는 1차 선별검사와 2차 확인검사로 나누어진다

HIV감염 진단은 혈액검사를 통해 이뤄진다. HIV 진단검사는 1차 선별검사(또는 스크리닝 검사)와 2차 확인검사로 나누어진다. 2차 확인 검사까지 양성이 나타나면 HIV감염으로 확진한다.

선별검사인 엘라이자(ELISA) 검사는 민감도가 높은 검사로 조금이라도 에이즈의 가능성이 있을 듯한 검체는 모두 걸러내기 때문에 위양성(거짓 양성, false positive)이 나올 수 있다. 따라서 특이도가 높은

2차 확인검사인 웨스턴 블럿(Western Blot) 검사를 통해 선별검사 결과 양성 판정자 중 정말 HIV에 감염된 사람들만 다시 걸러내어 HIV 감염인으로 확진하는 단계를 거친다.[706]

국내에는 간단하게 에이즈 감염여부를 20~40분 이내에 진단할 수 있는 시약이 약국이나 쇼핑몰에서 판매되고 있다([자료 7-13] 참조). 1차 검사에서 양성 판정이 나온다 하더라도 2차 확진 판정을 받아야 한다.

[그림 8-13] 회원 약국 전용 쇼핑몰에 나온 오라퀵[707]

HIV/AIDS 검사는 익명으로 가능하다

보건소에서 에이즈 검사를 받고 싶은데 자신의 이름을 밝히고 싶지 않은 경우 어떻게 해야 할까. 우리나라는 이런 경우 얼마든지 익명 검사가 가능하다.

한국은 자발적 HIV/AIDS를 검사받게 유도하기 위해 익명 검사 시스템을 구축해놨다. 별칭 혹은 아이디로 자신을 등록하고 실명을 알리지 않고 검사 받을 수 있다. 반복해서 검사를 받게 되는 경우 매회 별칭 혹은 아이디를 바꿀 수 있다.

그러나 이 과정에서 에이즈 감염 사실이 밝혀지고 진료를 받게 되면 그 시점부터는 감염인으로서 기본적인 정보가 보건당국에 통보된다.

그러나 치료를 받기 전까지는 그 어떤 흔적도 남지 않는다. 익명 검사의 특성에 대해 한 언론은 아래와 같이 보도하였다.

"익명 검사의 특성상 이들 중 몇 명이 에이즈에 감염됐는지는 확인할 수 없습니다. 이름과 주민번호는 물론 전화번호조차도 남지 않기 때문입니다. 현실적으로 감염자를 확인, 추적, 관리할 수 있는 방안이 전무한 셈입니다. 남은 수단은 예방 교육과 홍보 밖에 없습니다."[708]

에이즈 감염자로 진료 받게되면 보건당국에 보고 된다

에이즈 감염 확진 후 보건당국은 역학조사를 위해 감염자와 면담을 한다. 이러한 면담은 비밀이 보장된 상태에서 이뤄지고 감염 사실도 본인 이외에는 직장, 친지, 가족에게 절대 비밀로 한다.

역학조사를 위한 면담 후에는 아무런 제한 없이 일상생활이나 직장생활을 계속할 수 있는데, 6개월에 한 번씩 관할보건소에서 정기적인 면담과 면역검사를 받도록 하고 있다.

만약 면역검사에서 감염자의 면역기능이 떨어진 것으로 나타나면 정부에서는 지정 치료병원을 소개시켜 준다. 지정 치료병원에서는 정부에서 무상으로 공급해준 에이즈 치료제 에이지티(AZT)를 투여해 치료를 시작한다. 정부에서는 치료제를 무상으로 공급할 뿐만 아니라 감염자가 입원이 필요한 경우 입원비도 지원해 준다. 감염 정보는 철저히 비밀에 부쳐진다. 따라서 감염 사실이 주위에 알려지거나 일상생활의 제한을 당하거나 격리되는 일은 없다.[709]

에이즈를 100% 예방할 수 있는 방법은 없나

[그림 8-14] 아이샵 홈페이지[711]

미국의 경우 110만 명이 넘는 HIV감염자 중 16만 2500명은 자신이 감염된 줄 모르고 있다고 한다.[710] 전술한 바와 같이 우리나라 보건복지부는 에이즈 예방를 위한 국민 건강증진 사업 계획 16-가를 통해 이는 남성 동성애자들의 콘돔 사용율을 증가시킬 것을 강조하고 있다.

동성애자들을 에이즈로부터 예방하기 위한 단체인 아이샵(ISHAP)의 콘돔 무료 배포 사업도 국민건강증진기금으로 지원하고 있다.

그와는 대조적으로 미국 질병관리본부는 콘돔을 에이즈 예방책으로 선두에 제시하지 않고 있다. 미국은 보건당국 홈페이지에 에이즈 예방을 위해 별도로 할애한 코너를 통해 HIV감염을 예방할 수 있는 완벽한(100% effective)방법으로 '금욕(Abstinence)'을 먼저 제시하고 있다.[712] 이는 미국 질병관리본부가 첫 번째로 꼽고 있는 에이즈 예방 방침이다. 그리고 콘돔과 덴탈댐의 사용, 성관계 파트너 수를 줄이는 것(Reduce your number of sexual partners.), 그리고 HIV감염 예방효과가 있다고 알려진 항바이러스 제제 복용(pre-exposure prophylaxis ,PrEP)을 의사와 상의하는 것 등을 추가적인 예방책으로 권하고 있다.

또한 사람유두종 바이러스(곤지름), 성기포진, 매독과 같이 피부접촉(skin-to-skin contact)으로도 옮을 수 있는 성병들에 대해서는 콘돔을 사용하더라도 예방 효과가 떨어진다고 명시하고 있다. 즉 콘돔이 성병 예방에 있어서 만능 도구가 아님을 알리고 있는 것이다.

한국의 초기 에이즈 예방 노력

한국은 90년대 초 태국의 에이즈 확산을 교훈삼아 민 · 관 · 언론이 혼연일체가 되어 에이즈 예방을 위한 붐을 조성해 에이즈 확산을 차단하는데 성공했다. 철저한 마약단속으로 마약 주사자의 숫자가 적었고 성매매 여성들에 대한 주기적인 보건검사로 조기에 발견해 관리했다. 학교에서 교과서와 에이즈에 걸린 동성애자의 강연을 통해 청소년·청년층의 HIV 노출 기회를 최소화했다.[713]

문제는 성적 지향이라는 인권 이슈가 생기면서 효과적인 에이즈 예방 활동은 가로 막히고 있다는 것이다. 의료기술이 발전한 유럽이나 미국, 한국에서는 에이즈 감염자 수는 중단되지 않고 30여 년간 지속되고 있으며, 최근에는 오히려 증가 추세에 있다.

동성애의 진실을 알리기를 부담스러워하는 자들

질병관리본부는 '언론과 미디어를 위한 HIV/AIDS 길라잡이'라는 책자에서 에이즈를 한결같이 위험한 질병이 아니며, 성 정체성과 에이즈는 무관하다고 주장한다.

"에이즈가 동성애자들의 질병이라는 오해를 받는 이유는 두 가지로 볼 수 있습니다. 첫째는 에이즈가 미국 캘리포니아의 동성애 집단에서 처음 발견되었기 때문이며, 또 하나는 동성애자들이 HIV 감염에 대해 취약하기 때문입니다. 동성애자들이 HIV 감염에 취약한 이유는 그들이 성적으로 문란하거나 동성 간의 성관계를 갖기 때문이 아니라, 동성 간 성행태가 주로 항문성교이기 때문입니다. 항문성교 시 항문주위의 혈관들이 파열되면서 상처가 생기기 쉽고 이 상처를 통해 상대방에게 HIV가 들어가게 되므로 이성애자보다 HIV 감염확률이 높아지게 됩니다. HIV 감염은 성 정체성에 관계없이 HIV 감염인과 안전하지 않은 성관계를 할 때 이뤄집니다."714

앞에서는 동성 간의 성행태는 구조적으로 HIV 감염 확률이 높다고 해놓고는 뒤에서는 결론은 '동성애가 에이즈와 무관하다'고 말하고 있는 것이다. 국가기관인 질병관리본부라면 미국의 질병관리본부처럼 동성 간 성행위의 위험성을 정확히 지적해야 한다.

게다가 국가인권위원회까지 동성애를 자연스러운 성문화인 것처럼 받아들이게 하는 환경을 조성했다. 2004년 국가인권위의 권고로 국무총리 청소년보호위원회는 청소년보호법시행령 제7조의 '청소년 유해매체물의 심의기준' 중 '수간을 묘사하거나 혼음, 근친상간, 동성애, 가학·피학성음란증 등 변태성행위, 매춘행위, 기타 사회통념상 허용되지 아니한 성관계를 조장하는 것'이란 조항에서 '동성애' 부분을 삭제하기로 결정했다.715

근거없는 낙관을 조심하라

삼육대 사회복지학부 손애리 교수팀이 서울지역 중·고생 1516명을 대상으로 에이즈 감염 인식도를 조사한 결과 90% 이상이 '낙관적 편견'의 태도를 보이는 것으로 나타났다.

손 교수는 "학생이 에이즈에 낙관적 편견을 갖게 되면 예방교육을 잘 받지 않고, 주위를 환기시키는 메시지에도 주목하지 않을 수 있다"면서 "학생들에게 에이즈 예방교육을 하려면 단순히 정보나 지식 전달뿐만 아니라 그들이 가진 신념과 행동을 변화시키는 데 주력해야 한다"고 강조했다.[716]

보건복지가족부 산하 질병관리본부가 발행하는 '주간 건강과 질병' 최신호에 실린 보고서 〈우리나라 HIV감염인의 최초 감염진단 이후 생존율 변화 (Change in survival of HIV-infected individuals following HIV diagnosis in Republic of Korea, 질병관리본부 국립보건연구원 면역병리센터 에이즈종양바이러스)〉에 따르면 1985~2007년 에이즈 바이러스 감염자 5323명이 에이즈 감염을 확인한 뒤 평균 16.7년간 생존했다. 이 기간 동안 사망한 에이즈 환자 중 45%는 에이즈 감염 확진 판정을 받은 지 6개월 안에 숨졌다.[717]

또한 본 보고서는 우리나라 HIV감염인 사망자 중 발견 후 6개월 이내 사망한(45%) 사람의 수치가 프랑스와 영국(10~20%)에 비해 높은 수준이라고 지적했다. 그러나 이런 현실을 국내 언론들은 쉬쉬 하고 있고 전 국민들은 에이즈에 대해서 대책없는 낙관론만 접하게 되는 경우가 많다.

문제는 청소년들 역시 동성 간 성행위를 미화시키는 미디어 속에서 항문 성행위를 호기심에 하거나 그러한 성행위를 제공함으로서 돈을 벌기도 한다는 사실이다. 우리나라 가출 남자 청소년 중 매춘을 하게 되는 경우가 많은데, 그 중 15.4%가 바텀 알바를 했다고 여성가

족부가 발표해 적잖은 충격을 줬다.[718]

　전술한 바와 같이 바텀이란 남성 간 성행위 때 수동적인 역할을 하기 위해 항문을 제공하는 사람을 말한다. 돈을 주고 탑 역할을 하는 남성이 에이즈에 감염되어 있는 줄도 모르고 성관계를 하게 되는 상황에 직면할 수도 있다.

　청와대 대변인을 역임하고 한국양성평등교육진흥원장을 지낸 김행 원장은 2014년 11월 'HIV가 뭔지도 모른 채 숙식위해 '바텀 알바' 하는 가출청소년들'이라는 제목의 칼럼을 내놓았다. 한 청소년 상담센터에서 실제로 벌어진 상담내용을 근거로 작성된 이 글은 아버지의 폭력을 피해 집을 나간 청소년이 결국 숙식 해결을 위해 바텀 알바를 하게 된 경위를 소개하고 있다. 그리고 동성애자 앱에 올라오는 글들이 청소년 성매매의 온상이 되고 있음을 다음과 같이 지적하고 있다.

"청소년 D(17세). 그 역시 생계비가 떨어지자 인터넷 카페를 통해 혼자 사는 성인 남성들을 찾았다. 그리고 그들 집에 있어 살면서 성관계를 맺었다. 길게는 1년, 짧게는 한 달씩 동거남을 찾아다녔다. 동거가 여의치 않은 경우엔 한 번에 7만~10만원을 받고 성인 남성에게 몸을 팔았다. D의 증언에 따르면 10대 남자 청소년의 성매매는 여자 청소년보다 SM(Sadistic-Masochistic · 가학적 성행위) 플레이 등 변태 성행위에 응하는 경우가 많았다.

'알바합니다'라는 제목을 달고 동성애자 앱에 올라오는 글들이 청소년 성매매의 온상이 되고 있는 것도 달라진 세태다. 작년 11월 발표된 내용에 따르면, 동성애자 앱의 '만남 게시판'에 올라오는 글 10건 가운데 3~4건 정도가 자신을 청소년이라고 소개하면서 성인 남성들을 상대로 '알바'를 한다는 내용을 적극적으로 알린다는 사실이다."

영국 보건국도 이렇게 온라인 상에서 연결된 즉흥적 만남의 위험성을 언급했었다.[719]

"미국 에이즈 감염자의
48%만이 적절하고
꾸준한 치료를 받고 있다."

미국 질병관리본부

7. 치료와 비용

완치시키는 약은 없다

HIV/AIDS 감염을 완치시키는 방법은 없다.[720] 에이즈를 치료하는 약이라고 불리는 약들도 레트로 바이러스 억제제들인데, 이들 약물로 조기 치료를 받음으로 질병의 경과를 늦출 뿐이다. 즉 면역체계가 심하게 손상되지 않았을 때 치료하면 정상 수명을 다할 수 있다. 치료로서 삶의 질이 높아지기도 한다.

또한 조기 치료를 하면 다른 사람에게 에이즈를 전염시키는 위험도 줄일 수 있다. 현재 30여 개가 넘는 레트로 바이러스 억제제가 개발되었다. 모든 환자에게 HIV 억제가 효과적으로 나타나는 것은 아니며, 규칙적으로 약을 잘 복용하는 것이 치료의 성패를 가르는 중요 요인이다.

HIV/AIDS는 조기치료를 시작해야 본인과 타인에게 유익하다

조기치료는 HIV감염인의 건강 증진과 타인에 대한 전파예방 등 두 가지 효과를 가져올 수 있다. 조기에 치료를 하면 면역기능 저하와 관련된 합병증 뿐 아니라 면역기능 저하와 직접적인 관계가 없는 합병증도 줄일 수 있는 것으로 알려져 있다. 항바이러스제 복용으로 체액 속에 바이러스 농도가 감소되면 타인에 대한 감염력도 현저히 감소된다.[721] 정량의 약을 정시에 복용하지 않으면 체액 속에 바이러스 농도가 상승하게 되고 이것은 본인에게 치명적일 뿐 아니라 타인에 대한 감염력도 상당히 증가하게 된다.

그러나 2017년 WHO의 보고에 따르면, 현재 전 세계적으로 에이즈 치료제에 약제 내성을 띄는 경우가 증가하고 있다.[722] 바이러스가 특정약물에 약제내성을 띈다는 말은 쉽게 말해 약효가 더 이상 듣지 않게 된 심각한 상황을 말한다. 이렇게 바이러스가 특정 약물에 대해 내성을 띄게 되어 치료가 어려워진 감염인은 타인에 에이즈를 감염시킬 가능성이 높아진다.

치료 실태

안타깝게도 에이즈에 감염된 모든 사람들이 정기적으로 적절한 치료를 받고 있지 못하다. 미국만 하더라도 HIV감염을 진단 받은 그룹의 절반 이하만 정기적인 치료를 받고 있다.[723] 이 말은 적절한 치료를 받지 못하고 있는 감염인이 60만 명 가까이 있다는 뜻이다. 이렇게 적절한 치료를 받지 못하면 에이즈 바이러스 전파력이 굉장히 강해진다. 혈중 바이러스 농도가 높아지기 때문이다. 규칙적으로 약을 공급받지 못한 경우 약제 내성이 생길 가능성은 높아진다.

일반적으로 에이즈 치료에서 혈장 HIV RNA가 가장 중요한 지표다. 다른 원인 없이 이 수치가 증가하면 CD4+ 림프구 수에 상관없이

약물 요법의 실패를 의미한다.[724]

에이즈 치료제

1987년 지도부딘이 HIV감염증 치료제로 미국 식품의약품안전청으로부터 최초로 승인된 이후, 현재 30여 개 약제가 개발돼 있다.[725]

HIV감염증 치료에 사용되는 약물을 항레트로 바이러스제라고도 부른다. 약물 투여에 따른 내성 돌연변이를 방지하기 위해 항레트로 바이러스제를 투여할 때에는 한 가지 약물만 투여하지 않고 여러 가지(대개 3가지) 약물을 동시에 투여하는데 이를 '고강도 항레트로 바이러스 치료(Highly Active AntiRetroviral Therapy, HAART : 일명 칵테일 치료)'라고 한다.[726]

국내에 유통 중인 HIV 치료제는 크게 뉴클레오사이드 역전사효소 억제제, 비뉴클레오사이드 역전사효소 억제제, 단백분해효소 억제제, 통합효소 억제제 등이 있다. 국내에는 약 20여 가지의 치료제가 유통되고 있다.[727]

에이즈 치료제, 즉 에이즈 바이러스 억제제는 항생제와 더불어 약물동역학(Pharmacokinetics)에서 말하는 약물 농도 유지창(therapeutic range)을 잘 지켜야 하는 대표적인 약물 중의 하나다. 그렇지 못했을 때는 약효감소, 약제 내성의 발현 등 바람직하지 않은 결과로 이어져 감염인의 상태가 악화될 수 있다.

에이즈 바이러스 예방제로 알려져 있는 트루바다는 매일 일정하게 복용해야 효과가 있다. 모든 에이즈 치료제는 전문의약품, 즉 의사의 처방이 있어야 조제 및 투약이 가능하며, 에이즈 진료를 하는 병원의 원내 약국에서 취급한다. 그러므로 통상적으로 원외 약국, 즉 일반적인 약국에서는 에이즈 치료제를 조제하거나 투약하지 않는다.

국제에이즈학회는 제18회 국제에이즈회의에서 전 세계 12개국의 에이즈 감염인을 대상으로 실시한 '2010 생명을 위한 에이즈치료 국제조사(ATLIS · AIDS Treatment for Life International Survey 2010)' 결과를 발표했다. 2010년 1월부터 3월까지 3개월에 걸쳐 실시된 이 조사엔 북미와 남미, 유럽, 아프리카, 한국 등 총 2000명 이상의 감염인이 응답했다. 조사 대상은 에이즈의 원인이 되는 바이러스인 인간면역결핍바이러스에서 양성반응을 보인 18~65세 남녀였다. 조사결과 에이즈 감염자의 대부분은 치료 도중 약물에 대한 부작용을 경험했던 것으로 드러났다. 또 이런 부작용으로 한국인 감염인의 63%, 외국인은 66%가 '약을 바꿨다'고 밝혔다.[728]

에이즈는 감염되면 장기간 다양한 치료 약물을 복용해야 하기 때문에 부작용에 의한 치료 약물 변경이 감염인들의 삶의 질에 향후 부정적인 영향을 끼칠 수밖에 없다. 이러한 부작용들을 경감시키기 위해 에그리프타나 고지혈증 치료제 등을 추가로 복용하기도 한다.

제약회사 한국 엠에스디(MSD)가 2013년 9월부터 두 달간 개최한 'HIV 바로알기 캠페인'의 일환으로 국내 에이즈 감염인 1500명을 대상으로 에이즈 질환 인식과 치료제 복용 실태를 조사한 결과에 따르면 치료제 복용 후 40.2%가 간기능 장애를 겪었으며 30.5%가 대사질

환을, 18.3%가 '지방이양증'을 경험한 것으로 조사됐다. 15.9%는 신장 이상을 꼽았다.[729]

환자 대부분 치료약물 부작용

에이즈 약물 복용 부작용

구 분	한국	외국
얼굴 또는 체형 변화	54	51
간 문제(간독성)	35	28
피로 또는 빈혈	32	32
심혈관계 문제	31	28
정신적 문제	29	34
수면 장애	28	30
위장 문제	25	36

단위 : %

[그림 8-15] 국제 에이즈학회 결과 보고서
<AIDS Treatment for Life International Survey 2010>:
에이즈 약물 복용 부작용이 나와있다.

부작용이 무서워서 약 먹기를 거부하면 안 된다

에이즈 치료제는 규칙적으로 복용해야 한다. 트루바다를 에이즈 예방을 목적으로 먹는 경우도 마찬가지이다.

2018년 초 여름, 필자는 한 통의 전화를 받았다. 8년 간 동성애자로 살다가 에이즈에 걸린 젊은 남성으로부터 온 전화였다. 그는 깊은 후회와 자책감, 특히 2016년에 필자의 강연을 들었을 때 동성애자의 생활을 마감해야겠다고 마음먹었으나 실천하지 못한 것 등을 후회했다. 당시 필자가 그와 대화를 나누며 대화 끝에 꼭 당부한 말은 '규칙적으로 약물을 복용해 달라'는 것이었다.

그와의 통화에서 필자는 에이즈 치료제의 부작용을 복용자들이 인지하고 있어야 하는 것은 사실이나, 부작용을 과하게 걱정하거나 두려워해 복용을 멈추거나 걸러서는 안 된다는 것을 강조했다. 항바이러스제는 규칙적으로 복용하는 것이 매우 중요한 약물임을 알렸다. 그리고 "좀 더 나은 약물이 나올 테니 일단 최대한 건강한 생활을 위한 방안들을 실천해 보자"고 권했다.

그는 현재 비교적 건강하고 필자와 자주 문자를 나누고 있다. 그리고 동성애자의 삶을 청산했다.

에이즈 약값

2018년 약가 조정이후 발표된 에이즈 약 값은 다음과 같다. 적힌 약 값을 보고 약 '한 통' 당 가격이냐고 묻는 사람들이 많은데 '한 알' 당 가격이다. 그 정도로 에이즈 약 값은 비싸다. 전 세계 HIV/AIDS 감염인들의 건강을 위해 하루 속히 약가가 인하되어야 할 것이다. 현재 미국은 HIV/AIDS 감염인 중 절반 정도만이 적극적인 에이즈 치료를 받고 있다고 할 정도로 재정상의 이유로 에이즈 치료에 한계를 보이고 있다.[730]

스트리빌드의 경우 길리어드사에서 수입하며 한 알에 2만 5905원으로 약국에 공급된다.[731] 길리어드 사이언스의 HIV 치료제 트루바

다는 2016년 당시 국내 HIV 치료제 시장 점유율 1위를 유지하고 있
다.[732] 2017년 1월 기준으로 한 알에 1만 3730원이다.[733] 푸제온은 국
내 유통되는 일반 에이즈 치료제와는 달리 경구투여가 아닌 주사제
형태의 의약품이다. 하루에 한 번 주사한다.[734]

유통/생산 중 (1)	유통/생산 미확인 (0)	유통/생산 중단 (0)
스트리빌드 정 tenofovir disoproxil fumarate 외	625900010 전문 급여	25,905원 길리어드

[그림 8-16] 에이즈 치료제 스트리빌드의 1알 당 가격[735]

유통/생산 중 (1)	유통/생산 미확인 (0)	유통/생산 중단 (0)
트루바다 정 emtricitabine 외	625900020 전문 급여	13,730원 길리어드

[그림 8-17] 에이즈 치료제 트루바다의 1알 당 가격[736]

유통/생산 중 (1)	유통/생산 미확인 (0)	유통/생산 중단 (0)
푸제온 주 90mg/mL enfuvirtide	645000601 전문 급여	24,996원 로슈

[그림 8-18] 에이즈 치료제 푸제온의 1알 당 가격[737]

유통/생산 중 (1)	유통/생산 미확인 (0)	유통/생산 중단 (0)
컴비비어 정 lamivudine 외	650001210 전문 급여	6,060원 글락소 스미스클라인 대조

[그림 8-19] 에이즈 치료제 컴비비어의 1알 당 가격[738]

유통/생산 중 (1)	유통/생산 미확인 (0)	유통/생산 중단 (0)

키벡사 정
lamivudine 외

11,400원
650002840 전문 급여
글락소 스미스클라인

[그림 8-20] 에이즈 치료제 키벡사의 1알 당 가격[739]

우리나라는 에이즈 치료비가 무료다

경기도 남양주에 위치한 수동연세요양병원은 대한민국의 유일하게 에이즈 감염인들을 돌보는 요양병원으로 자주 언론에 소개된다. 염안섭 원장은 여러 인터뷰에서 다음과 같은 주장을 펼쳤다.

"그런데 에이즈 환우들을 돌보다 보니 특이한 사실을 알게 되었는데, 국내에서 치료비, 입원비 전액에 간병비까지 모두 지원받는 환자는 에이즈 환자밖에 없다는 것이있습니다."[740]

그렇다. 에이즈 치료에 드는 비용은 개인 부담이 없고 국민건강보험공단과 정부가 100% 부담하고 있다. 즉 본인이 부담해야 하는 진료비는 실질적으로 없다. 이는 유엔 산하 에이즈 관리국에서도 잘 파악하고 있는 사실이다.

필자도 우리나라의 HIV/AIDS 국가정책을 국내 자료가 아니라 해외자료에서 먼저 접하고 적잖게 놀랐다. 2013년 당시만 해도 전혀 이것은 일반인들에게 알려져 있지 않다시피 했기 때문이다.

5) Free HIV Treatment Services

· Free high-quality treatment by specialized doctors at the government-designated hospitals(14 general hospitals) and counseling services for improving adherence and health outcomes by qualified nurses
· Free HIV-related treatment at no cost and at no access barrier which is supported 100% by the government (90% by national medical insurance and 10% by government's budget)

[그림 8-21] 2011 유엔 보고서
대한민국은 양질의 에이즈 치료가
전액 무상으로 공급되는 나라라고 소개하고 있다.[741]

HIV감염인 진료비 중 90%는 건강보험공단이 의료기관에 지급하고 나머지 10%는 본인이 의료기관에 부담을 하게 되어있다. 그런데 이 10%의 본인부담금도 보건소를 통해 전액 지원한다.[742]

즉 감염인이 진료기관에서 치료제투약 등에 따른 진찰료, 검사료 및 에이즈와 관련된 질환으로 진료를 받은 경우 총 진료비 중 보험급여분의 본인부담분(10%)까지 후불, 혹은 선불형식으로 전액 지원하고 있다. 진료비영수증 원본 및 온라인 계좌번호를 첨부해 보건소를 경유해 신청하면 시·도 및 관할 보건소에서 지급한다. 감염인의 진료비용에 대한 후불협조가 가능한 의료기관의 경우에는 감염인의 통장을 거치지 않고 각 시·도 및 시·군·구 보건소에서 직접 의료기관에 지급하게 하는 편의도 제공하고 있다.

보험공단에서 지급하는 90%의 진료비 외에, 보건소에서 지급하는 나머지 10% 진료비 중 절반 정도가 지자체가 부담해야 할 몫이다.

김순택 한국에이즈퇴치연맹 제주지부 회장은 제민일보에 기고한 칼럼에서 에이즈 감염에 의한 부담을 지역이 감당하기 어려운 지경이 올 것이라고 우려하기도 했다.

"제주도에는 감염자가 아직 두 자리 수에 불과하지만, 세 자리 수로 늘어나면 감당하기가 어려워진다. 결코 방심할 수가 없다."[743]

기타 지원 서비스

이뿐만 아니라 우리 정부는 다양한 HIV감염인 지원 서비스를 제공하고 있는데 그중 하나가 감염인 상담사업이다. 이 사업은 감염인의 치료를 촉진해 혈중바이러스 농도를 낮춤으로 전파 가능성을 낮추고, 교육 및 상담을 제공해 감염인 스스로 위험행동을 자제하도록 하는 사업이다.

의료기관 감염인 상담사업 수행기관이 되는 의료기관, 즉 병원이 참여하여 감염인이 주로 이용하는 거점지역 감염내과에 상담간호사를 배치한다. 이들 상담간호사는 감염인의 상담, 교육, 복약 지도 및 복지서비스 연계 등 일상의 멘토 역할을 수행한다. 또 의료기관 감염인 상담사업 수행기관과 보건소 및 감염인 지원사업을 하고 있는 민간단체 등과 네트워크를 구축해 감염인에게 필요한 다양한 서비스(호스피스, 자조모임, 행정 서비스 등)를 제공한다.[744]

예를 들어 2012년 기준으로 질병관리본부에서 주관하는 의료기관 감염인 상담사업을 수행하고 있는 의료기관은 16개며, 그 곳에서 총 19명의 간호사들이 HIV감염인 상담간호사로 일하고 있다.[745]

또한 HIV/AIDS 국가정책으로 호스피스 · 완화의료 서비스, 상담 및 정서지지, 노인 감염인 · 장기요양자에 대한 의료 서비스지원 등을 한다. 감염인의 치료권을 보장하기 위한 요양 · 호스피스 등 의료 서비스 제공, 감염인 지원센터 및 쉼터 운영을 통해 건강 약화 및 경제적 곤궁, 심리 · 사회적 위기에 직면한 감염인도 돌보고 있다. 또 신체적 정서적 회복을 위한 안정적인 삶의 공간 제공 및 감염인의 사회적 기반 마련에 관한 집중적인 프로그램 실시 등을 골자로 하는 HIV 감염인 지원센터, 쉼터 운영사업 등을 추진하고 있다.[746]

이렇듯 한국은 HIV/AIDS 감염인들을 위한 사회적 인프라가 잘 조성돼 있다. 에이즈 치료비가 전액 무상인데다 다양한 복지 정책도 많이 생겨나고 있다.

일반적인 에이즈 감염자들이 겪는 고통은 크다. 특히 재정적인 고통이 큰데 공공의약센터 권미란 간사는 "일반적인 에이즈 환자들은 1년에 약 1300만 원어치에 달하는 약을 복용해야 한다. 한 달에 약 100만 원꼴인 약 값 가운데 25~30%를 본인이 부담하고 보건소에서 후불로 돌려받지만 당장 20만~30만 원이 없어 필요한 약을 못 먹는 환자가 발생하고 있다"고 전하기도 했다.[747] 실제로 에이즈 감염자의 취직률은 비감염자보다 현저히 낮다.[748]

이런 이유로 에이즈 감염자가 약 10%의 치료비를 내고 90%는 국가가 낸 뒤 나중에 보건소에서 돌려 받는 방식에서, 먼저 지불하는 본인 부담금 없이 아예 치료비 100% 전액을 대주는 방식이 도입되게 됐다. 정부는 100% 건강보험 지원이 이루어지고 있는 만큼 별도로 본인 부담금까지 사전에 지급하는 방식에는 난색을 표시하기도 했지만[749] 결국 에이즈 감염자들을 중심으로 한 시민단체들의 요구를 들어주게 됐다.

에이즈 치료비 외에
에이즈 환자의 조기 사망 등에 따른 사회적 비용

2004년 11월 11일 보건복지부와 유엔개발계획(UNDP) 한국지부 공동주최로 11일 에이즈의 사회적 영향을 살펴보기 위한 '제 7차 국제 에이즈 심포지엄'이 열렸다. 이날 서울대 양봉민 교수는 에이즈 환자의 사망으로 발생되는 사회적 비용, 즉 기회비용에 대해서 언급했다.[750] 당시 의료인 신문의 기사 일부를 소개한다.

"에이즈 환자의 조기 사망에 따른 사회적 비용이 전체 국민진료비 8%를 차지하는 것으로 나타났다. 질병관리본부의 자료를 분석한 결과 에이즈 환자가 발병한 지 3.6년 후 사망하는 것으로 가정했을 때 환자 1명이 평균 3억8천600만 원의 생산가능액을 기회비용으로 잃고 있다. 유엔에이즈퇴치계획(UNAIDS)의 자료를 토대로 추산된 국내 에이즈 환자수 7천945명에게 적용하면 3조700억 원으로 이는 국민진료비의 8%에 달하는 액수다. 30대 남자의 1인당 에이즈 진료비는 6억5000여만 원으로 추산되며 이중 진료비 등 직접비 비율은 15.5%에 그쳤지만 조기 사망으로 인한 생산가능액 손실 등 간접비는 84.5%를 차지하는 것으로 나타났다. 특히 생산성이 높은 20~30대 감염자들의 조기 진단과 치료를 달성하지 못한다면 간접비의 증가로 향후 에이즈의 사회적 비용이 급증할 것으로 예상된다.”[751]

▍궁금해요

보건소에서의 HIV/AIDS 감염인 배우자에 대한 조치는 어떻게 하나요?

후천성면역결핍증 예방법(약칭 에이즈예방법)제 5조에는 HIV/AIDS 감염인 배우자에 대한 조치에 대해 아래와 같은 조항이 있다.

"감염인을 진단하거나 감염인의 사체를 검안한 의사 또는 의료기관은 보건복지부령으로 정하는 바에 따라 즉시 진단·검안 사실을 관할 보건소장에게 신고하고, 감염인과 그 배우자(사실혼 관계에 있는 사람을 포함한다. 이하 같다) 및 성접촉자에게 후천성면역결핍증의 전파 방지에 필요한 사항을 알리고 이를 준수하도록 지도하여야 한다. 이 경우 가능하면 감염인의 의사(意思)를 참고하여야 한다."752

에이즈 예방법에서는 이와 같이 명시함으로서 보건소의 담당자, 혹은 의사가 감염인의 배우자에게 통보할 것을 의무화하고 있으나 또 한편으로는 감염인의 의사를 참고해야 한다는 조항이 있다. 이런 조항에 따르다 보니 감염인의 배우자에게 에이즈 감염 사실을 보건소가 직접 알리는 것은 쉽지 않다. 가정 해체와 불화의 우려가 높기 때문이다.

실제로 감염인이 동의하지 않으면 배우자에게 통보하는 일은 거의 불가능한 것으로 보인다.

국가인권위원회가 2005년 24개 서울지역 보건소를 방문해 에이즈 담당자들을 조사해서 내놓은 보고서 〈HIV감염인 AIDS 환자 인권상황 실태조사〉에 따르면 감염인 본인이 동의하지 않으면 배우자나 가족에게 보건소 직원이 직접 알릴 수 없는 경우가 많아 감염인의 배우자가 에이즈 감염의 사각지대에 놓이게 되는 경우를 완전히 배제하기가 어렵다.[753]

24곳의 보건소의 에이즈 담당 관계자들에게 설문조사한 결과 본인이 배우자에게 알리도록 적극적으로 설득하고 권하는 방식으로 대처하는 경우가 대부분인 것으로 드러난 것이다.

G보건소, H보건소, K보건소 직원들은 보건소 직원이 그 배우자에게 직접 통보할 경우 가정이 깨지거나 해체될 것을 우려해 본인이 자발적으로 알리도록 설득하며 기다리는 수밖에 없는 경우가 많다고 관계자들은 입을 모으기도 했다.[754]

O보건소의 직원은 "대부분 자신이 스스로 알리도록 권유하고 그렇지 않다면 시간이 걸리더라도 가족들에게 알릴 것을 동의받을 때까지는 알리지 못하고 있다. 가장 도움이 되는 방법은 담당자가 감염인의 친구로 하고 배우자의 건강검진을 해 준다고 설득하여 검사받도록 하고 있지만 이런 경우에 한 번의 검사만 가능하고 지속적인 가족 및 배우자 관리 어렵다"라고 밝히기도 했다.[755]

W보건소의 에이즈 담당자는 "상담 시에 배우자나 가족 검진의 중요성을 끊임없이 말하고 동의를 받거나 그렇지 않으면 알릴 수 없다. 이런 과정은 시간이 많이 필요하다"라고 밝혔다.

P보건소 직원은 "본인이 말하지 않으면 알리지 않는다"라고 답변했다. R보건소 직원 역시 "본인에게 권유하고 본인 동의 없으면 가정해체 우려로 알리지 않는다"라고 답했다.[756] 에이즈 감염인의 배우자 건강이 매우 우려되는 대목이다.

그리고 이런 우려는 현실로 나타나고 있다. 질병관리본부의 2006년 'HIV/AIDS 예방 및 대응 국가전략 개발에 관한 연구' 보고서에 "여성 HIV감염인의 거의 모두가 이성, 즉 남성에게서 감염되었으며 여성 성매매 종사자가 주요 감염경로가 아니라 대부분 보통의 '주부'들로서 남편에 의하여 감염되었을 가능성이 크다"고 진단을 내리고 있다.[757] 에이즈예방법 제5조에는 에이즈 감염인의 배우자의 생명권과 건강권에 대해서도 충분한 배려가 명시되어야 할 것이다..

에이즈 감염인 중 37%만 콘돔 사용

2004년 국제 에이즈 심포지엄에서 발표된 자료에 따르면 에이즈 감염인 258명에게 설문 조사를 시행한 결과 이들 중 과반수(133명) 정도는 성생활을 하지 않지만 또 다른 과반수는(122명) 성생활을 유지하고 있는 것으로 드러났다. 기타는 1.2% (3명)이었다.[758]

감염 이후에도 성관계를 유지한다고 답변한 122명 중 62명, 즉 51%는 배우자·애인 등과 고정적인 성관계를 가지지만, 49%는 고정 성관계가 아니라 "다양한 성관계(동성 성관계 57명, 이성 성관계 3명)를 가진다"고 답변했다.

에이즈에 감염된 이후에도 성관계 중 항상 콘돔을 사용한다고 답한 감염인은 불과 37.1%에 그쳤다. 본 보고서에는 에이즈 감염자의 항시 콘돔 착용률이 불과 37.1%에 그친다는 사실을 어떻게 봐야 하는지 간단하게 정리하고 있다. 성행태 개선을 위한 특단의 대책이 필요하다는 것이다.

"항시 착용률이 37%에 달하여 보통사람들의 경우보다 훨씬 높은 것은 사실이지만 감염인이라는 특성상 더욱 주의를 기울여야 할 필요가 있음을 감안할 때 이들의 성행태 개선을 위한 대책이 필요할 것으로 생각된다."[759]

이런 상황에서 남편이 에이즈에 감염된 것을 통보받지 못한 채 무방비로 에이즈 감염에 노출된 삶을 사는 주부들을 어떻게 보호해야 할까. 이들의 건강권, 인권에 대한 깊은 고민이 필요하다.

에이즈 치료비를 무상으로 공급할 수 있는 여건이 계속 될 수 있을까?

문제는 국가와 지자체의 예산에 한계가 있다는 것이다. 에이즈 감염인은 계속 증가할 수 있지만 건강보험공단과 질병관리본부, 지자체의 예산은 제한 돼 있다. 미국처럼 감염인이 늘어나고 예산은 제자리에 머물게 되어 결국 그 피해가 기존 에이즈 감염인과 환자에게 돌아가게 되는 현상이 국내에도 발생할 수 있다.

실제로 최근 이것이 기우가 아님을 드러내는 자료가 나왔다. 2016년 9월 23일 김승희 당시 새누리당 의원이 국민건강보험공단과 질병관리본부로부터 제출받은 자료를 분석한 결과, 국내 HIV/AIDS 감염자 증가에도 불구하고 정부지원액은 5년째 변동이 없어 예산부족 사태가 매년 반복되고 있다고 밝힌 것이다.[760]

미국은 액트업(Act-up)과 같은 동성애 인권단체의 꾸준한 노력[761] 등으로 에이즈 치료제 약가가 내려가는 상황이지만 신규 에이즈 감염인이 늘어나는 속도를 감당할 수 없는 상황에 처했다.

국내 HIV/AIDS 진료비 지원사업의 실제 지원자 수는 2010년에 2147명에서 2015년 6650명으로 약 3배 늘어났음에도 지원예산액은 2010년 26억4700만 원에서 2015년 26억2600만 원으로 제자리 걸음을 하고 있다. 2010년에 1억 원이 부족하던 예산은 2015년에 20억 6900만 원이 부족한 상황이 됐다.[762]

에이즈의 확산이 의료체계 자체를 와해시킬수 있다는 경고

완치의 길이 없어 고가의 의약품을 지속적으로 투약받아야 하며 백신 조차 없는 질병인 에이즈에 감염되는 사람이 급증하게 되면 어떤 현상이 벌어질까. 서울대 조병희 교수는 의료체계 전체를 와해 시킬수도 있다고 경고했다. 그는 보건복지부 등이 공동 주관한 국제 에이즈심포지엄에서 아래와 같이 발표하였다.

"에이즈 치료를 담당하는 의료 체계도 에이즈 환자가 급격하게 증가하면 이를 감당하지 못하고 의료체계 자체가 와해 되는 결과를 가져올 수 있다. 제한된 의료자원이 에이즈 치료를 위해 투입 되다보면 다른 질환 치료를 할 여력이 없어지게 됨으로써 결국 의료의 공급이 축소되고 의료의 질이 하락하게 된다. 또한 의료 업무가 과중하게 되고 에이즈 감염에 대한 우려가 커지면서 필수 의료 인력이 해외로 유출되거나 사망하면서 이를 보충하기 위하여 더 많은 인력을 채용 하고 수련시켜야 하므로 나머지 인력들도 피로가 누적되고 업무수행 능력이 떨어지게 된다."[763]

에이즈의 사회경제적 비용

필자가 강연장에서 많이 받는 질문 중에 하나가 "에이즈에 걸리면 돈이 얼마나 들어가는가"이다. 감염인의 상태에 따라, 그리고 전문의의 소견에 따라 치료 약물과 방법은 조금씩 달라지지만 통상적으로 에이즈 증상 완화 혹은 치료를 위한 비용은 고가다. 뿐만 아니라 치료비 외에도 사회적 기회비용까지 고려한다면 에이즈를 잘 예방하는 것이 개인과 사회에 얼마나 중요한 영향을 끼치는 일인지 알 수 있다.

유엔은 에이즈로 초래된 전 세계적인 보건재앙에 대응하기 위해 1996년 유엔에이즈(UNAIDS)라는 에이즈 전담기구를 설치했다.[764] 90년대 중반에 HIV의 활동을 억제할 수 있는 약들이 생산되기 시작했지만 워낙 고가였기 때문에 2000년도 전후 세계 HIV감염인 중에 치료약을 먹을 수 있는 사람은 불과 70만여 명에 불과했다. 유엔에이즈는 2000년부터 2015년 3월까지 1870억 달러(225조7090억 원)를 들여 아프리카를 중심으로 1500만 명에게 에이즈 약을 공급해왔다. 그럼에도 불구하고 이 수치는 HIV생존감염인 3700만 명 중에서 40%에 불과한 비율이다. 260만 명의 HIV감염 어린이 중 항바이러스 치료제를 받은 아이는 32%에 불과하다. 더욱이 매년 200만 명 이상이 새로 HIV에 감염되고 있다. 유엔에이즈는 2000년 연간예산 48억 달러로 시작했지만 2015년에는 220억 달러(26조5540억 원)로 늘렸다.[765]

미국 연방정부의 에이즈 예산

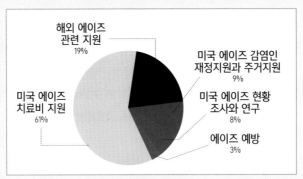

해외 에이즈
관련 지원
19%

미국 에이즈 감염인
재정지원과 주거지원
9%

미국 에이즈
치료비 지원
61%

미국 에이즈 현황
조사와 연구
8%

에이즈 예방
3%

[그림 8-22] 미국 정부의 2017년 HIV/AIDS 예산안[766]

그렇다면 미국 정부는 HIV/AIDS에 얼마를 쓰고 있을까?

2017년에 미국 정부의 HIV/AIDS 예산은 340억 달러(41조 원)에 달한다. 그중 직접적인 미국 내 에이즈 치료비 지원에 61%인 208억 달러(25조 원)가 소요되고, 에이즈 감염인 재정 지원에 9%인 31억 달러(3조7417억 원), 미국 내 에이즈 현황 조사와 연구에 27억 달러(3조2589억 원), 미국 내 에이즈 예방에 3%인 9억 달러(1조863억 원)를 쓰고 있다. 또한 자국 내의 지원 뿐 아니라 해외 에이즈 정책 지원을 위해서도 19%인 66억 달러를 쓰고 있다.

해외 원조를 제외하면 한 해에 274억 달러(33조 원)를 HIV/AIDS 예산으로 사용하는 것이다.

8장. 국내 에이즈와 남성 간 성행위의 밀접한 연관성

치료를 제대로 받지 못하는 감염인의 증가

이러한 엄청난 예산 편성에도 불구하고 미국 질병관리본부는 2014년 기준으로 HIV에 감염인 중 49%만이 꾸준한 치료를 받고 있다고 보고했다.[767]

미국의 HIV/AIDS 정보기관인 AVERT 역시 미국에서 적절한 치료를 받고 있는 HIV감염인은 절반 수준에 불과했다.[768]

미국 질병관리본부는 2014년 HIV에 감염된 MSM 중 61%가 HIV치료를 받았다고 보고했다.

어떠한 행위의 결과로 질환에 걸렸든 특정 질환에 걸리고도 치료를 못 받는 상황이 생긴다면 그 자체가 비극이 아닐 수 없다.

미국 에이즈 관련 예산의 증가

오바마 전 미국 대통령은 재임 기간 중 친동성애적 행정 명령 발표와 동성결혼 합법화, 군동성애 허용, 동성애자 잡지의 모델로 활동을 하는 등의 행보를 통해 동성애를 적극 옹호하는 대통령이라는 평가를 받았다. 그의 재임 기간 중 해외로 지원하는 에이즈 예산은 거의 큰 변화를 안 보이는데 비해 미국 내 에이즈 예산은 218억 달러(26조 3126억 원)에서 275억 달러(33조 1925억 원)로 크게 증가했다([그림 8-23] 참조). 2016년 한국의 국방비가 38조 8000원이었는데 미국은 HIV와 AIDS에 한국 국방비의 85%에 달하는 천문학적인 비용을 지출했던 것이다.

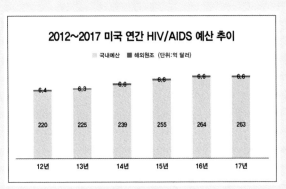

2012~2017 미국 연간 HIV/AIDS 예산 추이

▨ 국내예산 ▧ 해외원조 (단위:억 달러)

	12년	13년	14년	15년	16년	17년
해외원조	6.4	6.3	6.6	6.6	6.6	6.6
국내예산	220	225	239	255	264	263

[그림 8-23] **2011~2017년 미국 정부의 연간 HIV/AIDS 예산 추이**[769]

미국 질병관리본부는 2016년 2월 사실 보고서를 통해 당시 미국 내의 HIV감염인이 120만 명을 넘어섰다고 밝혔다. 또한 이들 중에서 13%는 자신이 감염된 사실을 모르고 있다고 발표했다.

"Currently, 1.2 million people are living with HIV in the United States (an estimated 1,218,400 adults and adolescents), and nearly one in eight of those (13 percent) are unaware of their infections."[770]

(최근 미국에서 120만 명 이상이 HIV 보균자로 살고 있고(약 121만8400명의 어른과 청소년) 그중 8분의 1은(13%) 자신이 감염되었다는 사실을 모르고 있다.)

8장. 국내 에이즈와 남성 간 성행위의 밀접한 연관성

2017년 미국의 담염인 지원을 위한 예산 239억 달러를 HIV감염인 110만 명으로 나누면 2만 17000달러(2600만 원)가 된다. HIV감염인 1인당 미국 국민들이 부담해야 하는 연간 예산이 대략 2600만 원에 달한다고 할 수 있다.

에이즈로 아프리카의 인한 사회경제적 영향

미국 인구통계국은 2006년 아프리카 등 에이즈가 집중적으로 발생하는 국가를 대상으로 연구한 'HIV와 AIDS는 어떻게 인구에 영향을 미치는가'라는 제목의 보고서를 발표했다. 이 보고서에 따르면 2005년 아프리카 사하라 이남 지역의 평균 HIV감염율은 6.1%로 감염자가 2450만 명에 달했다.[771] 즉 20명 중 1명 이상이 HIV에 감염된 것이다.

2005년 지역별 에이즈 감염자 수		
지 역	감 염 률	감염 된 성인과 아동의 수
전세계	1.0 %	38,600,000
사하라 이남 아프리카	6.1 %	24,500,000
카리브해 지역	1.6 %	330,000
동유럽/중앙아시아	0.8 %	1,500,000
북아메리카	0.6 %	1,300,000
남아시아/동남아시아	0.6 %	7,600,000
라틴아메리카	0.5 %	1,600,000
오세아니아	0.3 %	78,000
서부유럽/중부유럽	0.3 %	720,000
북아프리카/중동	0.2 %	440,000
동아시아	0.1 %	680,000

[그림 8-24] 2005년 지역별 HIV/AIDS 감염율

아프리카에 에이즈가 많은 이유로 전술한 바와 같이 가난이나 열악한 위생 인프라 및 에이즈의 원인 바이러스가 아프리카의 침팬지에서 유래한 역사 등을 들 수 있다.[772] 부모가 에이즈로 사망할 경우 경제적 어려움에 처하게 되며 에이즈 고아가 된다. 혹은 신생아가 에이즈에 걸린 모체로부터 감염되는 경우도 있다. 심지어 아동이 에이즈 고아이면서 동시에 에이즈 감염 아동인 경우도 있다. 즉 태반을 통해 모체로부터의 에이즈 바이러스가 수직 감염되고 에이즈에 감염된 상태로 태어나는 경우, 혹은 모유를 통해 에이즈에 감염되는 경우 등 아동의 에이즈 감염은 치명적인 문제다.

유엔 인구 통계청이 제공하는 자료에 따르면 스와질랜드는 5세 이하의 에이즈 사망 비율이 1000명당 143명에 달하는데 에이즈가 스와질랜드를 덮치지 않았더라면 1000명당 73명의 사망으로 그쳤을 것이다([그림 8-25]참조).

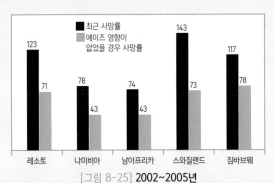

[그림 8-25] 2002~2005년
5세 미만 아동 치사율(1000명 중 사망자)과 에이즈가 차지하는 비중[773]

8장. 국내 에이즈와 남성 간 성행위의 밀접한 연관성

HIV/AIDS 감염인의 증가현상은 면역력 저하에 따른 다른 전염병 확산과 폐렴, 결핵의 급증으로 나타났다. 사하라 사막 이남의 아프리카에서는 5세 이하 어린이의 사망률이 상당히 높았다. 모체로부터 HIV에 감염된 채로 태어나는 아이들은 에이즈 치료제를 공급받지 못하는 경우 출생한지 1년 안에 거의 3분의 1이 사망하고 약 60%는 5세의 나이로 죽는다.[774] 결국 에이즈 확산이 아프리카의 기대 수명 단축의 결정적 요소로 자리잡은 것이다. 예를 들어 유엔은 레소토가 에이즈에 의해 타격을 받지 않았더라면 2015~2020년 기대수명이 69세로 늘 것이라고 예측했다. 그러나 에이즈의 확산으로 1990년에서 1995년 사이에 60세이던 기대수명이 2005~2010년 사이에 34년으로 대폭 줄어들었다. 유엔은 아프리카 이외에도 바하마, 캄보디아, 도미니카공화국 등에서도 기대 수명의 감소가 일어날 것으로 추측했다.[775]

연령과 성별 구조에 미치는 영향

미국 인구통계국은 에이즈로 인한 사망이 인구의 연령대 구성마저 바꾸고 있다고 보고했다.

남아프리카에서는 에이즈로 인한 사망률이 매우 높은데 2000~2005년 사이에 발생한 사망의 5분의 3이 20~49세였다. 1985~1990년 동일한 연령대에서 발생한 사망자 수가 전체 사망의 5분의 1에 불과했던 것과는 상당히 대조적이다.[776] 이렇듯 한창 일할 나이에 에이즈로 사망하는 사람이 늘어난

사회는 부모와 숙련된 노동자를 잃게 된다. 사회가 감당하기
어려운 틈을 만들게 되었다고 인구통계국은 밝혔다.

또한 HIV/AIDS 감염의 증가에 의해 사업체들도 타격을 받게
됐다. 에이즈 감염인의 나이가 점점 젊은층으로 내려오자 노
동력의 감소는 불가피하게 됐고 건강 악화로 인한 실직과 사
망 등을 초래했고 이는 여러 가지 사회적 기회비용을 증가시
켰다고 보고하고 있다. [777]

실제로 HIV에 심각하게 타격 받은 10개 국가는 2020년까지
농업노동력이 10~26% 감소할 것으로 예상되고 있다. 에이즈
로 타격을 받고 있는 나라들은 AIDS가 없을 때에 비해 GDP
상 2~4%의 손해를 보고 있는데 기간이 길어질수록 GDP의
피해는 더욱 증가할 것으로 예측되고 있다. [778]

의료보건 시스템 마비

정부의 입장에선 감염속도가 빠른데다 완치의 길이 열려 있
지 않은 HIV/AIDS의 예방과 치료 등 전반적인 관리에 재정
과 관심을 쏟을 수 밖에 없다. 그렇다보니 다른 질병 치료에
대한 투자가 불가피하게 줄어들 수 있다는 우려는 항상 제기
돼 왔다. 실제로 미국 인구통계국은 전염병이 발생하기 전 이
미 부실했던 아프리카의 의료보건시스템이 에이즈라는 전염
병의 유행 때문에 그나마 유지하던 보건시스템의 기능마저 무
능화됐다고 보고했다. [779] 부족한 의료 자원을 에이즈 치료에
우선적으로 할당할 수밖에 없는 상황에서 그 외의 다른 건강

문제를 돌보는데 투입해야 할 공적 자금은 줄어들 수 밖에 없고, 그 결과 의료 비용 부담은 점점 더 민간 부문, 즉 가정과 개인에게 돌아간다는 것이다.

유럽의 HIV/AIDS로 인한 경제적 영향

유럽에선 HIV/AIDS 감염인의 치료비용과 관련된 선행연구 자료들이 많이 나와 있다. 이것을 분석해 2014년에 유럽 일부 국가의 HIV/AIDS의 경제적 비용에 대한 분석자료가 발표됐다([그림 8-26]참조). 국가별로 1인당 치료비가 차이를 보이고 있으나, 고액의 치료비가 든다는 것은 공통적인 것으로 드러났다([그림 8-26] 참조).

	평균	최소	최대
스페인	11,638 (1467만원)	8,547	20,276
독일	32,109 (4049만원)	26,650	39,041
프랑스	14,821 (1869만원)	5,380	15,210
영국	25,339 (3195만원)	10,571	53,241

[그림 8-26] 2010년 유럽 4개국 HIV감염인 1인당 연간 치료비용
(단위 : 유로)[780]

한국의 HIV/AIDS로 인한 사회경제적 영향

서울대학교 보건대학원 양봉민 교수는 1991년에 전체 인구 중 1%가 에이즈에 감염될 경우 15년 후에 GNP의 4~17% 감소로 나타난다고 밝혔다. 인구 중 5%의 감염은 13~17%의 감소로 이어진다고 발표했다.[781]

2002년 보건사회연구원의 정영호 책임연구원과 윤강재 연구원은 1787명의 HIV감염인을 대상으로 에이즈로 인한 간접비용을 추정했다. 질병이 유발하는 사회·경제적 비용에는 입원·외래 진료비와 간병비 같은 직접 비용과 노동력 상실에 따라 발생하는 주변인이 겪게 되는 무형의 비용 등으로 구분되는데 두 연구원은 노동생산성 손실을 중심으로 분석했다. 노동부 자료의 각 연령대별 월 총 급여액을 HIV감염인이 70세까지 일할 수 있을 때까지 벌 수 있는 금액으로 환산했을 때 2001년에는 2413억 원의 노동 생산성 손실이 있는 것으로 나왔다. 1994년부터 2002년 6월까지 노동생산성손실 총 누적액은 1조249억 원으로 추산됐다.[782]

2004년 한국보건사회연구원과 유엔개발계획(UNDP)한국지부가 공동으로 '에이즈로 인한 경제·사회적 영향'을 주제로 하는 심포지엄을 개최했다. 양 교수는 주제발표를 통해 30대 남성이 HIV에 감염되었을 때 사망 시까지 치료비를 포함한 사회경제적 비용이 1인당 7억2900만 원으로 추산된다고 발표했다. 생애 치료비는 6775만 원이나 65세까지 노동한다고 가정했을 때 조기사망으로 인한 손실액은 5억

4945만 원으로 산출됐다. 2003년 보고된 HIV감염인은 2024명이나, 유엔에이즈는 보고하지 않은 HIV감염인을 7945명으로 추계했다. 양 교수는 유엔에이즈의 추계인원을 근거로 1인당 손실액을 계산했을 때 한국에서 3조700억 원의 경제적·사회적 비용이 발생한다고 발표했다.[783]

2004년 양 교수의 발표의 전제에는 몇 가지 오류가 확인되고 있다. 한국의 HIV감염인 중 미보고된 인원을 보고된 인원의 2배 이상으로 높게 잡았는데 이것은 유엔에이즈에서 미개발국가에 적용하던 비율을 한국에 그대로 적용한 것으로 보인다.

또한 한국에서는 초기에 몇 건을 제외하고는 사례가 드문 성매매 여성을 통한 남성의 HIV감염에 높은 비중을 두었다. 여성 동성애자 역시 남성 동성애자의 10분의 1 정도의 유병률이 있을 것으로 잘못 가정했다. 그럼에도 불구하고 이 자료는 우리나라 에이즈 감염과 관련된 초기 연구의 내용을 인용하고 있어 도움을 주고 있다. 가령 1985~1992년 국립보건원에서 617명의 동성애자를 검사하여 얻은 양성 유병률이 5.5%였다는 정보는 초기 우리나라 동성애자 중에서 HIV감염인의 비율이 얼마정도 되는가에 대한 정보를 제공한다.

2003년까지 HIV에 감염된 2540명 중 동성애를 하다가 전염됐다는 응답자는 34.5%에 불과했으나 남성 HIV감염인은 2276명으로 89.6%에 달했다. 자가보고의 신뢰성이 낮은 상태임을 보여주는 것이다.

양 교수는 HIV감염자를 7945명으로 추정하면서 동성애자의 비율을 71.3%로 제시해 현실을 은폐하려 하지 않고 제대로 반영하려는 노력을 했다.

또한 진료비 자료를 참고하기 위해 국민건강보험공단 자료, 진료기관의 영수증 수집(2003~2004년 전반기), 질병관리본부의 진료비 영수증 등을 수집해 분석했다는 점에서 에이즈 환자의 정보 취득이 어려운 현실에서 의미있는 정보를 제공했다고 할 수 있다. 양 교수 등은 이 보고서에서 근로손실에 따른 손실액만 4억4485만 원으로 계산했다([그림 8-27] 참조).

표 3-1. 30세 남자의 HIV/AIDS 생애비용, 2003

항 목	비 용 (원)	비율 (%)
직접비	100,094,642	15.5
진료비	97,844,642	15.2
장례비	2,250,000	0.3
간접비	544,818,071	84.5
능력감퇴로 인한 손실	99,959,373	15.5
조기사망으로 인한 손실	444,858,698	69.0
총계	644,912,713	100.0

[그림 8-27] 2003년 30세 남성 HIV/AIDS 감염인의 생애비용[784]

미국 보건당국이 에이즈의 'burden(책임)'을 언급하다

HIV remains a serious health problem in the U.S., with gay and bisexual men bearing the greatest burden by risk group. Gay and bisexual men were the only group that did not experience an overall decline in annual HIV infections from 2008 to 2014. annual infections remained stable at about 26,000 per year[785]

미국 질병관리본부는 에이즈가 미국 내의 심각한 보건상의 문제가 되고 있으며 남성 동성애자 그룹이 이런 사태의 '가장 큰 책임을 져야할(bearing thr greatest burden, 가장 큰 짐을 안고 있는)'집단임을 지적했다. 그리고 이러한 미국 질병관리본부의 표현은 혐오도 차별도 아닌, 보건적 역학조사의 사실 보고에 해당된다.

[그림 8-28] 에이즈 저널 A&U 캡쳐:
미국에서 HIV/AIDS 감염인의 49%가 적절하게 에이즈 바이러스를 억제하며 생존하고 있는 것으로 나타났다.

미국의 유력한 에이즈 저널 A&U (America's AIDS Magazine)
는 2017년 7월 미국 질병관리본부가 새로 공개한 자료를 인용
하며 위와 같이 미국 에이즈 감염인들이 처한 심각한 실태를
밝히고 있다. 에이즈에 감염된 사람 중 49%, 즉 절반이 안되는
비율만이 에이즈 바이러스 억제가 되고 있다는 것이다. [786]
미국 인구통계국도 2006년 보고서 'How HIV and AIDS
affecct populations (HIV와 AIDS가 인구에 어떤 영향을 주는
가)'를 통해 아래와 같이 지적하고 있다.

"The AIDS epidemic is one of the most destructive
health crises of modern times, ravaging families and
communities throughout the world."[787]

(에이즈 확산은 전 세계적으로 가정과 사회를 황폐하게 하는
현대의 가장 파괴적인 건강 상 위기 중 하나다.)

그러나 어찌 된 일인지 우리나라 질병관리본부는 대책없는 낙
관론으로 에이즈 문제를 접근하고 있다. 그리고 질병관리본부
의 안일한 태도가 초래한 피해가 고스란히 우리의 다음 세대
인 청소년에게 돌아가고 있다.

▌질문있어요

우리나라는 에이즈 치료비 전액을 국가가 부담을 하는데, 동성 결혼이 이미 합법화 된 미국도 그런가요?

미국은 그렇지 않다. 미국의 HIV 보균자들은 보험가입자의 경우 보험사에서 일부를 지원받지만 보험에 가입이 되어있지 않은 보균자들은 경제적으로 어려운 경우에 한해 국가지원을 받을 수 있다고 미국 질병관리본부는 전하고 있다. 즉 미국은 에이즈에 감염된 경우 빈곤 계층인 경우를 제외하고는 개인 부담금이 상당히 발생하는 의료 시스템을 유지하고 있는 것이다.

그런데 문제는 미국의 HIV 보균자 중 17% 정도만이 제대로 보험에 가입돼 있고 30%는 아예 어떤 의료 보험 보장도 못 받고 있다는 것이다.[788] 결국 미국은 에이즈에 걸리고도 제대로 치료도 받지 못하는 사람이 점점 증가하고 있는 것이다. 이러한 미국의 현실이 한국의 미래가 되지 않도록 다함께 노력해야 할 것이다.

"본 코호트는 국내 감염인의 약 10%를 포함하는 큰 규모의 코호트로서 외국의 예에서는 보기 드문 규모라 생각된다. 따라서 본 연구의 결과는 향후 우리나라에서 HIV감염의 예방 및 관리 대책을 수립함에 있어서 매우 중요한 근거가 된다 하겠다.

우리나라도 다른 나라와 마찬가지로 동성애자가 꾸준히 증가하는 것으로 여겨지는데, 이러한 위험 집단에서의 HIV감염을 줄이기 위한 보건당국의 보다 적극적인 관리와 대책이 절실히 요구된다 하겠다.

또한, 청소년기는 육체적으로나 정신적으로 빠르게 발달하는 시기로서 아직 자신의 성 정체성이 확립되지 않은 시기이다. 따라서 성에 대한 올바른 교육이 무엇보다 중요하며, 그를 통해서 HIV감염의 위험성을 알리고, 그에 따른 효과적인 예방법을 가르쳐야 하겠다."

<국내 Human Immunodeficiency Virus 감염의 감염 경로:
한국 HIV/AIDS 코호트 연구> 보고서 中

8. 국내 에이즈 확산은 아직 막을 수 있는 단계이다

질병관리본부 에이즈 관리과는 2016년 HIV/AIDS 신고현황을 국내 보건 주간지에 아래와 같이 발표 했다.

"Since the first cases of HIV infection in 1985, the number of notified new HIV infection cases increased to 1,199 in 2016. Among them, male (1,105 cases) was 11.8 times higher than female (94 cases). The age group of 20-49 accounted for 76.4% of notified new HIV infection cases. At the end of 2016, the number of people living with HIV was 11,439. Although South Korea remains one of the low HIV/AIDS prevalence countries in the western pacific, the Korea government has strongly been providing comprehensive healthcare services such as anonymous HIV check-ups, antiretroviral therapies, and preventive education and counseling without cost."[789]

1985년 HIV감염 사례가 처음 발생한 이래로 2016년 한 해 동안의 신규 HIV감염 사례는 1199건까지 증가했다. 이 중 남성(1105명)이 여성(94명)보다 11.8 배 높았다. 20~49 세의 연령 그룹은 신규 HIV

감염 사례의 76.4%를 차지한다. 2016년 말 현재 생존한 HIV 감염자는 1만1439명이다. 한국 정부는 태평양 서부 지역의 HIV/AIDS 발병률이 낮은 국가 중 하나이지만 한국 정부는 익명의 HIV 검사 및 무료 에이즈 치료제, 예방 교육 및 상담 등을 포괄적으로 제공하고 있다.

한국의 보건당국이 말하듯이 대한민국은 이미 HIV/AIDS 감염인에 대해 그 어떤 나라보다 양질의 복지 서비스를 제공하고 있다. 그러나 안타깝게도 국내 감염인이 갈수록 젊은 남성층으로 집중되고 있고, 2013년 이후 5년 연속 1000명 이상이 에이즈에 감염되는 상황에 있다. 질병관리본부와 보건복지부는 보건당국 홈페이지 혹은 각종 캠페인 등을 동원해 남성 간 성행위가 에이즈의 가장 중요한 전파 경로가 된다는 팩트를 알리지 않고 있다. 보건당국이 국민들의 눈을 그렇게 가리고 있는 사이, 전 세계적으로는 에이즈 증가 추세가 둔화되는 가운데 우리나라는 그와는 역행하는 상황으로 치닫고 있는 것이다.

우리나라는 보건당국이 이야기 하듯 에이즈 전파 단계 1단계, 즉 남성 동성애자들 사이에 주로 에이즈가 유행하는 상황이다. 즉 충분히 에이즈 재앙을 막을 수 있는 단계라는 말이다. 이미 6단계까지 에이즈 확산이 진행된 많은 나라들은 정신적, 물리적 고통을 겪고 있다. 우리는 철저히 1단계인 상황을 잘 극복하고 2,3 단계로 진행되는 일을 막아야 할 것이다.

그렇게 하지 못하면 그 고통은 고스란히 기존 HIV/AIDS감염인에게 돌아갈 것이다. 미국처럼 문화 · 정책적으로 동성애 옹호 문화가 자리잡힌 상태에서는 아무리 질병관리본부가 남성 간 성행위의 위험성을 공지한다고 해도 에이즈 관리라는 '방둑'을 재건하기란 쉽지 않은 것이다.

우리나라는 아직 에이즈 확산을 잡을 수 있는 단계임을 감사하며, 더 늦기 전에 보건당국과 언론, 그리고 각 사회의 분야에서 동성 간 성행위가 얼마나 보건상 많은 문제를 일으키는지 알려야 한다. 객관적으로 사실에 입각해서 알리는 일을 민, 관이 협력하여 꾸준히 알려야 할 때이다.

동성애자로 살다가 에이즈에 걸린 탈동성애자 박진권씨는 2016년 8월 31일 국회의원회관에서 열린 '청소년을 위한 에이즈 예방 캠페인 디셈버퍼스트 포럼'에서 자신의 지난 삶을 공개하며 다음과 같은 말을 남겼다.

"돌아갈 수만 있다면 다시 돌아가고 싶어요.....(중략) 저는 동성애를 청소년에게 절대로 가르쳐주고 싶지 않습니다. 물려주고 싶지도 않습니다. 더 이상은 제 2의 저와 같은 사람들이 나오지 않았으면 좋겠습니다. 부디 이 운동을 통해 이 나라의 미래가 밝아지고 청소년들이 바른 길을 가기를 소망합니다." 790

마치는 글

　강의를 들은 많은 사람들, 그리고 나의 지인들, 그리고 내가 알고 지내는 에이즈 감염인들의 공통된 요청이 바로 내 강의를 책으로 엮어달라는 것이었다. 여러 가지 핑계로 이래저래 미루기도 했지만 결국 나는 이 책을 쓰게 되었다. 숙제를 안 한 기분으로 지내는 것도 고역이기 때문이다.

　동성 간 성행위가 낳는 보건 의학적 문제점, 특히 남성 간 성행위로 말미암은 폐해는 생각보다 굉장히 많이 보고 되고 있었고 특히 동성 간 결혼이 통과된 나라 중 대표적인 나라로 꼽히는 미국이나 영국, 캐나다 등의 보건당국은 홈페이지와 보고서 등으로 남성 간 성행위를 하는 사람들의 건강에 대한 객관적 자료를 제공하고 있다.

　그것을 아무리 요약해서 정리한다 하더라도 절대로 한 권의 책으로 나올 수 있는 정도의 분량이 아님을 글을 써 내려가며 알게 되었다.

　기차 안에서, 그리고 흔들리는 버스 안에서 나름 정리해 본 것들이라 여러모로 부족한 면이 있겠으나 책으로 나오게 되었다. 지인들의 권면과 기도가 격려와 힘이 되었다.

정리해 가다 보니 페이지 수가 너무 많아지고 각주가 900개에 육박하는 등 독자 입장에서는 과한 부담으로 작용할 수 있겠다는 생각이 들어서 6차 교정 때는 곤지름 등 중요한 부분도 과감하게 생략해 가며 원고량을 줄였다.

책의 전반부에서는 남성 동성애자들의 일반인보다 더 많이 나타나는 질병 중 이질이라든지 변실금 등 직접적으로 남성 간 성행위에 이용되는 신체 장기에 벌어지는 일들에 대한 자료의 극히 일부를 정리해 보았다. 후반부에서는 간염 이라던가 기타 성병 그리고 에이즈를 다루었다.

우리는 최근 우리나라 흡연을 억제하기 위해서 흡연인들이 일반인보다 많이 걸리는 질병들을 거리낌 없이 TV 등에서 공익광고 동영상으로 알리는 것을 쉽게 볼 수 있다.

예를 들어 담배를 구입하기 위해 "담배 한 갑 달라"라고 말하는 장면을 폐암을 한 갑 달라고 말하는 장면, 혹은 기관지염을 한 갑 달라고 말하는 모습 등으로 풍자하여 보여줌으로써 결국 그들이 하는 위험행위인 흡연의 좋지 않은 결과물들을 보여 주는 것이다.

이런 동영상을 보게 되면, '담배를 많이 피게 되면 폐암에 걸릴 확률이 높아지는구나'라는 상식이 다시 한번 강화되고, 금연할 의지를 더 강하게 만든다. 지금 우리나라는 동성 간 성에 대해서도 용감하게 그리고 객관적으로 말할 수 있는 용기를 가진 자들이 나와야 된다.

지금까지 교육청, 학교, 교회, 사기업, 대학 등에서 해온 강연에서 이런 자료들을 공유하고 알리면 그 자리에서 동성애자로 사는 라이프 스타일을 중단하기로 결심하는 사람들이 나타나기도 했다.

아래 사진은 강의 직후 탈동성애 결심을 알려준 청년이 전해준 쪽지다.

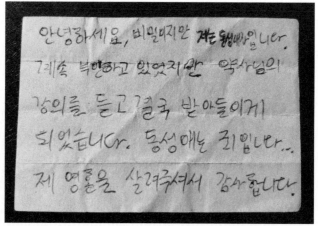

2018년 어느 대학교에서 강의 직후 청년으로부터 받은 쪽지.
이런 탈동성애 현상들은 동성애의 보건적 문제를 알리는 교육 현장에서 간간히 벌어진다.저 쪽지 한장에 그날 필자 강의 보조 스텝들이 감사의 눈물을 흘렸다.

흡연을 위해 담배를 구입하는 것이 마치 폐암을 구입하는 것과 같은 행위라고 강력히 보건당국이 경고하듯이 동성 간 성행위에 대해서도 그 위험성을 우리나라 보건정책 담당자들이 적극적으로 알려서 내가 더 이상 이런 책을 내지 않아도 되는 그날이 오기를 앙망한다.

부록 |

우리 아이들을
사생아가 아닌 친아들로···

우리 아이들을 사생아가 아닌 친아들로⋯

아이미니스트리 대표 박진권

'돌아갈 수만 있다면 돌아가고 싶다.'

수도 없이 되뇌던 말이었습니다.

저는 초등학교 시절 친척 형과의 경험을 시작으로 20대 중반까지 동성애를 경험하며 살았습니다. 처음 경험한 때가 10살쯤이니 적어도 15년간 동성애 생활을 한 것입니다. 누구도 제게 동성애에 대해 알려주지 않았는데도 저는 동성애를 경험했습니다. 요즘 넘쳐나는 BL이라는 동성애물 만화나 동성 간 성행위를 담은 동영상, 서구사회에서 벌어지고 있는 동성애에 대한 교육 등을 접하지 못한 세대였음에도 말입니다.

친척 형을 시작으로 중학교 때 4명의 친구가 각각 저에게 동성애적인 성적 행위를 강요했습니다. 빈 집이나 으슥한 장소, 심지어 학교 음악실에서 저는 동성애를 경험했습니다. 일찍 동성애를 경험한 저는 많은 시간을 동성애 생각에 사로잡혀 학업에 열중할 수 없었고 혹시 가족에게 알려질까 봐 매일을 불안과 두려움 속에서 살았습니다. 웃고 있어도 마음 한 구석은 늘 울고 있었습니다.

생각해 봤습니다. 만약 그때 '차별금지법'이 통과되고 이른바 성소수자에 대한 인권 보호가 이뤄졌다면 내 마음이 편했을까. 결코 그렇지 않았을 것 같습니다. 그랬더라도 저는 여전히 두렵고 불행했을 것입니다.

고등학교에 진학하면서 제 동성애 생활의 강도가 더 높아지는 계기가 생겼습니다.

한 연예인이 커밍아웃을 한 것입니다. 그 사건을 통해 그간 제게 일어났던 막연한 사건들과 감정들이 동성애, 게이라는 용어들로 정리가 되었고, 저는 그 용어들을 사용해 수많은 동성애 관련 정보들을 검색할 수 있었습니다. 많은 동성애 커뮤니티들과 정보들을 통해 저는 불특정 다수의 동성애자들과 만남을 가졌습니다. 적어도 중학교 때까지는 모르는 사람과는 관계를 갖지 않았는데 말입니다. 서울, 경기권을 돌아다니며 이곳저곳에서 사람들을 만났습니다. 여러 성인들과 불법 원조교제도 서슴지 않고 했습니다. 미성년자였지만 원조교제를 원하는 성인들을 만나는 것은 그리 어려운 일이 아니었습니다. 그들의 연령과 직업은 다양했습니다. 기혼자들도 있었습니다.

저는 그때 작곡과에 진학하고 싶어 음악공부를 하고 있었는데 수능, 내신, 작곡 공부만으로도 시간이 부족했습니다. 그래서 새벽부터 밤늦게까지 늘 시간에 쫓기며 생활했습니다. 그러나 그것은 작곡과에 진학하기 위한 것이 아니라 동성애 생활을 하기 위한 시간이 필요해서였습니다. 한국사회는 공부만 한다고 하면 뭐든지 허락해주는 문화가 있습니다. 저희 집도 그랬습니다. 학교에 가서 공부한다 하고 새벽에 집을 나서면 부모님은 의심 없이 그저 기특해하기만 하셨습니다. 그러나 집을 나선 저는 게이 형을 만나러 갔고 그 후에야 등교했습니다. 하교 후 레슨이 끝나면 또 동성애 생활을 하고 밤늦게야 집에 들어갔습니다. 그렇게 생활했으니 당연히 입시에 실패했습니다. 원치 않는 학교에 입학할 수밖에 없었습니다.

나중에 제가 동성애 삶에서 빠져나와 가장 기뻤던 것 중 하나가, 이제는 내가 원하는 대로 시간을 사용할 수 있다는 것이었습니다. 마치 강도 당한 것 같은 나의 지난 청춘의 시간들이 스쳐 지나갔고 적어도 지금부터는 그런 시간을 살지 않아도 된다는 사실에 기쁨이 멈추지 않았습니다.

대학에 진학하여 성인이 된 저는 이태원과 종로 등을 돌아다니며 동성애 생활에 더 깊이 젖어들었습니다. 찜질방과 DVD방이란 곳도 다녔습니다. 성적인 욕구를 빠른 시간 안에 해결할 수 있다는 점에 자주 찾았습니다. 그러다보니 각종 피부질병에 노출되었습니다. 엉덩이 종기, 사면발니(사면발이) 등 피부과를 다니기가 창피했지만 그래도 그 생활을 접을 수는 없었습니다. 저는 계속하여 술 번개, 여행

번개 등을 즐기며 동성애 생활을 했습니다. 거의 모든 경우, 사람을 만나면 그날 바로 관계를 가졌습니다. 관계를 가지면 그 순간엔 좋은 것 같았지만 그 후에는 큰 공허함만 있었습니다. 마음에 드는 사람을 만나 관계를 가지면 그가 나의 공허한 마음을 채워주는 것 같았지만 그때뿐이었습니다. 끝없이 새로운 사람을 만났습니다. 제 마음은 마치 누군가로 채우기 원하는 밑이 뚫린 그릇 같았습니다. 그러던 중 헌혈을 했는데 보건소로부터 HIV감염이라는 사실을 알게 되었습니다. 그때까지 제가 인터넷을 통해 에이즈에 대해 알고 있었던 정보는 에이즈 감염자와의 관계를 통해 HIV에 감염될 확률은 0.1%이하라는 것이었습니다. 지금도 질병관리본부 홈페이지에서는 에이즈와 동성애가 무관한 것 같이 말합니다. 콘돔만 잘 사용하면 괜찮다고 말하고 있습니다. 저도 그렇게 생각하고 동성애 생활을 했었습니다. 콘돔 착용에 신경을 썼습니다. 물론 100% 사용하지는 못했지만 콘돔을 사용하지 않은 경우는 극히 드물었습니다. 그런데 그 극히 드문 경우를 통해 감염된 것입니다. 결코 0.1%의 확률이 아니었던 것입니다. 이제야 알게 된 사실은, HIV감염자와 항문성교를 할 경우, 감염확률을 90% 정도로 봐야한다는 것입니다. 항문은 아주 약하여 쉽게 찢어집니다. 그 상처를 통해 HIV바이러스가 침투되고 바로 감염되는 것입니다.

국가에서는 여러 바이러스에 대해 민감하게 대응합니다. 하지만 HIV바이러스에 관해서만은 방관하는 자세가 있는 것 같습니다. 청소년 세대에서 HIV감염률이 높아지고 있다고 합니다. 청소년들이 술집이나 성매매 업소를 방문하여 성경험을 하기란 쉽지 않을 것입니다. 그들은 돈도 없고 시간도 없습니다. 그렇다면 HIV에 감염된 대부분의 청소년들은 동성애를 통해 감염된 것 아닐까요? 인터넷만 켜면 불특정 다수를 만나 빠른 시간 안에 성을 경험하는 것이 가능합니다. 성인과 미성년자의 성관계는 불법이지만 그 현장을 잡기란 어려운 일입니다. 우리 청소년들이 무방비로 버려져 있는 것이나 마찬가집니다.

현재 우리나라에서는 18세 미만의 청소년에게는 술, 담배를 팔지 않고 노래방, 술집 등의 접근도 금지하고 있습니다. 그들을 무시해서가 아니라 아직 분별력이 부족하고 보호받아야 하는 시기이기 때문일 것입니다. 그런데 대체 어떤 이유 때문인지 동성애에 관해서는 그 위험성에 대해 가르쳐 주지 않고 있습니다. 저출산과 높은 이혼률에 대한 문제는 여러 정책 등을 세워 해결하려 하면서 더욱 근본적인 문제, 대한민국의 미래인 청소년들에게 큰 위해가 되는 동성애의 확산에 대해서는 왜 가만히 있는지 모르겠습니다. 아니, 오히려 '인권'이라는 이름으로 동성애를 인정하며 그렇게 살아도 괜찮다고 가르치기까지 합니다.

현재 세계적으로 HIV감염률이 감소 추세라고 들었습니다. 그런데 우리나라는 오히려 상승하고 있고 그것도 청소년 세대에서 높아지고 있다니 정말 마음이 아픕니다.

실제로 청소년기에 동성애를 경험한 저는, 결코 제가 경험한 동성애를 청소년들에게 가르쳐주고 싶지 않습니다. 물려주고 싶지 않습니다. 제 세대에서 끊어내고 싶습니다. 동성애에 빠진 아이들을 그곳에서 끌어내어 정상적인 생활을 할 수 있도록 돕고 싶습니다. 저 역시 HIV에 감염되기까지 했지만 결국 동성애에서 벗어나 결혼도 하고 귀한 자녀도 낳아 아름다운 결혼생활을 하고 있습니다. 너무 행복하고 정말 사람 사는 것 같은 느낌입니다. 물론 동성애 생활에 빠져있었을 때는 이런 삶을 사는 것은 불가능하다고 생각했습니다. 그런데, 가능합니다. 마음을 굳게 먹고 진심으로 원하면 누구든 가능하다고 생각합니다. 물론 결코 쉽지 않은 싸움이지만 의지만 있다면 분명히 동성애로부터 벗어나 원하는 삶을 살 수 있습니다.

지금 제 가족은 저의 지난 동성애 관련된 일들을 모두 알고 있습니다. 그러나 저를 혐오하거나 불편해 하지 않습니다. 이제는 동성애에서 빠져나와 평범한 가정을 꾸리고 생활하고 있기 때문이기도 하지만 그 당시에 아셨다 해도 저를 혐오하지는 않았을 것입니다. 때리거나 화를 낼 수는 있었겠지만 그것은 저를 혐오해서가 아니라 사랑하기 때문이겠죠.

성경 히브리서에서 보면 '징계는 다 받는 것이거늘 너희에게 없으면 사생자요 친아들이 아니니라'라는 말씀이 있습니다. 때리고 화를 내는 것이 자녀의 인권을 침해하는 것이 아닙니다. 자녀를 옳은 길로 인도하기 위한 훈육은, 사랑입니다. 무조건 인정해주고 보호해주는 것이 사랑인 것 같지만 오히려 사생아 취급하는 것입니다.

청소년을 위한 에이즈 예방운동을 통해 분별력 부족하고 보호받아야하는 우리 아이들을 옳은 길로 인도해야만 합니다. 우리가 가만히 있으면 그들을 사생아로 만드는 것입니다. 징계를 해서라도 바른 길로 인도해야 합니다.

현재 HIV는 완치는 불가능하지만 다행히 치료가 되고 있습니다. 하지만 약 값이 비쌉니다. 그 모든 치료비용이 세금으로 감당되고 있는데 기왕이면 병에 걸린 뒤 치료로 돕기보다는 예방에 더욱 집중하는 것이 좋다고 생각합니다.

제발 더 이상 제 2의 저 같은 사람이 나오지 않았으면 좋겠습니다.

부디 이 예방운동을 통해 우리 아이들이 바른 길로 인도되고 그로 인해 이 나라의 미래가 바로 서기를 간절히 바랍니다. 그것이 나라를 위한 가장 좋은 투자일 것입니다.

부록.II

「국내 Human Immunodeficiency Virus 감염
한국 HIV/AIDS 코호트 연구」

대한내과학회지: 제93 권 제 4 호 2018　　　　　　　https://doi.org/10.3904/kjm.2018.93.4.379

국내 Human Immunodeficiency Virus 감염의 감염 경로:
한국 HIV/AIDS 코호트 연구

연세대학교 의과대학 [1]내과학교실, [2]에이즈 연구소, [3]경북대학교 의학전문대학원 내과학교실, [4]고려대학교 의과대학 내과학교실, [5]이화여자대학교 의학전문대학원 내과학교실, [6]울산대학교 의과대학 내과학교실, [7]가톨릭대학교 의과대학 내과학교실, [8]한양대학교 의과대학 예방의학교실, [9]한양대학교 건강과 사회 연구소, [10]국립보건연구원 바이러스질환연구과

김준명[1,2] · 최준용[1,2] · 정우용[1,2] · 성 혜[1,2] · 김신우[3] · 김우주[4] · 최희정[5] · 김민자[4] · 우준희[6] · 김윤정[7]
· 최보율[8,9] · 최윤수[8,9] · 기미경[10] · 김기순[10] · 한국 HIV/AIDS 코호트 연구

Mode of Human Immunodeficiency Virus Transmission in Korea:
The Korea HIV/AIDS Cohort Study

June Myung Kim[1,2], Jun Yong Choi[1,2], Woo Yong Jeong[1,2], Hye Seong[1,2], Shin Woo Kim[3], Woo Joo Kim[4], Hee Jung Choi[5], Min Ja Kim[4], Jun Hee Woo[6], Youn Jeong Kim[7], Bo Youl Choi[8,9], Yun Su Choi[8,9], Mee Kyung Kee[10], Ki Soon Kim[10], and The Korea HIV/AIDS Cohort Study

[1]Department of Internal Medicine, [2]AIDS Research Institute, Yonsei University College of Medicine, Seoul; [3]Department of Internal Medicine, Kyungpook National University School of Medicine, Daegu; [4]Department of Internal Medicine, Korea University College of Medicine, Seoul; [5]Department of Internal Medicine, Ewha Womans University College of Medicine, Seoul; [6]Department of Internal Medicine, University of Ulsan College of Medicine, Seoul; [7]Department of Internal Medicine, The Catholic University College of Medicine, Seoul; [8]Department of Preventive Medicine, Hanyang University College of Medicine, Seoul; [9]Institute for Health and Society, Hanyang University, Seoul; [10]Division of Virus Disease Research, Korea Centers for Disease Control and Prevention, Cheongju, Korea

Background/Aims: Global efforts to prevent human immunodeficiency virus (HIV) infection and strengthen treatment programs have reduced the annual incidence of HIV infection. However, the incidence recently increased unexpectedly in Korea. Therefore, to understand the cause of the increase in HIV infection incidence in Korea, it is important to identify the mode of HIV transmission.

Methods: We included HIV-infected individuals enrolled in the Korea HIV/AIDS (acquired immune deficiency syndrome) Cohort from December 2006 to January 2018. The subjects were older than 18 years and were receiving care at 21 participating hospitals. They were interviewed by their physician at enrollment, and an epidemiological survey was conducted using a stand-

Received: 2018. 5. 9
Revised: 2018. 5. 23
Accepted: 2018. 5. 23

Correspondence to June Myung Kim, M.D., Ph.D.
Department of Internal Medicine, Yonsei University College of Medicine, 50-1 Yonsei-ro, Seodaemun-gu, Seoul 03722, Korea
Tel: +82-2-2228-1946, Fax: +82-2-393-6884, E-mail: jmkim@yuhs.ac

*This study was supported by a grant for the Chronic Infectious Disease Cohort Study (Korea HIV/AIDS Cohort Study, 2016-E51003-02) from the Korea Centers for Disease Control and Prevention.

덮으려는 자, 펼치려는 자

ardized questionnaire provided by a professional counseling nurse.

Results: There were 1,474 subjects: 1,377 men and 97 women. Their mean age was 41.4 ± 12.6 years, and the male-to-female ratio was 14.2. The transmission modes were as follows: homosexual and bisexual contacts in 885 (60.1%), heterosexual contacts in 508 (34.6%), blood transfusion and blood products in 5 (0.3%), and injected drug use in 1 (0.0%). Regarding age, the proportion infected by homosexual and bisexual contacts was higher in the younger age groups: 71.5% in subjects aged 18-29 years. When this age group was further subdivided, 92.9% of those aged 18-19 years were determined to be infected via homosexual and bisexual contacts.

Conclusions: In Korea, HIV is transmitted predominantly via homosexual and bisexual contacts, which is more common among younger age groups and the cause of infections in most teenagers. (Korean J Med 2018;93:379-386)

Keywords: HIV; HIV infections; Acquired immune deficiency syndrome; Disease transmission, Infectious; Homosexuality

서 론

에이즈(acquired immune deficiency syndrome, AIDS)는 처음 그 모습을 드러낸 이후 우리 인류에게 엄청난 희생과 피해를 초래하였으며, 현재도 전 세계적으로 약 3,700만 명이 human immunodeficiency virus (HIV)에 감염되어 살아가고 있다[1]. 그러나 그간 The joint united nations programme for HIV-AIDS (UNAIDS)를 중심으로 많은 국가들이 다양하고 효율적인 예방 및 치료 사업을 펼침으로써 매년 신규 HIV 감염을 크게 줄이는 괄목할 만한 성과를 보여 왔다. 특히, UNAIDS는 HIV 감염의 진단과 치료에 대한 접근성을 높이기 위하여 '90-90-90 목표'를 설정하여 더욱 적극적인 퇴치 사업을 펼쳐 왔다. '90-90-90 목표'란 2020년까지 HIV 감염인의 90%가 자신의 감염 사실을 알게 하고, 진단받은 감염인의 90%가 약물 치료를 받게 하며, 치료받은 감염인의 90%에서 HIV 감염을 성공적으로 억제한다는 것이다[2]. 또한, 최근의 United Nations (UN) 고위급 회의에서는 'Fast Track 목표'를 설정하여 더욱 예방 및 치료에 박차를 가하고 있는데, 'Fast Track 목표'란 2020년까지 전 세계적으로 매년 신규 HIV 감염을 50만 명 이하로 감소시키고, 에이즈로 인한 사망도 연간 50만 명 이하로 감소시키는 것을 목표로 하고 있다[3,4]. 실제 이러한 노력의 결과로 전 세계적으로 매년 신규 HIV 감염이 크게 줄고 있는데[1], 이에 따라 UN 고위급 회의에서는 2030년까지 지구 상에서 에이즈의 유행을 종식시키겠다는 정치적 선언문을 채택하였다[3].

그러나 이러한 세계적인 경향과는 달리 우리나라에서는 전혀 예기치 않게 매년 신규 HIV 감염이 빠르게 증가하는 양상을 보이고 있다. 질병관리본부 자료에 따르면 2010년 이후 매년 신규 감염이 빠르게 증가하기 시작하여 2013년에 처음으로 1,000명을 넘어선 후 2016년에는 1,199명이 발생하여 총 누적 감염인 수가 15,108명에 이르렀다[5]. 그런데 이러한 증가의 주 원인이 젊은 층에서의 급격한 증가와 관련이 있음이 밝혀지면서 사회적으로 많은 염려와 불안을 야기시키고 있다[5].

이에 본 연구에서는 국내에서 HIV 감염의 감염 경로를 규명하고, 나아가서 젊은 층에서의 감염 경로를 밝히고자 하였으며, 이는 최근 국내에서의 HIV 감염의 급격한 증가 원인을 밝히고, 향후 그에 대한 예방 및 관리 대책을 수립함에 있어서 중요한 근거가 된다 하겠다.

대상 및 방법

대상

본 연구는 2006년 12월부터 2018년 1월까지 '한국 HIV/AIDS 코호트'에 등록된 HIV 감염인 1,474명을 분석하였다. 분석 대상 중 남자는 1,377명, 여자는 97명이었다.

2006년 12월에 구축된 '한국 HIV/AIDS 코호트'는 질병관리본부와 전국 21개 대학 및 종합병원으로 구성된 다기관 전향적 코호트 연구이다. 이 코호트는 HIV 감염인의 초기 감염으로부터 장기간의 진행 및 치료 과정, 나아가서 에이즈 발현 및 사망에 이르기까지 추적 조사를 통해서 국내 HIV 감염의 고유한 양상 및 특성을 분석하고 규명함으로써 국내에 적합한 치료, 예방 및 관리 대책을 강구하는 것을 목적으로 하고 있다.

'한국 HIV/AIDS 코호트'에 참여하는 모든 병원은 각 병원의 Institutional Review Board (IRB) 승인을 받았으며, 연구에 참여하는 대상은 참여 병원에서 진료를 받고 있는 18세 이상의 HIV 감염인으로 하였다. 모든 참여 감염인은 코호트 연구 및 그에 따른 조사 내용에 대해서 충분히 설명을 들었으며, 본인의 자발적인 참여 동의에 따라 동의서에 서명한 후 조사에 참여하였다.

방법

'한국 HIV/AIDS 코호트'에 참여하는 HIV 감염인은 등록 시에 주치의로부터 코호트 연구 및 진행에 대해서 충분히 설명을 들은 후 감염 경로를 포함한 역학 조사를 문진을 통해서 시행한다. 그 후 다시 독립된 공간에서 훈련된 전문 상담 간호사가 제시하는 표준화된 설문지를 통해서 보다 세부적인 역학 및 임상 조사를 실시한다. 그 후 조사를 통하여 제출된 자료를 분석하여 전체 대상 감염인 및 연령군에 따른 감염 경로를 규명하였고, 특히, 젊은 층에서는 좀 더 세부적으로 연령을 구분하여 감염 경로를 조사하고 분석하였다.

본 연구에서는 통계적 검증이 아닌 기술 통계량을 제시하는 방법을 사용하였고, 각 성별과 연령군에 따른 감염 경로의 빈도 차 확인을 위하여 빈도와 백분율을 제시하였다. 본 연구를 위해서 분석 프로그램은 SAS Enterprise Guide 9.1 (SAS Institute Inc, Cary, NC, USA)을 사용하였다.

결　과

2006년 12월부터 2018년 1월까지 '한국 HIV/AIDS 코호트'에 등록된 18세 이상의 HIV 감염인을 대상으로 조사하였다. 총 조사 대상은 1,474명이었으며, 남자는 1,377명, 여자는 97명

Table 1. Modes of HIV transmission in Korea

Transmission mode	Total	Male	Female
Homosexual/bisexual	886 (60.1)	875 (63.5)	11 (11.3)
Heterosexual	508 (34.6)	428 (31.1)	80 (82.5)
Transfusion/blood products	5 (0.3)	4 (0.3)	1 (1.0)
Injected drug use	1 (0.0)	1 (0.0)	0 (0.0)
Vertical transmission	0 (0.0)	0 (0.0)	0 (0.0)
Unknown/no answer	74 (5.0)	69 (5.0)	5 (5.2)
Total	1,474 (100.0)	1,377 (93.4)	97 (6.6)

Values are presented as number (%).
HIV, human immunodeficiency virus.

Table 2. Mode of HIV transmission according to age group in Korea

Transmission mode	Age groups (years)																				
	18-29			30-39			40-49			50-59			>60		
	Total	Male	Female	Total	Male	Female	Total	Male	Female	Total	Male	Female	Total	Male	Female
Homosexual/bisexual	208 (71.5)	206 (74.9)	2 (12.5)	251 (62.9)	250 (65.9)	1 (5.0)	242 (61.0)	239 (62.7)	3 (18.7)	117 (46.1)	115 (51.3)	2 (6.7)	68 (51.1)	65 (55.1)	3 (20.0)
Heterosexual	73 (25.1)	59 (21.4)	14 (87.5)	129 (32.3)	113 (29.8)	16 (80.0)	137 (34.5)	126 (33.1)	11 (68.8)	119 (46.9)	91 (40.6)	28 (93.3)	50 (37.6)	39 (33.1)	11 (73.3)
Transfusion/blood products	0 (0.0)	0 (0.0)	0 (0.0)	2 (0.5)	1 (0.3)	1 (5.0)	0 (0.0)	0 (0.0)	0 (0.0)	2 (0.8)	2 (0.9)	0 (0.0)	1 (0.8)	1 (0.8)	0 (0.0)
Injected drug use	1 (0.3)	1 (0.4)	0 (0.0)	0 (0.0)	0 (0.0)	0 (0.0)	0 (0.0)	0 (0.0)	0 (0.0)	0 (0.0)	0 (0.0)	0 (0.0)	0 (0.0)	0 (0.0)	0 (0.0)
Vertical transmission	0 (0.0)	0 (0.0)	0 (0.0)	0 (0.0)	0 (0.0)	0 (0.0)	0 (0.0)	0 (0.0)	0 (0.0)	0 (0.0)	0 (0.0)	0 (0.0)	0 (0.0)	0 (0.0)	0 (0.0)
Unknown/no answer	9 (3.1)	9 (3.3)	0 (0.0)	15 (4.3)	15 (4.0)	2 (10.0)	18 (4.5)	16 (4.2)	2 (12.5)	16 (6.3)	16 (7.1)	0 (0.0)	14 (10.5)	13 (11.0)	1 (6.7)
Total	291 (100.0)	275 (94.5)	16 (5.5)	399 (100.0)	379 (95.0)	20 (5.0)	397 (100.0)	381 (96.0)	16 (4.0)	254 (100.0)	224 (88.2)	30 (11.8)	133 (100.0)	118 (88.7)	15 (11.3)

Values are presented as number (%).
HIV, human immunodeficiency virus.

524
덮으려는 자, 펼치려는 자

이었다. 조사 대상의 평균 연령값은 41.4 ± 12.6세였으며, 남녀 성비는 14.2:1이었다.

전체 대상 HIV 감염인의 감염 경로를 분석해 결과를 보면 동성 및 양성 간 성접촉이 886명(60.1%), 동성 간 성접촉 34.2%, 양성 간 성접촉 25.9%), 이성 간 성접촉이 508명(34.6%), 수혈 및 혈액제제에 의한 감염이 5명(0.3%), 마약주사 공동사용에 의한 감염이 1명(0.0%), 모름/무응답이 74명(5.0%)이었다(Table 1). 연령군에 따른 감염 경로를 분석해 보면 젊은 연령군으로 갈수록 동성 및 양성 간 성접촉에 의한 비율은 더욱 증가하였다. 다시 말해서, 18-29세의 젊은 연령군에 있어서 동성 및 양성 간 성접촉은 71.5% (동성 간 성접촉 50.5%, 양성 간 성접촉 21.0%)로 크게 증가하였다(Table 2). 또한, 18-29세의 연령군을 좀 더 세분화해서 보면 젊은 연령층으로 갈수록 동성 및 양성 간 성접촉에 의한 비율이 크게 증가하여 18-19세의 10대에서는 92.9% (동성 간 성접촉 71.5%, 양성 간 성접촉 21.4%)로 급격히 증가하였다(Fig. 1).

따라서 전체 대상 HIV 감염인의 감염 경로에 있어서 동성 및 양성 간 성접촉이 가장 높은 빈도(60.1%)를 차지함을 알 수 있었으며, 이러한 경향은 연령이 젊어질수록 더욱 더 증가하여 18-29세의 젊은 연령군에서 더 높은 빈도(71.5%)를 보였고, 나아가서 18-19세의 10대의 경우에는 대부분(92.9%)이 동성 및 양성 간 성접촉에 의하여 감염되었음을 알 수 있었다.

고   찰

UNAIDS를 중심으로 여러 나라들의 다양하고 효율적인

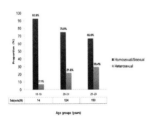

Figure 1. Transmission mode of HIV infection in 18-29 age group. HIV, human immunodeficiency virus.

에이즈 예방 및 치료 사업은 전 세계적으로 연간 신규 HIV 감염 발생을 효과적으로 감소시켜 왔다[1]. 세계적인 추세와 마찬가지로 아시아 지역도 예외는 아니어서 태국, 말레이시아, 베트남, 인도네시아, 인도, 네팔 등 많은 나라에서도 최근에 신규 HIV 감염이 서서히 감소하고 있다[1]. 따라서 다른 나라에 비하여 국민들의 높은 의식 및 교육 수준이나 우수한 의료 환경 그리고 그간의 정부와 민간단체의 지속적인 예방 및 관리 활동을 감안할 때 우리나라에서도 당연히 신규 감염이 감소하리라 예상하였다. 그러나 전혀 예기치 않게 우리나라에서는 도리어 HIV 감염이 급격히 증가하는 양상을 보이고 있어 많은 사람들의 염려와 불안을 자아내게 하고 있다[5]. 따라서 국내에서 HIV 감염이 예기치 않게 급격히 증가하는 원인을 규명키 위하여 국내에서의 HIV 감염의 감염 경로를 조사하여 분석함은 향후 에이즈 예방 및 관리에 있어서 매우 중요한 근거가 되리라 생각한다.

본 연구 결과에서는 전체 대상 감염인의 감염 경로에 있어 동성 및 양성 간 성접촉이 60.1% (남성 감염인에 있어서는 63.5%)로 월등히 높았으며, 이성 간 성접촉이 34.6%로서 국내에서 가장 주된 감염 경로는 동성 및 양성 간 성접촉임을 확인할 수 있었다. 그러나 응답하지 않거나 모른다고 답한 5.0% 중에는 동성 및 양성 간의 성접촉을 통하여 감염되었음에도 불구하고 밝히지 않은 감염인이 포함되어 있으리라 생각할 때 아마도 국내에서 동성 및 양성 간 성접촉에 의한 비율은 60%를 상회할 것으로 생각된다. 참고로 양성 간 성접촉이라 함은 주로 동성애자에서 일부 이성 간 성접촉도 함께하는 경우를 말한다. 본 연구 결과는 그간의 질병관리본부의 발표와는 상반되는 것으로서 질병관리본부의 발표에 따르면 국내에서 HIV 감염의 가장 주된 감염 경로는 이성 간 성접촉으로서 동성 간 성접촉보다 더 빈번한 것으로 발표하고 있다. 다시 말해서 질병관리본부의 연례보고에 따르면 매년 신규 감염인의 감염 경로에 있어서 동성 간 성접촉과 이성 간 성접촉의 비율은 2014년에 26.3%와 34.0%, 2015년 28.3%와 35.8%, 2016년 30.6%와 36.4%로서 국내에서 이성 간 성접촉이 주된 감염 경로라고 발표하고 있다[5].

이렇듯 본 연구 결과와 질병관리본부의 보고가 다른 것은 아마도 감염인을 대상으로 감염 경로를 포함한 역학 자료를 수집함에 있어서 조사 방법의 차이로 비롯된다 하겠다. 다시 말해서 질병관리본부의 경우에는 HIV 감염인이 발생하면 관할 지역의 담당 보건소 직원이 감염인을 만나 역학 조사를 실시한다. 이 경우 감염인은 본인이 동성 간 성접촉에 의하

여 감염되었다 하더라도 사회적인 편견과 차별 그리고 동성
애자라는 낙인이 두려워[6,7] 자신의 성 정체성을 솔직하게
밝히지 못하고 이성 간 성접촉에 의하여 감염되었다고 답하
거나, 또는 감염 경로에 대해서 모른다고 하거나 응답하지
않는 경우도 많은 것으로 생각되는데, 실제 2016년 조사에서
는 무응답/모름 비율이 24.5%로 상당수를 차지하고 있다[5].
그러나 본 '한국 HIV/AIDS 코호트' 연구에서는 치료를 위하
여 병원을 방문한 감염인들의 경우 주치의와의 신뢰 관계 속
에서 솔직하게 감염 경로를 밝히는 경우가 많고, 진찰시 동
성 간의 성접촉에 따른 특징적인 임상 소견을 보이는 경우도
많다. 또한, 훈련된 전문 상담 간호사에 의해서 체계화된 역
학 조사가 이루어지기 때문에 보다 더 정확한 역학 자료를
얻을 수 있다.

우리나라와 인접한 동아시아 국가에서도 최근에 HIV 감
염의 주된 감염 경로로서 동성 간 성접촉을 보고하고 있다.
일본의 경우 2000년 이후부터 신규 감염인에서 동성 간 성접
촉이 주된 감염 경로로 대두되더니 2012년에 신규 남자 감염
인의 74%가 동성 간 성접촉에 의하여 발생하였으며[8], 2016년
에는 신규 감염인의 72.7%가 동성 간 성접촉에 의해서, 그리
고 16.8%가 이성 간 성접촉에 의하여 감염되었다[9]. 대만의
경우에는 초기에는 정맥주사 약물 공동사용이 감염 경로가
많았으나, 최근에는 동성 간 성접촉에 의한 전파가 많아져
전체의 60.4%를 차지하고 있다[10]. 중국에서도 초기에는 정
맥주사 약물 공동사용이나 이성 간 성접촉에 의한 감염이 우
세하였다. 그러나 시간이 지나면서 동성 간 성접촉이 2006년
에 2.5%에서 2014년에 25.8%로 급격히 증가하면서 최근에는
동성 간 성접촉이 정맥주사 약물 공동사용보다 더 빈번한 감
염 경로로 알려지고 있으며[11], 이러한 동성 간 성접촉을 통
한 감염 증가는 인구 집단 내에 HIV 전파를 확산시키는 중
요한 다리 역할을 하고 있다[7].

또한 미국이나 유럽연합 국가를 포함한 여러 나라에서도
HIV 감염 유행에 있어서 동성애자가 큰 영향을 미치고 있
다[12,13]. 미국의 경우 2010년부터 2015년까지 발생한 HIV
감염인 중에 67%가 동성애자 및 양성애자로 보고되었으며,
이성애자는 24%였다[14]. 그리고 2015년의 경우 신규 남성
감염인 중 82%가 동성애자 및 양성애자였다[15]. 유럽연합
국가의 경우 2015년에 동성 간 성접촉에 의한 감염이 42.2%
로 가장 많았고, 다음으로 이성 간 성접촉이 32.0%였다. 특
히, 서부 유럽 국가의 경우에도 43.4%가 동성 간 성접촉에
의하여 감염되었으며, 33.0%가 이성 간 성접촉에 의하여 감

염되었다[12].

그런데 최근에 우리나라에서 나타나고 있는 HIV 감염의
급격한 증가는 젊은 층에서의 발생 증가가 원인인 것으로 밝
혀졌다. 질병관리본부의 자료에서 매년 신규 감염인의 연령
별 분포를 보면 2006년에 20대 21.1%, 30대 29.4%, 40대
24.3%로 30대와 40대에서 주로 발생하던 것이 2012년에는
20대 30.4%, 30대 23.3%, 40대 18.7%로 처음으로 20대에서
가장 많이 발생하였다. 그러던 것이 2014년에 20대 31.8%, 30대
21.5%, 40대 19.4%, 2015년에 20대 34.5%, 30대 22.5%, 40대
18.0% 그리고 2016년에 20대 33.9%, 30대 22.7%, 40대 18.2%를
보이면서 20대에서의 발생이 계속 증가 추세를 보이고 있다
[5]. 지난 10년간 신규 감염인 수의 변화를 보면 20대의 경우
2007년에 130명이던 것이 2014년 344명, 2015년 351명, 2016년
360명으로 2.8배 증가하였으며, 10대의 경우에도 2007년에
17명이던 것이 2013년 53명, 2015년 42명, 2016년 36명으로
2-3배 증가하였다. 따라서 매년 10대와 20대 합쳐서 400명 가
까이 발생하고 있다[5].

본 연구 결과에서도 18-29세 젊은 층에서의 전파 경로를
보면 동성 및 양성 간 성접촉으로 인한 감염이 71.5%, 이성
간 성접촉으로 인한 감염이 25.1%로서 동성 및 양성 간 성접
촉으로 인한 감염이 월등히 많았으며, 이는 전체 대상자에서
동성 및 양성 간 성접촉이 차지하는 비율 60.1%에 비해서 크
게 높았다. 특히, 젊은 층에서 연령을 세분화해서 보았을 때
20-24세에서는 동성 및 양성 간 성접촉에 의한 감염이 75.0%
로 증가하더니 18-19세의 10대에서는 놀랍게도 92.9%로 급
격히 증가하는 것을 알 수 있었다.

World Health Organization (WHO) 보고에 따르면 2013년에
전 세계적으로 15-24세 젊은 층이 신규 감염의 35%를 차지
하는 것으로 추정하고 있으며, 그들 중 대부분은 동성 간 성
접촉을 하는 젊은 남성으로 사료되고 있다[16]. 일본에서도
2000년 이후부터 젊은 층에서의 감염이 증가하였는데, 젊은
층으로 갈수록 동성 간 성접촉에 의한 감염이 많아지면서 동
성 간 성접촉이 주된 감염 경로로 대두되었다. 특히, 2016년
에는 신규 감염인 중 15-29세가 전체의 33.4%를 차지하였고,
이들 중 78%가 동성 간 성접촉에 의해서 감염되었다[9]. 대
만에서도 젊은 층에서의 HIV 감염이 가장 우려스러운 문제
로 대두되고 있는데, 10-29세가 전체 감염인의 47.8%를 차지
하고 있다[10]. 미국에서도 최근에 25-29세군에서 HIV 감염
이 가장 많이 발생하고 있으며, 이는 계속 증가 추세를 보이
고 있다. 특히, 2015년까지 발생한 감염인 중 13-29세가

41.4%를 차지하였으며, 그중 남성 감염인의 90.3%가 동성애자 및 양성애자인 것으로 보고되었다[14]. 유럽연합 국가에서도 감염인 중 20대가 가장 많았으며, 젊은 층에서 동성 간 성접촉을 통한 감염이 증가하고 있다[12].

전 세계적으로 동성애자들 사이에서 HIV 감염 증가는 사회적인 큰 문제로 대두되고 있으며, 특히, 젊은 동성애자에서 HIV 감염 증가는 더욱 큰 문제로 대두되고 있다. 미국을 위시한 북미에서 동성애자 중 15.4%가 HIV에 감염된 것으로 보고되고 있으며[13], 특히, 미국의 경우 25-34세 동성애자와 양성애자의 경우 2010-2014년 기간 동안 HIV 감염이 23% 증가한 것으로 추정하고 있다[15]. 미국에 인접한 카리브해 연안 국가에서는 동성애자 중 25.4%가 감염된 것으로 알려져 있다[13]. 유럽 연합 국가의 경우 독일에서는 동성애자 중 6%, 스페인은 11.3%, 영국은 2.5%가 감염된 것으로 보고되었으며[1], 서부 및 중부 유럽 전체로는 6.1%가 감염되어 있다[13]. 러시아의 경우 2010년에 젊은 동성애자에서 HIV 감염률은 10.8%였으며[16], 오세아니아 지역은 동성애자 중 4.4%가 감염되어 있다[13]. 우리나라와 인접한 일본의 경우에는 동성애자의 4.8%가 감염된 것으로 보고되었으며[1], 대만의 경우는 8.1-10.7% [7], 중국의 경우에는 최근에 급격히 증가하면서 적게는 6.3% [7]에서 많게는 7.8% [1,11]로 되고 있다. 특히, 중국의 경우에는 18-25세의 젊은 동성애자에서 HIV 감염이 빠르게 증가하고 있는데[17], 2006-2012년 기간 동안 젊은 동성애자에서 HIV 감염률은 3.0-6.4%로 추정하고 있다[18]. 그리고 남부 및 동남 아시아에서는 동성애자의 14.7%가, 그리고 사하라 이남 아프리카에서는 17.9%가 감염된 것으로 보고되었다[13]. 우리나라의 경우에도 동성애자에 있어서 HIV 감염률은 2.7-6.5%로서 일반인에 비하여 크게 높은 것으로 보고되고 있다[7].

이렇듯 세계적인 경향과 마찬가지로 우리나라에서도 동성애자에서 동성 간 성접촉에 의한 HIV 전파가 문제가 되고 있으며, 특히, 젊은 층에서 동성 간 성접촉에 의한 감염의 급격한 증가는 사회적으로 심각한 우려를 야기시키고 있다. 일반적으로 감염인과 이성 간 성접촉을 1회 할 경우 HIV에 감염될 확률은 0.04-0.08%인 반면, 동성 간 항문을 통한 성접촉을 1회 할 때 감염될 확률은 1.38%로서 이성 간 성접촉에 비하여 17.3-34.5배 높은 것으로 알려져 있다[19]. 그런데 HIV 감염 확률이 높은 동성 간 성접촉을 평생 한 번이라도 경험하는 비율이 일부 개발도상국가에서는 3-20%인데[16], 우리나라는 그보다 낮지만 0.3-1.1% [20]로 보고되고 있다. 특

히, 우리나라의 경우 일부 가출 청소년들이 용돈을 벌기 위하여 성매매를 하고 있는데 주로 성인들과 동성 간 성접촉을 하고 있으며, 일부 청소년들은 성폭행을 통해서 동성 간 성접촉을 경험하는 경우도 많은 것으로 알려져 있다. 보고에 따르면 젊은 동성애자는 나이든 동성애자에 비하여 HIV에 감염될 위험성이 더 높은 것으로 알려져 있다[16]. 다시 말해서 젊은 동성애자들은 콘돔을 사용하지 않고 항문 성교를 하는 경우가 더 빈번하며, 호기심에 마약을 하거나 과음 상태에서 성행위를 하고, 나아가서 성매매, 성폭력, 성적 착취에 취약하며, 특히, 가족의 보호가 없다면 더욱 그러한 경향을 보이고 있다. 또한, 젊은 동성애자들은 나이든 동성애자에 비하여 사회적인 편견이나 차별에 더욱 민감하여 그로부터 부정적인 영향을 받는 경우가 많은데 이 또한 감염의 위험성을 높이는 것으로 알려져 있다[16].

본 코호트 연구를 통해서 국내 HIV 감염의 가장 주된 감염 경로는 동성 및 양성 간 성접촉이며, 이러한 경향은 연령층이 젊어질수록 더욱 뚜렷이 나타나서, 10대의 경우는 대부분이 동성 및 양성 간 성접촉에 의하여 감염됨을 알 수 있었다. 물론 이러한 코호트 연구 결과가 전체 감염인을 대변한다고 볼 수는 없지만, 본 코호트는 국내 감염인의 약 10%를 포함하는 큰 규모의 코호트로서 외국의 예[21,22]에서는 보기 드문 규모라 생각된다. 따라서 본 연구의 결과는 향후 우리나라에서 HIV 감염의 예방 및 관리 대책을 수립함에 있어서 매우 중요한 근거가 된다 하겠다. 우리나라도 다른 나라와 마찬가지로 동성애자가 꾸준히 증가하는 것으로 여겨지는데, 이러한 위험 집단에서의 HIV 감염을 줄이기 위한 보건 당국의 보다 적극적인 관리와 대책이 절실히 요구된다 하겠다. 또한, 청소년기는 육체적으로나 정신적으로 빠르게 발달하는 시기로서 아직 자신의 성 정체성이 확립되지 않은 시기이다. 따라서 성에 대한 올바른 교육이 무엇보다 중요하며, 그를 통해서 HIV 감염의 위험성을 알리고 그에 따른 효과적인 예방법을 가르쳐야 하겠다.

요 약

목적: 전 세계적으로 매년 신규 HIV 감염의 발생은 서서히 감소하는 추세를 보이고 있다. 그러나 국내 신규 HIV 감염의 발생은 도리어 급격히 증가하는 양상을 보이고 있으며, 젊은 층에서의 급격한 증가가 원인으로 알려졌다. 이에 국내에서 HIV 감염의 감염 경로를 분석하고 규명함은 국내에서

384

의 급격한 증가 원인을 밝히고, 그에 대한 예방 및 관리 대책을 수립함에 있어서 중요한 근거가 되겠다.

방법: 2006년 12월부터 2018년 1월 까지 '한국 HIV/AIDS 코호트'에 등록된 HIV 감염인을 조사하여 분석하였다. 전국 21개 참여 병원에서 진료를 받고 있는 18세 이상의 HIV 감염인으로서 등록 시에 주치의의 역학 관련 문진에 이어 훈련된 전문 상담 간호사가 제시하는 표준화된 설문지를 통해서 역학 조사를 실시하였다. 수집된 자료를 분석하여 전체 대상 및 연령군에 따른 감염 경로를 규명하였고, 특히 젊은 층에서는 좀 더 세부적으로 연령을 구분하여 감염 경로를 조사하고 비교하였다.

결과: 조사 대상은 1,474명이었으며, 남자는 1,377명, 여자는 97명이었다. 조사 대상의 평균 연령값은 41.4 ± 12.6세였으며, 남녀 성비는 14.2:1이었다. 전체 대상 HIV 감염인의 감염 경로를 분석해 보면 동성 및 양성 간 성접촉이 886명(60.1%), 이성 간 성접촉이 508명(34.6%), 수혈 및 혈액제제에 의한 감염이 5명(0.3%), 마약주사 공동사용에 의한 감염이 1명(0.0%)이었다. 연령군에 따른 감염 경로를 비교해 보면 젊은 연령군으로 갈수록 동성 및 양성 간 성접촉에 의한 비율이 증가하였다. 다시 말해서, 18-29세의 젊은 연령군에 있어서는 동성 및 양성 간 성접촉이 71.5%로 크게 증가하였다. 또한, 18-29세의 젊은 연령군을 좀 더 세분화해서 조사해 보면 젊을수록 동성 및 양성 간 성접촉에 의한 감염이 크게 증가하여 18-19세의 10대에서는 92.9%가 동성 및 양성 간 성접촉에 의해서 감염되었다.

결론: 국내 HIV 감염의 가장 주된 감염 경로는 동성 및 양성 간 성접촉이며, 이러한 경향은 연령이 젊어질수록 더욱 뚜렷이 나타났다. 특히, 10대의 경우에는 대부분이 동성 및 양성 간 성접촉에 의하여 감염되었다. 따라서 그에 따른 합리적인 예방 및 관리 정책을 수립하는 것이 절실히 요구된다 하겠다.

중심 단어: 인간면역결핍바이러스; 인간면역결핍바이러스 감염; 후천면역결핍증; 감염경로; 동성애

감사의 글

본 연구는 '한국 HIV/AIDS 코호트 연구'의 일환으로 이루어 졌으며, 연구 그룹의 일원인 이진수, 송준영, 정혜원, 박대원, 김신우, 김우주, 최희정, 김민자, 김효열, 최영화, 김태형, 구남수, 안진영, 진범식, 한상훈, 우준희, 김윤정, 최보율, 최윤수, 기미경, 최준용, 정우용, 성혜, 강춘, 김성순, 이주실, 김기순, 김상일 연구자에게 감사를 드립니다.

REFERENCES

1. UNAIDS. UNAIDS data 2017. Geneva: UNAIDS, 2017.
2. Joint United Nations Programme on HIV/AIDS (UNAIDS). 90-90-90: an ambitious treatment target to help end the AIDS epidemic. Geneva: UNAIDS, 2017.
3. UNAIDS. Fast-track cities: ending the AIDS epidemic. Geneva: UNAIDS, 2014.
4. UNAIDS. Global AIDS update 2016. Geneva: UNAIDS, 2016.
5. Korea centers for disease control and prevention (KCDC). Annual report on the notified HIV/AIDS in Korea 2016. Cheongju: KCDC, 2017.
6. Kim YG, Hahn SJ. Homosexuality in ancient and modern Korea. Cult Health Sex 2006;8:59-65.
7. Suguimoto SP, Techasrivichien T, Musumari PM, et al. Changing patterns of HIV epidemic in 30 years in East Asia. Curr HIV/AIDS Rep 2014;11:134-145.
8. Ministry of Health, Labour and Welfare (MHLW). Annual report of the national AIDS surveillance committee for year 2012. Tokyo: MHLW, 2013.
9. Ministry of Health, Labour and Welfare (MHLW). AIDS surveillance committee report: public health center statistical data 2016. Tokyo: MHLW, 2017.
10. Centers for disease control R.O.C. (Taiwan). Statistics of HIV/AIDS 2016. Taiwan: Centers for disease control R.O.C. (Taiwan), 2017.
11. National health and family planning commission of the People's Republic of China. 2015 China AIDS response progress report. Beijing: National health and family planning commission of the People's Republic of China, 2015.
12. European centre for disease prevention and control (ECDC). HIV/AIDS surveillance in Europe 2015. ECDC surveillance report. Solna kommun: ECDC, 2016.
13. Beyrer C, Baral SD, van Griensven F, et al. Global epidemiology of HIV infection in men who have sex with men. Lancet 2012;380:367-377.
14. Centers for disease control and prevention. Diagnoses of HIV infection in the United States and dependent areas, 2015. HIV surveillance report. Atlanta: Centers for disease control and prevention, 2016;27.
15. Centers for disease control and prevention. HIV among gay and bisexual men. CDC report 2017. Atlanta: Centers for disease control and prevention, 2017.
16. World Health Organization (WHO). HIV and young men

who have sex with men. WHO technical brief 2015. Geneva: WHO, 2015.

17. Dong Z, Xu J, Zhang H, et al. HIV incidence and risk factors in Chinese young men who have sex with men--a prospective cohort study. PLoS One 2014;9:e97527.

18. Li Y, Xu J, Reilly KH, et al. Prevalence of HIV and syphilis infection among high school and college student MSM in China: a systematic review and meta-analysis. PLoS One 2013;8:e69137.

19. Patel P, Borkowf CB, Brooks JT, Lasry A, Lansky A, Mermin J. Estimating per-act HIV transmission risk: a systematic review. AIDS 2014;28:1509-1519.

20. Moon DG. National survey on the sexual consciousness 2014. Korea centers for disease control and prevention survey report 2015. Cheongju: Korea centers for disease control and prevention, 2015.

21. Concerted action on seroconversion to AIDS and death in Europe. HIV reference information [Internet]. Concerted action on seroconversion to AIDS and death in Europe, c2018 [cited 2018 May 4]. Available from: http://www.ctu.mrc.ac.uk/cascade/default.asp.

22. Multicenter AIDS cohort study. HIV reference information [Internet]. Multicenter AIDS cohort study, c2018 [cited 2018 May 4]. Available from: http://aidscohortstudy.org/.

후 주

이 책은 전공서적이 아닌 교양서적으로서 독자의 연령대 및 학력의 다양성을 고려하여 최대한 참고자료를 알아보기 쉽도록 간단하게 수록하고자 노력했다.

1. 미국 질병관리본부(CDC), 〈Diagnoses of HIV Infection among Adolescents and Young Adults in the United States and 6 Dependent Areas 2011‒2016〉, HIV Surveillance Supplemental Report, Vol.23, No.3, 2018년. https://www.cdc.gov/hiv/pdf/library/reports/surveillance/cdc-hiv-surveillance-supplemental-report-vol-23-3.pdf

2. 영국 공중보건국(PHE), 〈Syphilis epidemiology in London Sustained high numbers of cases in MSM〉, v1.1, p11, 2016년. https://www.gov.uk/government/uploads/system/uploads/attachment_data/file/547072/london_syphilis_report.pdf

3. The Herald (South Africa), 'Lesbians in South Africa are at risk, say researchers', 2015년 6월 11일자. http://www.pressreader.com/south-africa/the-herald-south-africa/20150611/281689728434437/TextView (2018.7.23.접속)

4. 대한민국 헌법 제35조 1항 [시행 1988.2.25]
    http://www.law.go.kr/ lsEfInfoP.do?lsiSeq=61603

5. 법률신문, '헌재, 흡연 안 할 권리, 흡연권 보다 상위기본권', 2004년 8월 27일자.
    http://m.lawtimes.co.kr/Legal-news/Legal-News-View?serial=14135 (2018.7.5.접속)

6. 헌법재판소 1996. 11. 28. 선고 95헌바1 전원재판부[합헌 각하] [형법 제250조등 위헌소원] https://casenote.kr/%ED%97%8C%EB%B2%95%EC%9E%AC%ED%8C%90%EC%86%8C/95%ED%97%8C%EB%B0%941

7. 법률신문, '헌재, 흡연 안 할 권리, 흡연권 보다 상위기본권', 2004년 8월 27일자.
    http://m.lawtimes.co.kr/Legal-news/Legal-News-View?serial=14135 (2018.7.5.접속)

8. 세계보건기구(WHO) 홈페이지, Constitution and principles http://www.who.int/about/mission/en/

9. 대한민국 헌법 제37조 2항 [시행 1988.2.25]
   http://www.law.go.kr/lsEfInfoP.do?lsiSeq=61603

10. 길원평, '동성애 과연 타고나는 것일까?', 라온누리, p25, 2014년.

11. 길원평, '동성애 과연 타고나는 것일까?', 라온누리, p26, 2014년.

12. 한재희, '상담패러다임의 이론과 실제', 교육아카데미, p195, 2015년.

13. 국립보건원, 〈HIV/AIDS 관리지침〉, p15, 2002년.

14. 한겨레, '에이즈 수혈감염, 동성애자에게도 책임 있다', 2003년 6월 2일자.http://legacy.
    www.hani.co.kr/section-001062000/2003/06/001062000200306022150106.html
    (2018.7.9.접속)

15. 동아일보, '동성애자 인권운동 팔 걷었다', 2002년 3월 20일자. http://news.naver.
    com/main/read.nhn?mode=LSD&mid=sec&sid1=102&oid=020&aid=0000119662
    (2018.9.5.접속)

16. 동아일보, '인권위, 사전의 동성애 차별표현 수정 권고', 2002년 9월 17일자. http://
    news.donga.com/3/all/20021115/7883031/1 (2018.9.5.접속)

17. 미국 질병관리본부(CDC) 홈페이지, HIV/AIDS - HIV and Gay and Bisexual Men
    https://www.cdc.gov/hiv/group/msm/index.html

18. Ibid.

19. 영국 공중보건국(PHE) 보고서, 〈The Resurgent Global HIV Epidemic among Men
    who have sex with Men〉, p30, 2013년. http://www.bhiva.org/documents/Conferences/
    Autumn2013/presentations/131114/KevinFenton.pdf (2018.7.5.접속)

20. 미국 여성건강국, Q & A - Health Topics https://search.womenshealth.gov/search?utf8=
    %E2%9C%93&affiliate=womenshealth&query=lesbian

21. 질병관리본부 기획연구과, 한국남성동성애자인권운동단체 친구사이, 동덕여대 보건관
    리학과, 질병관리본부 에이즈결핵관리과, 〈한국 남성 동성애자들의 성행태와 후천성면
    역결핍증에 대한 인식〉, 2004년.

22. Margret and H. A. Rey, 'The Complete Adventures of Curious George', Houghton Mifflin
    company boston, p301, 2001년. (이 책은 1940년대에서 1960년대에 걸쳐 쓰여진
    Curious George 시리즈의 합본이며 해당 내용은 1963년도에 쓰여진 시리즈 'Curious
    George learns the Alphabet'에 나오는 내용으로(합본 p281~352) 1993년도에 재개정 되
    었으며 여전히 'gay'라는 표현을 쓰고 있다.)

23. 국민일보, '"다자연애가 무슨 문제냐"… 인권위의 도덕 불감증', 2018년 3월 16일자.
    http://m.kmib.co.kr/view.asp?arcid=0923917707#kmibhd (2018.7.9.접속)

24. TVnext, '아동소아성애자들-"우리에게도 같은 권리를 달라!??', 2013년 8월 30일자.
    http://tvnext.org/2013/09/b4u/ (2018.7.9.접속)

25. Independent, 'Incest is no longer a taboo,' says Australian judge Garry Neilson', 2014년 7

월 11일자. https://www.independent.co.uk/news/world/australasia/incest-is-no-longer-a-taboo-says-australian-judge-garry-neilson-9599552.html (2018.7.9.접속)

26. 건강한사회를위한국민연대 네이버 블로그, '동성애 허용과 근친상간 허용은 같은 논리', 2017년 7월 29일자. https://blog.naver.com/pshskr/220075013039 (2018.7.9.접속)

27. 국민일보, '"다자연애가 무슨 문제냐"··· '인권위의 도덕 불감증', 2018년 3월 16일자. http://m.kmib.co.kr/view.asp?arcid=0923917707#kmibhd (2018.7.9.접속)

28. "성소수자", 위키피디아, https://ko.wikipedia.org/wiki/%EC%84%B1%EC%86%8C%EC%88%98%EC%9E%90 (2018.7.5.접속)

29. 이세일, 한국성과학연구협회, '동성애와 간성은 무관하다, 2017년. http://sstudy.org/what-is-intersex/ (2018.7.9.접속)

30. 한국터너협회 홈페이지, http://www.tssk.or.kr/

31. 조영길, '국가인권위법상 차별금지 사유에서 성적지향 삭제 개정의 필요성', 미래사, p19, 2016년.

32. 영국 공중보건국(PHE) 보고서, 〈The Resurgent Global HIV Epidemic among Men who have sex with Men〉, p30, 2013년. https://www.bhiva.org/file/zkSwsEmuaKOje/KevinFenton.pdf (2018.7.5.접속)

33. AUA, annual meeting 2015, 'Sexual behavior and dysfunctions in women who sex with women', p8, 2015년. http://www.smsna.org/neworleans2015/presentations/048.pdf

34. 미국 질병관리본부(CDC) 홈페이지, Gay and Bisexual Men's Health - HIV/AIDS https://www.cdc.gov/msmhealth/HIV.htm

35. 영국 공중보건국(PHE) 보고서, 〈The Resurgent Global HIV Epidemic among Men who have sex with Men〉, p30, 2013년. https://www.bhiva.org/file/zkSwsEmuaKOje/KevinFenton.pdf (2018.7.5.접속)

36. 미국 질병관리본부(CDC) 홈페이지, Gay and Bisexual Men's Health - HIV/AIDS https://www.cdc.gov/msmhealth/HIV.htm

37. 미국 질병관리본부(CDC) 홈페이지, HIV/AIDS - Anal Sex and HIV Risk https://www.cdc.gov/hiv/risk/analsex.html

38. 미국 질병관리본부(CDC), 〈Sexually Transmitted Diseases Treatment Guidelines 2015〉, p14, 2015년. https://www.cdc.gov/std/tg2015/tg-2015-print.pdf

39. 군형법 [시행 2014.1.14.] 제92조의6 (추행) http://www.law.go.kr/LSW/lsInfoP.do?lsiSeq=149926#J92:6

40. 너 나 우리 '랑' - 행동하는성소수자인권연대 (구 동성애자인권연대), '동성애 처벌법, 이제는 사라질 때 - 군형법 제92조의 6을 폐지하자', 2013년 5월 30일자. http://lgbtpride.tistory.com/582 (2018.7.9.접속)

41. 허프포스트코리아, '동성애 처벌 조항' 폐지에 동참한 국회의원 10명 (명단)', 2017년

5월 25일자. https://www.huffingtonpost.kr/2017/05/25/story_n_16797744.html?utm_
id=naver&ec_carp=436640899531386981 (2018.9.5.접속)

42. 영국 공중보건국(PHE), Shigella: leaflet and poster for men who have sex with men -
Shigella poster 1: good session, bad case of diarrhoea https://www.gov.uk/government/
publications/shigella-leaflet-and-poster

43. Gill SK, Loveday C, Gilson RJC, Transmission of HIV-1 infection by oroanal intercourse.
Genitourinary Medicine 68: 254-57, 1992

44. 미국 질병관리본부(CDC) 홈페이지, Shigella Infections among Gay and Bisexual Men
https://www.cdc.gov/shigella/pdf/msm-factsheet-508.pdf

45. "Dental dam", Wikipedia, https://en.wikipedia.org/wiki/Dental_dam

46. Eurosurveilance, HIV/AIDS and other STD in MSM. https://www.eurosurveillance.org/
upload/site-assets/imgs/PrintV14N12.pdf

47. 행동하는성소수자인권연대, '빤스퍼레이드의 주역들-그들은 왜 벗어제꼈나?', 2014년
7월 17일자. http://lgbtpride.tistory.com/800 (2018.7.9.접속)

48. Joseph Nicolosi Ph.D blog, 'Celebrities Who Have Left a Gay Lifestyle' http://www.
josephnicolosi.com/collection/celebrities-who-have-left-a-gay-lifestyle (2018.7.9.접속)

49. 뉴올리언즈에서 노동절 주말에 열리는 LGBT 공동체의 연례 축제. 일요일에 퍼레이드
로 마무리된다.

50. Queercore (homocore, 게이 메탈이라고도 함)는 1980년대 펑크 음악의 한 지류로
LGBT를 반대한 사회에 저항하는 의미로 시작된 사회문화운동이다. 그들은 전단, 음악,
글, 사진, 영화 등으로 펑크이데올로기를 표현하고 있다.

51. Gay Shame movement는 게이공동체 내부에서 나오는 비판운동으로, 게이 주류화(gay
mainstreaming)에 대항하는 급진적(radical) 대안이다. 이 운동은 점차 상업화되어 대기
업(재벌)의 스폰서를 받는 게이 퍼레이드나, 지원/스폰서 해주는 사람들을 거슬리지 않
기 위한 "safer"(안전한) 아젠다에 비판적이다. 즉 그들은 더 급진적이고 반문화적이고
전위적 예술을 표방한다고 평가받고 있다.

52. 영국 공중보건국(PHE), PHE responds to health inequalities facing gay, bisexual and MSM
https://www.gov.uk/government/news/phe-responds-to-health-inequalities-facing-gay-
bisexual-and-msm

53. Glick SN, Morris M, Foxman B, Aral SO, Manhart LE, Holmes KK, Golden MR., A
comparison of sexual behavior patterns among men who have sex with men and heterosexual
men and women, J Acquir Immune Defic Syndr. 2012 May 1;60(1):83-90

54. OneNewsNow , 'CDC report - homosexual lifestyle extremely violent', 2015년 12월 13
일자. https://www.onenewsnow.com/culture/2015/12/13/cdc-report-homosexual-
lifestyle-extremely-violent (2018.7.9.접속)

55. 미국 질병관리본부(CDC) 홈페이지, Shigella-Shigellosis - Information for Sexually Active

People https://www.cdc.gov/shigella/audience-sexually-active.html

56. Bell A. P., Weinberg M. S., "Homosexualities : A Study of Diversity Among Men and Women", New York, Simon and Schuster, p 308-9, 1978

57. 코리아헤럴드, '아델리펭귄의 충격적인 '성적 변태성' 밝혀져!', 2012년 6월 11일자. http://www.koreaherald.com/view.php?ud=20120611001032 (2018.7.9.접속)

58. SBS뉴스, '펭귄의 타락한 성행활, 100년 만에 공개', 2012년 6월 12일자. http://news.sbs.co.kr/news/endPage.do?news_id=N1001223954 (2018.7.9.접속)

59. 스포츠조선라이프, '남극 100년 전 수첩 발견...아델리 펭귄, 동성애에 시체와 성행위까지?', 2014년 10월 22일자. http://sports.chosun.com/news/ntype.htm?id=201410230100269620016950&servicedate=20141022 (2018.7.9.접속)

60. Science Daily, 'Same-sex Behavior Seen In Nearly All Animals, Review Finds', 2009년 6월 17일자. https://www.sciencedaily.com/releases/2009/06/090616122106.htm

61. Bagemihl B. "Biological Exuberance: Animal Homosexuality and Natural Diversity", New York, St. Martin's Press, p164, 1999년.

62. Norris KS, Dohl TP. Behavior of the Hawaiian spinner dolphin, Stenella longirostris, Fishery Bulletin,7(4):821-49, 1980

63. 대한민국헌법 제36조 1항 [시행 1988.2.25] http://www.law.go.kr/lsInfoP.do?lsiSeq=61603&efYd=19880225#J36:0

64. 조영길, '국가인권위법상 차별금지 사유에서 성적지향 삭제 개정의 필요성', 미래사, p19, 2016년.

65. 국가인권위원회법 제2조 3항 [시행 2016.2.3.] http://www.law.go.kr/%EB%B2%95%EB%A0%B9/%EA%B5%AD%EA%B0%80%EC%9D%B8%EA%B6%8C%EC%9C%84%EC%9B%90%ED%9A%8C%EB%B2%95.

66. 차세대바로세우기학부모연합 제공.

67. 신문고뉴스, '지구가 100명이라면 그중 11명은 LGBT', 2013년 11월 16일자. http://www.shinmoongo.net/sub_read.html?uid=48752 (2018.7.9.접속)

68. 길원평, '동성애 과연 타고나는 것일까?', 라온누리, p118, 2014년.

69. 이성애주의에 반대하는 흑석동 여성주의자 모임, 트위터 https://twitter.com/_happen_(2018.7.9.접속).

70. 영국 통계청 홈페이지, Statistical bulletin: Sexual identity, UK: 2015, 2017년 10월. https://www.ons.gov.uk/peoplepopulationandcommunity/culturalidentity/sexuality bulletins/sexualidentityuk/2015#main-points

71. 연합뉴스, '英 인구 100명당 1명 동성애자', 2010년 9월 24일자.http://www.yonhapnews.co.kr/international/2010/09/24/0601150100AKR20100924004100085.HTML (2018.7.9.접속)

72. 영국 통계청 홈페이지, Statistical bulletin: Sexual identity, UK: 2015년, 2017년 10월. http://www.ons.gov.uk/peoplepopulationandcommunity/culturalidentity/sexuality/bulletins/sexualidentityuk/2015#toc

73. 미국 질병관리본부(CDC), 〈Sexual Orientation and Health Among U.S. Adults: National Health Interview Survey 2013〉, 2014년. http://www.cdc.gov/nchs/data/nhsr/nhsr077.pdf

74. Ibid, p1

75. Time, 'The 10 Cities With the Highest LGBT Percentage in the U.S', 2015년 3월 20일자. http://time.com/3752220/lgbt-san-francisco/ (2018.7.9.접속)

76. 연합뉴스 '국내 동성애자 11만명 추정', 1998년 1월 9일자. http://news.naver.com/main/read.nhn?mode=LSD&mid=sec&sid1=101&oid=001&aid=0004302082 (2018.7.9.접속)

77. 질병관리본부, 고려대학교 의과대학 산학협력단 보고서, 〈전국 성의식 조사〉, 31쪽, 2015년.

78. Ibid, p30

79. Ibid, p32

80. 바른성문화를위한국민연합, '한국의 동성애자 비율', 2013년 5월 20일자. https://cfms.kr/4-%ED%95%9C%EA%B5%AD%EC%9D%98-%EB%8F%99%EC%84%B1%EC%95%A0%EC%9E%90-%EB%B9%84%EC%9C%A8/ (2018.7.9.접속)

81. 월간조선 뉴스룸, '게이들의 천국, 샌프란시스코 카스트로 거리 "입 맞추는 남자들" 속에 여자는 나 혼자뿐', 2008년 5월호. http://monthly.chosun.com/Client/News/viw.asp?ctcd=&nNewsNumb=200805100066 (2018.7.9.접속)

82. 허핑턴포스트코리아, '세계 게이들의 수도, 샌프란시스코!', 2014년 10월 31일자. http://www.huffingtonpost.kr/2014/10/31/story_n_6079524.html (2018.7.9.접속)

83. 카이로스 네이버 블로그, '동성애자가 가장 많은 국가와 도시', 2017년 6월 26일자. https://m.blog.naver.com/PostView.nhn?blogId=acoloje&logNo=221038176095&referrerCode=0&searchKeyword=%EC%83%8C%ED%94%84%EB%9E%80%EC%8B%9C%EC%8A%A4%EC%BD%94 (2018.7.9.접속

84. 캘리포니아 관광청 홈페이지. http://www.visitcalifornia.com/kr/attraction/%EC%83%8C%ED%94%84%EB%9E%80%EC%8B%9C%EC%8A%A4%EC%BD%94-lgbt-%EC%97%AC%ED%96%89 (2018.7.9.접속)

85. The Human Rights Campaign Store - San Francisco, CA https://www.tripadvisor.co.kr/Attraction_Review-g60713-d183745-Reviews (2018.7.9.접속)

86. 연합뉴스, '샌프란시스코, 더 이상 '게이 친화적' 아니다', 2017년 7월 2일자. http://www.yonhapnews.co.kr/bulletin/2013/07/02/0200000000AKR20130702168400009.

HTML?from=search (2018.7.9.접속)

87. ElgeeBe, Human Rights Campaign Store, https://www.ellgeebe.com/en/destinations/north-america/united-states/san-francisco/things-to-do/human-rights-campaign-store (2018.8.13.접속)

88. http://mykidsneedshoes.com/media.html (2018.8.13.접속)

89. "Egrifta", Drug.com. https://www.drugs.com/egrifta.html (2018.7.9.접속)

90. Ibid.

91. 캘리포니아대학 샌프란시스코 의료원(UCSF Medical Center), Metabolic Complications of HIV Therapy http://hivinsite.ucsf.edu/InSite?page=kb-00&doc=kb-03-02-10 (2018.7.9.접속)

92. 청소년 및 청년 에이즈 감염 급증에 관한 정책 포럼(2016년 8월 25일), 국회헌정기념관.

93. cantech letter, 'Theratechnologies gets top pick status at Echelon Wealt, 2018년 1월 10일자. https://www.cantechletter.com/2018/01/theratechnologies-gets-top-pick-status-at-echelon-wealth/ (2018.7.9.접속)

94. http://mykidsneedshoes.com/media.html (2018.7.9.접속)

95. Ibid.

96. 조선일보, '섹스가 몸에 좋은 10가지 이유', 2004년 7월 18일자. http://health.chosun.com/site/data/html_dir/2005/10/05/2005100556048.html (2018.7.9.접속)

97. 영국 공중보건국(PHE) 보고서, 〈The Resurgent Global HIV Epidemic among Men who have sex with Men〉, p30, 2013년. http://www.bhiva.org/documents/Conferences/Autumn2013/presentations/131114/KevinFenton.pdf (2018.7.5. 접속)

98. 미국 질병관리본부(CDC) 홈페이지, Lesbian, Gay, Bisexual, and Transgender health https://www.cdc.gov/lgbthealth/index.htm

99. 이관철, '[특별기고]항문성교에 의한 신체변화와 그 위험성', KHTV, 2015년 10월 27일자. http://khtv.org/bbs/board_view.php?bbs_code=bbsIdx1&num=119&page=3&keycode=&keyword= (2018.7.9.접속)

100. Xtra, 'Health Canada replaces gay blood ban with five-year deferral', 2013년 5월 22일자. http://www.dailyxtra.com/canada/news-and-ideas/news/health-canada-replaces-gay-blood-ban-with-five-year-deferral-61912 (2018.7.9.접속)

101. 미국 질병관리본부(CDC) 홈페이지, Shigella Infections among Gay and Bisexual Men https://www.cdc.gov/shigella/pdf/msm-factsheet-508.pdf

102. Ibid, p2

103. 영국 공중보건국(PHE) 홈페이지, Shigella dysentery on the rise among gay and bisexual

men https://www.gov.uk/government/news/shigella-dysentery-on-the-rise-among-gay-and-bisexual-men

104. Gill SK, Loveday C, Gilson RJ. Transmission of HIV-1 infection by oroanal intercourse. Genitourinary Medicine 68: 254-7, 1992

105. 미국 질병관리본부(CDC) 홈페이지, Shigella infections among Gay and Bisexual Men https://www.cdc.gov/shigella/pdf/msm-factsheet-508.pdf

106. 치의신보, '러버댐 어때요? 환자 1hi0명에게 물어봤더니…', 2015년 11월 3일자. http://www.dailydental.co.kr/news/article.html?no=91713 (2018.7.9.접속)

107. 대변 혹은 대변에서 기인한 병원체가 대변으로 오염된 물이나 음식, 혹은 손 등을 통해 본인 혹은 타인의 구강으로 들어가게 되는 것.

108. 영국 공중보건국(PHE) 홈페이지, Shigella dysentery on the rise among gay and bisexual men www.gov.uk/government/news/shigella-dysentery-on-the-rise-among-gay-and-bisexual-men

109. 미국 질병관리본부(CDC), 〈Pneumocystis Pneumonia --- Los Angeles〉, 1981년 6월 5일자. https://www.cdc.gov/mmwr/preview/mmwrhtml/june_5.htm (2018.7.9.접속)

110. 미국 질병관리본부(CDC), 〈Sexual Orientation and Health Among U.S. Adults: National Health Interview Survey, 2013〉, 2014년. http://www.cdc.gov/nchs/data/nhsr/nhsr077.pdf (2018.7.9.접속)

111. 미국 질병관리본부(CDC) 홈페이지, Lesbian, Gay, Bisexual, and Transgender Health https://www.cdc.gov/lgbthealth/ (2018.7.9.접속)

112. U.S. Department of Health and Human Service, Office on Women's Health, Q & A-Lesbian and Bisexual Health https://www.womenshealth.gov/files/documents/fact-sheet-lesbian-bisexual-health.pdf (2018.8.13.접속)

113. 영국 공중보건국(PHE) 홈페이지, PHE responds to health inequalities facing gay, bisexual and MSM https://www.gov.uk/government/news/phe-responds-to-health-inequalities-facing-gay-bisexual-and-msm (2018.8.13.접속)

114. 길원평, '동성애 과연 타고나는 것일까?', 라온누리, p25, 2014년.

115. "zidovudine", Drug.com. https://www.drugs.com/search.php?searchterm=zidovudine (2018.7.9.접속)

116. Hogg RS, Strathdee SA, Craib KJ, O'Shaughnessy MV, Montaner JS, Schechter MT. Modelling the Impact of HIV Disease on Mortality in Gay and Bisexual Men, International Journal of Epidemiology, 1997.26(3), 657-61

117. 국민일보, '단독, 에이즈 환자 진료비 연 800억원…전액 국민 주머니에서', 2016년 11월 30일자. http://news.kmib.co.kr/article/view.asp?arcid=0011102389 (2018.7.9.접속)

118. 영국 공중보건국(PHE), 〈Inequalities in sexual health: Update on HIV and STIs in

men who have sex with men in London〉, 2016년. https://assets.publishing.service.
gov.uk/government/uploads/system/uploads/attachment_data/file/503706/2016-02-
22STIHIVinMSMinLondonFINALv1.0.pdf

119. Cameron P, Landess T, Cameron K. 〈Hmosexual Sex as Harmful as Drug Abuse,
Prostitution, or Smoking〉. Psychological Reports. 2005:96(3 Pt 2):915-61 https://www.
ncbi.nlm.nih.gov/pubmed/16173359

120. News.com.au, 'Archbishop of Sydney Dr Peter Jensen backs offensive gay health claims
from ACL' ,2012-9-11   http://www.news.com.au/entertainment/tv/archbishop-
of-sydney-dr-peter-jensen-backs-offensive-gay-health-claims-from-acl/story-
e6frfmyi-1226471516288

121. POLITIFACT VIRGINIA, 'Bob Marshall says homosexual behavior cuts life expectancy
by 20 years', Politifact Virginia, 2012년 6월 7일자. http://www.politifact.com/virginia/
statements/2012/jun/07/bob-marshall/bob-marshall-says-homosexual-behavior-cuts-
life-ex/ (2018.9.5.접속)

122. Xtra, 'Health Canada replaces gay blood ban with five-year deferral', 2013년 5월 22일
자. http://www.dailyxtra.com/canada/news-and-ideas/news/health-canada-replaces-gay-
blood-ban-with-five-year-deferral-61912 (2018.9.5.접속)

123. 김광진, 시네마 다큐멘터리, '나는 더이상 게이가 아닙니다', 2015년. https://www.
youtube.com/watch?v=-Vsc5brozew (2018.9.5.접속)

124. MetroWeekly, 'FDA panel fails to reach a consensus on gay blood ban', 2014년 12월 4일자.
https://www.metroweekly.com/2014/12/fda-panel-fails-to-reach-a-consensus-on-gay-
blood-ban/ (2018.7.10.접속)

125. Glaad, 'Take part in the first annual gay blood drive', 2013sus 7월 3일자. https://www.
glaad.org/blog/take-part-first-annual-gay-blood-drive (2018.7.10.접속)

126. IN PLAIN SIGHT NEWS, 'Russian Roulette Anyone? Canadian Blood Services
Accepts Blood From Homosexuals', 2013년 7월 18일자. https://ronabbass.wordpress.
com/2013/07/18/russian-roulette-anyone-canadian-blood-services-accepts-blood-
from-homosexuals/ (2018.7.10.접속)

127. 연합뉴스, '미국 FDA, 남성 동성애자 헌혈 허용하기로', 2014년 12월 24일자.
https://www.yna.co.kr/view/AKR20141224035400009

128. 한국 경제, '미국서 혈액부족에 "남성 동성애자 헌혈 제약 없애야"', 2022년 1월 14일
자. https://www.hankyung.com/international/article/202201149665Y

129. EIL PAIS, 'Em 50 países, gays são proibidos de doar sangue por causa da AIDS', 2014년
12월 1일자. http://brasil.elpais.com/brasil/2014/11/28/ciencia/1417191728_587426.
html (2018.7.10.접속)

130. 서울신문, '게이 커플, 英 최초로 제한 없는 헌혈하며 감격 "다른 생명 살릴 수 있어"',
2021년 6월 15일자. https://www.seoul.co.kr/news/newsView.php?id=20210615500005

131. 한국경제, '캐나다, 30년 만에 남성 동성애자 헌혈 제한 완전 철폐', 2022년 4월 29일자. https://www.hankyung.com/international/article/202204291739Y

132. 캐나다 혈액관리국(Canadian Blood Services) 홈페이지, Sexual behaviour-based screening https://www.blood.ca/en/blood/am-i-eligible-donate-blood/sexual-behaviour-based-screening (2022.8.29 접속)

133. Xtra, 'Health Canada replaces gay blood ban with five-year deferral', 2013년 5월 22일자. https://xtramagazine.com/power/health-canada-replaces-gay-blood-ban-with-five-year-deferral-49673

134. 캐나다 혈액관리국(Canadian Blood Services) 홈페이지, About Men Who Have Sex With Men https://blood.ca/en/blood/am-i-eligible/about-msm (2018.7.10. 접속)

135. 캐나다 혈액관리국(Canadian Blood Services) 홈페이지, Men Who Have Sex With Men - Frequently asked questions https://www.blood.ca/en/blood/am-i-eligible/men-who-have-sex-men#msm (2018.7.10.접속)

136. 서울신문, '중국, 동성애자 헌혈 금지 제도화', 2012년 7월 10일자. http://www.seoul.co.kr/news/newsView.php?id=20120710800071 (2018.7.10.접속)

137. 연합뉴스, '중국, 청소년 에이즈환자 급증하는 까닭…"동성애가 주요 경로', 2016년 11월 30일자. http://news.naver.com/main/read.nhn?mode=LSD&mid=sec&sid1=104&oid=001&aid=0008858257 (2018.7.10.접속)

138. 서울신문, '중국, 남성 동성애자 헌혈 금지 제도화', 2012년 7월 10일자. http://www.seoul.co.kr/news/newsView.php?id=20120710800071 (2018.7.10.접속)

139. 아주경제, '중국 "에이즈 감염 위험" 남성 동성애자 헌혈 금지', 2012년 7월 10일자. http://www.ajunews.com/view/20120710000420 (2018.7.10.접속)

140. 한겨레, '에이즈 수혈로 2명 또 에이즈 걸렸다', 2003년 5월 12일자. http://news.naver.com/main/read.nhn?mode=LSD&mid=sec&sid1=110&oid=028&aid=0000015778 (2018.7.10.접속)

141. 연합뉴스, '수혈 통한 에이즈 감염 8년만에 발생', 2003년 5월 13일자. http://news.naver.com/main/read.nhn?mode=LSD&mid=sec&sid1=102&oid=001&aid=0000372576 (2018.7.10.접속)

142. 친구사이, '수혈을 통해 에이즈 바이러스(HIV)에 감염된 사례가 또다시 발생했다.', 2003년 8월 29일자. https://chingusai.net/xe/news/150994 (2018.7.10.접속)

143. 특정수혈부작용 및 채혈부작용 보상규정 제3조 [시행 2012.6.28.] http://www.law.go.kr/admRulLsInfoP.do?admRulSeq=2000000019655 (2018.7.10.접속)

144. 한겨레, '여론 칼럼 왜냐면, 에이즈 수혈감염, 동성애자에게도 책임 있다.', 2003년 6월 2일자. http://legacy.www.hani.co.kr/section-001062000/2003/06/001062000200306022150106.html (2018.7.10.접속)

145. 보건복지부 혈액정책과, 보도자료, 〈검찰 혈액수사 관련 참고자료-수혈로 인한 환자 발

생 관련〉, p2, 2003년 7월 29일자.

146. 보건복지부 국립보건원 방역과, 보도자료, 〈수혈로 에이즈감염자 2명발생〉, p2, 2003년 5월 12일자.

147. 오마이뉴스, '남성 간 성 접촉 있을 시' 헌혈 금지?', 2010년 2월 26일자. http://www.ohmynews.com/NWS_Web/view/at_pg.aspx?CNTN_CD=A0001329578 (2018.7.10.접속)

148. 한겨레, '[에이즈] 수혈로 2명 또 에이즈 걸렸다', 2003년 5월 12일자. http://news.naver.com/main/read.nhn?mode=LSD&mid=sec&sid1=110&oid=028&aid=0000015778 (2018.7.10.접속)

149. 대한적십자사 혈액관리본부, 전자 문진표 https://www.bloodinfo.net/emi2/login.do (2018.7.10.접속)

150. 연합뉴스, '헌혈 300만명 넘지만 혈액 수입량↑…연간 670억', 2015년 9월 7일자. http://www.yonhapnews.co.kr/bulletin/2015/09/17/0200000000AKR20150917168800017.HTML?input=1195m (2018.7.10.접속)

151. 일요시사, '혈액 부실관리 실태, 에이즈 보균자도 '헉'', 2015년 9월 21일자. http://m.ilyosisa.co.kr/news/articleView.html?idxno=87253 (2018.7.10.접속)

152. KBS NEWS, '애써 헌혈 했는데… 한 해 4만 2천 명분 폐기', 2015년 7월 18일자. http://news.kbs.co.kr/news/view.do?ncd=3115073 (2018.7.10.접속)

153. 한겨레, '여론 칼럼 왜냐면, 에이즈 수혈감염, 동성애자에게도 책임 있다.', 2003년 6월 2일자. http://legacy.www.hani.co.kr/section-001062000/2003/06/001062000200306022150106.html (2018.7.10.접속)

154. 보건복지부 국립보건원 방역과, 보도자료, 수혈로 에이즈감염자 2명발생, p2, 2003년 5월 12일자.

155. 동아닷컴, 〈수혈로 에이즈 8년만에 또 2명 감염…동성애 20대 헌혈한 피로 수술〉, 2003년 5월 12일자. http://news.donga.com/3/all/20030512/7943278/1 (2018.9.5.접속)

156. 이요나, 'Coming Out Again: 진리 그리고 자유', 좋은땅, 주석란 3, 2017년 동성애관련 용어 "이반 : 일반 이성애자들에 반하는 말로 동성애자를 일컫는 우리나라 은어이다."

157. 남성 동성애자 전용 I사이트, 4050광장, 2015년 5월.

158. 남성 동성애자 전용 I사이트, 상담실, 2007년 10월.

159. 시사IN, '동성애 남성은 장기 기증 못한다', 2008년 2월 18일자. http://www.sisain.co.kr/?mod=news&act=articleView&idxno=1210 (2018.7.10.접속)

160. 캐코넷, '전국 장기이식 대기자 4천6백 명 넘어, 해마다 대기 중 사망자 250명 달해', 2017년 5월 6일자. http://www.cakonet.com/b/B04-1470 (2018.9.6.접속)

161. 시사IN, '동성애 남성은 장기 기증 못한다', 2008년 2월 18일자. http://www.sisain.co.kr/?mod=news&act=articleView&idxno=1210 (2018.7.10.접속)

162. 캐나다 혈액관리국 홈페이지, MSM – Basic https://blood.ca/en/media/resource/men-who-have-sex-with-men

163. 시사IN, '동성애 남성은 장기 기증 못한다', 2008년 2월 18일자. http://www.sisain.co.k r/?mod=news&act=articleView&idxno=1210 (2018.7.10.접속)

164. William L, Tyshenko M, Krewski D, 〈MSM Donor Deferral Risk Assessment: An Anal지ysis using Risk Management Principles, A Report for Canadian Blood Services〉, p36, 2007년 1월 31일자. https://blood.ca/sites/default/files/mclaughlin_report.pdf

165. 시사IN, '동성애 남성은 장기 기증 못한다', 2008년 2월 18일자. http://www.sisain.co.kr /?mod=news&act=articleView&idxno=1210 (2018.7.10.접속)

166. Leiss W, Tyshenko M, Krewski D, "MSM Donor Deferral Risk Assessment: An Analysis using Risk Management Principles, A Report for Canadian Blood Services", p35, 2007년 1월 31일자. https://blood.ca/sites/default/files/mclaughlin_report.pdf (2018.7.10.접속)

167. Kazal HL, Sohn N, Carrasco JI, Robilotti JG, Delaney WE, The Gay Bowel Sundrome: Clinico-Pathologic Correlation in 260 Cases, Annals of Clinical and Laboratory Science, Vol. 6 (2), 184-92, 1976 https://www.ncbi.nlm.nih.gov/pubmed/946385 –

168. Laumann EO, Gagnon JH, Michael RT, Michaels S, "The Social Organization of Sexuality: Sexual Practices in the United State" ,Chicago: University of Chicago Press, 1994년.

169. 길원평, '동성애 과연 타고나는 것일까?', 라온누리, p68, 2014년.

170. Hamer DH, Hu S, Magnuson VL, Hu N, Pattatucci AM. A linkage between DNA markers on the X chromosome and male sexual orientation. Science. 1993 Jul 16;261(5119):321-7 http://science.sciencemag.org/content/261/5119/321.long

171. 조선닷컴, '게이는 태어난다', 2008년 9월 19일자. http://biz.chosun.com/site/data/html_dir/2008/06/27/2008062700947.html –

172. Rice G, Anderson C, Risch N, Ebers G. Male homosexuality: absence of linkage to microsatellite markers at Xq28. Science. 1999 Apr 23;284(5414):665-7. http://science.sciencemag.org/content/284/5414/665/tab-pdf

173. Mustanski BS, Dupree MG, Nievergelt CM, Bocklandt S, Schork NJ, Hamer DH. A genomewide scan of male sexual orientation. Hum Genet. 2005 Mar;116(4):272-8. https://link.springer.com/article/10.1007%2Fs00439-004-1241-4

174. LeVay S. A difference in hypothalamic structure between heterosexual and homosexual men. Science. 1991 Aug 30;253(5023):1034-7

175. Byne W, Tobet S, Mattiace LA, Lasco MS, Kemether E, Edgar MA, Morgello S, Buchsbaum MS, Jones LB. The interstitial nuclei of the human anterior hypothalamus: an investigation of variation with sex, sexual orientation, and HIV status. Horm Behav. 2001 Sep;40(2):86-92 https://www.sciencedirect.com/science/article/pii/S0018506X01916800?via%3Dihub –

176. Bailey JM, Dunne MP, Martin NG. Genetic and environmental influences on sexual orientation and its correlates in an Australian twin sample. J Pers Soc Psychol. 2000 Mar;78(3):524-36 https://www.researchgate.net/profile/J_Bailey2/publication/12572213_Genetics_and_Environmental_Influences_on_Sexual_Orientation_and_Its_Correlates_in_an_Australian_Twin_Sample/links/0deec518bc0435c0cd000000.pdf

177. Mayer LS, and McHugh PR, Sexuality and Gender: Findings from the Biological, Psychological, and Social Sciences. The New Atlantis 2016 (50), 10-143 https://www.jstor.org/stable/43893424?seq=1#page_scan_tab_contents

178. Bailey JM, Vasey PL, Diamond LM, Breedlove SM, Vilain E, Epprecht M, Sexual Orientation, Controversy, and Science. Psychological Science in the Public Interest. 2016 Sep 1, 17(2):45-101 http://journals.sagepub.com/doi/abs/10.1177/1529100616637616?url_ver=Z39.88-2003&rfr_id=ori%3Arid%3Acrossref.org&rfr_dat=cr_pub%3Dpubmed& -

179. 영국 공중보건국(PHE), 〈The Resurgent Global HIV Epidemic among Men who have sex with Men〉, p30, 2013년. http://www.bhiva.org/documents/Conferences/Autumn2013/presentations/131114/KevinFenton.pdf

180. Kazal HL, Sohn N, Carrasco JI, Robilotti JG, Delaney WE. The Gay Bowel Sundrome: Clinico-Pathologic Correlation in 260 Cases. Annals Of Clinical And Laboratory Science1976 Mar-Apr;6(2):184-92 https://www.ncbi.nlm.nih.gov/pubmed/946385

181. 조선일보, '다 꺼리는 에이즈 환자… 병원 문 닫을 각오로 돌봐', 2013년 11월 30일자. http://news.chosun.com/site/data/html_dir/2013/11/29/2013112902025.html (2018.9.5.접속)

182. 월간조선 사회칼럼, '춤추는 동성애자들을 보며 나는 마음속으로 눈물을 많이 흘렸다', 2015년 8월 27일자. http://pub.chosun.com/client/news/viw.asp?cate=C03&mcate=M1003&nNewsNumb=20150818160&nidx=18161 (2018.9.5.접속)

183. Markland AD, Dunivan GC, Vaughan CP, Rogers RG. Anal Intercourse and Fecal Incontinence: Evidence from the 2009 - 2010 National Health and Nutrition Examination Survey. Am J Gastroenterol.2016 Feb;111(2):269-74 https://www.ncbi.nlm.nih.gov/pmc/articles/PMC5231615/

184. Ibid.

185. 이관철, 희망한국 특별기고, '항문성교에 의한 신체변화와 그 위험성', 2015년 10월 27일자. http://www.hopekorea.net/n_news/news/view.html?no=573 (2018.7.10.접속)

186. Kazal HL, Sohn N, Carrasco JI, Robilotti JG, Delaney WE, The Gay Bowel Sundrome: Clinico-Pathologic Correlation in 260 Cases, Annals of Clinical and Laboratory Science, Vol. 6 (2), 184-92, 1976 Mar- Apr

187. Heller M. The gay bowel syndrome: a common problem of homosexual patients in the emergency department ", Ann emerge med. 1980 Sep;9(9):487-93

188. 'Stool- to-mouth transmission' 이라고도 표현하나 위생약학서 등 전공서에서는 'fecal-

oral transmission' 이라는 표현을 사용한다.

189. Oklahoma State Department of Health Acute Disease Service, 〈Prevention of Diarrheal Illness〉 https://www.ok.gov/health2/documents/Diarrheal%20Illness_Fecal-Oral%20Transmission%20and%20Prevention.2014.pdf

190. Kazal HL, Sohn N, Carrasco JI, Robilotti JG, Delaney WE. The Gay Bowel Sundrome: Clinico-Pathologic Correlation in 260 Cases. Annals Clinical Laboratory Science. 1976 Mar-Apr;6(2):184-92

191. Weller IV. The gay bowel. Gut, 1985 Sep;26(9):869-75 https://www.ncbi.nlm.nih.gov/pubmed/?term=Weller%20IV%5BAuthor%5D&cauthor=true&cauthor_uid=3896960 혹은 http://gut.bmj.com/content/26/9/869.full.pdf

192. Heller M. The gay bowel syndrome: a common problem of homosexual patients in the emergency department, Ann emerge med. 1980 Sep;9(9):487-93

193. Khairul Anuar A. Gay men bowel syndrome: A report of parasitic infection in homosexual patients, Med J Malaysia. 1985 Dec;40(4):325-9 (334).

194. Scarce M, Harbinger of plague: a bad case of gay bowel syndrome, J Homosex. 1997;34(2):1-35.

195. Michael Scarce, 'Smearing the Queer:Medical Bias in the Health Care of Gay Men, Routledge', The Haworth Press, p13, 1999년

196. Jon Carbo, 'Gay Bowel Syndrome' struck from textbook', Doc-umentary blog, 2005년 2월 4일자. http://rscf.blogspot.kr/2005_02_01_archive.html (2018.7.10.접속)

197. INDYMEDIA, 'UK Medical Textbook Must Delete "Gay Bowel Syndrome"', 2004년 12월 19일자. https://www.indymedia.org.uk/en/2004/12/302963.html (2018.7.10.접속)

198. 한겨레, '나? 활동가 임태훈 동성애자인권연대 대표 "동성애는 성적 지향일 뿐 교과서 '편견' 고쳐달라"', 1999년 9월 1일자. http://newslibrary.naver.com/viewer/index.nhn?articleId=1999090100289119008&editNo=6&printCount=1&publishDate=1999-09-01&officeId=00028&pageNo=19&printNo=3596&publishType=00010 (2018.7.10.접속)

199. 국민일보, '교과서에 기재된 동성애와 에이즈 연관성 관련 서술 삭제돼', 2015년 8월 31일자. http://news.kmib.co.kr/article/view.asp?arcid=0009807632 (2018.7.10.접속)

200. 기독일보, '미국 동성애자, 성경 출판사 상대로 손해배상 청구', 2015년 7월 27일자. http://www.christiandaily.co.kr/news/%EB%8F%99%EC%84%B1%EC%95%A0-%EC%84%B1%EA%B2%BD-%EC%B0%A8%EB%B3%84%EA%B8%88%EC%A7%80%EB%B2%95-61986.html (2018.7.10.접속)

201. 미국 질병관리본부(CDC) 홈페이지, Information for sexually active people https://www.cdc.gov/shigella/audience-sexually-active.html

202. Ohnishi K, Kato Y, Imamura A, Fukayama M, Tsunoda T, Sakamoto M, Sagara H, Present

characteristics of symptomatic Entamoeba histolytica infection in the big cities of Japan. Epidemol Infect. 2004,132(1):57-60 https://www.ncbi.nlm.nih.gov/pubmed?Db=pubm ed&Cmd=ShowDetailView&TermToSearch=14979590&ordinalpos=4&itool=EntrezSyst em2.PEntrez.Pubmed.Pubmed_ResultsPanel.Pubmed_RVDocSum

203. POZ, 'Busting The Myth That Condoms Don't Protect Gay Men Against STIs', 2014년 9 월 4일자. https://www.poz.com/article/STI-risk-condoms-26103-7242 (2018.7.10.접 속)

204. Washington Blade online, 'Activist fights 'outdated' medical phrase: Effort to debunk 'gay bowel syndrome' may face new challenge', 2005년 4월 8일자. https://web.archive. org/web/20090507142225/http://www.aegis.org/news/wb/2005/WB050411.html (2018.7.10.접속)

205. Weller IV. The gay bowel. Gut, 1985 Sep;26(9):869-75 https://www.ncbi.nlm.nih.gov/ pubmed/?term=Weller%20IV%5BAuthor%5D&cauthor=true&cauthor_uid=3896960 혹 은 http://gut.bmj.com/content/26/9/869.full.pdf

206. Medscape, 'HIV/AIDS: March 15, 2004 ', 2004년 3월 15일자. https://www.medscape. com/viewarticle/470936_4

207. PinkNews, 'Christian 'ex-gay' porn actor returns to complain about 'gay bowel syndrome', 2015-4-18 http://www.pinknews.co.uk/2015/04/18/christian-ex-gay-porn-actor-returns-to-complain-about-gay-bowel-syndrome/ (2018.7.10.접속)

208. 국민일보, '나는 더 이상 게이가 아닙니다' 제작 브라이언 김 "동성애의 폐해, 알면서도 침묵하면 죄"', 2016년 1월 14일. http://news.kmib.co.kr/article/view.asp?arcid=0923393 946&code=23111111 (2018.7.10.접속)

209. Kazal HL, Sohn N, Carrasco JI, Robilotti JG, Delaney WE, The Gay Bowel Sundrome: Clinico-Pathologic Correlation in 260 Cases, Annals of Clinical and Laboratory Science, 1976,6(2), p190. "These patients could be a public health hazard if employed as food handlers."

210. 미국 질병관리본부(CDC) 홈페이지, Shigella – Shigellosis - Information for Sexually Active People https://www.cdc.gov/shigella/audience-sexually-active.html

211. Jemal A, Ward EM, Johnson CJ, Cronin KA, Ma J, Ryerson B, Mariotto A, Lake AJ, Wilson R, Sherman RL, Anderson RN, Henley SJ, Kohler BA, Penberthy L, Feuer EJ, Weir HK, Annual Report to the Nation on the Status of Cancer, 1975-2014, Featuring Survival. J Natl Cancer Inst. 2017(1);109(9). https://academic.oup.com/jnci/article-lookup/ doi/10.1093/jnci/djx030

212. 미국 암학회(American cancer society) 홈페이지, Cancer Facts https://www.cancer.org/ healthy/find-cancer-early/mens-health/cancer-facts-for-gay-and-bisexual-men.html

213. Boehmer U, Miao X, Ozonoff A. Cancer survivorship and sexual orientation. Cancer. 2011 Aug 15;117(16):3796-804

214. U.S. Department of Health and Human Services, Office on Women's Health, Q&A-Lesbian and Bisexual Health. https://www.womenshealth/gov/files/documents-fact-sheet-lesbian-bisexual-health.pdf

215. 미국 국립암연구소(National Cancer Institute) 홈페이지, Cancer Stat Fact :Anal Cancer https://seer.cancer.gov/statfacts/html/anus.html

216. Ibid.

217. "항문암", 서울대학교병원 의학정보 http://terms.naver.com/entry.nhn?docId=927252&cid=51007&categoryId=51007

218. 미국 국립암연구소(National Cancer Institute), Anal Cancer Prevention - Health Professional Version https://www.cancer.gov/types/anal/hp/anal-prevention-pdq/

219. Ibid.

220. Silverberg MJ, Lau B, Justice AC, Engels E, Gill MJ, Goedert JJ, Kirk GD, D'Souza G, Bosch RJ, Brooks JT, Napravnik S, Hessol NA, Jacobson LP, Kitahata MM, Klein MB, Moore RD, Rodriguez B, Rourke SB, Saag MS, Sterling TR, Gebo KA, Press N, Martin JN, Dubrow R. Risk of Anal Cancer in HIV-Infected and HIV-Uninfected Individuals in North America, Clin Infect Dis. 2012 Apr 1; 54(7): 1026-34 https://www.ncbi.nlm.nih.gov/pmc/articles/PMC3297645/

221. Quinn GP, Sanchez JA, Sutton SK, Vadaparampil ST, Nguyen GT, Green BL, Kanetsky PA, Schabath MB. Cancer and Lesbian, Gay, Bisexual, Transgender/Transsexual, and Queer/Questioning (LGBTQ) Populations), CA Cancer J Clin. 2015 Sep; 65(5): 384-400

222. 미국 질병관리본부(CDC) 홈페이지, Gay and Bisexual Men's Health-Sexually Transmitted Diseases http://www.cdc.gov/msmhealth/std.htm

223. Brondani MA. Cruz-Cabrera MA. Colombe C. Oral sex and oral cancer in the context of human papillomavirus infection: lay public understanding. Oncol Re. 2010, sep;4(3), 171-6

224. Tong WWY. Hillman RJ. Kelleher AD. Grulich AE. Carr A. Anal intraepithelial neoplasia and squamous cell carcinoma in HIV-infected adults, HIV Medicine 2014;15:65-76

225. 미국 질병관리본부, Human Papillomavirus (HPV)-HPV and Men - CDC Fact Sheet https://www.cdc.gov/std/hpv/stdfact-hpv-and-men.htm (2018.7.23.접속)

226. Homosexuals Anonymous, 'Why seek freedom from homosexuality?' https://www.homosexuals-anonymous.com/why-seek-freedom (2018.7.23.접속)

227. 미국 질병관리본부(CDC) 홈페이지, Vaccines and Preventable Diseases-Administering Vaccine https://www.cdc.gov/vaccines/vpd/hpv/hcp/administration.html (2018.7.11.접속)

228. 경향신문, '한국MSD "HPV백신 '가다실9' 장기 예방효과 입증됐다"', 2017년 10월 24일자. http://news.khan.co.kr/kh_news/khan_art_view.html?artid=201710241734002&co

de=900303 (2018.7.11.접속)

229. Brewer NT, Terence W.Ng, McRee A. Reiter PL. Men's beliefs about HPV-related disease. J Behav Med, , 2010, 33(4):274-81.

230. 헬스조선, '동성애, 항문상피내종양 위험', 2012년 3월 27일자. http://health.chosun.com/news/dailynews_view.jsp?mn_idx=43074 (2018.7.11.접속)

231. 일요시사, '콘돔도 뚫는 '콘딜로마'... "문란한 섹스 자제하라", 2010년 9월 20일자. http://www.ilyosisa.co.kr/news/articleView.html?idxno=9402 (2018.7.11.접속)

232. 미국 암학회 (American cancer society)홈페이지, Cancer Facts for Lesbians and Bisexual Women https://www.cancer.org/healthy/find-cancer-early/womens-health/cancer-facts-for-lesbians-and-bisexual-women.html

233. 영국 공중보건국(PHE) 〈Inequalities in sexual health: Update on HIV and STIs in MSM in London〉, 2016년 HIV/STI https://assets.publishing.service.gov.uk/government/uploads/system/uploads/attachment_data/file/503706/2016-02-22STIHIVinMSMinLondonFINALv1.0.pdf

234. Simms I, Gilbart VL, Byrne L, Jenkins C, Adak GK, Hughes G, Crook PD. Identification of verocytotoxin-producing Escherichia coli O117:H7 in men who have sex with men, England, November 2013 to August 2014. Euro Surveill. 2014:Oct 30;19(43). https://pdfs.semanticscholar.org/3433/75db3a347fcbd9d4941e33d26414ac3b79cb.pdf

235. van de Kar NC1, Roelofs HG, Muytjens HL, Tolboom JJ, Roth B, Proesmans W, Reitsma-Bierens WC, Wolff ED, Karmali MA, Chart H, Monnens LA, Verocytotoxin-producing Escherichia coli infection in hemolytic uremic syndrome in part of western Europe, Eur J Pediatr. 1996 Jul;155(7):592-5

236. Simms I, Gilbart VL, Byrne L, Jenkins C, Adak GK, Hughes G, Crook PD. Identification of verocytotoxin-producing Escherichia coli O117:H7 in men who have sex with men, England, November 2013 to August 2014. Euro Surveill. 2014:Oct 30;19(43). https://pdfs.semanticscholar.org/3433/75db3a347fcbd9d4941e33d26414ac3b79cb.pdf

237. 영국 공중보건국(PHE) 홈페이지, Shigella dysentery on the rise among gay and bisexual men https://www.gov.uk/government/news/shigella-dysentery-on-the-rise-among-gay-and-bisexual-men

238. Simms I, Gilbart VL, Byrne L, Jenkins C, Adak GK, Hughes G, Crook PD. Identification of verocytotoxin-producing Escherichia coli O117:H7 in men who have sex with men, England, November 2013 to August 2014. Euro Surveill. 2014:Oct30;19(43). https://pdfs.semanticscholar.org/3433/75db3a347fcbd9d4941e33d26414ac3b79cb.pdf

239. Ibid, p2

240. 백상현, '가짜 인권 가짜 혐오 가짜 소수자', 밝은 생각, p35~38, p206~211, p258~262, p234, 2017년

241. 이반시티, 회사소개 http://www.ivancity.com/sub/customer/company.php (2018.7.11.접속)

242. 구글 플레이스토에서 '딕쏘'를 검색하면 다운로드수는 10만명으로 나온다. 게이 소셜 네트워크라는 설명이 붙은 이 앱은 소개의 글에서 자신들이 국내 1위 게이 소셜 서비스라고 설명하고 있다. 제작 업체는 홈페이지에서 국내 시장 점유율, 트래픽, 방문자 1위의 게이 소셜 네트워크 서비스라고 설명하고 있다.

243. 구글에서 'Jack'd'를 검색하면 'Jack'd is the most diverse and authentic app for gay, bi and curiojs guys to connect, caht, share and meet.'라고 소개하고 있다. 다른 게이 어플리케이션과는 달리 구글 플레이스토어에서 스마트 폰으로 바로 다운로드 받을 수 없도록 제한되어져 있다.

244. 구글 플레이 스토어. "이반시티"-"대한민국 최대 LGBT 커뮤니티-이반시티 전용앱입니다, 게이 커뮤니티와 소셜데이팅을 시티앱 하나로 동시에 즐길 수 있습니다. 이제 PC와 모바일에서 언제 어디서나 편하게 이용하세요"라고 '이반 시티' 앱을 소개하고 있다. https://play.google.com/store/apps/details?id=com.ivancity.android&hl=ko (2018.7.11.접속)

245. 이반시티 앱, 우리동네, 2017년 5월.

246. Ibid.

247. Ibid.

248. Ibid.

249. Ibid.

250. Ibid.

251. 남성동성애자 전용 D앱

252. Ibid.

253. Ibid.

254. Ibid.

255. Ibid.

256. Ibid.

257. Ibid.

258. Ibid.

259. Ibid.

260. Ibid.

261. Ibid.

262. The Chemsex Study: drug use in sexual settings among gay and bisexual men in Lambeth", Southwark & Lewisham. London: Sigma Research, London School of Hygiene & Tropical Medicine; 2014 http://www.sigmaresearch.org.uk/files/report2014a.pdf

263. Terrence Higgins Trust, 'Shigella' https://www.tht.org.uk/hiv-and-sexual-health/sexual-health/stis/shigella

264. 영국 공중보건국(PHE), 〈Inequalities in sexual health: Update on HIV and STIs in MSM in London〉, 2016년. https://assets.publishing.service.gov.uk/government/uploads/system/uploads/attachment_data/file/503706/2016-02-22STIHIVinMSMinLondonFINALv1.0.pdf

265. Ibid, p5

266. Gilbart VL, Simms I, Gobin M, Oliver I, Hughes G. High risk drug practices in men who have sex with men. Lancet.2013;381(9875):1358-9. https://www.thelancet.com/journals/lancet/article/PIIS0140-6736(13)60882-X/fulltext

267. Simms I, Gilbart VL, Byrne L, Jenkins C, Adak GK, Hughes G, Crook PD. Identification of verocytotoxin-producing Escherichia coli O117:H7 in men who have sex with men, England, November 2013 to August 2014. Euro Surveill. 2014:Oct30;19(43). https://pdfs.semanticscholar.org/3433/75db3a347fcbd9d4941e33d26414ac3b79cb.pdf

268. 영국 공중보건국(PHE), 〈 Inequalities in sexual health:Update on HIV and STIs in men who have sex with men in London 〉, 2016년. https://www.gov.uk/government/uploads/system/uploads/attachment_data/file/503706/2016-02-22STIHIVinMSMinLondonFINALv1.0.pdf

269. Simms I, Gilbart VL, Byrne L, Jenkins C, Adak GK, Hughes G, Crook PD. Identification of verocytotoxin-producing Escherichia coli O117:H7 in men who have sex with men, England, November 2013 to August 2014. Euro Surveill. 2014:Oct 30;19(43). https://pdfs.semanticscholar.org/3433/75db3a347fcbd9d4941e33d26414ac3b79cb.pdf

270. 주간 건강과 질병,'2013-2014년 인천·경기·부산 세균성이질 집단발생의 성공적인 방역 성과 및 의의', 2014년 7권 34호. http://library.nih.go.kr/ncmiklib/search/inMbidSearch.do?wkid=21&kwd=&category=retrieveGetJviList&subCategory=all&detailSearch=false&srchFd=&sort=newest&date=&fileExt=&writer=&year=2014&mesh=&detailKey=http%3A%2F%2Flibrary.nih.go.kr%2Fresource%2F5569537&detailType=article&detailTitle=&kolisCollectionSet=1&isNull=&sYear= (2018.7.11.접속)

271. "세균성 이질- shigellosis", 서울대학교병원 의학정보http://terms.naver.com/entry.nhn?docId=927017&cid=51007&categoryId=51007#TABLE_OF_CONTENT2

272. 해리슨 내과학 18판, 대한내과학회, p1252쪽, 2011년.

273. Ibid.

274. 김희정·이상원, 질병관리본부 감염병센터 역학조사과, 〈2010-2011년 해외유입 세균성이질 역학적 특성 분석〉, 2011년. http://www.cdc.go.kr/CDC/cms/content/

mobile/71/12771_view.html

275. 미국 질병관리본부(CDC), Shigella Infections among Gay and Bisexual Men https://www.cdc.gov/shigella/pdf/msm-factsheet-508.pdf

276. "세균성 이질- shigellosis", 서울대학교병원 의학정보http://terms.naver.com/entry.nhn?docId=927017&cid=51007&categoryId=51007#TABLE_OF_CONTENT2

277. 미국 질병관리본부(CDC) 홈페이지, Shigella Infections among Gay and Bisexual Men https://www.cdc.gov/shigella/pdf/msm-factsheet-508.pdf

278. Dritz SK, Back AF. Shigella enteritis venereally transmitted. N Engl J Med 1974; 291(22): 1194

279. 미국 질병관리본부(CDC), 〈Centers for Disease Control and Prevention. Shigella sonnei outbreak among men who have sex with men - San Francisco, California, 2000-2001〉, 2001년 http://www.cdc/gov/mmwr//preview/mmwrhtml/mm5042a3.htm

280. Robert Koch Institut, Häufung von Shigellose bei Männern in Berlin im Jahre 2001. Epidemiologisches Bulletin 2002(29):243-7

281. Strauss B, Kurzac C, Embree G, Sevigny R, Paccagnella A, Fyfe M. Clusters of Shigella sonnei in men who have sex with men, British Columbia, 2001. Can Commun Dis Rep, 2001; 27(13):109-10

282. O'Sullivan B, Delpech V, Pontivivo G, Karagiannis T, Marriott D, Harkness J, McAnulty JM. Shigellosis linked to sex venues, Australia. Emerg Infect Dis, 2002; 8(8):862-4.

283. Eurosurveilance ,〈Cluster of shigellosis in men in Berlin in 2001〉, 2002, 6(33) http://www.eurosurveillance.org/ViewArticle.aspx?ArticleId=1862

284. 미국 질병관리본부(CDC),〈Elevated Risk for Antimicrobial Drug-Resistant Shigella Infection among Men Who Have Sex with Men, United States, 2011 - 2015〉, 2016, 22(9) https://wwwnc.cdc.gov/eid/article/22/9/16-0624_article

285. 미국 질병관리본부(CDC), 〈Shigella Infections among Gay and Bisexual Men〉 https://www.cdc.gov/shigella/pdf/msm-factsheet-508.pdf

286. 미국 질병관리본부(CDC) 홈페이지, Shigella-Shigellosis- Shigella Infections among Gay & Bisexual Men- why should MSM be concerned about Shigella? https://www.cdc.gov/shigella/msm.html

287. Time, 'The 10 Cities With the Highest LGBT Percentage in the U.S.', 2015년 3월 20일자. http://time.com/3752220/lgbt-san-francisco/ (2018.7.11.접속)

288. 미국 질병관리본부(CDC), 〈Shigella sonnei Outbreak Among Men Who Have Sex with Men : San Francisco, California, 2000-2001〉, 2001년, http://www.cdc.gov/mmwr//preview/mmwrhtml/mm5042a3.htm

289. 미국 질병관리본부(CDC), 〈Shigellosis Outbreak Among Men Who Have Sex with Men

and Homeless Persons - Oregon, 2015-2016〉, 2016년. https://www.cdc.gov/mmwr/volumes/65/wr/mm6531a5.htm

290. CAHAN San Diego Alerts, 'Shigellosis among Men in Southern California', 2017년. https://www.sdcms.org/Portals/18/Assets/pdf/germ/20170510_CAHAN.pdf?ver=2017-05-12-115601-390 (2018.7.11. 접속)

291. 연합뉴스, '샌프란시스코, 더이상 '게이 친화적' 아니다', 연합뉴스, 2013년 7월 2일자. http://www.yonhapnews.co.kr/bulletin/2013/07/02/0200000000A KR20130702168400009.HTML?from=search (2018.7.11.접속)

292. Eurosurveillance, 〈Cluster of shigellosis in men in Berlin in 2001〉, 2002, 6(33) http://www.eurosurveillance.org/ViewArticle.aspx?ArticleId=1862 (2018.7.11.접속)

293. 영국 공중보건부(PHE) 홈페이지, 'Shigella dysentery on the rise among gay and bisexual men', 2014 https://www.gov.uk/government/news/shigella-dysentery-on-the-rise-among-gay-and-bisexual-men

294. Ibid.

295. Borg ML, Modi A, Tostmann A, Gobin M, Cartwright J, Quigley C, Crook P, Boxall N, Paul J, Cheasty T, Gill N, Hughes G, Simms I, Oliver I. 'Ongoing outbreak of Shigella flexneri serotype 3a in men who have sex with men in England and Wales, data from 2009 - 2011', Euro Surveill. 2012 Mar 29;17(13) https://www.eurosurveillance.org/content/10.2807/ese.17.13.20137-en

296. 미국 질병관리본부(CDC), 〈Importation and Domestic Transmission of Shigella sonnei Resistant to Ciprofloxacin - United States, May 2014 - February 2015〉, 2015년, https://www.cdc.gov/mmwr/preview/mmwrhtml/mm6412a2.htm

297. Ibid.

298. Daskalakis DC, Blaser MJ. Another Perfect Storm: Shigella Men Who Have Sex with Men, and HIV. Clinical Infectious Diseases. 2007 Feb 1;44(3):335-7. http://cid.oxfordjournals.org/content/44/3/335.full#xref-ref-13-1 (2018.7.11.접속)

299. Lane CR, Sutton B, Valcanis M, Kirk M, Walker C, Lalor K, Stephens N. "Travel destinations and sexual behavior as indicators of antibiotic resistant Shigella strains - Victoria, Australia". Clinical Infectious Diseases. 2016 Mar 15;62(6):722-9

300. Daskalakis DC, Blaser MJ. Another Perfect Storm: Shigella Men Who Have Sex with Men, and HIV. Clinical Infectious Diseases. 2007 Feb 1;44(3):335-7. http://cid.oxfordjournals.org/content/44/3/335.full#xref-ref-13-1 (2018.7.11.접속)

301. 미국 질병관리본부(CDC), 〈Shigella sonnei Outbreak Among MSM : San Francisco, California, 2000-2001〉, 2001년, http://www.cdc.gov/mmwr/preview/mmwrhtml/mm5042a3.htm

302. 미국 질병관리본부(CDC), 〈Shigella Infections among Gay and Bisexual Men〉

https://www.cdc.gov/shigella/pdf/msm-factsheet-508.pdf

303. 미국 질병관리본부가 제공하는 남성 동성애자들을 위한 이질 예방 전단지 파일

304. "간염-Hepatitis", 서울대학교병원 의학정보http://terms.naver.com/entry.nhn?docId=927326&cid=51007&categoryId=51007 (2018.7.11.접속)

305. 질병관리본부, 질병정보 : B형 간염(Hepatitis B, HBV) http://cdc.go.kr/CDC/health/CdcKrHealth0101.jsp?menuIds=HOME001-MNU1132-MNU1147-MNU0746-MNU2420&fid=7953&cid=77614

306. 미국 질병관리본부(CDC), 〈Viral hepatitis-Information for Gay and Bisexual Men〉, 2013년. https://www.cdc.gov/hepatitis/Populations/PDFs/HepGay-FactSheet.pdf

307. "전격성 간염- fulminant hepatic failure", 서울대학교병원 의학정보https://terms.naver.com/alikeMeaning.nhn?query=88201320 (2018.7.11.접속)

308. "A형 간염- hepatitis A", 서울대학교병원 의학정보http://terms.naver.com/entry.nhn?docId=926901&cid=51007&categoryId=51007 (2018.7.11.접속)

309. Advocate, 'Boston Hospital Cuts Ties With Antigay Doctor, 2016년 1월 7일자. http://www.advocate.com/health/2016/1/07/boston-hospital-cuts-ties-antigay-doctor (2018.7.11.접속

310. 미국 질병관리본부(CDC) 홈페이지, Hepatitis - Q & A. http://www.cdc.gov/hepatitis/hav/afaq.htm

311. PinkNews, 'Health warning for gay men over Hepatitis A outbreak at World Pride', 2017년 6월19일자. https://www.pinknews.co.uk/2017/06/19/health-warning-for-gay-men-over-hepatitis-a-outbreak-at-world-pride/ (2018.7.11.접속)

312. Immunize Action Coalition, 〈Protect Yourself Against Hepatitis A and Hepatitis B: a guide for gay and bisexual men〉 http://www.immunize.org/catg.d/p4115.pdf

313. 영국 공중보건국(PHE), Hepatitis A among gay and bisexual men https://www.gov.uk/government/news/hepatitis-a-among-gay-and-bisexual-men

314. Immunize Action Coalition, 〈Protect Yourself Against Hepatitis A and Hepatitis B: a guide for gay and bisexual men〉 http://www.immunize.org/catg.d/p4115.pdf

315. 미국 질병관리본부(CDC), 〈Viral hepatitis- Information for Gay and Bisexual Men〉, 2013년 https://www.cdc.gov/hepatitis/Populations/PDFs/HepGay-FactSheet.pdf

316. 미국 질병관리본부(CDC), 〈Sexual Orientation and Health Among U.S. Adults: National Health Interview Survey, 2013〉, 2014년. http://www.cdc.gov/nchs/data/nhsr/nhsr077.pdf

317. 데일리굿뉴스, 'WHO "게이 퍼레이드, A형 간염 확산시킬 수 있다', 2017년 6월 12일자. http://www.goodnews1.com/news/news_view.asp?seq=74621 (2018.7.11.접속)

318. 영국 공중보건국(PHE), 〈Hepatitis A outbreak in England under investigation'〉, 2017년.

https://www.gov.uk/government/uploads/system/uploads/attachment_data/file/613909/
hpr1717_hepA.pdf

319. 해외성소수자소식블로그 미트르, '유럽;게이,양성애자 남성들 사이에서 간염 유행',
2017년 6월 6일자. http://mitr.tistory.com/3341 (2018.7.11.접속)

320. 세계보건기구(WHO)홈페이지, 'Hepatitis A outbreaks mostly affecting men who have sex
with men European Region and the Americas', 2017월 6월 7일자. http://www.who.int/
csr/don/07-june-2017-hepatitis-a/en/ "Madrid LGBT World Pride festival The Madrid
LGBT World Pride festival will be held between 23 June and 2 July 2017 in Spain. Up
to two million international guests are expected to attend the event. Although the risk for
transmission of hepatitis A by food- and water-related routes in Spain is assessed to be low
to moderate, the risk of person-to-person sexual transmission of hepatitis A is moderate
to highIn Spain, hepatitis A cases reported in 2017 are almost eight times higher than the
average number of cases reported during the same period between the years 2012 and 2016.
Most cases are men with ages between 15 to 45 years old, and MSM are the most affected
groupSpecific recommendations for people attending the LGBT World Pride festival are
below."

321. 영국 공중보건국(PHE) 홈페이지, Hepatitis A among gay and bisexual men https://www.
gov.uk/government/news/hepatitis-a-among-gay-and-bisexual-men

322. Ibid.

323. GUM - Genitourinary Medicine

324. 영국 공중보건국(PHE), 〈Clusters of acute hepatitis A among men who have sex with men
(MSM)〉, https://www.bashh.org/media/2733/bashh_phe-letter-10.pdf

325. 세계보건기구(WHO), 〈Guidelines on hepatitis B and C testing〉, 2017년. https://
www.finddx.org/wp-content/uploads/2017/02/WHO-guidelines-HBV-HCV-testing-
Feb2017.pdf

326. "B형 간염-hepatitis B", 서울대학교병원 의학정보https://terms.naver.com/entry.nhn?doc
Id=926902&cid=51007&categoryId=51007

327. HIV.gov, 'Viral Hepatitis: A Health Concern for Gay and Bisexual Men Deserving Attention
During LGBT Pride Month', U.S. Department of Health and Human Services, 2012년 6월
21일자. https://blog.aids.gov/2012/06/viral-hepatitis-a-health-concern-for-gay-and-
bisexual-men-deserving-attention-during-lgbt-pride-month.html (2018.7.11.접속)

328. 미국 질병관리본부(CDC), 〈Sexual Orientation and Health Among U.S Adults : National
Health Interview Survey, 2013〉, 2014년. http://www.cdc.gov/nchs/data/nhsr/nhsr077.
pdf

329. 세계보건기구(WHO), 〈Guidelines on hepatitis B and C testing〉, 2017년. "The burden
of chronic HBV and HCV remains disproportionately high in low- and middle-income
countries (LMICs), particularly in Asia and Africa. Additionally, even in low-prevalence

areas, certain populations have high levels of HCV and HBV infection, such as persons who inject drugs (PWID), men who have sex with men (MSM), people with HIV, as well as those belonging to certain indigenous communities." https://www.finddx.org/wp-content/uploads/2017/02/WHO-guidelines-HBV-HCV-testing-Feb2017.pdf

330. 면역행동연합(Immunize Action Coalition), 'Protect Yourself Against Hepatitis A and Hepatitis B: a guide for gay and bisexual men' http://www.immunize.org/catg.d/p4115.pdf

331. 미국 질병관리본부(CDC), 〈Viral hepatitis- Information for Gay and Bisexual Men〉, 2013년. https://www.cdc.gov/hepatitis/Populations/PDFs/HepGay-FactSheet.pdf

332. 캐나다 공중보건국(PHAC) 홈페이지, Brief Report: Hepatitis B Infection in Canada http://www.phac-aspc.gc.ca/id-mi/pdf/hepB-eng.pdf

333. 영국 공중보건국(PHE), 〈 Acute hepatitis B (England): annual report for 2017〉, 2018년. https://assets.publishing.service.gov.uk/government/uploads/system/uploads/attachment_data/file/736145/hpr3118_hepB.pdf

334. 영국 공중보건국(PHE) 블로그, 'Action to tackle acute hepatitis B among men who have sex with men', 2016년 8월 24일자. https://publichealthmatters.blog.gov.uk/2016/08/24/action-to-tackle-acute-hepatitis-b-among-men-who-have-sex-with-men/

335. Ibid.

336. 영국 공중보건국(PHE), 〈HIV and STIs in men who have sex with men in London〉, 2014년. https://assets.publishing.service.gov.uk/government/uploads/system/uploads/attachment_data/file/357451/2014_09_17_STIs_HIV_in_MSM_in_London_v1_0.pdf

337. Soriano V, Mocroft A, Peters L, Rockstroh J, Antunes F, Kirkby N, et al. Predictors of hepatitis B virus genotype and viraemia in HIV-infected patients with chronic hepatitis B in Europe. The Journal of antimicrobial chemotherapy. 2010;65(3):548-55. https://academic.oup.com/jac/article/65/3/548/747398

338. Jansen K, Thamm M, Bock CT, Scheufele R, Kücherer C, Muenstermann D, Hagedorn HJ, Jessen H, Dupke S, Hamouda O, Gunsenheimer-Bartmeyer B, Meixenberger K; HIV Seroconverter Study Group. High Prevalence and High Incidence of Coinfection with Hepatitis B, Hepatitis C, and Syphilis and Low Rate of Effective Vaccination against Hepatitis B in HIV-Positive Men Who Have Sex with Men with Known Date of HIV Seroconversion in Germany. PLOS One. 2015 Nov 10;10(11) http://journals.plos.org/plosone/article?id=10.1371/journal.pone.0142515

339. 미국 질병관리본부(CDC), 〈Sexual Transmission of Hepatitis C Virus Among HIV-Infected Men Who Have Sex with Men -New York City, 2005-2010〉, 2011년. https://www.cdc.gov/mmwr/preview/mmwrhtml/mm6028a2.htm

340. "C형 간염-hepatitis C", 서울대학교병원 의학정보 http://terms.naver.com/entry.nhn?docId=926903&cid=51007&categoryId=51007 (2018.7.11.접속)

553
후주

341. Huffingtonpost, 'Gay Men Should Be Tested for Hepatitis C', 2013년 10월 30일자. https://www.huffingtonpost.com/lawrence-d-mass-md/gay-men-should-be-tested-for-hepatitis-c_b_4173735.html (2018.7.11.접속)

342. 미국예방의학, 〈Screening for Hepatitis C Virus Infection in Adults: A Systematic Review for the U.S. Preventive Services Task Force〉, 2013;158:101-108. https://www.uspreventiveservicestaskforce.org/Home/GetFile/1/661/Hep%20C%20Evi%20Scr/pdf

343. 헤럴드경제, '서울현대의원 C형간염 감염자 263명 확인', 2016년 10월 28일자. http://news.heraldcorp.com/view.php?ud=20161028000227 (2018.7.23.접속)

344. "C형 간염-hepatitis C", 서울대학교병원 의학정보 http://terms.naver.com/entry.nhn?docId=926903&cid=51007&categoryId=51007

345. POZ, 'Hepatitis C Transmits Sexually in HIV-Positive Gay Men', 2014년 6월 1일자. https://www.poz.com/article/sexual-transmission-HCV-25673-4621 (2018.7.11.접속)

346. Ibid.

347. U.S. Department of Health & Human Services, Hepatitis Testing Day(May 19) https://www.hhs.gov/hepatitis/get-involved/awareness-months-and-days/hepatitis-testing-day-may-19.html

348. 미국 질병관리본부(CDC), 〈Gay and Bisexul Men's Health- viral hepatitis〉 https://www.cdc.gov/hepatitis/Populations/PDFs/HepGay-FactSheet.pdf

349. Huffingtonpost, 'Gay Men Should Be Tested for Hepatitis C', 2013년 10월 30일자. https://www.huffingtonpost.com/lawrence-d-mass-md/gay-men-should-be-tested-for-hepatitis-c_b_4173735.html (2018.7.11.접속)

350. "C형 간염-hepatitis C", 서울대학교병원 의학정보http://terms.naver.com/entry.nhn?docId=926903&cid=51007&categoryId=51007 (2018.7.11.접속)

351. GAYSTARLOVES, 'Sexual health advocates join forces with dating apps to encourage gay men to test for HIV', 2016년 11월 24일자. http://www.gaystarnews.com/article/sexual-planetromeo-apps-gay-test-hiv/#gs.v9QHF58 (2018.7.23.접속)

352. Advocate, 'Boston Hospital Cuts Ties With Antigay Doctor', 2016년 1월 7일자. http://www.advocate.com/health/2016/1/07/boston-hospital-cuts-ties-antigay-doctor (2018.7.11.접속)

353. Catholicism, 'Homofascism', 2014년 4월 10일자. http://catholicism.org/homofascism.html (2018.7.11.접속)

354. Advocate, 'Boston Hospital Cuts Ties With Antigay Doctor' 2016년 1월 7일자. http://www.advocate.com/health/2016/1/07/boston-hospital-cuts-ties-antigay-doctor (2018.7.11.접속)

355. U.S. Department of Health and Human Services, Office on Women's Health, Q&A-Lesbian and Bisexual Health. https://www.womenshealth.gov/files/documents/fact-sheet-

lesbian-bisexual-health.pdf

356. 미국 질병관리본부(CDC), Smoking & Tobacco Use-Lesbian, Gay, Bisexual, and Transgender Persons and Tobacco Use https://www.cdc.gov/tobacco/disparities/lgbt/index.htm

357. Whitehead NE. Hutt L. "Homosexuality and Co-Morbidities: Research and Therapeutic Implication. Journal of Human Sexuality", Salt Lake City, Vol. 2, 2010, 125-76. http://www.mygenes.co.nz/whiteheadcomorbid10_2.pdf

358. 미국 질병관리본부(CDC),Smoking & Tobacco Use-Lesbian, Gay, Bisexual, and Transgender Persons and Tobacco Use https://www.cdc.gov/tobacco/disparities/lgbt/index.htm

359. U.S. Department of Health and Human Services, Office on Women's Health, Q & A-Lesbian and Bisexual Health. https://www.womenshealth.gov/files/documents/fact-sheet-lesbian-bisexual-health.pdf

360. Ibid.

361. OneNewsNow, 'CDC report: Homosexual lifestyle extremely violent', 2015년 12월 13일자. http://www.onenewsnow.com/culture/2015/12/13/cdc-report-homosexual-lifestyle-extremely-violent?utm_source=OneNewsNow&utm_medium=email&utm_term=16782612&utm_content=96959887293784848&utm_campaign=22940 (2018.7.11.접속)

362. Whitehead NE. Hutt L. "Homosexuality and Co-Morbidities: Research and Therapeutic Implication. Journal of Human Sexuality", Salt Lake City, Vol. 2, 2010, 125-76 http://www.mygenes.co.nz/whiteheadcomorbid10_2.pdf

363. Ibid.

364. OneNewsNow, 'CDC report: Homosexual lifestyle extremely violent', 2015년 12월 13일자. http://www.onenewsnow.com/culture/2015/12/13/cdc-report-homosexual-lifestyle-extremely-violent?utm_source=OneNewsNow&utm_medium=email&utm_term=16782612&utm_content=96959887293784848&utm_campaign=22940 (2018.7.11.접속)

365. U.S. department of health and human services, HIV/AIDS and Women who have Sex with Women (WSW) in the United States 1997년 4월 1일자. https://aidsinfo.nih.gov/news/360/hiv-aids-and-women-who-have-sex-with-women--wsw--in-the-united-states

366. 한겨레, '벌써 14개국..'동성결혼 합법화 ' 문명사적 흐름 탔나', 2013년 4월 24일자. http://www.hani.co.kr/arti/international/international_general/584441.html (2018.7.11.접속)

367. 조선일보, '만델라남아공 전대통령 둘째 아들 에이즈로 사망', 2005년 1월 7일자. http://m.chosun.com/svc/article.html?sname=news&contid=2005010770003#Redyho

(2018.7.11.접속)

368. FaceAfrica,'South Africa Denies U.S. Anti-Gay Preacher Entry Visa', 2016년 9월14일자. https://face2faceafrica.com/article/south-africa-steven-anderson (2018.7.11.접속)

369. The Herald (South Africa), 'Lesbians in South Africa are at risk, say researchers', 2015년 6월11일자. http://www.pressreader.com/south-africa/the-herald-south-africa/20150611/281689728434437/TextView (2018.7.23.접속)

370. 쿠키뉴스, '남아공, 레즈비언 상대 무차별 성폭행', 2009년 3월14일자. http://www.kukinews.com/news/article.html?no=70590 (2018.7.11.접속)

371. The Heral(South Africa), 'Lesbians in South Africa are at risk, say researchers', 2015년 6월 11일자. http://www.pressreader.com/south/africa-the-herald-south-africa/20150611/281689728434437/TextView/ (2018.7.23.접속)

372. MonateWaKasi We're Living, 'Lesbians at HIV ris', 2015년 6월11일자. https://1monatewakasi.wordpress.com/2015/06/11/lesbians-at-hiv-risk/ (2019.2.22. 접속)

373. Whitehead NE. Hutt L., "Homosexuality and Co-Morbidities: Research and Therapeutic Implication. Journal of Human Sexuality", Salt Lake City, Vol. 2, 2010, 125-76 http://www.mygenes.co.nz/whiteheadcomorbid10_2.pdf

374. Avert, HIV & women who have sex with women fact sheet, https://www.avert.org/learn-share/hiv-fact-sheets/women-who-have-sex-with-women(2018.7.10.접속)

375. 미국 질병관리본부(CDC), ⟨Likely Female-to-Female Sexual Transmission of HIV — Texas, 2012⟩, 2014년 https://www.cdc.gov/mmwr/preview/mmwrhtml/mm6310a1.htm

376. 미국 질병관리본부(CDC), HIV/AIDS-HIV Among Women https://www.cdc.gov/hiv/group/gender/women/index.html

377. 질병관리본부, ⟨2015 HIV/AIDS 신고 현황[안]⟩, p6, 2016년. http://www.cdc.go.kr/CDC/cms/content/mobile/33/70433_view.html

378. 한겨레, '여성 동성애 에이즈감염 첫 확인', 2004년 1월 7일자. http://legacy.www.hani.co.kr/section-005000000/2004/01/005000000200401071916399.html (2018.9.5.접속)

379. Ibid.

380. The Herald(South Africa), 'Lesbians in South Africa are at risk, say researchers', 2015년 6월 11일자. http://www.pressreader.com/south-africa/the-herald-south-africa/20150611/281689728434437/TextView (2018.7.23.접속)

381. 조선일보, '윤일병 사건' 비웃던 북한군...성추행 성상납에 동성애까지 만연', 2014년 8월 10일자. http://news.tvchosun.com/mobile/svc/content.html?type=replay&catid=&contid=2014081090196 (2018.7.11.접속)

382. 군형법 제92조의6 (추행) [시행 2014. 1. 14.] http://www.law.go.kr/LSW/lsInfoP. do?lsiSeq=149926#J92:6

383. 조선일보, '육군 '동성과 성관계한 장교 체포...참모총장 지시 수사 아냐', 2017년 4월 13일자. http://news.chosun.com/site/data/html_dir/2017/04/13/2017041302467.html (2018.7.11.접속)

384. 지영준, '군동성애 실상과 군형법 제92조의6 강화 필요성', 바른군인권연구소 홈페이지, 2017년 5월 4일자. http://www.justright.kr/_yesweb/_system/bbs/view.php?bid=tb_bbs33&pageid=108&no=21 (2018.7.11.접속)

385. 국민일보, '동성애 'A대위' 성병 감염된 군의관이었다', 2017년 6월13일자. http://news. kmib.co.kr/article/view.asp?arcid=0011538526&code=61221111&sid1=chr (2018.7.11. 접속)

386. 영국 공중보건국(PHE), New data reveals 420,000 cases of STIs diagnosed in 2017 https://www.gov.uk/government/news/new-data-reveals-420000-cases-of-stis-diagnosed-in-2017

387. 캐나다 공중보건국(PHAC), Syphilis among gay, bisexual, two-spirit and other men who have sex with men: A resource for population-specific prevention https://www.canada. ca/en/public-health/services/infectious-diseases/sexual-health-sexually-transmitted-infections/syphilis-resource-population-specific-prevention.html

388. 미국 질병관리본부(CDC), 2015 Sexually Transmitted Diseases Treatment Guidelines-Clinical Prevention Guidance https://www.cdc.gov/std/tg2015/clinical.htm

389. "성병 (여성)", 국가건강정보포털 의학정보 http://terms.naver.com/entry.nhn?docId=21 19919&cid=51004&categoryId=51004 (2018.7.11.접속)

390. "성병 (여성)", 질병관리본부, 건강정보 http://health.cdc.go.kr/health/mobileweb/ content/group_view.jsp;jsessionid=2Ct0hvTqP4J9PVWALFygjuQA9gkdm3e0hAYxwzojeI3 H1t9cgjqz916ddY59j1y4.KCDCWAS01_servlet_PUB2?currentPage=1&dp2code=101115 000000&dp3code=&dp4code=&CID=BD212D99D5 (2018.7.11.접속)

391. NEWS MEDICAL LIFE SCIENCE, 'Gonorrhea may soon become untreatable according to WHO', 2010월 4월 30일자. https://www.news-medical.net/news/20100430/ Gonorrhea-may-soon-become-untreatable-according-to-WHO.aspx

392. WESTNET - HD Action NEWS, 'HUFFPOST - Why Gay Men Make Great Hosts', 2014 년 12월 12일자. https://action.news/newstempch.php?article=matthew-terrell/why- gay-men make-great-ho_b_6305212.html (2019.2.22 접속)

393. 미국 질병관리본부(CDC), Gay and Bisexual Men's Health-Sexually Transmitted Diseases http://www.cdc.gov/msmhealth/std.htm

394. WESTNET - HD Action NEWS, 'HUFFPOST - Why Gay Men Make Great Hosts', 2014 년 12월 12일자. http://action.news/newstempch.php?article=matthew-terrell/why- gay-men- make-great-ho_b_6305212.html (2019.2.22 접속)

395. 영국 공중보건국(PHE), 〈 Sexually transmitted infections1 and chlamydia screening in England, 2015〉, 2016년. https://assets.publishing.service.gov.uk/government/uploads/system/uploads/attachment_data/file/534601/hpr2216_stis.pdf

396. 영국공중보건국, 〈Syphilis epidemiology in London Sustained high numbers of cases in MSM〉, 2016년. https://www.gov.uk/government/uploads/system/uploads/attachment_data/file/547072/london_syphilis_report.pdf

397. 미국 질병관리본부(CDC), 〈Sexually Transmitted Disease Surveillance : STDs 2015〉, 2016년. https://stacks.cdc.gov/view/cdc/41806

398. 미국 질병관리본부(CDC), Gay and Bisexual Men's Health-Sexually Transmitted Diseases http://www.cdc.gov/msmhealth/std.htm

399. 영국 공중보건국(PHE) 홈페이지, Nearly half a million new sexual infections in 2012 https://www.gov.uk/government/news/nearly-half-a-million-new-sexual-infections-in-2012

400. 남성 동성애자 전용 I사이트, 퀴어 뉴스, 2013년.

401. 남성 동성애자 전용 I앱, 상담실, 2017년 2월.

402. POZ, 'Busting The Myth That Condoms Don't Protect Gay Men Against STIs', 2014년 9월 4일자. https://www.poz.com/article/STI-risk-condoms-26103-7242 (2018.7.23. 접속) "There is only one remaining treatment option that is recommended by CDC, and it is only a matter of time before gonorrhea gains resistance to this treatment. "Some experts have warned of the potential for untreatable gonorrhea."

403. 미국 질병관리본부(CDC), 〈Sexually Transmitted Disease Surveillance : STDs 2015〉, p39, 2016년. https://www.cdc.gov/std/stats15/std-surveillance-2015-print.pdf "In 2015, 39.6% of isolates collected from GISP sites were resistant to penicillin, tetracycline, ciprofloxacin, or some combination of those antimicrobials"

404. POZ, 'Busting The Myth That Condoms Don't Protect Gay Men Against STIs', 2014년 9월 4일자. https://www.poz.com/article/STI-risk-condoms-26103-7242 (2018.7.23.접속)

405. POZ, 'Gonorrhea Is Rising Among Gay and Bisexual Men', 2015년 9월 14일자. https://www.poz.com/article/gonorrhea-rising-rates-27773-5698 (2018.7.23.접속)

406. 미국 질병관리본부(CDC) 홈페이지, National HIV Behavioral Surveillance (NHBS) https://www.cdc.gov/hiv/statistics/systems/nhbs/

407. Paz-Bailey G, Mendoza MC, Finlayson T, Wejnert C, Le B, Rose C, Raymond HF, Prejean J; NHBS Study Group. Trends in condom use among MSM in the United States: the role of antiretroviral therapy and seroadaptive strategies. AIDS. 2016 Jul 31;30(12):1985-90. https://www.ncbi.nlm.nih.gov/pmc/articles/PMC5838316/

408. Outward, 'Is Unprotected Anal Sex Ever OK?', 2013년 12월 2일자. http://www.slate.

com/blogs/outward/2013/12/02/bareback_sex_on_the_rise_can_unprotected_sex_ever_be_safe_or_are_condoms.html (2018.7.23.접속)

409. "매독-Syphilis", 서울대학교병원 의학정보 http://terms.naver.com/entry.nhn?docId=926591&cid=51007&categoryId=51007 (2018.7.11.접속)

410. 수직감염 - '모자감염'이라고도 하며, 모체로부터 아기에게 직접 이행하는 감염을 일컫는다.

411. MailOnline, 'Penicillin, NOT the Pill, was the reason for the swinging '60s because it wiped out syphilis, claims new sex research', 2013년 1월 30일자. http://www.dailymail.co.uk/health/article-2270720/Penicillin-NOT-pill-reason-swinging-60s--wiped-syphilis.htm (2018.7.11.접속) "Syphilis reached its peak in the United States in 1939, when it killed 20,000 people".

412. 미국 질병관리본부(CDC), 〈Sexually Transmitted Disease Surveillance : STDs 2015〉, p86, 2016년, https://www.cdc.gov/std/stats15/std-surveillance-2015-print.pdf

413. Reuters, 'Syphilis cases increase among U.S. gay and bisexual men: CDC', 2014년 5월 9일자. http://www.reuters.com/article/us-usa-health-syphilis/syphilis-cases-increase-among-u-s-gay-and-bisexual-men-cdc-idUSKBN0DO1JD20140508 (2018.7.11.접속)

414. 미국 질병관리본부(CDC) 홈페이지, Gay and Bisexual Men's Health - Sexually Transmitted Diseases https://www.cdc.gov/msmhealth/STD.htm

415. 미국 질병관리본부(CDC), 〈Sexually Transmitted Disease Surveillance : STDs 2015〉, p2, 2016년, https://www.cdc.gov/std/stats15/std-surveillance-2015-print.pdf

416. Liz Highleyman, 'STD 2016: Syphilis Rates Are Rising Among Gay Men, CDC Data Show', HIV and Hepatitis.com, 2016년 9월 27일자. http://www.hivandhepatitis.com/other-health-news/other-health-news-topics/other-stds/480,671-syphilis-syphilis/5865-std-2016-syphilis-rates-are-rising-among-gay-men-cdc-data-show

417. 미국 질병관리본부(CDC), 〈Reported STDs in the United States : 2014 national data for chlamydia, gonorrhea, and syphilis〉, 2015년 https://stacks.cdc.gov/view/cdc/36834

418. Ibid, p2

419. 미국 질병관리본부(CDC), NCHHSTP Newsroom - STDs Reported in the United States, 2014. https://www.cdc.gov/nchhstp/newsroom/2015/std-surveillance-report.html

420. 한국일보, '美 대도시, 매독 환자 급증은 스마트폰 탓?', 2017년 5월 7일자. http://www.hankookilbo.com/v/24497ea4386f473db0d1b7cccfb61041(2018.7.11.접속)

421. Healthday, 'Syphilis Rates Spike among U.S. gay, bisexual men: CDC', 2017년 4월 6일자. https://consumer.healthday.com/infectious-disease-information-21/syphilis-651/syphilis-rates-spike-among-u-s-gay-bisexual-men-cdc-721424.html

422. Time, 'The 10 Cities With the Highest LGBT Percentage in the U.S.', 2015년 3월 20일자.

http://time.com/3752220/lgbt-san-francisco/ (2018.7.9.접속)

423. 미국 질병관리본부(CDC), 〈CDC Call to Action: Let's Work Together to Stem the Tide of Rising Syphilis in the United States〉, 2017년. https://www.cdc.gov/std/syphilis/syphiliscalltoactionapril2017.pdf (2018.7.9.접속)

424. 미국 질병관리본부(CDC) 홈페이지, Sexually(CDC) Transmitted Disease (STDs) https://www.cdc.gov/std/syphilis/default.htm

425. Weller IV. The gay bowel. Gut, 1985 Sep;26(9):869-75 http://gut.bmj.com/content/26/9/869.full.pdf "Syphilis is now largely seen in its early infectious stages (the first two years of infection) and approximately 80% of syphilis cases seen in central London clinics have been homosexually acquired."

426. Michael Rayment, Ann K Sullivan, '"He who knows syphilis knows medicine" – the return of an old friend', The British Journal of Cardiology, April 2011 https://bjcardio.co.uk/2011/04/he-who-knows-syphilis-knows-medicine-the-return-of-an-old-friend/ (2018.7.11.접속)

427. 영국 공중보건국(PHE), 〈Health Protection Report : Sexually transmitted infections and chlamydia screening in England, 2015〉, 2016년. https://assets.publishing.service.gov.uk/government/uploads/system/uploads/attachment_data/file/559145/hpr2216_crrctd3.pdf

428. 스코틀랜드는 2014년 동성결혼을 합법화하였다.

429. B Cullen, LA Wallace, D Nicholson, DJ Goldberg(2016), Syphilis in Scotland 2015: update, Weekly Report Articles, Health Protection Scotland, Vol: 50 No: 39,2016,Sep http://www.hps.scot.nhs.uk/bbvsti/wrdetail.aspx?id=70497&wrtype=9#images

430. The guardian, 'Syphilis cases increase by 163% in London in five years', 2016년 8월 17일자. https://www.theguardian.com/society/2016/aug/17/syphilis-cases-london-more-than-double-in-five-years

431. 영국 공중보건국(PHE), 〈Syphilis epidemiology in London Sustained high numbers of cases in MSM〉, 2016년. https://www.gov.uk/government/uploads/system/uploads/attachment_data/file/547072/london_syphilis_report.pdf

432. Ibid, p11

433. Ibid, p11

434. Ibid, p21

435. Ibid, p16

436. Ibid, p8

437. Ibid, p12

438. Ibid, p6

439. Ibid, p22

440. 브리티시컬럼비아주 질병관리본부(BC Center for Disease Control), 〈Infectious Syphilis among gay, bisexual and other men who have sex with men in British Columbia 2003 to 2012〉, 2013. http://www.bccdc.ca/resource-gallery/Documents/Statistics%20 and%20Research/Statistics%20and%20Reports/STI/CPS_Report_Infectious_Syphilis_ MSMBC_20032012_20130624.pdf

441. Ibid, p3

442. 브리티시컬럼비아주 질병관리본부(BC Center Disease Control), 〈STI annual report 2014〉, 2015년. http://www.bccdc.ca/resource-gallery/Documents/Statistics%20and%20 Research/Statistics%20and%20Reports/STI/STI_Annual_Report_2014-FINAL.pdf

443. Ibid, p32

444. 브리티시컬럼비아주 질병관리본부(BC Center for Disease Control), 〈Infectious Syphilis among gay, bisexual and other men who have sex with men in British Columbia 2003 to 2012〉, 2013년 http://www.bccdc.ca/resource-gallery/Documents/Statistics%20 and%20Research/Statistics%20and%20Reports/STI/CPS_Report_Infectious_Syphilis_ MSMBC_20032012_20130624.pdf

445. Ibid, p9

446. Ibid, p10

447. Ibid, p8

448. 브리티시컬럼비아주 질병관리본부(BC Center Disease Control), 〈STI annual report 2014〉, p34, 2015년, http://www.bccdc.ca/resource-gallery/Documents/Statistics%20 and%20Research/Statistics%20and%20Reports/STI/STI_Annual_Report_2014-FINAL. pdf

449. Ibid, p35

450. Ontario HIV Treatment Network. OHTN Cohort Study Team. 'High incidence of diagnosis with syphilis co-infection among men who have sex with men in an HIV cohort in Ontario, Canada', 2015 Aug 20;15:356 https://www.ncbi.nlm.nih.gov/pmc/articles/ PMC4546079/

451. 캐나다 공중보건국(PHAC), 〈Report on sexually transmitted infections in Canada: 2011〉, P14, 2014년. http://www.catie.ca/sites/default/files/64-02-14-1200-STI-Report-2011_EN-FINAL.pdf

452. 이반시티 앱, 우리동네

453. 미국 질병관리본부(CDC) 홈페이지, Sexually Transmitted Diseases(STDs)-Syphilis https://www.cdc.gov/std/syphilis/default.htm

454. 한국일보, '美 대도시, 매독환자 급증은 스마트폰 탓?', 2017년 5월 7일자. http://www.

hankookilbo.com/v/24497ea4386f473db0d1b7cccfb61041 (2018.7.11.접속)

455. "임균 감염증 - gonococcal infection", 서울대학교병원 의료정보 http://terms.naver.com/entry.nhn?docId=926606&cid=51007&categoryId=51007

456. 동아닷컴, 〈'죽지 않아' 항생제 듣지 않는 슈퍼임질 한국서도 발견〉, 2016년 1월 18일자. http://bizn.donga.com/health/List/3/100501/20160118/75980669/2?

457. Kazal HL, Sohn N, Carrasco JI, Robilotti JG, Delaney WE (1976), The Gay Bowel Sundrome: Clinico-Pathologic Correlation in 260 Cases, Annals of Clinical and Laboratory Science, Vol. 6, No.2 : 184-92 http://www.annclinlabsci.org/content/6/2/184.full.pdf+html

458. Weller IV. The gay bowel. Gut, 1985 Sep;26(9):869-75 http://gut.bmj.com/content/26/9/869.full.pdf

459. Kent CK, Chaw JK, Wong W, Liska S, Gibson S, Hubbard G, et al. Prevalence of rectal, urethral, and pharyngeal chlamydia and gonorrhea detected in 2 clinical settings among men who have sex with men: San Francisco, California, 2003. Clinical infectious diseases: an official publication of the Infectious Diseases Society of America.2005; 41(1): 67-74.

460. Park J, Marcus JL, Pandori M, Snell A, Philip SS, Bernstein KT. Sentinel surveillance for pharyngeal chlamydia and gonorrhea among men who have sex with men--San Francisco, 2010. Sexually Transmitted Diseases 2012; 39(6): 482-4. https://www.ncbi.nlm.nih.gov/pubmed/22592836

461. Renee Jiddou, Maria Alcaide, Isabella Rosa-Cunha and Jose Castro2(2013), Pharyngeal Gonorrhea and Chlamydial Infections in Men who have Sex with Men, a Hidden Threat to the HIV Epidemic, Journal of Therapy and Management in HIV Infection, 2013, 1(1), 19-23.

462. American Family Physician, Pharyngeal Gonorrhea Is Underdiagnosed in MSM, 2007 Jun 15;75(12):1860-1862. https://www.aafp.org/afp/2007/0615/p1860.html 'In 2006, the American Association of Family Physicians reported: "Men who have sex with men (MSM) have high rates of gonococcal infection. In San Francisco, more than one half of these infections occur in MSM, and previous cross-sectional studies have reported a prevalence of up to 15.3 percent in this group.'

463. POZ, 'Busting The Myth That Condoms Don't Protect Gay Men Against STIs',2014년 9월 4일자. https://www.poz.com/article/STI-risk-condoms-26103-7242 (2018.7.11.접속)'it's believed that urethral infections of gonorrhea or chlamydia may increase the likelihood that HIV-positive men will pass on the virus, possibly by raising what was otherwise an undetectable viral load to transmissible levels in the semen'

464. 미국 질병관리본부(CDC), 〈Sexually Transmitted Disease Surveillance : STDs 2015〉, 2016년 https://www.cdc.gov/std/stats15/std-surveillance-2015-print.pdf

465. Ibid, p81

466. Ibid, p81

467. Ibid, p26

468. Ibid, p106

469. Ibid, p79

470. Ibid, p21

471. Ibid, p27

472. 영국 공중보건국(PHE), 〈Health Protection Report : Sexually transmitted infections and chlamydia screening in England, 2015〉, 2016년 www.gov.uk/government/uploads/system/uploads/attachment_data/file/559993/hpr2216_stis_CRRCTD4.pdf

473. Ibid, p7

474. Ibid, p6 "Gonorrhoea was the most commonly diagnosed STI among MSM in 2015: 10% (2,188/22,408) were infected at multiple anatomical sites. While 15% (3,400/22,408) were only infected in the pharynx, 25% (5,570/22,408) presented with rectal infections (figure 2d), suggesting significant numbers of transmissions occurred through condomless anal sex"

475. 유럽 질병관리본부, Gonorrhoea - Annual Epidemiological Report for 2014 (1번 표를 그래프로 가공한 것) http://ecdc.europa.eu/en/healthtopics/gonorrhoea/Pages/Annual-Epidemiological-Report-2016.aspx (2018.7.11.접속)

476. 질병관리본부. 〈언론과 미디어를 위한 HIV/AIDS 길라잡이〉, 14쪽, 2010년.

477. "에이즈바이러스-AIDS virus", 간호학대사전 https://terms.naver.com/entry.nhn?docId=497582&cid=50317&categoryId=50317

478. "후천성면역결핍증후군", 보건복지부, 국가건강정보포털 http://health.mw.go.kr/HealthInfoArea/HealthInfo/View.do?idx=1790

479. 국립보건원, 〈HIV/AIDS 관리지침〉, p13, 2002년

480. "후천성면역결핍증후군", 보건복지부, 국가건강정보포털 http://health.mw.go.kr/HealthInfoArea/HealthInfo/View.do?idx=1790

481. 질병관리본부, 질병정보, 후천성면역결핍증, HIV란? http://www.cdc.go.kr/CDC/health/CdcKrHealth0101.jsp?menuIds=HOME001-MNU1132-MNU1147-MNU0746-MNU2428&fid=7961&cid=68968

482. 국립보건원, 〈HIV/AIDS 관리지침〉, p13, 2002년,

483. 질병관리본부, 질병정보, 후천성면역결핍증, HIV란? http://www.cdc.go.kr/CDC/health/CdcKrHealth0101.jsp?menuIds=HOME001-MNU1132-MNU1147-MNU0746-MNU2428&fid=7961&cid=68968

484. 대한에이즈학회, 〈국내 HIV감염인의 기회감염증 치료와 예방에 관한 임상진료지침 권

고안: 2015년 개정판〉, 2016년. http://www.icjournal.org/src/sm/ic-48-54-s001.pdf (2018.7.11.접속). 폐포자충 폐렴, 결핵, 파종성 감염, 점막피부칸디다증, 크립토코쿠스증, 톡소포자충 뇌염, 세균성 호흡기 질환, 세균성 창자 감염, 매독, 크립토스포리디오시스증, 거대세포바이러스 감염증, 단순헤르페스바이러스 감염증, 수두대상포진바이러스 질환, 진행성 다초점 백색질 뇌증, 헤르페스바이러스-8 감염증, 사람유두종바이러스 관련 질환 등

485. 미국 질병관리본부(CDC), HIV/AIDS-Prevention https://www.cdc.gov/hiv/basics/prevention.html "No. There is currently no vaccine that will prevent HIV infection or treat those who have it."

486. 질병관리본부, 질병정보, 후천성면역결핍증, HIV란? http://www.cdc.go.kr/CDC/health/CdcKrHealth0101.jsp?menuIds=HOME001-MNU1132-MNU1147-MNU0746-MNU2428&fid=7961&cid=68968

487. 후천성면역결핍증 예방법 제2조(정의) [시행 2017.4.18.] [법률 제14780호, 2017.4.18., 일부개정]

488. 후천성면역결핍증 예방법 시행령 제2조(임상증상) [시행 2017.3.30.] [대통령령 제27960호, 2017.3.27., 타법개정]

489. 질병관리본부, HIV/AIDS정보, 에이즈의 감염 예방과 발병 http://www.cdc.go.kr/CDC/contents/CdcKrContentView.jsp?cid=27688&menuIds=HOME001-MNU1130-MNU1156-MNU1557-MNU1558

490. 질병관리본부, 질병정보, 후천성면역결핍증, HIV란? http://www.cdc.go.kr/CDC/health/CdcKrHealth0101.jsp?menuIds=HOME001-MNU1132-MNU1147-MNU0746-MNU2428&fid=7961&cid=68968

491. 유럽 질병관리본부(ECDC), People living with HIV/AIDS (PLWHA) (indicators) https://ecdc.europa.eu/en/publications-data/behavioural-surveillance-toolkit/indicators/population-specific-indicators/people

492. 질병관리본부, 질병정보, 후천성면역결핍증, HIV란? http://www.cdc.go.kr/CDC/health/CdcKrHealth0101.jsp?menuIds=HOME001-MNU1132-MNU1147-MNU0746-MNU2428&fid=7961&cid=68968

493. 질병관리본부. 〈언론과 미디어를 위한 HIV/AIDS 길라잡이(2010년 개정판)〉, p17, 2010년.

494. 질병관리본부, 질병정보, 후천성면역결핍증, HIV란? http://www.cdc.go.kr/CDC/health/CdcKrHealth0101.jsp?menuIds=HOME001-MNU1132-MNU1147-MNU0746-MNU2428&fid=7961&cid=68968

495. 미국 질병관리본부(CDC) 홈페이지, HIV/AIDS-HIV Basics https://www.cdc.gov/hiv/basics/index.html

496. Ibid.

497. 질병관리본부, 질병정보, 후천성면역결핍증, HIV란? http://www.cdc.go.kr/CDC/
health/CdcKrHealth0101.jsp?menuIds=HOME001-MNU1132-MNU1147-MNU0746-
MNU2428&fid=7961&cid=68968

498. 미국 질병관리본부(CDC) 홈페이지, HIV/AIDS-HIV Transmission https://www.cdc.
gov/hiv/basics/transmission.html

499. 질병관리본부, 에이즈 바로 알기, HIV와 AIDS http://www.cdc.go.kr/CDC/cms/content/
mobile/07/68907_view.html

500. 2006년도 이후로 우리나라에서 혈액 제제나 수혈로 인한 에이즈 감염은 일어나지 않고
있다. 2006년 이후 보고된 수혈로 인한 에이즈 감염 신고는 2006년 이전에 행해진 수혈
로 감염된 사례들로 밝혀졌다.

501. 미국 질병관리본부(CDC), 〈HIV Surveillance Adolescents and Young Adults〉, Division of
HIV/AIDS Prevention https://www.cdc.gov/hiv/pdf/statistics_surveillance_Adolescents.
pdf

502. 질병관리본부, 질병정보, 후천성면역결핍증, HIV란? http://www.cdc.go.kr/CDC/
health/CdcKrHealth0101.jsp?menuIds=HOME001-MNU1132-MNU1147-MNU0746-
MNU2428&fid=7961&cid=68968

503. 한겨레, '에이즈 치료제 부작용으로 임산부 사망', 2004년 12월 16일자. http://legacy.
www.hani.co.kr/section-005000000/2004/12/005000000020041216547846.html
(2018.7.23. 접속)

504. 질병관리본부, 질병정보, 후천성면역결핍증, HIV란? http://www.cdc.go.kr/CDC/
health/CdcKrHealth0101.jsp?menuIds=HOME001-MNU1132-MNU1147-MNU0746-
MNU2428&fid=7961&cid=68968

505. 신동아, '추적 한국형 에이즈 환자 1호를 찾아라! 미군부대 윤락녀냐 동성연애자냐',
2004년 9월 7일자. http://shindonga.donga.com/3/all/13/101752/4 (2018.7.11.접속)

506. 국가인권위원회, 〈HIV감염인 및 AIDS환자 인권상황 실태조사〉, p132-3, 2005년.

507. Baggaley RF, White RG, Boily MC. HIV transmission risk through anal intercourse:
systematic review, meta-analysis and implications for HIV prevention. Int J Epidemiol.
2010 Aug;39(4):1048-63. https://www.ncbi.nlm.nih.gov/pmc/articles/PMC2929353/
"Table 1 shows the per-act and per-partner summary estimates by exposure (combined
URAI-UIAI, URAI-only and UIAI-only). Two per-act URAI estimates were based on
studies among MSM24,25 and two among heterosexual couples.26,27 The per-act summary
estimate was 1.4% (95% CI 0.2-2.5) We found no evidence of a difference in per-act
AI infectivity between heterosexual and MSM couples, possibly because they are biologically
similar practices, yet per-partner infectivities may differ due to dissimilar frequencies of
practising AI within heterosexual and MSM relationships."

508. ScienceDaily, 'Aggressive form of HIV uncovered in Cuba: HIV to AIDS in three years',
2015월 2-12 https://www.sciencedaily.com/releases/2015/02/150212122217.htm

(2018.7.23.접속)

509. 신동아, '추적 한국형 에이즈 환자 1호를 찾아라! 미군부대 윤락녀냐 동성연애자냐', 2004년 9월 7일자. http://shindonga.donga.com/3/all/13/101752/4 (2018.7.11.접속)

510. 미국 질병관리본부(CDC), About HIV/AIDS - Where did HIV come from? https://www.cdc.gov/hiv/basics/whatishiv.html

511. 42evolution, 'Putting things into words', 2015 Mags Leighton http://www.42evolution.org/putting-things-into-words/ (2018.7.11.접속)

512. WildscreenArkive, Sooty mangabey fact file http://www.arkive.org/sooty-mangabey/cercocebus-atys/image-G29928.html (2018.7.23.접속)

513. 영국 공중보건국(PHE), List of zoonotic diseases www.gov.uk/government/publications/list-of-zoonotic-diseases/list-of-zoonotic-diseases (2018.7.19.접속)

514. 동아일보, '에볼라 공포에… 국립의료원 간호사 4명 사표', 2014년 10월 23일자. http://news.donga.com/List/3/02000000000044/20141023/67374495/1#csidxbb32ff8c69caa64aab88d5e155046ee (2018.7.11.접속)

515. The New York times, 'Rare cancer seen-in 41 homosexuals', 1981년 7월 3일자. https://www.nytimes.com/1981/07/03/us/rare-cancer-seen-in-41-homosexuals.html (2018.7.1.접속)

516. 국가질병예방정보국(NPIN, National Prevention Information Network), HIV and AIDS Timeline https://npin.cdc.gov/pages/hiv-and-aids-timeline#1980

517. Shilpa Hakre, Stephanie L. Scoville, Laura A. Pacha, Sheila A. Peel, Jerome H. Kim, Nelson L. Michael, Steven B. Cersovsky, Paul T. Scott, 'Brief Report: Sexual Risk Behaviors of HIV Seroconverters in the US Army, 2012 – 2014,' Journal of Acquired Immune Deficiency Syndromes: December 1st, 2015 - Volume 70 - Issue 4 - p 456 – 461 https://journals.lww.com/jaids/fulltext/2015/12010/Brief_Report___Sexual_Risk_Behaviors_of_HIV.19.aspx

518. 단일 가닥 RNA가 DNA 합성 때 주형으로 작용하는 종류이다. 자신의 RNA를 DNA로 역전사시킨 다음 이 DNA를 숙주세포 염색체에 삽입시켜서 번식한다. 백혈병, AIDS 바이러스가 이에 속한다.

519. 질병관리본부, 질병정보, 후천성면역결핍증, HIV란? http://www.cdc.go.kr/CDC/health/CdcKrHealth0101.jsp?menuIds=HOME001-MNU1132-MNU1147-MNU0746-MNU2428&fid=7961&cid=68968

520. 한국일보, "국내 에이즈환자 87%가 성관계로 감염", 2014년 11월 30일자. http://www.hankookilbo.com/News/Read/201411301755822385

521. The New York times, 'Rare and Aggressive H.I.V. Reported in New York', 2005년 2월 12일자. https://www.nytimes.com/2005/02/12/health/rare-and-aggressive-hiv-reported-in-new-york.html (2018.7.23.접속)

522. 후천성면역결핍증 예방법 제2조 제2호 [시행 2017. 4. 18.] [법률 제14780호, 2017. 4. 18., 일부개정]

523. 미국 질병관리본부(CDC), 〈First Report of AIDS〉, 2001년 6월 1일자. https://www.cdc. gov/mmwr/preview/mmwrhtml/mm5021a1.htm

524. "톡소플라즈마증", 서울아산병원 질병백과http://www.amc.seoul.kr/asan/healthinfo/ disease/diseaseDetail.do?contentId=32760 (2018.7.23.접속)

525. Selwyn PA, Goulet JL, Molde S, Constantino J, Fennie KP, Wetherill P, Gaughan DM, Brett-Smith H, Kennedy CHIV as a chronic disease: Implications for long-term care at an AIDS-dedicated skilled nursing facility, JOURNAL OF URBAN HEALTH:BULLETIN OF THE NEW YORK ACADEMY OF MEDICINE 2000 jun ; 77(2), p187-203 https://www.ncbi.nlm.nih.gov/pmc/articles/PMC3456125/pdf/11524_2006_Article_ BF02390530.pdf

526. Ibid, p193

527. 미국 질병관리본부(CDC), HIV/AIDS- Basic Statistics https://www.cdc.gov/hiv/basics/ statistics.html

528. 세계일보, '에이즈 6개월내 사망자 비율 급증', 2009년 12월 1일자. http://www.segye. com/newsView/20091130003911 (2018.7.11.접속)

529. Ibid.

530. 시사저널, '에이즈 환자들 "믿을 건 신약뿐"', 2009년 4월 6일자. http://www.sisapress. com/journal/article/125811 (2018.7.11.접속)

531. Medscape, 'Lancet Series Covers HIV/AIDS in Men Who Have Sex With Men', 2012년 7월 23일자. http://www.medscape.com/viewarticle/767922 (2018.7.11.접속)

532. The guardian, 'Addressing HIV prevalence among gay men and drug users in Thailand',2013년 7월 1일자. www.theguardian.com/global-development-professionals-network/2013/ jul/01/hiv-prevalence-gay-men-drug-users-thailand

533. 유엔에이즈(UNAIDS) 홈페이지, Global HIV & AIDS statistics -2018 fact sheet http:// www.unaids.org/en/resources/fact-sheet (2018.7.23.접속)

534. 유엔에이즈(UNAIDS), 〈AIDS by the numbers〉, p15, 2016년. http://www.unaids.org/ sites/default/files/media_asset/AIDS-by-the-numbers-2016 en.pdf

535. Our world in data, HIV / AIDS https://ourworldindata.org/hiv-aids/ (2018.7.23.접속)

536. 세계보건기구(WHO), 〈Beyond 2000 responding to HIV/AIDS in the new millennium〉, 2001년. http://www.hivpolicy.org/Library/HPP000107.pdf (2018.7.23.접속)

537. 미국 질병관리본부(CDC) 홈페이지, HIV/AIDS - Basic statistics. https://www.cdc.gov/ hiv/basics/statistics.html

538. 미국 질병관리본부(CDC), 〈 First Report of AIDS 〉, 2001년 6월 1일자. http://www.

cdc.gov/mmwr/preview/mmwrhtml/mm5021a1.htm

539. Ibid.

540. "기회감염", 두산백과
"기회감염 : 사람에게는 감염증을 잘 일으키지 않으면서 면역기능이 감소된 사람에게는 심각한 감염증을 일으키는 질환이다. 인체면역결핍바이러스 감염이 진행된 사람의 경우에는 폐 · 뇌 · 눈 및 기타 기관에 나타난다. 장기이식을 받은 사람이나 항암제 치료를 받는 사람, 후천성면역결핍증 환자 등은 면역기능이 떨어져 있으므로 이런 사람들에게는 보통 사람에게는 아무 영향을 미치지 못하는 균에 감염이 일어난다." https://terms. naver.com/entry.nhn?docId=1211204&cid=40942&categoryId=32749

541. 국립보건원, 〈 HIV/AIDS 관리지침〉, p13, 2002년.

542. The New York Public Library, 〈GAY MEN'S HEALTH CRISIS Records〉, 2010년. https://www.nypl.org/sites/default/files/archivalcollections/pdf/1126.pdf

543. Variety, 'TV Review: 'The Normal Heart'', 2014년 5월 21일자. http://variety.com/2014/tv/reviews/tv-review-the-normal-heart-1201183609/ (2018.7.11.접속)

544. 미국 질병관리본부(CDC), 〈Pneumocystis Pneumonia - Los Angeles〉, 1981년 6월 5일자. https://www.cdc.gov/mmwr/preview/mmwrhtml/june_5.htm

545. The New York times, 'RARE CANCER SEEN IN 41 HOMOSEXUALS, 1981년 7월 3일자. https://www.nytimes.com/1981/07/03/us/rare-cancer-seen-in-41-homosexuals.html (2018.7.11.접속)

546. The New York Public Library, 〈GAY MEN'S HEALTH CRISIS Records〉, 2010년 6월. https://www.nypl.org/sites/default/files/archivalcollections/pdf/1126.pdf

547. Variety, 'TV Review: 'The Normal Heart'', 2014년 5월 21일자. http://variety.com/2014/tv/reviews/tv-review-the-normal-heart-1201183609/ (2018.7.11.접속)

548. The New York Public Library, 〈GAY MEN'S HEALTH CRISIS Records〉, 2010년 6월. https://www.nypl.org/sites/default/files/archivalcollections/pdf/1126.pdf

549. GMHC 홈페이지 http://www.gmhc.org/

550. 국립보건원, 〈 HIV/AIDS 관리지침〉, p13, 2002년.

551. 미국 질병관리본부(CDC), 〈Prevalence and Awareness of HIV Infection Among Men Who Have Sex With Men --- 21 Cities, United States, 2008〉, 2010년. https://www.cdc.gov/mmwr/preview/mmwrhtml/mm5937a2.htm?s_cid=mm5937a2_w 'This report summarizes NHBS data from 2008, which indicated that, of 8,153 MSM interviewed and tested in the 21 MSAs participating in NHBS that year, HIV prevalence was 19%, with non-Hispanic blacks having the highest prevalence (28%), followed by Hispanics (18%), non-Hispanic whites (16%), and persons who were multiracial or of other race (17%). Of those who were infected, 44% were unaware of their infection.'

552. CNS News, 'CDC: Gay Men 2% of Population But 67% of All New HIV Cases', 2016년

2월 4일자. http://www.cnsnews.com/news/article/michael-w-chapman/cdc-gay-men-2-population-67-all-new-hiv-cases (2018.7.24.접속)

553. U.S. Department of Health and Human Services, AIDS info, HIV/AIDS News, 'CDC Leading New Efforts to Fight HIV Among Gay, Bisexual Men and Transgender People', 2015년 3월 31일자. https://aidsinfo.nih.gov/news/1554/cdc-leading-new-efforts-to-fight-hiv-among-gay--bisexual-men-and-transgender-people (2018.7.23.접속)

554. 미국 질병관리본부(CDC) 홈페이지,HIV/AIDS - HIV and Gay and Bisexual Men http://www.cdc.gov/hiv/group/msm/index.html

555. 해리슨 내과학 18판, 대한내과학회, p1492, 2011년.

556. Dennis L. Kasper, Anthony S. Fauci, Stephen Hauser, Dan Longo, J. Larry Jameson, Joseph Loscalzo, Harrison's Principles of Internal Medicine, McGraw-Hill Education/Medical; 19 edition 2015. p1215-27

557. 바터밍 : bottoming. 남성 간 항문 성관계시 여성의 역할을 하는 것. 수용적 항문성교자 즉 Receptive homosexual을 '(바텀)bottom'으로 표기하기도 한다.

558. 미국 질병관리본부(CDC) 홈페이지, HIV/AIDS - HIV Transmission- Can I get HIV from anal sex? http://www.cdc.gov/hiv/basics/transmission.html

559. 미국 질병관리본부(CDC) 홈페이지, HIV/AIDS - Basic Statistics https://www.cdc.gov/hiv/basics/statistics.html

560. Medscape, 'Lancet Series Covers HIV/AIDS in Men Who Have Sex With Men', 2012년 7월 23일자. "Among MSM, known risk factors for HIV infection include unprotected receptive anal intercourse, high frequency of male partners, large number of lifetime male partners, injection drug use, high viral load in the index partner, black race (in the United States), and use of amphetamine-like substances and certain other noninjectable drugs." http://www.medscape.com/viewarticle/767922 (2018.7.11.접속)

561. 미국 질병관리본부(CDC) 홈페이지, HIV/AIDS - Basic Statistics https://www.cdc.gov/hiv/basics/statistics.html

562. Ibid.

563. 미국 질병관리본부(CDC), 〈 HIV Surveillance -Adolescents and Young Adults〉, 2016년. https://www.cdc.gov/hiv/pdf/library/slidesets/cdc-hiv-surveillance-adolescents-young-adults-2016.pdf

564. Ibid.

565. 김준명, 최준용, 정우용, 성혜, 김신우, 김우주, 최희정, 김민자, 우준희, 김윤정, 최보율, 최윤수, 기미경, 김기순, 한국 HIV/AIDS코호트, 국내 Human Immunodeficiency Virus 감염의 감염 경로: 한국 HIV/AIDS코호트 연구〉, 2018년. http://ekjm.org/journal/view.php?number=25545

566. Medscape, 'Lancet Series Covers HIV/AIDS in Men Who Have Sex With Men', 2012년 7

월 23일자. http://www.medscape.com/viewarticle/767922 (2018.7.11.접속)

567. 세계보건기구(WHO), HIV/AIDS - Publications on HIV. http://www.who.int/hiv/pub/en/

568. 영국 공중보건국(PHE) 홈페이지, PHE responds to health inequalities facing gay, bisexual and MSM, 2014년 6월 27일자. https://www.gov.uk/government/news/phe-responds-to-health-inequalities-facing-gay-bisexual-and-msm

569. 영국 공중보건국(PHE) 홈페이지, PHE action plan tackles health inequalities for men who have sex with men https://www.gov.uk/government/news/phe-action-plan-tackles-health-inequalities-for-men-who-have-sex-with-men

570. 영국 공중보건국(PHE), 〈PHE action plan 2015-16 Promoting the health and wellbeing of gay, bisexual and other men who have sex with men〉, 2015년. https://assets.publishing.service.gov.uk/government/uploads/system/uploads/attachment_data/file/401005/PHEMSMActionPlan.pdf

571. Public health agency, 〈HIV surveillance in Northern Ireland 2016〉, 2016년. http://www.publichealth.hscni.net/sites/default/files/HIV%20report%202016_0.pdf

572. Life Management Online, Life expectancy, HIV, AIDS Thailand (compared to South-East Asia) http://www.lifemanagementonline.com/health-info/statistics/hiv-aids-life-expectancy-thailand.php (2018.7.23.접속)

573. Ibid.

574. Avert, 'HIV and AIDS in Thailand - Global information and education on HIV and AIDS http://www.avert.org/professionals/hiv-around-world/asia-pacific/thailand (2018.7.11.접속)

575. Ibid.

576. The guardian, 'Addressing HIV prevalence among gay men and drug users in Thailand',2013년 7월 1일자. www.theguardian.com/global-development-professionals-network/2013/jul/01/hiv-prevalence-gay-men-drug-users-thailand

577. 세계보건기구(WHO), 〈Beyond 2000 - Responding to HIV/AIDS in the new millennium〉, p 7~8, 2001년. http://apps.searo.who.int/PDS_DOCS/B0186.pdf

578. 질병관리본부, 〈국제연합개발계획(UNDP) 공동주관국제 에이즈심포지엄 결과 보고서 - 에이즈로 인한 사회 경제적 영향〉, p6, 2004년.

579. 유엔에이즈(UNAIDS), 〈UNAIDS DATA 2017〉 ,p68, 2017년. http://www.unaids.org/sites/default/files/media_asset/20170720_Data_book_2017_en.pdf

580. Ibid, p160

581. Ibid, p33

582. Ibid, p32

583. Ibid, p40

584. 연합뉴스, '호주동성결혼 허용' "우리 결혼합니다'. 2018년 1월 9일자. http://www.yonhapnews.co.kr/bulletin/2018/01/09/0200000000AKR20180109098200887.HTML?input=1195m (2018.7.11.접속)

585. 유엔에이즈 (UNAIDS), 〈UNAIDS DATA 2017〉, p79, 2017년. http://www.unaids.org/sites/default/files/media_asset/20170720_Data_book_2017_en.pdf

586. Ibid, p70

587. 연합뉴스, '中 청소년 에이즈환자 급증하는 까닭…"동성애가 주요 경로"', 2016년 11월 30일자. http://news.naver.com/main/read.nhn?mode=LSD&mid=sec&sid1=104&oid=001&aid=0008858257 (2018.7.12.접속)

588. 유엔에이즈(UNAIDS), 〈UNAIDS DATA 2017〉, p83, 2017년. http://www.unaids.org/sites/default/files/media_asset/20170720_Data_book_2017_en.pdf

589. 서울신문, '중,남성 동성애자 헌혈 금지 제도화', 2012년 7월 10일자. http://www.seoul.co.kr/news/newsView.php?id=20120710800071

590. 유엔에이즈(UNAIDS), 〈UNAIDS DATA 2017〉, p34, 2017년. http://www.unaids.org/sites/default/files/media_asset/20170720_Data_book_2017_en.pdf

591. Ibid, p42

592. 헤럴드 경제, '에이즈 왕국 스와질랜드 성인 30% 감염', 2014년 9월 25일자. http://biz.heraldcorp.com/view.php?ud=20140925000564 (2018.7.11.접속)

593. 유엔에이즈(UNAIDS), 〈UNAIDS DATA 2017〉, p55, 2017년. http://www.unaids.org/sites/default/files/media_asset/20170720_Data_book_2017_en.pdf

594. Medscape, 'Lancet Series Covers HIV/AIDS in Men Who Have Sex With Men', 2012년 7월 23일자. http://www.medscape.com/viewarticle/767922 (2018.7.11.접속)

595. 유엔에이즈(UNAIDS), 〈UNAIDS DATA 2017〉, p72, 2017년. http://www.unaids.org/sites/default/files/media_asset/20170720_Data_book_2017_en.pdf

596. Ibid, p85

597. Ibid, p86

598. Ibid, p87

599. 유엔에이즈(UNAIDS), 〈Report to UNAIDS—HIV/AIDS TRENDS IN JAPAN〉, p2, 2015년. http://www.unaids.org/sites/default/files/country/documents/JPN_narrative_report_2015.pdf

600. 유엔에이즈(UNAIDS), 〈UNAIDS DATA 2017〉, p87, 2017년. http://www.unaids.org/sites/default/files/media_asset/20170720_Data_book_2017_en.pdf

601. 보건복지부, 〈제4차 국민건강증진종합계획(2016-2020〉, p322, 2016년.

602. 유엔에이즈(UNAIDS), 〈UNAIDS DATA 2017〉, 90쪽, 2017년. http://www.unaids.org/
     sites/default/files/media_asset/20170720_Data_book_2017_en.pdf

603. Ibid, p94

604. Ibid, p98

605. Ibid, p102

606. Ibid, p111

607. Ibid, p114

608. Ibid, p119

609. Ibid, p120

610. Ibid, p121

611. Ibid, p122

612. Ibid, p123

613. Ibid, p124

614. Ibid, p126

615. Ibid, p127

616. Ibid, p128

617. Ibid, p135

618. Ibid, p155

619. Ibid, p160

620. Ibid, p169

621. Ibid, p176

622. Ibid, p177

623. Ibid, p186

624. Ibid, p192

625. Ibid, p194

626. Ibid, p203

627. Ibid, p210

628. Ibid, p215

629. Ibid, p218

630. 연합뉴스, '아일랜드, 국민투표로 동성결혼 합법화…찬성 62%', 2015년 5월 24일자. http://www.yonhapnews.co.kr/bulletin/2015/05/23/0200000000AKR20150523050551085.HTML (2018.7.11.접속)

631. 유엔에이즈(UNAIDS), 〈UNAIDS DATA 2017〉, p224, 2017년. http://www.unaids.org/sites/default/files/media_asset/20170720_Data_book_2017_en.pdf

632. 한겨레, '스페인, 세계 4번째 동성결혼 합법화', 2005년 7월 1일자. http://www.hani.co.kr/arti/international/international_general/46738.html (2018.7.11.접속)

633. 질병관리본부, 질병정보, 후천성면역결핍증, HIV란? http://www.cdc.go.kr/CDC/health/CdcKrHealth0101.jsp?menuIds=HOME001-MNU1132-MNU1147-MNU0746-MNU2428&fid=7961&cid=68968

634. SBS 제정임의 문답쇼, '윤방부 박사, 우리나라 최초로 '에이즈' 진단한 사연은?', 2017년 7월 10일자. http://news.naver.com/main/read.nhn?mode=LPOD&mid=tvh&oid=374&aid=0000134902 (2018.7.11.접속)

635. 미국 질병관리본부(CDC), 〈First Report of AIDS〉, 2001년 6월 1일자. https://www.cdc.gov/mmwr/preview/mmwrhtml/mm5021a1.htm

636. 질병관리본부, 질병정보, 후천성면역결핍증, HIV란? http://www.cdc.go.kr/CDC/health/CdcKrHealth0101.jsp?menuIds=HOME001-MNU1132-MNU1147-MNU0746-MNU2428&fid=7961&cid=68968

637. 2006년에 우리나라 질병관리본부와 전국20개 대학 및 종합병원은 HIV감염에서 AIDS 발병, 그리고 사망까지의 자연사 파악과 질병진전에 미치는 요인을 규명함으로써 감염인의 생존기간을 연장하고 삶의 질을 향상시키며, HIV감염 예방 및 에이즈 연구 활성화에 기여하고자 '한국 HIV/AIDS 코호트'를 구축하였다.

638. 질병관리본부, 〈국가 에이즈관리사업 평가 및 전략개발〉, p10, 2014년.

639. 국가인권위원회, 〈HIV감염인 및 AIDS환자 인권상황 실태조사〉, p135~136, 2005년. https://www.humanrights.go.kr/site/program/board/basicboard/view?currentpage=21&menuid=001003001004&pagesize=10&boardtypeid=16&boardid=483241

640. Ibid, p135

641. 보건복지부, 〈제3차 국민건강증진종합계획(2011-2015)〉, p442, 2010년.

642. 보건복지부, 〈제4차 국민건강증진종합계획 (2016-2020)〉, p326, 2015년.

643. 질병관리본부, 〈2015 HIV/AIDS 신고 현황〉, p8~9, 2016년.

644. 김준명, 2018년 대한화학요법학회. 대한감염학회 춘계학술대회(2018.4.12~13) 발표자료

645. Ibid.

646. 국민일보, 김준명 연세대 의대 교수 "청년 청소년 에이즈 빠르게 증가", 2016년 8월 25일자. http://news.kmib.co.kr/article/view.asp?arcid=0923610744

647. 양봉민.최운정, 서울대학교 보건대학원, 〈한국에서 HIV/AIDS 감염의 경제적 영향〉, p11, 2004년.

648. 질병관리본부, 〈HIV/AIDS 예방 및 대응 국가전략 계발에 관한 연구〉, p12, 2006년.

649. 조병희, 서울대학교 보건대학원 〈HIV/AIDS 의 사회적 영향〉, 국제 에이즈 심포지움 결과 보고서, p35-145, 2004년.

650. 질병관리본부, 〈2013년 HIV/AIDS 신고현황〉, p7, 2014년.

651. 김준명, 최준용, 정우용, 성혜, 김신우, 김우주, 최희정, 김민자, 우준희, 김윤정, 최보율, 최윤수, 기미경, 김기순 , 한국 HIV/AIDS 코호트 ,〈국내 Human Immunodeficiency Virus 감염의 감염 경로: 한국 HIV/AIDS 코호트 연구〉, Korean Journal of Medicine. 2018;93(4):379-386 http://ekjm.org/journal/view.php?number=25545

652. Ibid.

653. 유튜브, '에이즈 확산 경로를 왜 공개하지 못하는가 (성일종 의원 국감)', 2017년 10월 25일자

654. 대한민국국회 제공 2017년 국정감사 영상 캡쳐.

655. 보건복지부, 〈제3차 국민건강증진종합계획 (2011-2015)〉, p442, 2010년

656. 메디컬타임즈,'국감 "에이즈 정책, 예방중심으로 전환해야", 2017년 10월 13일자. http://www.medicaltimes.com/News/1114360

657. 넥스트타임즈, 〈자유한국당 윤종필 의원, 에이즈 질병 방치한 질병관리본부 질타〉, 2017년 10월 13일자. http://www.nextimes.kr/news/articleView.html?idxno=5545

658. 질병관리본부, 〈 질병관리본부 동성애옹호정책반대 국민대책위원회의 질의서에 대한 답변서〉, p2~3, 2015년. https://cfms.kr/%eb%8f%99%ec%84%b1%ec%95%a0%ec%99%80-%ec%97%90%ec%9d%b4%ec%a6%88%ec%9d%98-%eb%b0%80%ec%a0%91%ed%95%9c-%ea%b4%80%eb%a0%a8%ec%84%b1%ec%9d%84-%eb%82%98%ed%83%80 %eb%82%b4%eb%8a%94-%ec%a0%95%eb%b6%80/

659. 보건복지부, 〈제4차 국민건강증진종합계획 2016~2020〉, p328, 2015년.

660. 질병관리본부, 〈국가 에이즈관리사업 평가 및 전략개발', P70, 2014년.

661. 이반시티, 이반 전용 에이즈 상담 코너 http://www.ishap.org/?c=1/7 (2018.7.19.접속)

662. 조병희, 서울대학교 보건대학원, 〈HIV/AIDS의 사회적 영향〉, 국제 에이즈 심포지움 결과 보고서, p35-135, 2004년.

663. 보건복지부, 〈제4차 국민건강증진종합계획(2016-2020)〉, p322, 2010년.

664. 한겨레, '남성 동성애자 28% 헌혈 경험', 2004년 1월 7일자. https://news.naver.com/main/read.nhn?mode=LSD&mid=sec&sid1=102&oid=028&aid=0000040393

665. 보건복지부, 〈제3차 국민건강증진종합계획(2011-2015)〉, p472, 2010년.

666. Ibid, p471

667. iSHAP(아이샵) - 'Ivan Stop HIV/AIDS Project'의 약자로서 사단법인 한국에이즈퇴치연맹에서 2003년부터 운영하고 있는 동성애자 에이즈예방센터의 명칭. 보건복지부·질병관리본부에서 지원하는 국민건강증진기금과 후원금으로 운영됨. 동성애자 상근 직원들에 의해 운영되며, 동성애자 자원봉사자들, 여러 동성애자 단체 및 에이즈 관련 단체 등의 협력 하에 사업을 함. http://ishap.org/

668. 미국 질병관리본부(CDC) 홈페이지, HIV/AIDS-HIV and Gay and Bisexul Men
https://www.cdc.gov/hiv/group/msm/index.html

669. 보건복지부, 〈제4차 국민건강증진종합계획(2016-2020), p323, 2015년.

670. Ibid, p326

671. Ibid, p327

672. Ibid, p328

673. Ibid, p331

674. Ibid, p331

675. 보건복지부 홈페이지, 보도자료, HIV/AIDS 감염예방 주의 사항 당부, 2003년 9월 6일자. http://www.mohw.go.kr/react/al/sal0301vw.jsp?PAR_MENU_ID=04&MENU_ID=0403&BOARD_ID=140&BOARD_FLAG=00&CONT_SEQ=26612&page=1

676. 질병관리본부, 〈국가 에이즈관리사업 평가 및 전략개발 보고서〉, p9-10, 2014년.

677. Ibid, p30

678. Ibid, p114

679. Ibid, p115

680. Ibid, p121

681. 질병관리본부, 〈2015 HIV/AIDS 관리지침〉, p19, 2015년.

682. 질병관리본부, 〈언론과 미디어를 위한 HIV/AIDS 길라잡이(2010년 개정판)〉, p16, 2010년.

683. 질병관리본부, 〈질병관리본부 동성애옹호정책반대 국민대책위원회 질의서에 대한 답변〉, p2-3, 2015년.

684. 질병관리본부, 〈2016 HIV/AIDS 신고 현황〉, p15, 2017년.

685. 국민일보, '동성애 연관성 쉬쉬하며… 에이즈 환자 진료비 연 800억 썼다', 2016년 11월 30일자. http://news.kmib.co.kr/article/view.asp?arcid=0923651708&code=23111111&cp=nv (2018.7.11.접속)

686. 2006년에 우리나라 질병관리본부와 전국20개 대학 및 종합병원은 HIV감염에서 AIDS 발병, 그리고 사망까지의 자연사 파악과 질병 진전에 미치는 요인을 규명함으로써 감염

인의 생존기간을 연장하고 삶의 질을 향상시키며, HIV감염 예방 및 에이즈 연구 활성화에 기여하고자 '한국 HIV/AIDS 코호트'를 구축하였음.

687. 연세대학교 산학협력단, 〈한국 HIV/AIDS 코호트연구〉, p73-74, 2015년. http://www.ndsl.kr/ndsl/commons/util/ndslOriginalView.do?cn=TRKO201600016044&dbt=TRKO

688. Ibid, p75

689. 이훈재, '국민행복시대, 에이즈 예방 및 환자 지원을 위한 현황과 과제' 국회토론회 자료집, p4, 2013년.

690. mbn 뉴스, '에이즈 신규 감염, 청년·청소년 중심으로 증가 추세', 2016년 8월 25일자. http://mbn.mk.co.kr/pages/news/newsView.php?category=mbn00013&news_seq_no=2989090 (2018.7.11.접속)

691. 조병희, 서울대학교 보건대학원, 〈HIV/AIDS 의 사회적 영향〉, 국제 에이즈 심포지움 결과 보고서, p35-145, 2004년. http://theme.archives.go.kr/viewer/common/archWebViewer.do?bsid=200041127095&gubun=search#51

692. Ibid, p60

693. 염안섭, '나라 지키는 의병의 마음으로 동성애·에이즈 확산 막겠다', 월간조선, 2016년 9월호. http://monthly.chosun.com/client/news/viw.asp?ctcd=E&nNewsNumb=201609100063 (2018.7.11.접속)

694. 방지환, 〈국민행복시대, 에이즈 예방 및 환자 지원을 위한 현황과 과제〉, 국회토론회 자료집, p14, 2013년.

695. 국민일보, '국회토론회서도 "에이즈, 주로 男 동성애로 유행', 2015년 6월 24일자. http://news.kmib.co.kr/article/view.asp?arcid=0923131295

696. 세계일보, '에이즈 감염자들 발병으로 죽는 것보다 자살이 더 많아요', 2013년 11월 26일자. http://www.segye.com/newsView/20131126004874

697. 유튜브, '동성애는 에이즈 감염의 주요 전파 경로다 – 민성길 교수', 국민 방송 뉴스 (2014년 4월 7일자) 편집영상. https://www.youtube.com/watch?v=s0F64LLh_Zs

698. 이명진, '에이즈감염예방 정책과 노력 시급하다', 의학신문, 2016년 12월 7일자.

699. 2011년 9월 23일 국가인권위원회와 한국기자협회가 제정하여 발표하였으며, 현재 인권보도준칙 어플리케이션도 제공되고 있다.

700. 크리스천투데이, '인권보도준칙 발표 후... 동성애 지지 보도 25%증가', 2014년 8월 14일자. http://www.christiantoday.co.kr/news/274319 (2018.7.12.접속)

701. 행동하는성소수자인권연대, '수동연세요양병원 에이즈 수용소, 인권침해와 차별이 난무한 요양병원은 사라져야 한다', 2014년 2월 14일자. http://lgbtpride.or.kr/xe/index.php?mid=anoucement&document_srl=61182

702. 수동연세요양병원 제공.

703. Selwyn PA et al., HIV as a chronic disease: implications for long-term care at an AIDS-dedicated skilled nursing facility, Journal of Urban Health, 2000 Jun;77(2):187-203.

704. 질병관리본부 국립보건연구원 면역병리센터 에이즈종양바이러스과, 〈HIV감염인의 최초 감염 진단 이후 생존율 변화〉, p1, 2009년.

705. 미국 질병관리본부(CDC), HIV/AIDS-HIV Testing. https://www.cdc.gov/hiv/testing/index.html

706. 질병관리본부 - 에이즈의 치료와 전망, HIV/AIDS정보 http://cdc.go.kr/CDC/contents/CdcKrContentView.jsp?cid=27688&menuIds=HOME001-MNU1130-MNU1156-MNU1557-MNU1558

707. 오라퀵 회원약국전용 쇼핑몰. http://pharmacy.insolmall.co.kr/index2.php?prev=/index.php (2018.7.11.접속)

708. JTBC 뉴스, '에이즈 익명검사' 3년 새 2배…예방은 '뒷걸음', 2017년 10월 21일자. http://news.jtbc.joins.com/article/article.aspx?news_id=NB11538408 (2018.7.12.접속)

709. 재단법인 한국에이즈예방재단. 국내 에이즈 현황, 2006년 2월 1일자. http://www.kfap.or.kr/data/data_content.php?page=1&keyfield=&key=&idx_no=28&total_page=2&PHPSESSID=29837d3e8f1d1bd6cbdba88dd4ac06d6 (2018/7/12 접속)

710. 미국 질병관리본부(CDC) 홈페이지, HIV/AIDS-HIV Testing. https://www.cdc.gov/hiv/testing/index.html

711. 아이샵 - 센터소개 http://www.ishap.org/?c=1/7 (2018.7.12.접속)

712. 미국 질병관리본부(CDC) 홈페이지, HIV/AIDS-Prevention. https://www.cdc.gov/hiv/basics/prevention.html

713. 동아일보, '에이즈환자의 공개고백', 1995년 5월 20일자. https://newslibrary.naver.com/viewer/index.nhn?articleId=1995052000209129003&editNo=45&printCount=1&publishDate=1995-05-20&officeId=00020&pageNo=29&printNo=22859&publishType=00010 "19일 오후 서울 양천구 서울상고 강당에서 에이즈 환자 김모씨(23)가 남녀 학생들을 상대로 자신이 에이즈에 감염된 경위와 투병생활등을 생생히 증언했다. 한국 에이즈연맹이 실시하고 있는 고교순회에이즈예방교육의 일환으로 마련된 이 자리에서 김씨는 사춘기 호기심 때문에 동성애를 시작했으며 순간의 쾌락이 끝내 종말을 불러왔다고 말했다."

714. 질병관리본부, '언론과 미디어를 위한 HIV/AIDS 길라잡이(2010년 개정판)', p72, 2010년.

715. 한겨레, '동성애 유해매체'서 뺀다', 2004년 2월 4일자. http://legacy.www.hani.co.kr/section-005000000/2004/02/005000000200402041856288.html (2018/7/12 접속)

716. 세계일보, '에이즈 6개월내 시망자 비율 급중', 2009년 12월 1일자. http://www.segye.com/newsView/20091130003911 (2018.7.23.접속)

717. 질병관리본부 국립보건연구원 면역병리센터 에이즈종양바이러스과, <HIV감염인의 최

초 감염진단 이후 생존율 변화>, p1. 2009년.

718. 프리미엄조선, 'HIV가 뭔지도 모른 채 숙식 위해 아저씨 상대로 '바텀 알바'하는 가출 소년들', 2014년 11월 17일자. http://premium.chosun.com/site/data/html_dir/2014/11/16/2014111601081.html (2018.7.11.접속)

719. Simms I, Gilbart VL, Byrne L, Jenkins C, Adak GK, Hughes G, Crook PD. Identification of verocytotoxin-producing Escherichia coli O117:H7 in men who have sex with men, England, November 2013 to August. Euro Surveill. 2014:30;19(43). https://pdfs.semanticscholar.org/3433/75db3a347fcbd9d4941e33d26414ac3b79cb.pdf

720. 질병관리본부, HIV/AIDS 정보 http://www.cdc.go.kr/npt/biz/npp/portal/nppSumryMain.do?icdCd=C0016&icdgrpCd=03&icdSubgrpCd=C0016

721. 대한에이즈예방협회, 에이즈 기본 정보 http://www.aids.or.kr/bbs/content.php?co_id=sub04_01.

722. WHO,CDC,GLOBAL FUND, 〈HIV drug resistance report 2017〉, 2017년. http://apps.who.int/iris/bitstream/10665/255896/1/9789241512831-eng.pdf?ua=1

723. U.S. Department of Health and Human Services, CDC Leading New Efforts to Fight HIV Among Gay, Bisexual Men and Transgender People. https://aidsinfo.nih.gov/news/1554/cdc-leading-new-efforts-to-fight-hiv-among-gay--bisexual-men-and-transgender-people (2018.7.11.접속)

724. 최강원, 〈HIV/AIDS의 치료〉, 서울의대 내과학교실, 대한내과학회지 61(2)112~20, 2001

725. 질병관리본부. 〈언론과미디어를 위한 HIV/AIDS 길라잡이(2010년 개정판)〉, p19, 2010년

726. 대한에이즈예방협회, 에이즈 기본정보 http://www.aids.or.kr/bbs/content.php?co_id=sub04_01

727. Ibid.

728. 주간조선, '에이즈 감염인 63% "약물 부작용 경험"', 2010년 11월 29일자. http://weekly.chosun.com/client/news/viw.asp?ctcd=c02&nNewsNumb=002133100022 (2018.7.11.접속)

729. 의협신문, '에이즈 치료제 부작용 1위 간기능 장애, 2위 대사질환', 2013년 11월 16일자. http://www.doctorsnews.co.kr/news/articleView.html?idxno=92260 (2018.7.11.접속)

730. 미국 질병관리본부(CDC), HIV Continuum of Care, U.S., 2014, Overall and by Age, Race/Ethnicity, Transmission Route and Sex, 2017년 7월 27일자. https://www.cdc.gov/nchhstp/newsroom/2017/HIV-Continuum-of-Care.html

731. 킴스 의약정보센터 온라인, "스트리빌드" https://www.kimsonline.co.krugcenter/search/retotalsearch?Keyword=%EC%8A%A4%ED%8A%B8%EB%A6%AC%EB%B9%8C%EB%93%9C&Page=1 (2018.7.11.접속)

732. '길리어드 '트루바다', 국내 HIV 치료제 시장 1위', 약업신문, 2016년 6월 8일자. http://yakup.com/news/index.html?mode=view&nid=196504 (2018.7.11.접속)

733. 킴스 의약정보센터 온라인, "트루바다" http://www.kimsonline.co.kr/drugcenter/search/totalSearch?Keyword=%ED%8A%B8%EB%A3%A8%EB%B0%94%EB%8B%A4 (2018.7.11.접속)

734. 킴스 의약정보센터 온라인, "푸제온'' http://www.kimsonline.co.kr/drugcenter/search/totalSearch?Keyword=%ED%91%B8%EC%A0%9C%EC%98%A8 (2018.7.11.접속)

735. 킴스 의약정보센터 온라인, "스트리빌드" https://www.kimsonline.co.kr/drugcenter/search/retotalsearch?Keyword=%EC%8A%A4%ED%8A%B8%EB%A6%AC%EB%B9%8C%EB%93%9C&Page=1 (2018.7.11.접속)

736. 킴스 의약정보센터 온라인, "트루바다" http://www.kimsonline.co.kr/drugcenter/search/totalSearch?Keyword=%ED%8A%B8%EB%A3%A8%EB%B0%94%EB%8B%A4 (2018.7.11.접속)

737. 킴스 의약정보센터 온라인, "푸제온" http://www.kimsonline.co.kr/drugcenter/search/totalSearch?Keyword=%ED%91%B8%EC%A0%9C%EC%98%A8 (2018.7.11.접속)

738. 킴스 의약정보센터 온라인, "컴비비어" http://www.kimsonline.co.kr/drugcenter/search/totalSearch?Keyword=%EC%BB%B4%EB%B9%84%EB%B9%84%EC%96%B4 (2018.7.11.접속)

739. 킴스 의약정보센터 온라인, "키벡사" http://www.kimsonline.co.kr/drugcenter/search/totalSearch?Keyword=%ED%82%A4%EB%B2%A1%EC%82%AC (2018.7.11.접속)

740. 염안섭, '왜 에이즈환자를 보훈대상자보다 더 떠받드나?', 대한노인요양병원협회 홈페이지, 정보센터 의료계이슈, 2016년 3월 29일자. http://kagh.co.kr/info/info04_2.html?jb_code=60&jb_idx=7268&jb_group=5213&jb_step=0&jb_depth=52130&search_key%5Bjb_name%5D=&search_key%5Bjb_title%5D=&search_key%5Bjb_content%5D=&search_keyword=&page=13&dep1=&dep2= (2018/7/12 접속)

741. 유엔에이즈(UNAIDS), 〈HIV/ AIDS control in Republic of Korea〉, p7, 2011년. http://www.unaids.org/sites/default/files/country/documents/ce_KR_Narrative_Report%5B1%5D.pdf "Free HIV Treatment Serservices (in South Korea) *Freehigh-quality treatment by specialized doctors at the government-designated hospitals(14general hospitals) and counseling services for improving adherence and health outcomesby qualifiednurses *Free HIV-related treatment at no cost and at no access barrier which is supported 100% by the government (90% by national medical insurance and 10% by government's budget)"

742. 질병관리본부 - HIV/AID정보 FAQ http://cdc.go.kr/CDC/contents/CdcKrContentView.jsp?cid=27688&menuIds=HOME001-MNU1130-MNU1156-MNU1557-MNU1558

743. 제민일보, '열린광장 에이즈에 관심을 갖자, 2014년 12월 3일자. http://www.jemin.com/news/articleView.html?idxno=349465 (2018.7.11.접속)

744. 질병관리본부. '언론과미디어를 위한 HIV/AIDS 길라잡이', p27, 2010년.

745. 서명희, 정석희, 이명하, 김현경, 〈HIV감염인 상담간호사의 소진경험〉,간호행정학회지. 19(4), 2013년 9월, p544~554 전북대학교병원 감염관리실, 전북대학교 간호대학

746. 질병관리본부. 〈언론과 미디어를 위한 HIV/AIDS 길라잡이(2010년 개정판)〉, p27, 2010년.

747. 시사저널, '에이즈 환자들 "믿을 건 신약뿐', 2009년 4월 6일자. http://www.sisapress.com/journal/article/125811 (2018.7.23.접속)

748. REUTERS, 'LGBT adults in U.S. less likely to have jobs, health insurance' 2018년 7월 26일자. https://www.reuters.com/article/us-health-lgbt-employment-insurance/lgbt-adults-in-u-s-less-likely-to-have-jobs-health-insurance-idUSKBN1KG36V

749. 시사저널, '에이즈 환자들 "믿을 건 신약 뿐', 2009년 4월 6일자. http://www.sisapress.com/journal/article/125811 (2018.7.23.접속)

750. 양봉민 · 최운정, 서울대학교 보건대학원, 〈한국에서 HIV/AIDS 감염의 경제적 영향〉, 국제 에이즈 심포지움 결과 보고서, p147-174, 2004년. http://dlps.nanet.go.kr/SearchDetailView.do?cn=MONO1200515758&sysid=nhn

751. 병원신문, '에이즈 비용 전체 진료비 8% 해당', 2004년 11월 11일자. http://khanews.com/news/articleView.html?idxno=2460 (2018.7.11.접속)

752. 후천성면역결핍증 예방법 [법률 제14780호, 2017.4.18., 일부개정] [시행 2017.4.18.]

753. 국가인권위원회, 〈HIV감염인 및 AIDS환자 인권상황 실태조사〉, 2005년.

754. Ibid, p134

755. Ibid, p134

756. Ibid, p134

757. 질병관리본부, 〈HIV/AIDS 예방 및 대응 국가전략 계발에 관한 연구〉, p12, 2006년.

758. 조병희, 서울대학교 보건대학원, 〈HIV/AIDS의 사회적 영향〉, 국제 에이즈 심포지움 결과 보고서, p35-126, 2004년. http://theme.archives.go.kr/viewer/common/archWebViewer.do?bsid=200041127095&gubun=search#51

759. Ibid, p59

760. 약업신문, '에이즈 환자 3배 증가해도 지원액 그대로 ...환자 관리 손 놓은 정부', 2016년 9월 23일자. http://m.yakup.com/?m=n&mode=view&nid=199439 (2018.7.11.접속)

761. hoodline , 'ACT UP/SF Holds Demo: Targets Gilead Sciences' for AIDS Profiteering' 2012년 12월 20일자. http://hoodline.com/2012/12/act-up-sf-holds-demo-targets-gilead-sciences-for-aids-profiteering (2018.7.23.접속)

762. 약업신문, '에이즈 환자 3배 증가해도 지원액 그대로 ...환자 관리 손 놓은 정부', 2016년 9월 23일자. http://m.yakup.com/?m=n&mode=view&nid=199439 (2018.7.11.접속)

763. 조병희, 서울대학교 보건대학원, 〈HIV/AIDS 의 사회적 영향〉, 국제 에이즈심포지엄 결과 보고서, p35-126, 2004년.

764. 유엔에이즈(UNAIDS), http://www.unaids.org/

765. 경향신문, '유엔, 2030년 에이즈 전염병과의 싸움 끝난다', 2015년 7월 15일자. http://news.khan.co.kr/kh_news/khan_art_view.html?artid=201507151915181&code=970100 (2018.7.11.접속)

766. Kaiser Family Foundation, 'U.S. Federal Funding for HIV/AIDS: Trends Over Time', 2017년 11월 9일자. http://kff.org/global-health-policy/fact-sheet/u-s-federal-funding-for-hivaids-trends-over-time/ (2018.7.11.접속)

767. 미국 질병관리본부(CDC), HIV Continuum of Care, U.S., 2014, Overall and by Age, Race/Ethnicity, Transmission Route and Sex, 2017년 7월 27일자. http://www.cdc.gov/nchhstp/newsroom/2017/HIV−Continuúm−of−Care.html

768. AVERT, 'HIV and AIDS in the United States of America (USA)', 2016년 12월 15일자. http://www.avert.org/professionals/hiv-around-world/western-central-europe-north-america/usa (2018/1/1 접속)

769. Kaiser Family Foundation, U.S. Federal Funding for HIV/AIDS: Trends Over Time http://kff.org/global-health-policy/fact-sheet/u-s-federal-funding-for-hivaids-trends-over-time/ (2018.7.11 접속)

770. 미국 질병관리본부(CDC), 〈HIV and AIDS in America : A Snapshot〉, 2016년. https://www.cdc.gov/nchhstp/newsroom/docs/factsheets/hiv-and-aids-in-america-a-snapshot-508.pdf

771. Lori S. Ashford(2006), HOW HIV AND AIDS AFFECT THE POPULATIONS, Population Reference Bureau, http://www.prb.org/wp-content/uploads/2009/01/HowHIVAIDSAffectsPopulations.pdf

772. 미국 질병관리본부(CDC), HIV/AIDS-About HIV/AIDS https://www.cdc.gov/hiv/basics/whatishiv.html

773. Lori S. Ashford(2006), HOW HIV AND AIDS AFFECT THE POPULATIONS, Population Reference Bureau, http://www.prb.org/wp-content/uploads/2009/01/HowHIVAIDSAffectsPopulations.pdf

774. Peter R. Lamptey, Jami L. Johnson, and Marya Khan, "The Global Challenge of HIV and AIDS," Population Bulletin 61, no. 1 (2006) http://www.prb.org/pdf06/61.1GlobalChallenge_HIVAIDS.pdf

775. UN Population Division, World Population Prospects: The 2004 Revision (New York: UN, 2005 and UNAIDS, 2006 Report on the Global AIDS Epidemic. http://pratclif.com/demography/unitednations-world-population%20rev%202004.htm, http://data.unaids.org/pub/repor/2006/2006_gr_en.pdf

776. Peter R. Lamptey, Jami L. Johnson, and Marya Khan, "The Global Challenge of HIV and AIDS," Population Bulletin 61, no. 1 (2006) http://www.prb.org/pdf06/61.1GlobalChallenge_HIVAIDS.pdf

777. Lori S. Ashford(2006), HOW HIV AND AIDS AFFECT THE POPULATIONS, Population Reference Bureau, http://www.prb.org/wp-content/uploads/2009/01/HowHIVAIDSAffectsPopulations.pdf

778. 유엔에이즈(UNAIDS), 〈the impact of AIDS〉, 2004년.http://www.un.org/en/development/desa/population/publications/hiv-aids/aids-impact.shtml

779. Lori S. Ashford(2006), HOW HIV AND AIDS AFFECT THE POPULATIONS, Population Reference Bureau, http://www.prb.org/wp-content/uploads/2009/01/HowHIVAIDSAffectsPopulations.pdf

780. Marta Trapero-Bertran and Juan Oliva-Moreno, Economic impact of HIV/AIDS: a systematic review in five European countries, Health Economics Review. 2014(4)15 https://healtheconomicsreview.springeropen.com/articles/10.1186/s13561-014-0015-5

781. 조부연, 〈에이즈가 아프리카 경제에 미치는 영향 - 남부아프리카 3개 국가들을 中心으로 〉, 조부연https://www.kolotv.com/content/news/Wednesday-is-National-HIV-Testing-Day-486590201.html

782. 정영호, 운강재,〈AIDS로 인한 노동생산성 손실액 추계〉, 보건복지포럼, 2002(72):55-64

783. 양봉민 · 최운정,서울대학교 보건대학원,〈한국에서 HIV/AIDS 감염의 경제적 영향 〉,국제 에이즈 심포지움 결과 보고서, p147-174, 2004년. http://dlps.nanet.go.kr/SearchDetailView.do?cn=MONO1200515758&sysid=nhn

784. Ibid, p161

785. 미국 질병관리본부(CDC), 〈HIV Incidence: Estimated Annual Infections in the U.S., 2008-2014Overall and by Transmission Route〉, 2017년. https://www.cdc.gov/nchhstp/newsroom/docs/factsheets/hiv-incidence-fact-sheet_508.pdf (2018.7.24.접속)

786. America's AIDS magazine, 'CDC Announces: More people with HIV have the virus under control', 2017년 7월 27일자. https://aumag.org/2017/07/27/cdc-announces-more-people-with-hiv-have-the-virus-under-control/

787. Lori S. Ashford, 〈HOW HIV AND AIDS AFFECT THE POPULATIONS〉, Population Reference Bureau, 2006년 http://www.prb.org/pdf06/howhivaidsaffectspopulations.pdf

788. 미국 질병관리본부(CDC), HIV/AIDS-The Affordable Care Act Helps People Living with HIV/AIDS https://www.cdc.gov/hiv/policies/aca.html

789. 질병관리본부 홈페이지, 2016 HIV/AIDS 신고 현황 http://www.cdc.go.kr/CDC/info/CdcKrInfo0301.jsp?menuIds=HOME001-MNU1132-MNU1138-MNU0037-MNU1380&q_type=&year=2017&cid=75790&pageNum=

790. KHTV, '돌아만 갈수 있다면 돌아가고 싶어요 -박진권', 2016년 9월 27일자. https://www.youtube.com/watch?v=4IJnmytZ-Yk (2018.9.5.접속)